중국 신노동자의 형성

중국 신노동자의 형성

2017년 10월 28일 초판 1쇄 발행
2018년 12월 31일 초판 2쇄 발행

지은이   려도
옮긴이   정규식 연광석 정성조 박다짐
편집   조정민 김삼권 최인희
디자인   이경란
인쇄   도담프린팅
종이   타라유통

펴낸곳   나름북스
펴낸이   임두혁
등록   2010.3.16. 제2014-000024호
주소   서울 마포구 월드컵로 15길 67 (망원동) 2층
전화   (02)6083-8395
팩스   (02)323-8395
이메일   narumbooks@gmail.com
홈페이지   www.narumbooks.com
페이스북   www.facebook.com/narumbooks7

ISBN 979-11-86036-38-9 03300
값 20,000원

이 도서의 국립중앙도서관 출판예정도서목록(CIP)은 서지정보유통지원시스템 홈페이지
(http://seoji.nl.go.kr)와 국가자료공동목록시스템(http://www.nl.go.kr/kolisnet)에
서 이용하실 수 있습니다.
(CIP제어번호: CIP2017025109)

중국 신노동자의 형성

도시와 농촌 사이에서 길을 찾는 사람들

려도 지음 — 정규식 연광석 정성조 박다짐 옮김

나름북스

일러두기

1. 이 책에 등장하는 인명과 지명 등의 고유명사는 한자음을 기본으로 표기했다. 다만, 인명의 경우 첫 등장 시 국립국어원 외래어표기법에 따라 괄호 안에 음역을 병기했다.
   예) 北京 → 북경, 呂途 → 려도(呂途, 뤼투)

2. 이 책에 등장하는 중국의 행정구역 체계는 아래를 참조.
기본적으로 성省급(한국의 도道급), 현縣급(한국의 시市·군郡급), 향鄕급(한국의 읍邑·면面·동洞급)으로 분류된다.

① 성급 : 가장 큰 행정 단위로, 한국의 도에 해당한다.
　　－직할시(4) : 북경北京, 천진天津, 중경重慶, 상해上海
　　－성(23) : 하남河南, 광동廣東, 사천四川 등
　　－소수민족 자치구(5) : 신강新疆 위구르, 광서廣西 장족壯族, 영하寧夏 회족回族, 내몽고內蒙古, 티베트
　　－특별행정구(2) : 홍콩, 마카오

② 현급 : 성 아래의 시, 현, 구 등이 여기에 속한다. 구는 직할시나 규모가 큰 시의 하위 행정 단위다.

③ 향급 : 진鎭, 향鄕, 가도街道 등이 있다. 진과 향은 농촌 지역의 기본 행정 단위로, 향 가운데 관내 비농업 인구가 일정 수 이상이 되는 경우 진이 될 수 있으며, 이는 한국의 읍·면과 유사하다. 가도는 도시 지역의 말단 행정 단위로, 한국의 동에 해당한다.

④ 촌村, 사구社區 : 농촌과 도시의 진, 향, 가도 안에 있는 최소 단위로, 중국에서는 이를 기층군중자치조직基層群眾自治制度이라 한다. 농촌 지역의 경우, 촌민위원회村民委員會가 관할하는 범위를 촌으로, 도시 지역에서는 사구주민위원회居民委員會가 관할하는 범위를 사구로 지칭한다.

한국과 마찬가지로 중국에서도 시 안에 농촌 지역이 있을 수 있다. 예컨대, '북경시 조양朝陽구 금잔金盞향 피皮촌'(56쪽)이 그렇다. 한편, 소수민족 거주 지역은 규모에 따라 자치구自治區, 자치주自治州, 자치현自治縣·자치기自治旗, 민족향民族鄕 등의 순으로 구분된다. '광서 장족 자치구 남녕南寧시'(347쪽), '요족瑤族 자치현'(213쪽) 등이 그 예이다.

노동자의 대안적 공동체 문화 실험과 기록

장영석 성공회대학교 중국어중국학과 교수

《중국 신노동자의 형성》을 온전히 읽으려면 우선 려도가 소속된 '북경 노동자의 집'에 대해 알아 둘 필요가 있다. 이 책은 '북경 노동자의 집'에서의 경험이 전제된 것이고, 이를 매개로 노동자와 지식인을 연결하며, 또 '북경 노동자의 집'으로 대표되는 노동자의 대안적 공간을 중국의 다양한 지역으로 확산시키고 있기 때문이다.

이 책의 의미와 가치를 탐색하기 위해 몇 가지 간단한 소개를 하겠다. 우선 저자인 려도는 대단히 독특한 이력의 소유자다. 저자 소개에도 나와 있듯이 그는 대학 교수직을 내려놓은 채 2008년부터 '북경 노동자의 집'에 머물고 있다. 거기서 노동자와 함께 노동하고, 교육 및 저술 활동을 하면서 노동자의 공동체 문화를 만드는 중이다. 중국에서도 노동 문제를 연구하고, 노동자의 권익을 위해 노력하는 지식인이 적지 않지만, 려도처럼 노동자와 밀착해 실천하는 지식인은 찾기 어렵다.

다음은 '북경 노동자의 집'[1]이다. 북경 노동자의 집은 2002년 북경시 공상국에 '북경 노동자의 집 문화발전연구센터'라는 이름으로 등록된 비영리 사회 공익 서비스 기구이며, 북경 수도공항 부근의 노동자 밀집 지

---

[1] '북경 노동자의 집'에 대해서는 다음을 참조할 수 있다. 이창휘·박민희, "쑨형: 노동자의 집을 짓는 거리의 가수", 《중국을 인터뷰하다》, 창비, 2013 ; 김미란, "중국 노동자문화운동의 현장, 피촌 방문기", 《황해문화》 91호, 새얼문화재단, 2016.

역인 피촌皮村에 설립되었다. 설립 당시에는 '신노동자 예술단'이라는 이름으로 주로 문화 활동을 했으나 점차 조직이 발전하여 노동자의 대안 문화 공간으로 바뀌고 있다. 신노동자의 자녀를 교육하는 '동심同心실험학교'(2005), 의류를 판매하는 사회적 기업인 '동심호혜공익상점'(2006), 품팔이 문화예술 박물관(2008), 노동자대학(2009), 지역노동조합인 '노동자의 집 사구社區 공회'(2009), 생태 농원인 '동심농원'(2013) 등이 연이어 설립되었다.

중국 노동자의 권익을 옹호하는 사람들 사이에 "중국 남쪽에 노동 NGO들이 있다면, 중국 북쪽에는 피촌이 있다"는 말이 나돌 정도로 북경 노동자의 집의 상징성은 커지고 있다. 흥미로운 것은 광동성 일대에 산재한 노동 NGO들이 정부의 탄압을 받아 거의 활동을 정지한 데 비해 북경 노동자의 집은 살아남아 활동하고 있다는 점이다. 《중국 신노동자의 형성》 출판 이후 강화된 지식인과의 유대, 활동 방식의 유연성이 북경 노동자의 집의 생존 비결이라 할 수 있다.

려도가 북경 노동자의 집과 결합한 계기는 명확하지 않다. 1997년 네덜란드로 건너가 발전사회학 박사 학위를 받고 2008년 피촌으로 들어오기까지 그에게 무슨 일이 있었던 것일까? 개인사라 자세히 알 수는 없지만, 저자 후기에서 려도의 성향과 의지를 엿볼 수 있다. "…마치 오랜 시간 헤어져 있던 친구와 재회하는 기분이었다. …그들은 내가 자신의 일생에 다시 나타날 일 없는 과객이 아니었음을 어렴풋이나마 느낀 듯했다." 신노동자를 스쳐 지나지 않고 그들과 함께한다는 동료적 인식이 담긴 표현이다.

이 책의 주인공인 신노동자는 누구인가? 구노동자와 어떻게 구분되는가? 왜 이들은 길을 잃고 방황하며, 또 굴기하고 있는가? 중국에서는 1980년대 초부터 농촌의 노동력이 도시로 대량 유입되기 시작했는데, 이들은 '민공民工', '농민공農民工', '공돌이打工仔', '공순이打工妹' 등으로 불렸다. 이들을 농민공 1세대라고 한다면, 신노동자는 농민공 1세대가 도시 생활을 하면서 도시에서 키운 노동자를 말한다. 농민공 1세대이든 신노동자이든 모두 도시 호구를 가진 '구노동자'와 구분된다. '구노동자'는 사회주의 계획경제 체제의 혜택을 받은 노동자 계급인 데 반해, 농민공 1세대와 신노동자는 신분적으로 농민 계급에 속한다.

중국 국가통계국이 매년 발표하는 〈농민공 감측 조사 보고서〉에 따르면, 2016년 농민공 총수는 2억8171만 명에 달하고, 그 가운데 1980년대 이후 출생한 소위 '신세대 농민공'은 49.7%를 점한다.[2] 농민공 1세대와 신노동자는 농촌 호구를 가졌다는 이유로 도시 시민이 누리는 다양한 복지 혜택에서 배제되어 있다. 려도는 도시 생활에 완전히 정착하지 못하고, 농사일을 배우지 못했기 때문에 농촌으로도 되돌아갈 수 없는 신노동자의 심리적 특성을 "과객적 심리 상태過客心態"라고 표현한다. 이 책은 신노동자의 "과객적 심리 상태"를 묘사하고, 신노동자들이 어떻게 자신을 노동자 계급으로 자각해 나가는지를 묘사한 민족지다.

민족지의 난점은 사례 선택의 적절성이다. 이 책이 표방하는 것처럼 중국은 매우 거대하고, 도시와 농촌은 각각의 특징이 있다. 어느 도시와 농촌의 어떤 신노동자를 사례로 선택하는지에 따라 신노동자의 모습이 다르게 나타날 수 있다. 이 책은 '퍼즐 연구법'을 채택해 신노동자의 전

---

2   國家統計局, "2016年農民工監測調查報告", 新華社(2017년 4월 28일).

체 면모와 발전 방향을 보여준다. 려도가 밝힌 퍼즐 연구법이란 각 부분을 일정한 논리에 따라 하나로 결합하여 전모를 구성하는 방법이다. 이 연구법은 1930년대 중국의 강촌江村을 묘사·분석한 비효통(費孝通, 페이샤오퉁)과 1970년대 연합회사Allied Company를 묘사·분석한 부라보이Michael Burawoy의 작업 방식을 떠올리게 한다. 잘 알려져 있듯이 이들은 각각 사례 연구를 통해 중국 농촌 사회와 자본주의 현대 공장의 생산 체제 및 노동 과정의 특징을 분석한 바 있다. 이 같은 작업 방식은 부분 연구를 통해 전체를 포착할 수 있는지에 대한 방법론상의 논쟁 대상이기도 하지만[3], 현실의 풍부한 내용을 담은 민족지의 의의는 그 같은 논쟁을 퇴색하게 만든다.

비효통은《강촌경제》를 쓴 뒤 여러 차례 강촌을 방문하여 그곳의 변천사를 추적한 바 있고, 부라보이는 자신보다 30년 빨리 연합회사의 노동 과정을 연구한 도널드 로이Donald Roy의 민족지를 자신의 연구와 접목시킴으로써 연합회사의 생산 체제 및 노동 과정의 변천사를 밝혔다. 려도는 중국의 현 공장 체제와 그 체제에 반응하는 여러 형태의 노동자의 삶, 중국의 이원적 도농 체제에 대한 노동자의 견해와 반응을 묘사·분석했다. 려도의 저작들은 방대한 민족지로서 현재적 의미도 크지만, 향후 연구를 위한 초석이라는 미래적 의미도 적지 않다. 특히 지식인에 관한 기록과 달리 노동자에 관한 기록은 잘 남지 않는다는 점에서 려도의 작업이 갖는 미래적 의미는 대단히 크다.

이 책은 중국 신노동자의 계급의식 각성이라는 문제에 특히 주목하고

---

3   費孝通, 1993, "人的研究在中國: 個人的經歷", 北京大學社會學人類學研究所編,《東亞社會研究》, 北京大學出版社, p.14; 邁克爾·布若威, 2008, "序", (李榮榮譯)《製造同意》, 商務印書館.

있다. 노동자는 다양한 계기를 통해 비교적 긴 시간에 걸쳐 자신의 계급의식을 획득해 나간다. 이 계급의식의 획득 과정은 동태적이기 때문에 단기간의 관찰로는 제대로 포착되지 않는다. 에드워드 톰슨Edward P. Thomson은 한 계급의 계급의식은 그 계급에 속한 일군의 사람들이 동일한 경험을 한 결과 자신들 사이에는 타인들과 대립되는 동일한 이해관계가 존재한다는 것을 느끼고, 또 그것을 분명히 깨닫게 될 때 나타난다고 지적한다. 따라서 그는 계급을 구조나 범주가 아닌 인간관계에서 일어나는 그 어떤 것으로 정의한다.[4] 이 책은 중국의 신노동자들이 공장 안의 노동과 공장 밖의 생활에서 겪는 다양한 집단적 경험을 소개하고 있다. 중국 신노동자의 계급의식 획득 문제를 포착하려면, 이들이 공장 안의 노동과 공장 밖의 생활에서 겪은 집단적 경험을 꾸준히 관찰할 필요가 있다.

이제 간략한 에피소드를 소개하며 이 글을 마치려 한다. 필자는 2015년 12월 한국을 방문한 려도에게 '서울시 마을공동체 종합지원센터'와 '성미산마을'을 소개했다. 전자를 소개한 것은 그가 북경시로부터 철거 위협을 받고 있는 피촌 보호의 실마리를 찾았으면 좋겠다는 바람 때문이었고, 후자를 소개한 것은 서울의 성미산마을과 북경의 피촌이 교류할 수 있는 고리를 탐색해 보라는 의도였다. 필자의 이 속뜻은 발전 단계가 서로 다르고, 국정이 서로 다른 서울의 경험과 북경의 경험을 연결하려는 주관적 희망일 뿐이었다는 것이 드러났다.

려도는 이 책의 한국어판 서문에서 성미산마을을 다녀온 느낌을 다

4 　E.P. 톰슨, 나종일 외 역, 《영국 노동계급의 형성》(상), 창비, 2012, 7쪽.

음과 같이 피력하고 있다. 즉, "…(성미산마을의) 이러한 모습에 감명하면서도 한편으로 다음과 같은 의문이 들었다. 도시의 마을은 농업 생산에 참여할 수 없는데, 안전한 먹거리는 어떻게 얻는가?" 성미산마을을 보면서 려도가 염두에 둔 것은 북경 노동자의 집이 운영하는 '동심농원'인 것처럼 보인다. 그의 관심사가 온통 도시와 농촌을 한 몸에 결합하고 있는 중국의 신노동자에 가 있는 것처럼, 그가 만들려는 북경 노동자의 집도 도시와 농촌을 분리하여 생각할 수가 없다. 이제 그가 만들려고 하는 '코뮌公社'의 성격이 좀 더 분명해진 것 같다. 려도의 저작은 북경 노동자의 집이 전개하고 있는 이 실험을 이해하는 첫걸음이다.

나도 이름이 있다

왕휘(汪暉, 왕후이)[5]

이 책은 중국의 '신노동자'에 대한 저작이며, 또한 신노동자를 위한 저작이기도 하다. 많은 인터뷰와 세밀한 분석으로 구성되어 있으며, 저자는 오랜 기간 지속적이고 광범위한 대화를 통해 신노동자의 운명에 자신을 융화시켰다. 또한, 신심을 다해 신노동자의 노동의 고통과 기쁨을 탐색했으며, 그 영혼의 궤적을 기록했다. 저자는 신노동자 청춘남녀의 언어를 기록할 때 자신을 철저히 숨기고 최대한 그들의 언어로 그들의 운명을 드러내려 노력했다. 그러나 반대 입장에 대해서는 분명하게 논쟁했다. 즉, 신노동자를 '농민공農民工'이라 불러서는 안 되며, 사회주의 시대의 '노동계급工人階級'과도 동일시할 수 없다고 주장한다. 그들은 신노동자 혹은 신노동자 집단이라는 것이다. 또한, 다른 학자들처럼 '품팔이打工者'를 '대신'해 말하지 않고, 오히려 그들의 운명 내부로부터 문제를 제기한다. 저자는 자신의 기대를 묘사할 때조차 마치 이들 집단 구성원이 자기 성찰하듯 서술한다. 이러한 의미에서 이 책은 매우 독특하다.

또한, 이러한 '밀착'적 묘사 방법과 관련해 저자는 습관적으로 사용되는 개념에 대해 고도의 민감성을 유지한다. 때로는 부주의하게 사용되는

---

5   [역주] 1959년 강소성 양주 출생으로, 중국 '신좌파'의 주요 이론가다. 현재 북경 청화대학교 중문학과 및 역사학과 교수이자, 같은 대학 인문·사회과학고등연구소 소장으로 재직 중이다. 2013년부터 제12기 전국정치협상회의 위원으로 활동하고 있다.

개념에 문제를 제기하는데, 마치 연구 대상이 아니라 자신이 오해받아 상처받은 것처럼 논쟁한다. 이러한 반응은 저자의 분석력을 약화하는 것이 아니라 이론적 민감성을 더욱 강화한다. 특히 두 가지 개념 선택에서 이러한 특성이 잘 드러난다. 먼저 '농민공'이라는 개념을 거부하고, '품팔이'와 '신노동자'라는 개념을 사용한다. 또한, '노동계급'이 아닌 '신노동자 집단'이라는 개념을 사용한다. 사실상 이러한 개념 사용이 저자가 품팔이 집단을 관찰하는 기본 경로 혹은 방법론을 형성한다. 그렇다면 흔히 농민공이라 불리는 이들을 왜 신노동자라 불러야 하는가? 또, 이들이 안정적이고 특정한 생산 체계에 입각한 사회적 집단을 구성하고 있다면, 왜 이들을 노동계급이라 부르면 안 되는가? 요컨대 신노동자는 누구인가?

신노동자는 업종이나 지역 혹은 처우가 천차만별이어도 하나의 객관적 존재로서의 사회적 집단으로 정의될 수 있다. 즉, '도시에서 일하고 생활하지만, 호적은 농촌에 둔 품팔이 집단'이다. 이 집단은 국가 주도의 개혁개방 과정의 산물이며, 후기 사회주의 시기의 '노동의 상품화'라는 새로운 정세의 산물이다. 또한, 중국이 스스로 '세계의 공장'이 되는 과정에서 만든 새로운 정책과 법률, 윤리 규범 및 도농 관계와 사회 양식의 산물이다. 한편, 품팔이 집단의 대다수는 농촌 출신이며, 농촌과 혈연관계를 유지한다. 그들은 도시에서 일하고 살아가지만, 자신의 '집'은 농촌이라 생각한다. 그곳이 고향일 뿐만 아니라 부모나 아이들이 그곳에 살기 때문이다. 그럼에도 저자는 널리 알려진 '농민공'이라는 용어를 거부한다. '농촌의 집'이란 실제로 돌아갈 수 없는 기호로서의 집일 뿐이며, 그들의 진정한 귀착지는 도시이기 때문이다. 저자가 소속된 '품팔이 문화예술 박물관' 벽에는 '품팔이 30년 유동의 역사'라는 그림이 걸려 있는데, 품팔이 집단의 역사적 형성 과정을 명확하게 설명하고 있다. 농민은 1978년부터 1988년까지 통제를 받는 조건에서 도시로 와 품팔이 노동을 하며 '맹목적인 유동 인구'로 불렸다. 1988년 이들의 규모는 2000만 명에 달했다. 1989년부터 2002년까지는 이들을 '농민공'이라 부를 수 있는 시기로, 그 규모는 1억2000만 명이다. 이 시기 정부는 인구 유동을 더 이상 통제하지 않았지만, 외래 인구에 대한 차별 정책(임시 거주자 신분, 강제 송환 위험 등)은 도시에서 일상적으로 행해졌다. 2002년부터 현재까지를 저자는 '품팔이가 신노동자, 신시민이 되는' 시기로 본다. 규모는 최소한 2억4000만 명 이상일 것으로 추정된다. 또한, 이 시기 이주노동자 수용송환收容遣送제도[6]가 폐지됐으며, 노동계약법이 시행됐다. 품팔이는 도시에서 비좁은 방을 전전하고 있으며, 피땀의 대가로 받은 임금을 주로 '돌아갈 수 없는 농촌'에 집 짓는 데 쓴다.

저자가 '농민공'이라는 호칭을 거부하는 것은 도시인의 편견에 대한 반박일 뿐만 아니라 정부와 학자, 그리고 품팔이 자신이 가진 '결국엔 농촌으로 돌아갈 것'이라는 환상에 대한 부정이다. 저자는 1970년대 및 그 이전에 출생한 1세대 품팔이와는 달리 1980년대 이후에 출생한 2세대 품팔이 다수는 농업으로 생계를 유지한 경험이 없다고 지적한다. 또한, 1990년대에 출생한 3세대 품팔이는 대부분 농사 경험이 아예 없고, 도시에서 태어나 성장했다. 품팔이는 도시에서 일하고 생활하며, 그들의 후손도 도시를 최종 귀착지라고 생각한다. 그러나 그들의 심리적 혹은

---

6 [역주] 1982년에 제정된 '수용자송환조례'에 따라 도시로 이주해 온 농민공들은 신분증, 임시거주증, 고용증명서를 항상 소지하고 있어야 하며, 그렇지 않을 경우 강제로 수용·송환되었다.

기호로서의 '집'은 오히려 농촌(쇠퇴하고 있으며, 생존을 유지할 수도 없고, 자녀를 위한 미래도 제공할 수 없는 '집')이다. 이러한 경계에 낀 상태가 그들을 도시와 농촌 사이에서 길을 잃게 한다. 그러나 생산과 노동, 그리고 생존의 기본적 현실이라는 측면에서 보면, 그들은 분명 농민공이 아니라 신노동자다. 따라서 당연히 도시인과 동등한 대우를 받아야 한다. '농민공'이라는 개념을 '품팔이'라는 개념으로 대체하는 것은 단순히 용어에 대한 트집이 아니라 방대한 규모의 사회적 집단에 대한 정확한 묘사다. 물론, 여기에는 토지제도와 같은 불확실한 요소도 여전히 존재한다. 토지의 집체 소유로 호적이 농촌이기만 하면 외지에서 일하는 품팔이도 최소한 이론적으로는 일정한 토지를 소유할 수 있었다. 그래서 도농 간 소득 격차가 작거나 혹은 경제위기 때 농촌으로 되돌아올 수 있었다. 그러나 실제로는 많은 지역에서 아직 토지 재조정을 진행하지 않았기 때문에 신세대 품팔이는 토지가 없다. 게다가 '토지유전土地流轉'[7] 정책의 시행에 따라 상황이 변하고 있으며, 이에 대한 전망도 점점 불확실해지고 있다. 이것이 바로 토지제도 논쟁의 중요한 지점이다.

저자의 농민공과 신노동자라는 개념에 관한 논증은 더 이론적인 함의를 가진 명제, 즉 '신노동자는 하나의 계급인가'와도 관련이 있다. 저자는 이 책에서 계급과 관련된 개념이나 명제에 대한 이론적인 논의를 전개하지는 않는다. 그러나 저자가 신노동자 계급이 아닌 신노동자 집단이라는 용어를 사용하는 것 자체가 이론적 문제에 대한 민감성을 분명하게 보여 준다. 신노동자는 중국의 개혁개방 아래의 공업화와 도시화 과정에서 생

---

7 [역주] 토지에 대한 도급경영권이 있는 농가가 토지 경영권(사용권)을 다른 농가나 경제 조직에 양도할 수 있도록 한 것이다. 즉, 도급권은 유지하면서 사용권을 양도하는 것이다.

겨난 '신흥 산업노동자' 집단이다. 그들은 농촌 및 토지와 점점 단절되면서 생산수단(토지)과 분리된 '고용노동자'가 되었다. 이들은 생산 혹은 자본의 증식에 완전히 의존해 생계를 유지하며, 모종의 자본을 통한 수익이 아니라 오직 자신의 노동을 팔아 생필품을 얻는 집단이다. 따라서 이들의 생사화복生死禍福은 모두 노동에 대한 시장의 수요에 달려 있다. 이러한 측면에서 보면, 이들과 고전적 무산계급은 전혀 차이가 없다. 중국 노동계급의 탄생에 관한 연구저작들을 보면, 이에 대한 정의를 바로 찾을 수 있다. 즉, "노동계급은 근대 대공업의 산물이다. 중국 노동계급은 외국자본과 중국 초기의 관료자본 및 민족자본이라는 세 가지 자본으로 형성된 근대공업에 의해 생겨났고 발전했다." 그러나 최초의 산업노동자는 "외국자본이 중국에서 경영하는 기업에서 생겨났다."[8] 이러한 정의에 따른다면, 신노동자 집단은 중국이 '세계의 공장'으로 개혁하는 과정의 산물이다. 또한, 초국적 자본의 진입과 중국 국유공업의 전환 및 민간자본의 흥기에 따른 세 가지 형태의 공업과 서비스업의 조류로 생겨나 발전했다. 만약 중국 근대 산업노동자의 대다수가 파산한 농민으로부터 기원했다면, 당대 중국의 산업노동자는 도농격차가 점차 확대되는 시대의 광활한 농촌에서 발생했다고 할 수 있다. 따라서 신노동자는 하나의 객관적 사회집단으로서의 노동계급으로 정의될 수 있다.

그러나 저자는 계급 개념으로 신노동자를 정의하지 않고, 주로 '신노동자 집단'으로 서술한다. 이는 어떤 생각에서 비롯됐을까? 20세기 전반에 걸친 중국 혁명 과정에서 '계급의식'과 '계급정치'는 매우 역동적이었

---

8 《中國近代工人階級和工人運動》第一冊(劉明逵, 唐玉良 主編), 北京: 中共中央黨校出版社, 2002, 1頁.

다. 또, 이는 정당과 국가, 사회조직 각 방면에 깊숙이 침투해 있었고, 계급 개념의 다면성이 분명하게 드러났었다. 이것은 객관적이면서 주관적이고, 구조적이면서 정치적이었다. 개혁의 시대에 '세계 공장' 구축은 자본을 불러왔을 뿐만 아니라 상품으로서의 노동 역시 소환했다. 시장화와 신공업화의 또 다른 표현이 바로 계급관계의 재구성이다. 그러나 이러한 대규모 계급 재구성 과정에서 중국 또는 많은 구舊사회주의 국가의 계급 담론이 소실됐다. 몇몇 소수의 사례를 제외하면, 계급의식을 통해 새로운 정치적 시도를 소환하려는 노력은 거의 성공하지 못했다. 그래서 당대 중국 사회 연구에 대한 이정군(李靜君, 리징쥔)의 판단은 유의미하다. 즉, "자본주의 생산관계의 체험과 개혁 이전의 마르크스주의 담론 계승이 서로 결합해 중국 노동자 일부에 강렬하고 높은 수준의 계급의식이 출현했다. '계급으로의 회귀(重返階級, bring class back in)'에 대한 전향적 연구의 긴박성과 필요성은 중국뿐만 아니라 다른 전前자본주의 국가에도 적용되며, 노동계급뿐만 아니라 자산계급에도 마찬가지로 적용된다"는 것이다.[9] 계급적 시야는 중국 노동자의 정치·경제·사회적 상황을 이해하기 위해 꼭 필요하다.

그러나 마찬가지로 '계급으로의 회귀' 과정에서 계급 개념 자체를 재분석할 필요도 있다. 비록 이러한 작업이 이 책의 주요 임무는 아니지만, 저자가 신노동자라는 개념을 사용할 때 드러난 두 가지 정보는 좀 더 이론적으로 정리해야 한다. 먼저 신노동자는 자신의 생산과 생활 과정에서 점차 모종의 소박한 주체의식을 형성했다. 그러나 그 깊이와 넓이의 측면

---

9 李靜君, "中國工人階級的轉型政治", 《當代中國社會分層: 理論與實證》, 北京: 社會科學文獻出版社, 2006.

에서는 아직 분명한 주체의식이 구성되지 않았다. 마르크스는 《자본론》에서 "독립적인 인간으로서 노동자는 개별적 인간이며, 그들은 자본가와 관계를 맺지만 자기들 서로 간에는 아무런 관계도 맺지 않는다. 그들의 협업은 노동 과정에서 비로소 시작되는데, 그러나 그들은 노동 과정에서는 더 이상 자기 자신에 속하지 않는다. 그들은 노동 과정에 들어가자마자 자본에 편입되어 버린다"고 말했다.[10] 자본에 편입된 노동자는 단지 자본의 한 형식일 뿐이며, 그 어떤 자아도 없다. 따라서 객관적 존재로서의 노동자 집단이 이미 일종의 자아를 가진 것으로 보아선 안 된다. 에드워드 톰슨의 말을 빌리면, "계급은 역사적 현상이자 각각의 상이하고 완전히 관련 없는 것처럼 보이는 사건들을 하나로 결합하는 것이며, 원초적 경험 자료와 사상의식에 포함된 것이다. 계급은 하나의 '구조'가 아니며, 더욱이 하나의 '범주'도 아니다. 계급은 인간과 인간의 상호관계에서 확실히 발생하는(게다가 이미 발생했음을 증명할 수 있는) 그 어떤 것이다. … 계급은 사회와 문화의 구성체이며, 그 출현 과정은 상당한 역사적 시간에 걸쳐 스스로 형성될 때 비로소 고찰할 수 있다. 만약 계급을 이렇게 보지 않으면, 계급에 대한 이해는 불가능하다."[11]

20세기를 반추해 보면, 노동계급의 문화적 형성은 단순히 노동자 자신으로부터 완성된 것이 아닌 풍부하고 복잡한 정치적 과정의 산물이었다. 정당 개입을 제외하고도 무수히 많은 지식인과 예술가, 문화인, 변호

10　馬克思, 《資本論》第一卷, 《馬克思恩格斯全集》第23卷, 370頁. 한국어판은 마르크스, 김수행 역, 《자본론》, 비봉출판사, 2003, 450쪽 참조.

11　[역주] E.P. 湯普森, 《英國工人階級的形成》(上), 錢乘旦等譯, 南京: 譯林出版社, 2001, 3~4頁. 한국어판은 E.P. 톰슨, 나종일 외 역, 《영국 노동계급의 형성》(상), 창비, 2012, 6~7쪽과 10쪽 참조.

사 등이 노동운동에 개입했으며, 그들이 함께 노동계급 문화 형성에 공헌했다. 정치적 측면에서 보면, 계급 형성은 대립면의 확립이라는 과정과 밀접한 연관이 있으며, 신노동자 집단의 문화적 상태는 이러한 과정이 종결된 상황과 밀접한 관계가 있다. 이러한 의미에서 이 책은 일상생활과 제도적 배치 등 각 방면에서 신노동자의 객관적 존재를 묘사할 뿐만 아니라 신노동자의 생활세계를 드러냄으로써 그들의 체감과 의식 및 판단 과정에서 현재 축적되고 있는 집단적 자각을 탐색한다. 신노동자는 임금인상과 주택 및 노동의 보호를 갈망하며, 온 가족이 함께 모여 살면서 도시인과 동등한 대우를 받기를 바란다. 이를 위해 그들은 스스로 사표를 던지는 방식(구인난 야기)을 통해 자신들의 저항을 표명한다. 이 책 제14장 '구인난과 신노동자 형성'에서 저자는 '구인난'을 "기업과 정부 및 품팔이 간 힘겨루기의 한 표현이며, 약자의 무기다. 이러한 무기를 사용하는 과정에서 품팔이는 노동자 집단으로서의 인식이 더욱 강해지며, 이것이 신노동자 집단을 형성하는 하나의 과정이다"라고 서술한다. 이처럼 품팔이 저항의 주요 형식 가운데 하나는 노동의 단기화다. 조사에 따르면, 신세대 품팔이의 평균 근속기간은 3년에서 1년으로 훨씬 짧아졌다. 저자는 조사를 통해 해고에 의한 품팔이의 이직률은 소수에 불과하며, 대다수가 열악한 노동조건, 무료한 작업 내용, 보다 나은 대우나 기술향상 모색 등을 이유로 이직한다는 것을 발견했다. 또한, 일부 노동자는 노동의 성격에 대한 도덕적 판단(예컨대 위조품을 만드는 공장에서의 노동)으로 인해 이직을 선택하기도 한다. 이러한 노동 방식에 대한 유연한 선택은 당연히 더 많은 일자리 기회라는 객관적 조건에서 이루어지며, 다른 한편 실질적인 손해를 초래하기도 한다(조기 퇴직이라는 조건하에서는 노동계약법의 보호 조항이 유명무실해진다). 그러나 이 과정이 내포하는 저항적 성격이 노자관계의 변화를 추동하는 동력임은 분명하다. 신노동자의 저항은 문화적 측면에서도 성과를 만들고 있다. 신노동자 스스로의 저작과 음악, 기타 형식(품팔이 문화예술 박물관 등)들이 신노동자 집단 형성에 문화적 지원을 제공한다. 그러나 신노동자 집단의 형성 과정에서 20세기에 출현한 활발한 정치적 과정을 발견하기는 어렵다. 신노동자 집단이라는 호칭 자체가 이들이 형성되는 거시적 조건과 지난 세기의 정치적 과정 간의 중요한 차이를 암시한다.

신노동자 집단의 정치적 영역에서의 침묵은 당대 중국 정치의 가장 중요한 특징 중 하나다. 최근 큰 관심을 받았던 '신빈민' 집단과 비교할 때, 신노동자 집단의 이러한 침묵은 더 깊은 생각을 하게 한다. 지그문트 바우만Zygmunt Bauman의 《일, 소비, 신빈민》의 해석에 따르면, '신빈민'은 '소비사회에서의 빈민'이며, 혹은 소비 능력이 없어 괴로워하고 부끄러워하는 사람이다.[12] '신빈민' 대다수의 문화·교육·기술 수준은 비교적 높으며, 생활방식도 일반 화이트칼라와 다르지 않다. 그러나 이들은 신노동자와 마찬가지로 도시의 변경에 놓여 있다. 신노동자와 신빈민 모두 자본주의 경제 체제가 공업경제에서 금융자본으로, 그리고 실물경제에서 허구경제로 넘어가는 과도기의 산물이다. 또한, 이들은 '빈민'이라는 개념의 양면을 함께 구성한다. 신노동자는 자본주의 생산과정의 산물이며, 신빈민은 소비사회와 소비문화의 부산물이다. 신노동자는 반복적으로 나타나는 구인난, 남해혼다(南海本田, 난하이혼다) 자동차공장의 노동자 파업

---

12 [역주] 한국어판으로는 지그문트 바우만, 이수영 역, 《새로운 빈곤: 노동, 소비주의 그리고 뉴푸어》, 천지인, 2010으로 출판됐다.

¹³, 폭스콘 노동자 자살 사건¹⁴ 등에서 자신들의 역량을 표출했다. 반면, 아랍 저항운동, 월스트리트 점령운동, 모스크바 거리와 중국의 인터넷 매체 특히 웨이보에서 우리는 신빈민의 그림자를 보게 된다. 신빈민의 신분은 불확실하며, 정치적 요구는 매우 다양하다. 그러나 정치적 동원 역량은 오히려 신노동자보다 훨씬 높다. 신노동자는 중국을 '세계의 공장'으로 창조하는 과정에서 가장 크게 공헌했으며, 자신들의 방식을 통해 요구와 저항을 표현하고 있다. 그러나 그들의 자아의식은 '신빈민'처럼 대중매체의 힘을 빌려 광범위한 사회적 동원을 형성하기 어렵다. 그러나 일단 신노동자가 정치 영역에서 자신의 목소리를 내기 시작한다면 거대한 변화가 발생하리라는 것을 짐작할 수 있다. 정치 영역에서 신노동자의 자리가 없다는 것은 중국 정치체제 위기의 가장 심각한 증상이다. 국가영도 계급으로서의 노동자계급이라는 헌법적 원칙의 토대가 이미 완전히 와해했음을 상징하기 때문이다.

정치 영역에서의 신노동자의 '목소리 없음' 상태는 문화와 교육, 기술적 배경의 격차로 조성됐을 뿐만 아니라 계급관계 재구성이라는 정치적 과정으로 인해 조성된 것이기도 하다. 노동자계급의 전환은 물질 및 법률적 과정뿐만 아니라 도덕 및 정치 과정과도 관련이 있다. 거시적 측면

---

13 [역주] 광동廣東성 불산佛山시에 위치한 남해혼다 자동차공장 노동자 수천 명이 임금인상 및 처우 개선 등을 요구하며 2010년 5월 파업에 돌입했다. 중국 및 해외언론에 보도되면서 여론의 관심이 집중됐고, 이후 지역과 업종을 넘어 노동자의 다양한 집단행동 및 파업에 큰 영향을 주었다.

14 [역주] 광동성 심천시에 위치한 폭스콘 공장 기숙사에서 19세의 노동자가 2010년 1월 23일 투신자살한 이후 각 지역의 폭스콘 공장에서 2011년 11월까지 총 24명의 젊은 노동자들이 투신자살한 사건이다. 비인간적인 군대식 노무관리와 살인적인 노동 강도가 자살의 주원인인 것으로 밝혀졌으며, 이 사건은 중국 노동자의 열악한 현실 및 노동 문제에 내재한 모순에 대해 각계의 관심이 촉발되는 계기가 되었다.

에서 보면, 이러한 과정은 계획경제에서 시장경제로 넘어가는 과도기(때로는 매우 급진적으로)에 전개됐다. 이에 저자가 노동자계급이나 무산계급이라는 개념이 아니라 '품팔이 집단'이라는 개념을 사용하는 또 다른 이유를 이해할 수 있다. 즉, 신노동자와 과거 국유기업 노동자 간의 구별과 대비다. 품팔이와 과거 노동자계급은 물질적 처우나 도덕적 상징뿐만 아니라 법률과 정치적 측면에서도 확연히 다른 지위를 가진다. 당대 중국 사회의 전환은 노동자 집단의 두 가지 변화라는 측면과 관련이 있는데, 즉 신노동자 집단의 생성과 구舊노동자 집단의 전환이다. 신노동자 입장에서 저자는 "과거의 국유기업 노동자는 국가 노동자의 편제에 있었으며, 각종 대우를 누렸다. 그러나 현재의 품팔이는 비록 노동의 성격상으로는 노동자이지만, 과거의 노동자가 누린 대우는 받지 못한다"고 본다. 이러한 구별은 도시와 농촌이라는 신분 차이에 대한 사유에서도 계속된다. 즉, '과거 국유기업 노동자가 누린 대우를 받지 못한다'는 표현에서 '과거'라는 수식어를 사용한 것은 현재 국유기업의 노동자 채용이 다국적 기업이나 민간기업과 큰 차이가 없기 때문이다. 따라서 신노동자가 국유기업에 들어가더라도 과거 국유기업 노동자들과는 처지가 다르다. 양자 간의 구분은 처우를 넘어 정치적인 면에서도 드러난다. 구舊노동자는 하나의 소사회라 할 수 있는 단위單位에서 일하고 생활하지만, 품팔이의 생존 공간은 오직 자본의 증식을 위해 재생산을 유지하는 단순한 생산기구일 뿐이다.[15] 단위 안에서 사람들은 단일한 자본과 관계를 맺으며 사

---

15 [역주] 중국의 단위체제單位體制는 비단 노동력의 관리뿐만 아니라 노동자의 주거와 교육, 일상생활에서의 노동력 재생산 등을 비교적 안정적으로 보장하려는 일종의 복지 시스템이었다. 개혁개방 이전까지 이러한 단위체제는 노동자에게 일자리 보장과 생활 안정을 보전해주는 중요한 기능을 했다. 그러나 개혁개방 이후 단위체제가 해체되기 시작하면서 도시와 농촌의 지역 불평등, 노동자 간의

람들 사이에 지속적인 정치·문화·경제·혈연관계가 발생했다. 또한, 노동자 참여가 가능한 각종 실천도 나타났다(단위제도의 변천 및 사회주의 정치제도의 관계에 대해서는 별도의 논문을 통해 토론할 필요가 있다). 그러나 폭스콘과 같은 공장에서는 사람들 사이에 그 어떤 관계도 발생하지 않고, 노동자 개개인은 단일하게 동일한 자본과 관계를 맺는다. 그들 사이의 관계는 단지 생산 장소 밖에서만 발생할 뿐이다. 오늘날에도 인민대표대회나 정치협상회의, 중국 공산당의 각급 대표기구에서 신노동자의 그림자는 찾아볼 수 없으며, 그들의 목소리도 거의 들을 수 없다. 그들과 자본은 밀접하게 연결되어 있으므로 단지 자본에 의해 대표될 뿐이다. 자본과 권력이 중국의 기본적인 정치기구를 독점하는 것은 우연이 아니다. 이러한 정치적 현상은 시장경제에 적응하면서 형성되고 생겨난 법률적·정치적 변혁의 산물이다. 이러한 새로운 역사적 조건에서 현재의 노동자 권리의 주요한 문제는 헌법과 정치의 문제가 아니라 법률적 권리의 범위를 확정하는 문제다.

노동의 상품화는 자본주의 시장 발전의 자연적인 산물이 아니다. 시장경제 발전과 서로 호응하는 국가 개입(법률 제정을 포함한 정책과 정부의 행위)을 떠나서는 임금노동자의 형성을 결코 이해할 수 없다.[16] 이정군은 새로운 법률 제정과 노동자 상태의 관계를 특히 강조하며 다음과 같이 지적한다.

양극화, 그리고 사회적 불평등이 심화하기 시작했다.

16 Margaret Somers, "Class Formation and Capitalism: A Second Look at a Class", European Journal of Sociology, 37(1), 194, 1996.

이러한 법규들은 경제 개혁 요구에 부응한다는 것 외에도(사유재산권 보호와 계약 및 저작권의 허용) 서로 다른 사회집단의 권익도 규정한다. 사회적 충돌의 조절을 제도화하고, 부지불식간에 법률적 제약하에서 공민의 권리를 확장했다. 1990년대에 반포된 '노동조합법工會法', '노동법', '부녀자권익보호법'은 모두 노동자계급에 큰 영향을 미쳤다. 이밖에도 노동쟁의 중재, 사회보험, 최저생활보장, 실업구제 등을 포함한 노동자의 각 방면의 생활 조건을 포괄하는 일련의 관리 규칙과 사회 정책들도 반포됐다. … 오늘날의 계급투쟁은 사유산업의 민간자본(해외 및 국내)과 농민공 간에 존재할 뿐만 아니라 경영인제도經理制 개혁 후의 국유기업 경영자와 구舊노동자 사이에도 존재한다. 노동분쟁이 시장경제하에서 폭증하고 있지만, 이제 이러한 분쟁은 기업 차원에서 기층 당조직에 의한 개인적 명령 방식이 아니라 외재적이고 보편적인 (법률) 체계의 힘을 빌려 처리된다. 비록 국가의 법 집행 능력이 이상적인 것에는 훨씬 못 미치지만, 최소한 계급투쟁을 하나의 새롭고 확장된 법규의 영역으로 진입시키는 작업은 이미 시작됐으며, 노동자의 권익 보호를 위한 투쟁에 법적 토대를 제공했다.[17]

앞에서 언급한 몇몇 법률 외에도 당대의 노자勞資 간 충돌은 '노동계약법'과 '물권법'의 관련 조항들을 둘러싸고 전개된다.

법률적 권리 수호는 신노동자 집단의식에 중요하게 작용하지만, 그들

17　李靜君, "中國工人階級的轉型政治", 《當代中國社會分層:理論與實證》, 北京: 社會科學文獻出版社, 2006.

의 투쟁을 법률적 틀 내부로 제한하는 측면도 있다. 법률투쟁은 노동 자계급 운동에서 중요하다. 그러나 신노동자와 구노동자의 구별이라는 측면에서 볼 때, 후자의 사회적 지위가 더욱 정치적 과정의 산물이다. 1949년 이후 분명한 정치의식을 가진 노동계급의 존재는 중국 정치생활 의 기본 요소였다. 중국 헌법 제1조는 "중화인민공화국은 노동자계급이 영도하고, 노농연맹을 기초로 하는 인민민주주의 전제정치의 사회주의 국가"라고 규정한다. 또한, 제2조는 "중화인민공화국의 모든 권력은 인 민에게 있다"라고 규정한다. 노동자계급의 영도적 역할을 이해하기 위 해서는 "모든 권력은 인민에게 있다"와 관련된 헌법 원칙을 동시에 이 해할 필요가 있다. 즉, 노동계급의 영도적 역할은 일종의 보편적 이익 과 밀접한 관련이 있으며, 이것은 결코 소수의 사람이나 노동자계급 자신을 위해 설정된 것이 아니다. 사회주의 시기에 가능했던 노동자계 급에 대한 대우는 이러한 헌법적 권리(특히 이러한 헌법적 권리가 생성된 정치적 과정)와 밀접하게 연관되어 있다. 20세기의 정치과정과 정치문화 생성을 이해하지 못하면, 이러한 헌법 원칙의 탄생을 이해하기도 어렵 다. 개혁개방 30년 동안 진행된 계급담론 상실과 전통적 노동계급의 소 멸, 신품팔이 집단 형성은 이러한 헌법 원칙이 공동화된 이유를 설명한 다. 법률적 권리 수호는 일반적으로 개인적 권리에 집중되어 있으며, 법 적 정의를 둘러싼 투쟁은 단지 개별적인 상황에서 비로소 정치적 정의 와 관련된 투쟁으로 전화할 수 있다. 2003년 '손지강(孫志剛, 쑨즈강) 사건' [18]으로 촉발된 수용송환제도 철폐 투쟁이나 도시에서의 품팔이 지위 보 장 투쟁 등이 이러한 사례다. 다시 말해 법적 정의와 정치적 정의는 교차 점이 있지만, 대부분의 경우 법적 정의는 개인적 권리만을 다룰 뿐 한 사회나 그 사회적 형태의 정의 문제는 취급하지 않는다.

여기서 중요한 문제는 단순히 정치적 정의라는 명제로 법적 정의를 치환하는 것이 아니라 법적 정의와 정치적 정의 사이의 연결고리를 찾고, 법적 정의와 헌법 원칙 사이의 관계를 탐색하는 것이다. 헌법의 문제를 다시금 제기하는 것은 사실상 정치적 정의의 문제를 다시 제기하는 것이다. 단순히 노동자계급이 정말 영도계급인지를 추궁하는 것이 아니라 노동자계급의 이익을 보편적 이익 혹은 그 핵심 부분으로 여기는 정치적 과정이 존재하는지 탐구하는 것이다. 노동계급의 이익을 보편적 이익으로 여기는 것은 당대의 노동자 지위를 재천명하기 위함이다. 이러한 의미에서 정치적 정의의 핵심은 노동 해방이며, 노동자의 평등과 자유다. 따라서 노동자 투쟁을 법적으로 제도화할 때, 이것이 보편적 이익의 정치적 진전을 실현하고 촉진하는 데 유리한지를 반드시 함께 물어야 한다. 아직 신노동자 집단에선 20세기 노동자계급이 갖고 있던 강력한 정치적 의식이 발생하지 않았고, 헌법이 규정하는 국가 영도계급에 대한 희망도 나타난 적이 없다. 그러나 이는 결코 신노동자 집단의 결함 때문이 아니다. 이러한 의식과 희망은 단순히 노동자의 삶과 처지에서 자발적으로 생겨나는 것이 아니며, 노동자계급의 삶의 상호작용에 기반을 둔 정치적 과정의 산물이기 때문이다. 20세기의 정당정치와 노동자조직, 민족운동, 무장투쟁, 노농연맹 및 사회주의 건국 운동을 떠나서는 결코 중국 노동

---

18   [역주] 광주시의 한 회사에 다니던 호북성 출신의 손지강이라는 청년이 2003년 3월 17일 저녁 피시방으로 가던 중 임시거주증을 소지하지 않았다는 이유로 경찰에 의해 '3무無 인원(신분증, 임시거주증, 고용증명서가 없는 외부호적 인원)'을 강제 송환하는 수용소로 호송되어, 수용소 직원과 다른 수용자들에게 집단구타를 당해 3월 20일 사망한 사건이다. 이를 계기로 이주노동자를 강제 수용하여 송환하는 제도를 철폐하기 위한 각계의 요구와 저항이 거세게 일어났고, 결국 이 제도는 그해 철폐됐다.

계급의 형성을 해석할 수 없다. 당대의 조건에서 상술한 정치적 진행 과정의 각 요소에는 모두 중대한 변화가 발생했다. 민족운동이나 무장투쟁, 노농연맹은 말할 것도 없고, 형식적으로나마 존재하는 정당정치도 정치적 과정에 조금이라도 도움을 주는 동력으로 기능하지 못하고 있다. 이러한 의미에서 즉자적 계급에서 대자적 계급이라는 목적론적 프레임으로 신노동자 집단의 계급의식을 토론하는 것은 어렵다. 이러한 의식은 광활하고 복잡한 역사적 진행 과정의 산물이기 때문이다.

따라서 신노동자 집단은 계급의식이 결핍된 것이 아니라 계급의식이 발생하는 정치적 과정이 종결된 것이며, 계급의식의 형성을 추동하는 정치적 역량이 변화된 것이다. 초기 노동계급의 역사적 형성과 당대 국가의 신노동자 집단의 상태를 비교하면, 노동관계 영역에서 조절과 관리, 그리고 규범화 등의 역할에 거대한 변화가 발생했음이 분명히 드러난다. 19~20세기 자본의 운용 방식은 각종 권력, 특히 식민주의 국가와 관료 체제의 권력에 따랐다. 그러나 그 형태는 오히려 뚜렷한 무정부주의적 특징이 있었으며, 노자 간의 모순은 노동과 자본 간의 직접적인 대립을 분명하게 보여줬다. 당대의 조건에서 자유로운 노동력 대군 형성에서부터 투자 유치 정책 출현까지, 그리고 노동조직 형성과 제약에서부터 금융체제의 규범화에 이르기까지 국가는 자본과 노동의 이중 대리인 임무를 수행하고 있다. 그러나 갈수록 긴밀해지는 자본과 권력의 연맹이 국가의 노동 권리에 대한 '대리' 역할을 점점 무력화시키고 있다. 노동의 대리인으로서의 국가 역할에 근본적인 변화가 발생한 것은 아니다. 정치적 측면에서 보면, 신노동자의 정치적 상태는 '정치적 대표성의 위기', 즉 노동자의 이익을 대표한다고 표명하는 국가 혹은 정당(정당-국가화라는 조건의 정당)과 노동자계급 간에 존재하는 심각한 단절을 의미한다. 따라서 노자 간의 대립도 항상 노동과 국가 간의 모순이라는 양상으로 나타난다. 20세기 노동자계급의 형성은 정당정치와 밀접한 관계가 있었으며, 심지어 노동자의 자기조직(노동조합) 형성도 정당의 동원과 밀접한 관련이 있었다. 그러나 정당의 성격이 '계급적 정당'에서 '전면적 대표'의 방향(정당—국가화의 방향)으로 전화轉化됨에 따라[19] 노동자계급은 정치적 영역에서 자신들의 발언권을 상실했을 뿐만 아니라 자신들의 정치적 대표를 만들어낼 수도 없게 됐다. 이처럼 정치적 침묵 상태에서 신노동자는 마르크스가 분석한 프랑스 농민처럼 되었다. 즉, 정치적 영역에서 "그들은 자신들의 계급적 이익을 자신의 이름으로 보호할 수 없다. 그들은 자신을 대표할 수 없으며, 반드시 다른 사람에 의해 대표되어야 한다. 그들의 대표자는 동시에 그들의 주인이며, 그들 위에 군림하는 권위로서 그들을 다른 계급의 침해로부터 지켜주고 그들 위에서 비와 햇빛을 내려 주는 무제한적 정부 권력"이다.[20] 그리하여 자본의 이익을 대표하는 정객이 때때로 도덕이라는 명목으로 노동자를 '대표'해 말하며, 자본가에게 자본의 장기적 운용을 유지할 수 없도록 만드는 경제외적 요소들까지 '경제적 착취'로 전화하도록 요구한다. 이렇게 '대표되는' 상태에서 신노동자

---

19 [역주] 이와 관련해 강택민 전前 국가주석이 2000년 2월에 제기한 '세 가지 대표론三個代表論'이 중요한 의미를 갖는다. 그는 "당이 중국 선진 생산력의 발전 요구, 선진 문화의 전진 방향, 인민의 근본 이익을 가장 폭넓게 대표하기만 하면 인민의 지지를 받을 수 있다"고 주장했다. 또한, 2001년 7월의 7·1강화에서 사영기업가의 공산당 입당을 허용한다고 발표함으로써 '세 가지 대표론'의 의미를 더욱 분명히 했다. 즉, 사영기업의 발전을 독려하기 위해 사영기업가의 입당을 허용해야 하며, 이들이야말로 선진 생산력을 대표한다는 식의 논지를 성립시켰다.

20 《馬克思恩格斯全集》第8卷, 217~218쪽. 한국어판은 《칼 맑스·프리드리히 엥겔스 저작선집 제2권》, 박종철출판사, 2010, 383쪽 참조.

는 생존을 위한 약간의 개선을 모색하는 것 외에는 자신들의 대립 면이 어디에 있는지, 심지어 자신들의 대립 면이 존재하는지조차 인식하지 못한다. 또, 자신의 이익과 보편적인 이익의 관계가 무엇인지도 불분명해진다. 마치 모든 불평등이 이러한 도덕적 담론과 정부의 배려, 자본 측의 준법 과정을 통해 해결될 수 있으리라 여기는 것처럼 보인다.

저자는 바로 이 '대표되는' 운명에서 벗어나기 위해 신노동자의 주체적 능동성이 매우 중요하며, 그들의 부富와 사회적 관계 창조라는 측면에서의 기여를 적극적으로 평가한다. 많은 인터뷰를 통해 저자는 노동자의 자주적 의식을 기록하며, 이러한 의식이 비약적이고 단편적이며 자기모순적이라는 이유로 내버려두지 않는다. 저자는 거시적 측면에서 미시적 측면까지 신노동자의 일상생활에서의 자기표현과 집단의식을 정교하게 관찰했다. 이러한 자기표현은 그들이 온갖 고통과 노동, 투쟁 및 타협을 겪은 후에 생겨났으며, 여기에는 그들과 도시, 자본, 고향, 가정, 친척, 친구, 국가와의 복잡한 관계가 모두 얽혀 있다. 에드워드 톰슨은 일찍이 이러한 방법론적 시도의 의의를 다음과 같이 지적한 바 있다. "노동자계급에 대한 연구는 반드시 '천로역정'이라는 정통적 관점, 즉 '전반적인 역사의 시기를 모두 조사해서 각종 선구자, 예컨대 복지국가의 개척자나 사회공화국의 조상들, (가장 최근에 유행한) 합리적인 산업관계의 초기 선례 등의 선구자들을 찾아내야 한다'는 정통적 관점에서 벗어나야 한다"는 것이다.[21] 이러한 정통적 관점에 따르면, 단지 성공한 사람만이 기억될 뿐이며, 길을 잃었거나 가망 없는 일, 실패의 고통

---

21 [역주] E.P. 湯普森, 《英國工人階級的形成》(上), 錢乘旦等譯, 南京: 譯林出版社, 2001, 5頁. 한국어판은 E.P. 톰슨, 나종일 외 역, 《영국 노동계급의 형성》(상), 창비, 2012, 6~7, 11~12쪽 참조.

등은 모두 계급의식의 형성이라는 위대한 길 위에 버려진다는 것이다. 이런 의미에서 저자도 정통적 관점과 대립하는 '계급 형성'의 관점에서 신노동자 집단의 탄생을 관찰했다고 할 수 있다.

오늘날 신노동자는 의지할 곳이 없다. 그들은 오직 삶의 경험과 타인과의 관계에서 새로운 동력과 희망을 찾을 수 있을 뿐이다. 남해혼다 자동차공장 노동자 투쟁에서, 폭스콘 노동자의 목소리 없는 저항에서 그리고 물질적 운명과 문화적 운명을 개선하기 위한 신노동자의 작은 노력에서 우리는 이들이 내는 희망과 요구의 목소리를 들었다. 언젠가는 이들이 탄생하게 된 심원한 정치적 함의를 분명히 깨닫게 될 것이다.

　나의 한국에 대한 유대감은 전태일로부터 비롯됐다. 《전태일 평전》(조영래)은 중국에서 《한 점의 불꽃: 전태일 평전星星之火: 全泰壹評傳》(류건주劉建洲, 류젠저우, 2002)으로 출간됐는데, 나는 그 책을 읽고 말로 표현할 수 없이 감동했다.

　전태일은 천성이 매우 착했다. 돈이 없어 점심을 못 먹는 어린 여공들에게 풀빵을 사주려고 공장에서 집까지 매일 두세 시간을 걸었다. 이런 생활은 분신 전까지 3~4년이나 계속됐다. 그는 공부도 좋아했다. 초등학교 4학년 중퇴 후 고등공민학교에 1년 다닌 게 전부지만, "50분의 수업 시간이 너무 짧다. 정말 시간이 나를 위해서만 존재하는 것 같다"며 일생에서 가장 행복했던 때로 회상했다. 그는 항상 배움을 갈구했고, 노동법을 연구했으며, 뛰어난 실천가였다. 1969년 6월 말 '바보회'를 조직하고, 1970년 9월 16일에는 12명의 재단사와 함께 '삼동친목회'를 만들었다. 그리고 마침내 1970년 11월 13일 평화시장 노동자들의 시위가 경찰에 저지되자 스스로 자기 몸을 불살랐다. 전태일의 신념은 그의 일기[22]에 잘 드러난다.

22　[역주] 전태일의 일기는 한국어판 《전태일 평전》(조영래, 전태일재단, 2009)을 참조했다.

한 인간이 인간으로서의 모든 것을 박탈당하는 이 무시무시한 세대에서 나는 절대로 어떠한 불의와도 타협하지 않을 것이며, 동시에 어떠한 불의도 묵과하지 않고 바로잡으려 노력할 것이다.

인간을 물질화하는 세대, 인간의 개성과 참된 인간 본능의 충족을 무시하고, 희망의 가지를 잘린 채 존재하기 위해 물질적 가치로 전락한 인간상을 증오한다.

꿈틀거리는 힘찬 근육과 펄펄 끓는 젊음의 피, 모든 사상, 감정, 의지, 희망과 꿈을 박탈당하고 박제된 인간. 하루하루의 생활에서 '나'라는 건 존재하지 않는다. 노동도 '내'가 하는 것이 아니며, 밥 먹고 자고 일어나 출근하는 것도 '내'가 아니다. 참된 '나'는 어디론가 종적 없이 사라져 버리고, 헛껍데기만 남은 내 육신이 알 수 없는 힘에 이끌려 이리저리 온종일을 허덕이며 끌려다닌다. '나 자신'이란 것이 어렴풋이나마 되살아나는 건 퇴근 시간이 될 때 잠깐뿐이다.

전태일은 노동자의 투쟁과 존엄을 위해 22세에 자신의 목숨을 바쳤다. 인간의 감정과 정의는 언어와 국경을 초월하기에 전태일처럼 아름다운 생명이 일찍이 꺼져간 사실이 더는 슬프지 않았다. 전태일 정신은 영원할 거라는 믿음 때문이다.

2015년 11월 성공회대학교의 초청으로 학술회의에 참석하기 위해 한국을 찾았다. 한국에 머무는 동안 전태일이 수습공과 재단사로 일하던 평화시장에 가서 그토록 그리워하던 그를 만났다. 청계천의 '전태일 다리' 바닥에는 '노동 가치의 존중', '전태일은 우리의 희망' 등 다양한 추모 글이 가득했다. 평화시장은 겉보기엔 화려했지만, 그 안은 중국의 열악한 공장에서 생산돼 들어온 의류와 천으로 가득했다. 서울 음식점의 설렁탕 한두 그릇 값으로 한 벌을 살 수 있는 염가의 옷들이었다. 여기서는 소위 한국 산업 이전의 본질을 자세히 볼 수 없었다. 그 시절 방직공장에서 일하던 여공들은 지금 어디에 있을까?

한국에서 다양한 사람을 만나며 45년이 흐른 지금도 전태일 정신이 여전히 살아 있음을 느꼈다. 2015년 12월에는 '전태일을 따르는 민주노동연구소'를 방문해 '전태일 노동대학'의 김승호 대표를 만났다. 김 대표는 자신이 전태일 시대의 상징이며, 전태일과 운명적으로 연결되어 있다고 했다. 그는 1969년 대학에 들어가 학생운동에 투신했다. 전태일 열사가 분신하자 그는 20여 명의 학생과 함께 평생 전태일 정신을 계승할 것이며, 영원히 명예와 이익을 추구하지 않겠다고 맹세했다. 또, 그는 "현재 많은 운동이 경제적 평등을 목표로 하는데, 경제는 단지 수단일 뿐이다. 전태일은 인간 대립의 원인을 물질로 보았고, 인간 생명의 가치를 중시했다. 오직 진정한 사회주의에서만 비로소 이 목표를 실현할 수 있다. 물질적 부만을 좇는 건 사회주의가 아니다. 전태일은 물질 추구를 거부했고, 인간 해방을 추구했다"고 설명했다. 이러한 전태일 정신은 생명 가치를 존중하는 사람들의 마음속에 영원히 살아 있을 것이다.

어디를 가든 그곳의 노동자와 직접 만나지 않으면 왠지 마음이 편치 않다. 그래서 한국 방문 동안 여성 노동자 김소연을 만나 이야기를 나눴다. 1993년부터 20여 년간 그녀의 삶은 노동자로서의 삶이자 투쟁의 삶이었다. 그녀는 2012년 제18대 대통령 선거에 무소속 후보로 출마했다.

당시 총 6명의 후보가 선거에 출마했는데, 그녀는 약 1만7000표를 얻어 낙선했다. 그녀는 '비정규직 노동자의 집' 설립 자금을 모으며 분투하고 있었다.[23] 강인하고, 용감하며, 불굴의 의지를 가진 그녀의 험난한 투쟁사를 듣고 노동자 투쟁의 미래를 떠올렸다. 현재 한국의 노동자는 실업난에 시달린다. 그렇다면 노동자의 교섭과 투쟁의 중심은 무엇이며, 또 어디에 있을까? 중국의 노동자도 같은 문제에 처해 있다.

생활수준과 교육수준이 향상된 이래 많은 노동자가 갖은 고생을 하며 돈을 벌어 자녀를 교육시킨다. 한국 고등학생의 대학 진학률이 70%를 넘는다고 하지만, 대학을 졸업해도 그들이 갈 곳은 없다. 이러한 고민을 갖고 '서울혁신파크'를 찾았다. 이곳은 새로운 가치 창출과 혁신의 허브 역할을 할 목적으로 조성됐으며, 다양한 사회 문제 해결을 위한 각종 사회조직 및 기구들(서울시 마을공동체 종합지원센터, 서울시 사회적경제지원센터, 서울시 청년허브, 서울인생이모작지원센터, 사회적기업, 공동도서관, 중고상점 등)이 입주해 있다. 이 공간은 시민에게 상상의 공간일까, 아니면 진정 나아갈 길일까? 공간은 흥미롭지만, 새롭게 유행하는 소위 '혁신'이란 이름으로 '신빈민'에게 임시 도피 공간만을 제공하는 건 아닌지 근본적인 성찰이 필요하다.[24]

서울의 대표적인 마을공동체인 '성미산마을'도 찾았다. 이곳은 1994년

---

23 [역주] 노동계와 시민의 힘으로 만들어진 비정규직 노동자 쉼터 '꿀잠'으로, 2017년 8월 19일 서울 신길동에 문을 열었다.

24 나는 이 책에서 '신노동자' 문제를 제기했다. 신노동자는 도시에서 일하지만 호적이 농촌인 노동자를 말한다. 또한, 이 책 추천사에서 왕휘 교수는 '신빈민' 문제를 제기했는데, 신빈민은 주로 대학 졸업생을 가리키는 말이다. 이들은 신노동자에 비해 노동조건이나 주택 상황이 약간 나은 편이지만, 차이가 그리 크지 않다.

에 젊은 맞벌이 부부가 '공동육아' 방식을 모색하며 만든 마을공동체로,
발전을 거듭하며 교육, 주거 문화 등 각종 마을 협력과 공유 활동을 전
개하고 있다. 현재 70여 개의 마을단체와 협동조합 및 커뮤니티가 운영
되는데, 공동육아 유치원과 의료협동조합, 생협, 공동주택, 독립생활자
주거 공간, 마을극장, 협동조합 카페 등으로 다양하게 구성돼 있다. 흥
미로웠던 것은 12년제 비인가 대안학교인 '성미산학교'였는데, 환경보호
와 사회평등, 생태교육을 중심으로 대안교육을 지향하며, 약 150명이 재
학 중이다. 현재 성미산마을에는 총 700가구 2000여 명의 주민이 모여
살면서 다양한 협력 프로그램에 참여한다. 이러한 모습에 감명하면서도
한편으론 다음과 같은 의문이 들었다. 도시의 마을은 농업 생산에 참여
할 수 없는데, 안전한 먹거리는 어떻게 얻는가? 시장에 유통되는 안전한
먹거리는 비쌀 수밖에 없으니 도농 간의 상호 협력 플랫폼을 만들어 도
시 소비자와 농촌 생산자의 직접 연결 방식을 고민해야 한다. 시장을 무
조건 배척하자는 게 아니라 시장의 약탈을 방지할 필요가 있다는 것이
다. 또, 자원봉사자와 학부모가 마을의 많은 사업에 시간을 투여해야 한
다. 그렇다면 이러한 모델은 오직 중산층이 사는 마을에만 적합한가? 이
에 대한 답은 아직 불확실하다. 중국에서도 이와 유사한 시도가 이뤄지
고 있다. 중국 남방과 북방의 많은 품팔이 노동자는 일자리가 불안정한
데, 그들의 거주지에도 가정주부들의 합심으로 협력적 생계 모델이 건설
될 가능성이 있다. 주류사회의 교육 방식은 자본과 기술을 위해 복무하
는 것이기에 이러한 구조가 바뀌지 않으면 대안교육은 단지 다른 생활방
식을 선택한 극소수 사람에게 국한될 것이다.

실버는 《노동의 힘》이라는 저서에서 자본주의 발전과 노동운동 간의

공생 및 투쟁을 분석했다.[25] 자본주의의 발전은 노동자 집단을 형성했으며, 노동자 착취를 통해 더 높은 이윤을 추구한다. 이러한 자본주의의 본성은 자본에 대한 노동의 저항을 일으켰다. 이러한 모순이 세계 현대사의 주요 내용을 이룬다.

인류는 자본의 통제 아래 움직여 왔기 때문에 자본과 투쟁할 수 없다는 깊은 절망을 느낄지도 모른다. 투쟁을 시작하면 자본은 곧바로 다른 곳으로 이동하기 때문이다. 하지만 이런 생각은 자본의 논리에 빠져 있다는 증거다. 자본의 논리에 매몰되지 않고 새로운 희망을 만들어가기 위해서는 우리 모두의 선택이 매우 중요하다.

한국을 떠나기 전날 한국의 노동 문제 연구자들과 한 식당에서 좌담회를 했는데, 식당 이름이 '들풀'이었다. 그저 우연이겠지만 불현듯 노신(魯迅, 루쉰)의 산문시집 《들풀野草》이 떠올랐다. 그 자리에 참석한 몇몇 선생님의 가르침 덕분에 한국의 민중운동, 노동운동, 학생운동, 시민운동의 맥락을 자세히 이해할 수 있었다. 또, 참석자들의 중국에 관한 이해도 주고받았다.

5000년의 세계 역사를 총괄하면 인류 사회는 확실히 진보했다. 선조들은 왕권주의 아래 살았고, 걸핏하면 재산을 빼앗기고 참수당했다. 또, 200년의 세계 역사만 보아도 인류 사회는 많은 발전을 이뤘다. 특히 과학기술과 여성의 지위가 향상됐는데, 이러한 진보가 없었다면 여성은 집에서 남편 시중이나 들고 있을지 모른다. 또한, 마르크스주의는 사회 진보의 역사와 과학성을 보여준다. 중국은 모택동(毛澤東, 마오쩌둥)의 지도

---

25 [역주] 한국에서는 《노동의 힘》, 백승욱 외 역, 그린비, 2005로 출간됐다.

가 있었기에 사회주의 실험을 할 수 있었고, 따라서 중국인에게는 성공의 경험과 동시에 실패의 교훈이 있다. 중국의 공유제와 집체 소유제의 기초는 아직 완전히 붕괴하지 않았다. 사회주의 사상과 정신은 여전히 존재한다. 이것이 다른 자본주의 국가와 중국의 다른 점이자, 자본주의와의 투쟁 과정에서 유리한 점이다. 현재 자본주의의 흉악무도함은 매우 심각한 상황이다. 인간성이 파괴되고 있으며, 생태 위기, 유전자 위기, 환경 위기는 엄중한 지경에 이르렀다. 이에 저항하지 않는다면 인류의 지속은 불가능하다.

짧은 한국 방문 동안 나를 매료시킨 건 아름다운 풍경보다 사랑스러운 사람들이었다. 백원담 선생님은 호방하고 활력 넘치며 조직력 있는 분이고, 장영석 선생님은 박학다식하지만 겸손하고, 순수하면서도 열정적인 분이다. 연광석 선생님은 노련하고 학식이 깊었다. 정규식 선생님은 한국 체류 동안 일정을 안배하고 통역을 도왔다. 비록 국적이나 처한 환경이 다르지만, 세상을 바라보는 가치관이 같기에 깊은 동지애를 쌓을 수 있었다. 그밖에 한국에서 만난 모든 학자와 학생, 각계 인사, 친구들에게 깊은 감사의 마음을 전한다.

26　표의 마지막 두 열은 인터넷에서 수집해 추가한 것이고, 그 외에는 《노동의 힘》에서 재구성했다. 또한, 표에서의 경제총량은 구매력 지수와의 대조를 거치지 않은 명목상 경제총량이다. 경제 체제의 진정한 경제력을 보여주진 않으나 전반적인 추세를 설명할 수는 있다.

27　http://en.wikipedia.org/wiki/List_of_countries_by_population, 검색일: 2013년 7월 15일.

28　http://en.wikipedia.org/wiki/List_of_countries_by_GDP_%28nominal%29, 검색일: 2013년 7월 15일.

29　이 수치의 출처는 본 열의 다른 수치들과 다르기 때문에 따로 설명할 필요가 있다. 또한, 《노동의 힘》에서의 서유럽은 현재의 유럽연합과 다르다. 그러나 여기서의 인구는 현재 유럽연합 국가의 총인구다. (http://en.wikipedia.org/wiki/European_Union)

30　현재 유럽연합 국가의 경제총량이다. 이 수치와 《노동의 힘》에 나오는 서유럽 국가의 것은 다르다.

세계 자동차산업 자본과 노동운동의 각축[26]

	1910년대~1930년대	1930년대~1940년대: 미국의 파업 고조기 / 1950년대~1970년대: 유럽의 확장 고조	1960년대 말~1970년대 초: 유럽의 파업 고조기 / 1968년~1974년: 브라질의 '경제 기적'	1978년~1986년: 브라질의 격렬한 파업 고조기 / 1980년대 조: 한국 자동차산업의 비약적 발전	1987년~1996년: 한국의 파업 물결 절정기 / 1991년~2010년: 중국 자동차 생산량의 급증	세계 총 인구[27] 7,098,200,000명	전 세계의 경제총량[28] 71,707,302백만 달러
미국	생산 획장	파업 고조				316,252,000	15,684,750
서유럽		생산 획장	파업 고조			500,000,000[29]	16,641,109[30]
브라질 남아프리카			생산 획장	파업 고조		193,946,886 52,981,991	2,395,968 384,315
한국				생산 획장	파업 고조	50,219,669 (0.7%)	1,155,872 (1.6%)
중국					생산 획장	1,354,040,000 (19%)	8,227,037 (11.4%)
	상술한 국가 및 지역이 세계에서 차지하는 총 비율					27.7%	38.8%

눈이 펑펑 내리던 이른 새벽, 정규식·하남석 선생님의 배웅을 받으며 공항으로 향했다. 계속 전태일이 떠올라 아쉬워하고 있는데 하늘에서 눈이 흩날렸다. 전태일도 나와의 헤어짐이 아쉬운 게 아닐까 하는 생각이 들었다. 고개를 들어 바라본 어두운 하늘에 검은 구름이 손으로 찢은 듯 층층이 갈라지며 그 틈으로 작고 파란 하늘이 엿보였다. 이내 내 얼굴을 비춘 한 줄기 빛이 감사한 이들과의 헤어짐을 위로했다.

2017년 8월

려도

중국 경제가 굴기崛起했다. 중국은 2008년 세계에서 가장 큰 제조업 수출국이 되었고, 2009년 세계 금융위기 때도 외국자본의 투자가 세계에서 두 번째로 많은 나라였다. 2010년 7월 말 중국의 외화보유액은 세계 1위였으며, 국내총생산GDP은 2010년에 처음으로 일본을 추월하여 세계 2위의 경제대국이 되었다.

이러한 중국 경제의 급성장은 새로운 집단을 탄생시켰는데, 이들이 바로 신노동자新工人 집단이다. 이 책에서의 '신노동자'는 호적은 농촌이지만 일과 생활은 도시에서 하는 '품팔이' 집단을 말한다. 신노동자라는 호칭에는 두 가지 의미가 있다. 첫째, 과거 국유기업 노동자國企工人와 대비되는 의미다. 과거의 국유기업 노동자는 국가 노동자로 편제되어 있었고, 각종 복지를 누리며 대우받았다. 그러나 현재의 '품팔이'는 노동의 질적 측면에서 노동자工人임이 분명하지만, 과거와 같은 노동자로서의 대우는 받지 못한다. 둘째, '새로운 산업노동자'라는 의미다. 개혁개방31 이후 공업화와 도시화로 농민에게 도시에서의 취업 기회가 제공됐고, 이들은 점차 방대한 규모의 품팔이 집단을 형성했다. 2006년 3월 27일 국무원은

---

31 [역주] 등소평(鄧小平, 덩샤오핑)이 1978년 말부터 시장경제 요소를 도입하고, 연해 지역을 개방해 외국 기업을 유치하기 시작한 것을 말한다. 이로써 중국의 '사회주의 시장경제 체제'가 세워졌다.

〈농민공 문제 해결에 관한 의견〉[32]을 발표해 이 집단의 지위를 정립했다. 즉, 이들은 '새로운 노동대군'이며, '산업노동자의 중요한 구성 부분이 되었다'. 이 책에서는 '신노동자', '품팔이', '노동자 친구工友'라는 세 가지 용어를 사용하는데, 이는 서로 바꿔 쓸 수 있다.

중국의 신노동자는 수적인 면에서 이미 굴기했다. 2012년 2월 22일 국가통계국은 "(2011년) 농민공의 총수는 2억5278만 명에 달하며, 전년도보다 4.4% 증가했다. 이는 중국의 급속한 경제성장과 안정적인 취업률을 분명하게 보여주는 것"이라고 밝혔다.[33] 또한, 국무원연구실이 2006년 4월에 발표한 〈중국 농민공 조사 보고〉에서도 "농민공이 중국 제2차 산업 종사자의 58%, 제3차 산업 종사자의 52%를 차지함으로써 중국의 공업화 발전을 지탱하는 중요한 역량이 되었음"을 공언했다.

그러나 신노동자는 불안정한 노동으로 길을 잃고 방황 중이다. 2009년 '북경 노동자의 집北京工友之家'[34]에서 낸 〈품팔이 주거 현황과 미래 발전 조사 보고〉에 따르면[35], 심천深圳의 신세대 노동자는 평균 1년 6개월마다, 소주蘇州의 신세대 노동자는 평균 2년마다 직장을 옮긴다. 물론, 개인마다 차이가 커서 어떤 노동자는 1년에 몇 번씩 직장을 바꾸고, 또 어떤 노동자는 10년 동안 같은 곳에서 일하기도 한다. 그러나 전반적으로 품

■

32 〈國務院關于解決農民工問題的若幹意見〉, 中央政府門戶網站
    (http://www.gov.cn/jrzg/2006-03/27/content_237644.htm)

33 "2011年統計公報評讀", 國家統計局門戶網站(http://www.stats.gov.cn)

34 [역주] 북경 수도공항 근처의 변두리 마을인 피촌에 있으며, 중국 각지에서 일자리를 찾아 모여든 2만여 명의 품팔이가 모여 산다. 신노동자 스스로 삶을 개척하려는 의지와 실천을 통해 운명과 미래를 모색한다는 목표로, 100여 명의 활동가가 신노동자 예술극장, 노동자박물관, 어린이용 작은도서관, 협동조합농장, 노동자대학 등을 운영하고 있다.

35 〈打工者居住狀況和未來發展調查報告〉, 北京工友之家所做的調研報告(沒有正式出版), 2009.

팔이 노동은 매우 불안정하다.

신노동자의 생활 또한 불안정해서 그들은 자신의 '집'이 어디인지 몰라 혼란스러워한다. 수많은 품팔이 노동자가 도시에서 만족스러운 일자리와 안정된 생활을 영위하지 못하고, 농촌에서도 수입원과 전망을 찾지 못한다. 요컨대 신노동자는 도시와 농촌 사이에서 진퇴양난이다. 대다수 품팔이가 대도시에서는 집을 살 수 없으며, 고향에 집을 짓거나 지방 소도시에 집을 마련할 수 있는 수준이다. 그러나 이조차 수십 년간 번 돈을 모두 쏟아붓거나 심지어 앞으로의 수입까지 당겨써야 한다. 농촌 토지의 생산량으로는 생계유지가 어렵고, 지방 소도시에는 일자리가 충분치 않다. 그래서 고향에 집을 마련하지 못하는 품팔이는 평생 도시에서 품팔이 노동을 해야 한다. 그 결과 지방 소도시나 농촌의 집은 단지 '기호로서의 집'에 불과하게 되었다.

신노동자의 방황은 정신적으로도 나타난다. 현대 사회는 겉으로는 모든 사람에게 평등한 기회를 제공하며, 마치 노력만 하면 자기 세상을 열 수 있을 것처럼 보인다. 그래서 대다수 신세대 노동자가 사회에 나와 처음 일을 시작할 때는 자신감으로 가득 차 열정적으로 일한다. 그러나 계속되는 장시간 노동과 일상적인 야근으로 이 열정은 점점 무감각해지며, 인생의 목표를 상실한 채 반복적으로 일만 하는 기계가 되어 간다.

하지만 중국 신노동자는 점차 각성하고 있다. 노동자 의식의 각성은 그들의 노동과 삶의 경험에서 나온다. 노동자는 생산 과정에서 노동 효율성(생산성) 제고가 자신들의 임금 인상으로 이어지지 않는다는 것을 발견했다. 또한, 수차례의 이직을 경험한 후 거의 모든 사장이 이윤을 위해 노동자를 착취한다는 사실을 깨달았다. 세계적으로 거스를 수 없는 시장주의의 조류 속에서 노동자는 자신의 생명과 자유를 잃어버리고 있었다. 규정 시간을 초과한 장시간 노동으로 자기 시간도 가질 수 없다. 자기 시간이 없다는 것은 생명이 없다는 것이고, 생명이 없으면 자유도 없다. 이러한 노동과 삶의 경험으로부터 비롯된 단순한 인식이 노동자 주체의식 굴기의 전제다.

중국 신노동자가 진정으로 굴기할 수 있는가의 여부가 중국 경제·정치·문화·민족정신의 진정한 굴기를 결정할 것이다. 중국의 개혁개방과 외국자본의 투자는 중국 경제의 급성장을 가져왔으며, 세계에서 가장 큰 규모의 산업노동자 집단을 창조했다. 하지만 중국 신노동자의 탄생은 세계와 중국 투자 자본의 원래 목적이 아니다. 이는 중국 도시화와 공업화에 따른 필연적 결과다. 노동력이 필요한 자본과 기업은 농촌 호적의 품팔이 노동자에게 도시에서의 취업 기회를 제공했다. 그러나 자본과 기업은 필연적으로 노동자의 온전한 요구도 수용할 수 없었으며, 이것이 노동자와 자본가 간의 모순을 만들었다. 중국 헌법 제1조 1항은 "중화인민공화국은 노동자계급이 영도하고, 노농연맹을 기초로 하는 인민민주주의 전제정치의 사회주의 국가다"라고 규정한다. 또한, 제2조 1항은 "중화인민공화국의 모든 권력은 인민에게 있다"고 규정한다. 이처럼 중국 헌법은 노동자와 인민의 기본적인 지위를 규정한다. 그러나 개혁개방 30년간 이어져 온 경제 건설 중심의 발전 경로는 자본 중심 구조를 초래했으며, 노동자와 농민은 합당한 지위를 보장받지 못했다. 2004년 3월 제10기 전국인민대표대회 2차 회의에서 온가보(溫家寶, 원자바오) 총리는 〈정부공작보고〉를 통해 '사람을 근본으로 하는以人爲本' 치국 이념을 제시하고, 경제발전을 과도하게 강조함으로써 발생한 사회 문제 교정을 시작했다.[36] 중국 개혁개방의 경제 성과를 보장하고, 조화롭고 공평한 중국을 건설하기 위해 신노동자는 사회가 부여한 역사적 책임을 감당해야만 한다. 개혁개방과 중국 경제의 급부상은 신노동자 굴기를 위한 충분한 물질적 조건을 제공했다. 하지만 신노동자 굴기의 필수 조건은 주체의식의 굴기다.

이 책에서는 도시와 농촌 사이에서 진퇴양난에 처한 품팔이의 상황을 분석하고, 그들의 성찰을 주요하게 다뤘다. 미시적으로는 그들의 현실을 묘사하고, 이에 기초해 사회구조를 거시적으로 분석했다. 신노동자가 진퇴양난에 처했다고 해서 그들에게 발전적 미래가 없는 것은 아니다. 오히려 오늘날 중국 사회는 사회변혁의 결정적인 순간에 이르렀으며, 사회의 조화로운 발전을 위한 경로를 모색 중이다. 이와 함께 품팔이도 신노동자, 신시민, 신공민이 되기 위한 발전적 경로를 모색하고 있다. 그들은 비록 도시에서 힘들게 살지만, 흔들리지 않는 강인한 의지와 정신으로 분투한다. 다수의 품팔이, 특히 신세대 품팔이는 분명 도시에서 성장해 나갈 것이다. 이는 중국의 도시화와 공업화가 가져온 필연적 결과이자 신세대 품팔이 집단의 정신적·물질적 요구가 낳은 필연적 결과이기도 하다.

이 책은 '예단 없는 연구법', 즉 어떠한 가설이나 전제가 없는 연구 방법을 지향한다. 하지만 연구 방향이나 주제가 없다는 것은 아니다. '도시와 농촌에서의 품팔이의 향후 발전'은 반구조화 면접으로 연구했다. 나는 이를 '퍼즐 연구법'이라 명명하려 한다. 중국은 매우 거대하며, 도시와

---

36 "政府工作報告凸顯'以人為本', '執政為民'", 《人民網》
   (http://www.people.com.cn/GB/shizheng/1026/2393516.html)

농촌은 모두 그곳만의 특징이 있다. 따라서 이번 연구가 모든 측면을 포괄하는 연구라고는 할 수 없다. 그러나 각각의 도시와 농촌, 개인은 모두 중국 현실의 일부를 반영한다. 이러한 각 부분을 일정한 논리에 따라 하나로 결합할 때, 비로소 주제에 대한 중국 현실의 전모가 구성된다. 초고를 완성하기 전까지 제목이나 구조, 그리고 결론에 대해 아무것도 정해진 바가 없었다. 인터뷰에서 나온 이야기들을 정리하며 문제를 분류하고 종합하는 과정을 통해 최종적으로 이 책의 구조와 목차를 구성했다. 퍼즐을 맞출 때는 먼저 색깔이 비슷한 조각들을 한데 모아 여러 개의 작은 조합을 만들고, 다시 이 조합을 더 큰 조합으로 결합해 완성해야 한다. 하나의 작은 퍼즐 조각인 이야기가 관심과 공감을 불러일으킬 수 있다면, 노동자의 현실과 미래에 대한 관심 또한 생길 것이다. 이것이 중국의 현실 및 미래와 밀접하게 관련돼 있기 때문이다.

노동자들과의 인터뷰 시간은 평균 2시간이고, 3~6시간 정도 소요된 경우도 있다. 여러 도시와 농촌을 넘나들며 노동자들을 만났는데, 북경北京 17명, 중경重慶 6명, 동관東莞 20명, 소주 9명, 그리고 무한武漢 2명이다. 총 54명의 노동자를 만났고, 그중 30명이 남성, 24명이 여성이다. 그리고 하남河南성 초작焦作시 무척武陟현 사기영謝旗營진 북대단北大段촌의 10가구, 사천四川성 인수鄰水현 감자柑子진 반죽斑竹촌의 8가구, 중경시 장수長壽구 홍호洪湖진 평탄坪灘촌의 4가구, 봉절奉節현의 7가구, 귀주貴州성 준의遵義현 신민新民진 혜민惠民촌의 총 5개 마을에서 농가 36가구를 조사했다. 중경에서 인터뷰한 6명의 노동자는 고향이 평탄촌이고, 동관에서 인터뷰한 8명의 노동자는 고향이 혜민촌이다. 동관에서 만난 또 다른 노동자들은 봉절현 출신이다. 도시 노동자에게 주로 질문한 것은 그들의 노동 경험 및 고향과의 관계였고, 농가에는 농촌의 생산 및 생활, 그리고 외지로 나가 일하는 가족과의 관계를 주로 물었다. 비록 주요 소재는 이 연구를 위해 진행된 조사를 통해 얻었지만, 일부 1차 자료들 가운데는 이전에 축적한 연구 소재를 사용한 것도 있다. 예컨대, 제1부 제5장에 나오는 북경시 중오中塢촌 철거 조사는 2010년 1월에 수행한 것이다.

이 책은 총 4부로 구성되어 있다. 제1부와 제2부에서는 구체적 정보를 기반으로 노동자 및 농촌 가정의 이야기를, 제3부에서는 2차 자료를 인용해 사회구조적 문제를 살펴볼 것이다. 그리고 제4부에서는 사회 발전에 핵심적으로 작용할 몇몇 개념을 검토할 것이다. 앞서 말했듯이, 이 책의 구조는 퍼즐 맞추기와 같다. 우선 구체적인 부분들을 연결해 나가고, 이후 전체가 드러나게 되면 비로소 이것들의 구조와 함의, 교훈을 사유할 수 있을 것이다.

제1부는 '살 수 없는 도시'에 관한 내용을 다룬다. 품팔이는 도시에서 일하지만, 일자리가 불안정할 뿐만 아니라 대다수가 사회보장 혜택을 받지 못한다. 또한, 도시에서 생활하지만 도시에서 집을 살 수 없을 뿐만 아니라 주거 상황도 매우 열악하다. 대다수 품팔이의 자녀는 도시의 공립학교에 입학할 수 없으며, 고향에 남겨져 조부모 손에 양육된다. 일부 아이는 오랫동안 기숙학교에서 공부하고 생활하기도 한다. 운이 좋아 부모와 함께 살 수 있는 아이들은 도시에서 '유동 아동'으로 불린다. 이 호칭에서도 알 수 있듯이, 이들은 부모의 운명을 반복하는 것처럼 보인다. 현재 중국의 도시는 품팔이의 생존과 발전을 생각할 겨를이 없을 만큼 급속도로 확장 발전하고 있으며, 도시에서 진행되는 개발의 물결 속에서 품팔이는 더욱 주변화되고 있다.

제2부는 '돌아갈 수 없는 농촌'에 관한 내용이다. 노동자들은 "언젠가는 고향으로 돌아가고 싶다"는 이야기를 많이 한다. 그러나 그때가 언제일지 물으면, 그들은 "더 이상 일할 수 없을 때 가야죠. 지금 돌아가면 뭘 먹고 살아요"라고 말한다. 따라서 그들이 '고향으로 돌아간다'는 것은 단지 상상 속의 퇴로일 뿐 실제로는 존재하지 않는 선택지다. 농촌의 경작지 규모는 품팔이가 귀향해 농사를 지을 수 있을 정도로 충분하지 않다. 현재 농촌의 연간 수입은 외지에 나가 6개월간 벌어들이는 수입에도 못 미친다. 따라서 그들이 고향으로 돌아가 농사를 짓겠다는 것은 불가능한 선택이다. 부모가 외지로 품팔이를 나가 농촌에 남겨진 아이들은 '잔류 아동'으로 불린다. 쇠락하고 고령화된 농촌이 여전히 숨을 헐떡이며 도시를 위해 염가 노동력을 공급하는 것이다.

제3부는 '도시와 농촌 사이에서 길 잃음'을 다루며, 사회구조적 현상 및 품팔이의 미래에 대해 분석했다. 먼저 제11장에서는 품팔이의 소위 '길 잃음' 상태를 다루는데, 가장 분명한 특징은 도시에서 생활하면서도 농촌에 집을 짓거나 구입한다는 것이다. 농촌으로 돌아가 농사를 지을 수 없다는 것을 알면서도 여전히 많은 품팔이가 농촌에 집을 짓는다. 하지만 농촌 논두렁에 우뚝 솟은 다층 주택들은 대부분 텅 비었거나 노인이나 아이들만 거주한다. 이는 집이라기보다 차라리 '기호로서의 집'이라고 할 수 있다. 제12장의 전반부 두 절에서는 파열된 사회가 품팔이 집단에 미치는 직접적인 영향을 분석했고, 후반부 두 절에서는 파열된 사회가 품팔이들의 '길 잃음'을 초래한 이유를 살펴본다. 제13장은 농촌에서 도시로 이주한 여성이 품팔이 노동을 하면서 경험한 역할 변화와 결혼관계의 변화를 서술하는데, 이러한 변화는 여성뿐만 아니라 남성에게

도 영향을 끼친다. 제14장은 '구인난用工荒'에 대한 분석이다. '구인난'은 기업과 정부, 그리고 품팔이 사이에 진행되는 힘겨루기의 한 표현이라 할 수 있다. '구인난'은 품팔이 노동자의 불안정한 취업과 직접적인 관련이 있다. 품팔이 노동자는 불안정한 일자리로 끊임없이 직장을 바꾸지만, 도시에서 계속 품팔이 노동을 할 것이다. 또한, '구인난'은 끊임없이 증가하는 품팔이 노동자 집단이 이미 형성돼 있다는 것을 보여주기도 한다. 제15장에서는 산업 이전에 대해 서술했다. 제16장은 농촌과 중국의 미래를 분석한다. 농촌과 도시는 중국의 손과 발이라 할 수 있고, 이는 반드시 균형적으로 발전해야 한다. 중국에서 발생하는 대다수 문제는 도농격차 때문이며, 따라서 농촌의 발전 없이는 중국의 안정적인 발전도 없다.

제4부는 '신노동자 주체의식의 형성'을 다룬다. 여기서는 공평, 자유, 도덕이라는 세 가지 개념과 품팔이의 진정한 '집'에 관해 논한다. 동서고금의 철학적 논의나 공허한 논쟁이 아니라 노동자의 시각에서 그들의 현실에 가장 근접한 분석을 하려 했다. 노동자와의 교류를 통해 소박하면서도 심오한 이치를 배울 수 있었다. 이 책의 분석과 결론이 신노동자 주체의식 형성에 조금이나마 기여할 수 있기를 희망한다.

이 책의 조사와 연구는 2010년 5월에 시작해 2010년 12월에 마무리했다. 2011년 1월에 조사, 연구한 자료들을 정리하기 시작했고, 제4부의 집필을 위해 2011년 6월 보충 조사를 진행했다. 이어 본격적으로 집필에 착수했다. 이 책의 초고는 2011년 10월에 완성됐으며, 최종 원고는 2012년 3월에 완성됐다. 인터뷰에 응해준 모든 분께 이 자리를 빌려 감사드린다. 그들과의 진실한 교류가 없었다면 이 책도 없었을 것이다. 또한, 이 책을 지지해주고 도움을 준 모든 동료와 친구에게도 감사의 마음을 전한다.

2012년 3월

려도

목차

우리는 신노동자,
품팔이 노동 30년

1978년은 중국 개혁개방의 시작을 표지하는 이정표적인 해이며, 2008년은 개혁개방이 30년간 진행됐음을 의미하는 기념비적인 해다. 2010년 중국은 세계 제2위의 경제 대국, 세계 제1위의 수출 대국이 되었다. 또한, 세계에서 가장 큰 규모로 농촌에서 도시로의 인구 이동이 이뤄졌으며, 이는 현재 진행 중이다. 과거 30년간의 발전 이념은 '경제 건설 중심'이었다. 이에 기초한 경제발전은 중국을 세계에서 가장 경제적으로 활력 넘치는 국가로 만들었지만, 한편으로 환경 파괴와 심각한 빈부격차를 낳았다. 자본의 논리가 점차 사회 발전을 주도하면서 윤리는 무너지고, 개인은 혼란스러운 사회에서 길을 잃었다. 중국 사회 전반에 변화가 생겼으며, 이에 모든 중국인이 영향을 받고 있다. 이 중에서도 개혁 영향을 가장 강하게 받는 집단이 바로 신노동자다. 국가통계국 발표에 따르면, 중국에서 호적을 농촌에 둔 품팔이 노동자 수는 2억5000만 명에 달하며, 지금도 여전히 증가하고 있다. 이들은 처음에 도시로 이주해 일하는 것을 엄격히 통제받았고, 수시로 강제 송환 위험에 처했다. 따라서 개혁개방은 품팔이에게 도시 이주의 기회를 주었을 뿐, 도시에서 일할 수 있는 길을 연 것은 품팔이 자신들이다. 품팔이의 수적 규모나 그들이 중국 사회구조에 미치는 영향력을 고려하면, 품팔이에 관해 자세히 살펴볼 필요가 있다. 또한, 앞으로의 정세에서 이들이 중국의 새로운 노동자 집단이 될 것이라는 객관적 사실을 직시해야 한다. 따라서 중국의 과거 30년 역사는 중국 신노동자 형성의 역사라고도 할 수 있다.

1. 농민공인가, 품팔이인가, 신노동자인가?

농민공農民工

'북경 노동자의 집'은 2009년 1월 1일부터 사흘간 북경시 조양朝陽구 금잔金盞향 피촌皮村에 위치한 신노동자극장에서 '제1회 품팔이 문화예술제'를 개최했다. 각지에서 온 품팔이와 학자, 관련 기구 대표들이 다채로운 프로그램에 참여했다. 그런데 민요 특별공연 도중 예기치 못한 사건이 발생했다. 두 단체의 대표자가 '농민공'이라는 용어를 두고 다툼을 벌인 것이다. 한쪽은 계속해서 '농민공'이라 표현해야 한다고 했고, 다른 한쪽은 품팔이 문화예술제에서는 더더욱 '농민공'이라는 차별적인 용어를 사용해서는 안 된다고 했다. 여기서 중요한 것은 이러한 '담론' 충돌에서 좀더 진일보한 인식을 얻을 수 있는가이다.

'농민공'이라는 용어 사용을 찬성하는 대다수는 이 용어가 그저 현상(사실)을 말할 뿐, 차별의 의미는 없다고 생각한다. 농촌에서 온 품팔이가 도시에서 일하고, 도시와 농촌 사이에서 유동한다는 사실을 드러낼 뿐이라는 것이다. 그러나 고민을 좀 더 확장할 필요가 있다. 30년 동안 사회구조 변화를 겪으면서 농민공이라는 용어는 더 이상 중국 품팔이 집단의 주류를 묘사하는 데 적합하지 않다. 1970~80년대에 이 용어를 사용한 것은 이 시기에 도시로 와 일하던 농민 대부분이 '계절성 이주 품팔이'였기 때문이다. 따라서 농번기에는 집으로 돌아가 농사를 짓던 당시 품팔이의 이중적 신분을 표현하기에 농민공이라는 용어가 비교적 적합했다.

그러나 1990년대와 2000년대 이후부터는 대다수의 품팔이가 농업에 종사하지 않고, 장기적이고 지속적으로 도시에서 일하며 생활한다. 따라서 농민공이라는 용어는 적합하지 않다. 우선, 농민공은 그 의미를 충분히 담아내지 못한다. 품팔이 대부분은 공업이나 서비스업에 종사하며 더 이상 농사를 짓지 않기에 농민이 아니다. 둘째, 품팔이 호적이 농촌에 있으므로 농민공이라는 호칭을 써야 한다는 논리는 신분에 근거한 차별이나 경시 풍조를 쉽게 형성한다. 호적제도는 시대에 부합하지 않으며, 개혁이 요구되는 구체제의 산물이다. 게다가 호적을 통해 인구 유동을 제약하는 것은 사회 진보에도 도움이 되지 않는다. 셋째, 많은 경우 호칭은 권익 문제를 내포한다. 품팔이를 농민공이라 부르는 것은 이들이 도시민과 같은 의미의 평등한 공민이나 노동자工人가 아님을 은연중에 함축한다. 넷째, 더 중요한 것은 품팔이 스스로가 공평과 존중을 요구한다는 점이다. 이들의 요구는 인적 규모 및 생활과 노동 측면에서 물질적 토대를 갖췄으며, 나아가 정신적 측면의 요구를 형성하는 중이다. 집필 과정에서 우연히 만난 한 품팔이 노동자는 "우리를 농민공이라 부르는 건 마치 우리가 영원히 상황을 전복시킬 수 없다는 말처럼 느껴진다"고 했다. 따라서 농민공이라는 과도기적 용어는 역사의 무대에서 퇴장할 때가 됐다.

　농민공이라는 용어를 인정하지 않는 것은 품팔이의 주체성이 굴기하고 있음을 보여주는 구체적인 현상이다. 사회적으로 이 용어가 보편적으로 사용되는 것은 품팔이가 발언권을 주도하지 못하기 때문이다. 담론은 언제나 정치적이다. 권력이 없거나 목소리를 낼 수 없는 집단은 항상 대리되거나 호명될 뿐이다. 2009년 10월 28일 제2회 '신노동자 문화예술제'에서 민간기구 대표로 참석한 소산(小山, 샤오산)은 다음과 같이 말했다.

> 저는 오늘 이 자리에서 자아정체성, 즉 농민공의 신분에 관해 이야기하려 합니다. 이 문제는 높은 곳에서 멀리 보는 지식인이나 전문가, 학자에겐 사소한 문제일지 모릅니다. 그러나 우리에게는 나아갈 방향이며, 우리 행동에 지대한 영향을 미칠 수 있는 중요한 문제입니다. 우리가 이 문제를 토론하지 않는다면 우리의 인식과 방향은 잘못된 것이며, 우리의 실천도 아무 의미가 없습니다. 우리는 줄곧 농민공이라는 호칭을 배격해왔습니다. 한낱 호칭에 신경 쓴다며 많은 사람이 이상하게 생각합니다. 농민공이라는 용어는 표면적으로는 사실이지만, 이 '사실'은 도덕을 무시한 것이기에 사실이 아닙니다. 하나의 주체는 결코 두 개로 나뉠 수 없습니다. 목적지의 반대 방향으로 가는 기차표 두 장을 살 수 없는 것과 마찬가지입니다. 이러한 인식은 직접 경험해야만 느낄 수 있습니다. 우리는 누구입니까? 누가 결정합니까? 바로 우리 스스로입니다. 자아정체성은 도덕의 문제이지, 사실의 문제가 아닙니다. 우리가 고통과 어려움을

겪을 때, 우리는 동시에 서로 다른 두 주체가 될 수 없습니다. 반드시 하나를 선택해야 합니다. 그렇지 않고 계속해서 농민공이라 불리며 일한다면, 곧 끔찍한 상황을 맞이할 겁니다. 예전에 수많은 건축 현장에 가본 적이 있습니다. 수십 명의 노동자가 간이 숙소에 거주하며 열악한 조건을 감내하고 있었습니다. 그 이유를 물었더니 "우리는 농민공이니까요"라고 대답했습니다. 농민공이라는 신분을 인정하고 동일시하는 겁니다. 우리가 행동가이자 실천가라면 이 문제를 중요하게 인식해야 합니다. 자신을 농민공이라 여기면 스스로 노예가 되는 것이자, 우리의 힘을 상실하는 것입니다.

품팔이打工者

언젠가 한 대학교수가 "나도 품팔이에요"라고 말한 적이 있다. 과연 그의 사장은 누구일까? 또 한 번은 노동자 좌담회 중 어느 기업 관리자가 "요즘 세상에 품팔이 아닌 사람이 어딨습니까. 나도 품팔이에요! 노동자 권익만 보호하면 안 돼요. 우리 권익도 보호해줘야 합니다"라고 말했다.

예전에는 대학 졸업생을 지식인이라 불렀지만, 요즘은 대학을 졸업해도 취업난에 시달린다. 노동자들은 자신들의 생산라인에 대학 졸업자가 많으며, 자신들과 똑같은 일을 한다고 했다.

과거 국유기업 노동자에겐 국가와 공장의 주인이라는 지위가 부여됐고, 그래서 품팔이라 불리지 않았다. 즉, 사람에 대한 호명은 어떤 일을 하는지에 따라서가 아니라 사회적 지위에 따라 결정된다. 급속한 변혁과 전환의 시대에 이들을 어떻게 호명할지 심사숙고해야 한다. 도시에서 노동하는 사람은 피고용자로서 다른 사람에게 노동을 제공하므로 품팔이라 부를 수 있다. 그러나 또 다른 이들도 역시 피고용자일 수 있다. 이러한 측면에서 품팔이 노동자는 도시에 와서 노동하는 사람들의 전속 호칭이 될 수 없다. 그렇다면 도대체 누가 품팔이인가? 자본이 주도하는 사회에서 자본가 이외의 모든 사람이 품팔이 노동을 하고 있지 않은가?

이 책에서 가장 많이 사용하는 호칭이 바로 품팔이다. 넓은 의미에서 보면, 자본 소유자에게 고용된 모든 사람을 품팔이 노동자라 부를 수 있다. 그렇다면 품팔이라는 용어가 현대 중국의 절대다수인 도시에서 노동하는 사람을 모두 포괄할 수 있을 것이다. 그러나 이 책에서는 품팔이를 협의로 이해하며, '도시에서 일하지만 농촌에 호적을 둔 품팔이'를 지칭한다.

신노동자新工人

신노동자는 일종의 요구가 담긴 개념이다. 중국에서 '노동자工人'라는 용어는 역사적 의미를 지닌다. '노동자'라고 하면, 국가와 공장의 주인이라는 지위를 부여받고, 각종 사회보장과 복지를 누렸던 과거 국유기업 노동자가 떠오른다. 어떻게 불리기를 바라느냐고 품팔이들에게 물어본 적이 있는데, 한 친구가 '노동자'라 불렸으면 좋겠다고 했다. 그들이 보기에 자신의 노동이 '노동자'가 하는 노동과 같은 것이기 때문이다. 그가 '노동자'라는 용어에 부여한 주된 함의는 노동의 성질에 관한 것이지, 사회적 지위가 아니다. 하지만 그가 이 용어를 선호하는 것은 이전에 부여받았던 사회적 지위와 관련이 있다. 신중국 성립부터 개혁개방 이전까지

'노동자'는 하나의 개념어로 존재했지만, 개혁개방부터 현재에 이르면서 과거의 '노동자'는 소멸했다. 그리고 새롭게 출현한 것이 바로 염가 노동력으로 간주되는 품팔이다. 현재 중국 사회는 과거 30년 동안의 경제발전 기초 위에 사회 공평과 사회 조화를 추구하기 시작했다. 이를 위해서는 반드시 2억5000만 명에 달하는 품팔이 집단의 요구를 중시해야만 한다. 과거 30년이 이들이 수적으로 형성되는 과정이었다면, 앞으로의 수십 년은 이들이 사회 진보와 지위 향상을 모색해가는 과정일 것이다. 따라서 이들의 요구와 발전 방향을 대표하는 용어로 적절한 것이 '신노동자'다.

'신노동자'라는 용어를 사용하는 이유는 다음과 같다. 우선, 국유기업의 '구舊노동자'와 구분하기 위해서다. 오늘날 신노동자가 쟁취한 것은 국유기업 노동자가 일찍이 얻었다가 지금은 잃어버린 것이다. 신중국이 성립된 지 60여 년이 흘렀다. 전반기 30년과 후반기 30년은 변화무쌍한 시기였으며, 이제 또다시 새로운 30년을 창조해야 한다. 그리고 이러한 역사적 임무가 신노동자에게 주어졌다. 미국 미시간대학교 부교수인 이정군은 세계적으로 영향을 미친 자신의 저서 《Against the Law》에서 국유기업 노동자와 신노동자의 차이를 설명했다.[37] 그녀는 옛 공업 지역을 '러스트벨트(生鏽帶, rustbelt)'로, 신흥공업 지역을 '선벨트(陽光帶, sunbelt)'로 개념화했다. 러스트벨트의 구노동자는 일종의 '사회적 계약'을 맺고 있으며, 문제가 발생하면 직장이나 정부 혹은 국가를 찾는다. 그러나 이주노동자는 일종의 '법률적 계약' 관계에 있으며, 문제가 발생하면 법률적 절

---

37   Ching Kwan Lee, 《Against the Law: Labor Protests in China's Rustbelt and Sunbelt》, University of California Press, 2007, pp.15~17

차를 통해 해결해야 한다. 그녀의 이러한 관점에 동의는 하지만, 법제도는 결코 고립된 게 아니라는 점을 잊어서는 안 된다. 노동자를 보호하기 위한 법률이 계속해서 제정·정비되지만, 품팔이의 권익을 훼손하는 사건도 끊임없이 발생한다. 게다가 품팔이의 권익수호를 위한 행보도 매우 어려운 상황이다. 사회 진보는 단순히 법조문의 완비로만 이뤄지는 것이 아니다.

둘째, 노동자와 품팔이라는 용어 사이에는 여전히 큰 차이가 있다. 역사적으로 볼 때 노동자라는 용어에는 주체성이 함의돼 있으며, 주인공으로서의 사회적 지위를 대표한다. 그러나 품팔이는 그저 고용된 신분임을 지칭할 뿐이다.

셋째, '신노동자'는 우리의 요구다. 신노동자라는 개념은 노동자를 비롯한 모든 노동하는 사람의 사회적·경제적·정치적 지위 향상의 요구일 뿐만 아니라 새로운 노동자계급과 사회문화 창조의 갈망이기도 하다.

내 이름은 김봉[38]

작사·작곡: 단옥(段玉, 돤위)

그해 나는 고향을 떠나 어느 공장에서 품팔이 노동을 했지
길고 긴 생산라인을 따라 내 꿈은 흘러갔고
두 손은 날마다 바느질하느라 바빠
매일매일 한밤중까지 야근하며, 그렇게 일한 지 꼬박 2년

에헤이얼야얼야오! 에이헤이얼야얼야오!
그들은 나를 이렇게 부르지, 그들은 나를 공순이라 불러
에헤이얼야얼야오! 에이헤이얼야얼야오!
나도 내 이름이 있어, 나도 내 이름이 있어

사는 게 어려워 미용 일을 배우러 갔지
공부하는 나날은 즐거웠지만 일은 그리 쉽지 않았어
새벽부터 밤늦도록 기술을 닦아야 했지, 내가 오직 꿈꾼 것은
한 조각 나만의 하늘을 만드는 것……

에헤이얼야얼야오! 에이헤이얼야얼야오!
그들은 나를 이렇게 부르지, 그들은 나를 공순이라 불러

---

38   신노동자 예술단新工人藝術團의 4집 앨범 〈우리 손안에〉(2010) 수록곡. 노동자의 호칭과 신분에 대한
     성찰을 표현했다.

에헤이얼야얼야오! 에이헤이얼야얼야오!
나도 내 이름이 있어, 나도 내 이름이 있어

세상일은 뜻대로 되지 않아 난 또다시 떠났지
삶에 대한 열정도 점차 흐릿해져……

그 후 나는 또 식당에 가서 평범한 종업원 일을 했지
사람들이 고함치며 불러대고 심부름을 시켜도 불평은 못해
술잔 속에 오가는 건 한 잔의 괴로움
안주 그릇 안에 약간의 꿈을 담아 보네

에헤이얼야얼야오! 에이헤이얼야얼야오!
그들은 나를 이렇게 부르지, 그들은 나를 공순이라 불러
에헤이얼야얼야오! 에이헤이얼야얼야오!
나도 내 이름이 있어, 내 이름은 김봉

라── 라──
나도 내 이름이 있어, 내 이름은 김봉

2. 신노동자 집단의 형성

신노동자 집단의 형성에는 두 가지 의미가 있다. 첫째, 중국의 새로운 노동자 집단으로서의 신노동자의 존재를 기정사실화한다. 둘째, 새로운 노동자 집단의 산업노동자와 서비스노동자로서의 경력과 체험이 이미 형성됐다는 의미다. 그러나 이 두 가지 측면이 대표하는 것은 한 집단 형성의 물질적 표현일 뿐 정신적 함의를 나타낼 수는 없다. 따라서 정신문화 측면에서 신노동자는 앞으로 더 발전할 필요가 있다.

북경 피촌에는 손항(孫恒, 쑨헝)[39]과 그의 동료들이 2008년 5월 1일 창건한 '품팔이 문화예술 박물관'이 있다. 손항은 박물관 건립 취지를 이렇게 말한 바 있다.

> 개혁개방 30년을 지나면서 중국에는 천지개벽의 변화가 일어났다. 우리는 주류 역사에서 그저 엘리트와 자본의 담론을 들었을 뿐 노동자의 목소리는 들을 수 없었다. 우리가 만든 이 박물관을 통해 노동자의 생활과 노동을 기록하려 한다. 이 노동자들이 없었다면 오늘날 중국 경제발전도 없다. '역사'를 이 박물관에 남기는 것은 단순한 전시용이 아니라 우리의 사유와 진보를 촉진하기 위함이다.

박물관 중앙 로비에는 온가보 총리의 '노동을 존중하고 노동의 가치를 존중하는 것이 민족의 가장 기본적인 도덕이다'라고 적힌 현판이 걸려

---

39 하남성 출신으로 대학에서 음악교육을 전공하고 중학교 음악교사로 일했다. 이후 1998년 북경으로 상경해 택배와 이삿짐 운반 등을 하며 노동 문제에 관심을 갖게 되었고, 동료들과 함께 노동자의 삶을 담은 노래를 부르며 노동자 문화운동을 하고 있다. 현재 '북경 노동자의 집' 총간사로 있으며, '신노동자 예술단'의 단장이자 노동운동가다.

있다. 또, '우리의 문화가 없으면 우리의 역사가 없고, 우리의 역사가 없으면 우리의 미래도 없다'라는 구호도 적혀 있다.

박물관 한쪽 벽엔 '품팔이 노동 30년 역사도'가 있다. 이 역사도는 과거 30년간의 품팔이 노동사를 세 단계로 구분했다. 첫 번째 단계는 1978년부터 1988년까지의 '험난한 유동'의 시기로, 1988년 품팔이 수가 2000만 명에 달한 것으로 추정된다. 이 시기에는 정부가 농민의 이주노동을 통제했고, 도시에서 품팔이 노동을 하는 사람들은 '맹목적인 유동 인구盲流'로 불렸다.

두 번째 단계는 1989년부터 2002년까지의 '품팔이 열풍'의 시기로, 2002년 품팔이 규모는 1억2000만 명에 달했다. 이 시기에는 도시와 공업 발전을 위해 대량의 노동력이 필요했기에 정부가 농민 이주를 더 이상 통제하지 않았다. 하지만 이렇게 이주한 품팔이는 도시에서 '임시 거주자'일 뿐이었고, 언제든 다시 송환될 처지였다.

세 번째 단계는 2003년부터 2008년까지의 '신공민·신노동자' 시기로, 2008년 초 품팔이 수는 2억1000만 명에 달했다. 특히 2003년은 정책 변화에서 중요한 역사적 의미가 있다. '수용송환제도'가 폐지됨으로써 품팔이의 심신이 해방됐고, 더 이상 강제 송환 걱정으로 고생하지 않아도

·

40 [역주] 2002년 5월 1일에 만들어졌으며, 품팔이 노동자의 정체성을 재확립하면서 '신노동자 예술단'으로 명칭을 바꾸어 활동하고 있다. 주로 북경에서 일하는 노동자들을 중심으로 구성되어 있다. 노래, 연극, 시 등의 문화예술을 매개로 전국을 돌며 노동자들을 교육하고, 노동자 권익을 위해 활동하는 사회단체다.

41 [역주] 농가별 생산책임제. 1980년대 초 중국 농촌에서 추진된 개혁 시도로, 농촌 토지제도 변화의 중요한 전환점이 되었다.

42 [역주] 1992년 1월 말부터 2월 초까지 등소평이 상해, 심천, 주해珠海 등 남방 경제특구를 순시하면서 개혁개방을 더욱 확대할 것을 주장한 담화. 그해 10월에 개최된 제14차 공산당 전국대표대회 보고서에 담화 전문이 수록됐고, 사회주의 시장경제론을 천명하는 기초가 되었다.

품팔이 노동 30년 역사도

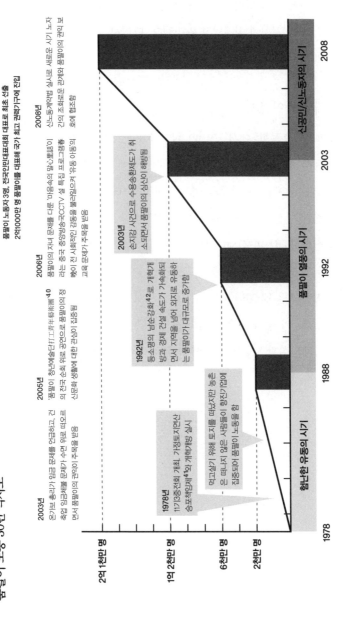

품팔이 노동자 3명, 전국인민대표대회 대표로 최초 선출
2억1,000만 명 품팔이를 대표해 국가 최고 권력기구에 진입

2003년
원가보 총리가 임금 문제를 언급하고, 건축 임금체불 문제가 수면 위로 떠오르면서 품팔이의 권익이 주목을 받음

2005년
'품팔이 청년예술단'打工青年藝術團[40]이 전국 순회 공연으로 품팔이의 정신문화 생활에 대한 관심이 집중됨

2006년
품팔이의 자녀 문제를 다룬 '마음속의 별小星'라는 중국 중앙방송국 CCTV 설 특집 프로그램 방영. 전 사회적인 감동을 불러일으켜 '유동 아동'의 교육 문제가 주목을 받음

2008년
신노동계약법 실시로 새로운 시기 노자 간의 조화로운 관계와 품팔이의 권익 보호에 협조함

1978년
11기3중전회 개최. 가정토지연산 승포책임제[41]일 개혁개방 실시

먹고살기 위해 토지를 떠났지만 농촌은 떠나지 않은 사람들이 향진기업에 집중되어 품팔이 노동을 함

1992년
등소평의 남순강화[42]로 개혁개방과 경제 건설 속도가 가속화되면서 지역을 넘어 외지로 유동하는 품팔이가 대규모로 증가함

2003년
손지강 사건으로 수용송환제도가 취소되면서 품팔이의 신심이 해방됨

2억 1천만 명
1억 2천만 명
6천만 명
2천만 명

1978   1988   1992   2003   2008

험난한 유동의 시기   품팔이 열풍의 시기   신공민/신노동자의 시기

됐기 때문이다. '품팔이 문화예술 박물관'은 2008년 5월 1일 개관했고, 위 그림도 이 시기에 설계되고 완성됐다. 따라서 품팔이 노동자 30년 역사는 2008년까지만 다룬다.

신세대 품팔이 집단

중화전국총공회[43]에서 2010년 실시한 표본조사에 따르면, 전체 품팔이 노동자 중 신세대 품팔이 비중은 60.9%에 달한다.[44] 이처럼 신세대 품팔이가 다수가 되면서 품팔이의 전반적인 요구도 변했으며, 이는 신노동자 집단의 정체성과 정신문화에도 직접적인 영향을 주었다. 30년간의 세대 변화를 겪으며 신세대 품팔이는 더 이상 오라면 오고 가라면 가는 단순한 염가 노동력이 아니다. 그들의 요구는 중국의 현재와 미래 경제 및 사회 발전을 결정하게 되었다. 즉, 1세대 품팔이와 달라진 신세대 품팔이의 요구가 중국 사회의 변화를 결정할 것이다. 그들의 이러한 요구는 장기적인 삶과 노동의 물질적·정신적 축적 과정에서 발생했다.

43 [역주] 중국에서 유일하게 승인된 전국적 노동조합 조직이 중화전국총공회中華全國總工會다. 그 산하에 각 성이나 현 급의 지방공회, 기업공회가 있다.

44 "2010年企業新生代農民工狀況調查及對策建議", 中華全國總工會門戶網站

[표1] 1세대 품팔이와 신세대 품팔이

구분		출생	경력	정체성
1세대 품팔이		1970년대 및 그 이전	농민으로서의 경험이 있으며, 농사를 지을 수 있다. 80년대에 이주노동을 시작했으며, 대부분이 계절성 임시공이다.	농촌을 자신의 귀착지로 여기며, 최후에는 농촌으로 돌아가 만년을 보내려 한다.
신세대 품팔이 (전체의 약 61%)	2세대 품팔이	1980년대	대부분 진정한 의미에서 농민이었던 적이 없으며, 오랜 기간 외지에서 일하고 있다.	비록 농민이었던 적은 없지만, 도시에서는 집을 사거나 안정적으로 일할 수 없다고 생각하기에 막막하다.
	3세대 품팔이	1990년대	대부분 농사 경험이 전혀 없고, 도시에서 태어나 성장했다.	토지나 농촌에 대한 정체성이 전혀 없고, 도시에 뿌리내리기를 희망한다.

　나이 든 사람은 시간에 따른 종적 비교를 통해 현재 상황을 평가하지만, 젊은 사람은 공간에 따른 횡적 비교를 통해 자신의 위치를 평가한다. 인구가 지속적으로 유동하는 사회에서 사람들은 즉각적이고 횡적인 비교를 통해 사회에서의 자기 위치를 체감하며, 그에 따라 만족 여부가 결정된다. 노동은 품팔이에게 임금만이 아니라 생활방식 및 사유방식의 변화도 가져다준다. 신세대 품팔이는 도시에서 일하고 생활한다. 횡적 비교를 통해 그들은 사회 불평등을 봤고, 그와 동시에 꿈과 요구가 싹트기 시작했다. 인간의 생활수준은 그가 어디에서 왔는지가 아니라 어디에서 일하고 생활하는지에 따라 결정되어야 한다. 이 원칙을 따르지 않으면 사회 문제가 발생할 수밖에 없으며, 나아가 이주민의 발전도 어렵다.

3. 신노동자 집단의 개괄

이 책에서 말하는 신노동자 집단은 호적상으로는 농민이지만 이미 농촌을 떠나 더 이상 농업에 종사하지 않으며, 도시에서 일한 대가로 임금을 받는 모든 업종의 노동자를 의미한다.

수적 규모

국가통계국에서 2012년 2월 22일 발표한 통계에 따르면, 2011년 농민공의 수는 2억5278만 명이다.[45] 또한, 국무원연구실에서 2006년 4월 발표한 〈중국 농민공 연구 보고〉는 "제2차산업 종사자 가운데 농민공 비율이 58%이며, 제3차산업은 52%다. 이는 농민공이 중국의 공업화 발전을 지탱하는 중요한 역량이 되었음"을 분명하게 보여준다. 중화전국총공회에서 발표한 〈2010년 기업의 신세대 농민공 현황 및 대책 건의〉도 신세대 품팔이가 전체의 60.9%임을 명확히 밝힌다.[46]

품팔이 집단의 임금수준

중국과 세계에 대한 품팔이의 공헌은 저임금과 사회복지 혜택을 못 받는 것을 대가로 한다. 2009년 9월 인력자원과사회보장부는 "통계에 따르면, 현재 농민공의 월평균임금은 1417위안"이라 공표했다. 위에서 언급한 중화전국총공회의 발표에서도 "1000개 기업의 신세대 농민공의 월평균 수입은 1747.87위안으로, 도시 근로자 월평균 수입(3046.61위안)의

---

45 "2011年統計公報評讀", 國家統計局門戶網站 (http://www.stats.gov.cn)

46 "2010年企業新生代農民工狀況調査及對策建議", 中華全國總工會門戶網站

57.4%에 불과"하다는 것이 드러났다.

연령

〈중국 농민공 연구 보고〉에 따르면, 전국 농민공의 평균 연령은 28.6세이며, 16~30세 61%, 31~40세 23%, 41세 이상이 16%다. 또한, '신세대 농민공'의 평균 연령은 약 23세며, 최초로 외지에 나와 일을 시작할 때의 나이가 기본적으로 중학교를 갓 졸업한 연령'임을 보여준다.[47]

성별 비율

〈중국 농민공 연구 보고〉에 따르면, "외지로 나와 품팔이 노동을 하는 전체 인구 중 남성이 66.3%, 여성은 33.7%"다. 한편, 심천시 인사국에서 2009년 진행한 조사에서는 심천의 농민공 가운데 여성의 비율이 비교적 높은 것으로 나타났는데, 남성은 48%, 여성은 52%였다.[48]

교육 정도

국가통계국에서 2006년 10월에 실시한 〈농민공 삶의 질 조사〉에 따르면, 농민공 중 글자를 전혀 모르거나 조금 아는 사람이 2.57%, 초등학교 수준 12.74%, 중학교 수준 52.04%, 고등학교 수준 26.67%, 전문대학 이상 수준이 5.98%인 것으로 나타났다.[49]

---

47 "全總關於新生代農民工問題的研究報告",〈中國新聞網〉
(http://www.chinanews.com/gn/news/2010/06-21/2353233.shtml)

48 "深圳市農民工勞動保障情況抽樣調查報告", 深圳政府官網
(http://www.sz.gov.cn/rsj/tjsj/zxtjxx/200910/t20091023_1214416_4686.htm)

49 "農民工生活質量調查之一: 勞動就業和社會保障", 國家統計局官網

한편, 〈2010년 기업의 신세대 농민공 현황 및 대책 건의〉를 보면, "신세대 농민공 가운데 고등학교 및 그 이상의 교육을 받은 적이 있는 사람의 비율이 67.2%로, 전통적인 농민공에게서 조사된 18.2%보다 높게 나타났다. 그러나 교육 받은 기간은 늘어났지만, 절대다수(62.5%)의 신세대 농민공이 여전히 의무교육과 고등학교 수준에 머물러 있으며, 전문적인 기술교육(중등전문학교, 중등기술학교, 실업계고등학교, 전문대학, 고등직업기술학교)을 받은 경험이 있는 사람의 비중은 여전히 37.5%에 불과"하다.

(http://www.stats.gov.cn/was40/reldetail.jsp?docid=402358407)

품팔이, 품팔이, 가장 영광스러워[50]

작사·작곡: 손항

품팔이, 품팔이, 가장 영광스러워! 헤이!

품팔이, 품팔이, 가장 영광스러워! 헤이!

품팔이, 품팔이, 가장 영광스러워! 헤이!

품팔이, 품팔이, 가장 영광스러워!

고층빌딩들은 우리가 지은 것

밝게 빛나는 큰 길들도 우리가 놓은 것

더럽고 힘들고 고된 일들은 우리가 했지

정정당당하게 사람답게 – 노동해서 밥 먹는다!

품팔이, 품팔이, 가장 영광스러워! 헤이!

품팔이, 품팔이, 가장 영광스러워! 헤이!

품팔이, 품팔이, 가장 영광스러워! 헤이!

품팔이, 품팔이, 가장 영광스러워!

우리는 새 시대의 노동자

우리는 새 세상의 개척자

손에 손을 맞잡고 어깨동무를 하며

하늘을 떠받치고 땅에 우뚝 서서 – 용감하게 앞으로 나아가자!

---

50 신노동자 예술단의 1집 앨범 〈하늘 아래 품팔이는 한 가족〉(2004년) 수록곡으로, 노동의 가치를 제
　　창했다.

제1부

살 수 없는 도시

1세대 품팔이는 연령, 지식, 기술의 한계 때문에 스스로에게 '농민공'이라는 꼬리표를 붙인다. 이들은 지금은 도시에 살아야 하지만, 늙으면 고향인 농촌으로 돌아가야 한다고 생각한다.

신세대 품팔이는 정신적·물질적 요구 때문에 '도시가 집이기를' 바란다. 물론 고향집에 대한 그리움과 추억이 없는 것은 아니다. 현실에서의 생존과 미래의 성장만이 도시에서 살아야 하는 이유는 아니며, 더 중요한 것은 그들이 도시에 살고 싶어 한다는 점이다.

이렇듯 품팔이 집단은 연령대별로 원하는 바에서 큰 차이를 보인다. 1세대 품팔이에게 중요한 것은 노동 대우와 생활 조건이다. 반면, 신세대 품팔이에게 중요한 것은 도시에서의 주거권과 노동권이다. 물론 신세대 품팔이에게도 노동 대우와 생활 조건은 중요하며, 이는 주거권 및 노동권의 구성 요소이기도 하다. 그러나 도시 품팔이의 현재 상태를 낙관하기란 무척 어렵다. 그 이유는 다음과 같다.

우선, 상당수 품팔이가 임금이 매우 낮고, 사회보장 혜택을 받기 어렵기 때문이다. 또한, 노동 시간이 길고, 일은 지루하며, 발전 전망이 없다.

둘째, 많은 품팔이가 단체 기숙사에 살며, 사생활은 공장 생활의 연장이다. 그들의 주거 조건은 매우 열악해서 주거 면적이 좁고 필요한 생활 시설이 갖춰져 있지 않으며, 생활환경이 안전하지 못하다.

셋째, 수많은 품팔이 자녀가 도시에서 부모와 함께 살 수 없으며, 이는 두 세대의 생활에 결손을 가져왔다. 이 때문에 부모는 가족의 즐거움을 누릴 수 없으며, 더욱이 자녀 교육이라는 사회적 책임을 질 수 없다. 자녀는 부모의 교육과 보살핌이 결여됨으로써 건강한 성장에 어려움을 겪는다.

마지막으로, 사회가 품팔이를 도시에 살도록 허용하는 것은 그저 그들의 노동력을 구매하기 위함이며, 품팔이가 도시에 사는 것도 단지 노동력을 팔 수 있기 때문이다. 즉, 완전한 도시 생활이 불가능해짐으로써 품팔이 거주지는 저렴한 노동력 수용소가 된다. 따라서 그들이 도시에서 귀속감과 사회적 책임감을 갖기란 현실적으로 불가능하다.

제1장
도시에서의 노동

품팔이는 직장을 자주 옮긴다. 평균 1~2년에 한 번, 심지어 1년에 수 차례 직장을 옮기는 경우도 있다. 노동자가 일자리를 옮기는 이유는 다 양하지만, 대부분 일에 대한 불만 때문이다. 그들은 생존 때문에 도시에 서 자신이 좋아하지도 않는 일을 한다.

일부 품팔이는 다양한 이유로 잠시 고향에 돌아가기도 한다. 이때 그 들은 도시에서 일하고 생활하는 것이 아무리 고통스럽고 대책 없어도 고 향에서 사는 것보다 훨씬 참을 만하다는 것을 깨닫는다. 한 노동자 친구 는 이렇게 말했다.

고향 읍내 길거리는 몇 분 걸으면 끝이 보일 정도로 정말 갈 만한 곳이 없어요. 이웃이나 친척도 대부분 노인이라 이야기 나눌 사람 도 없고요. 매일 집에서 텔레비전이나 보는 게 다였죠. 계속 있지는 못하겠더라고요.

한 여성 노동자는 10년 가까이 품팔이를 하고 고향에 돌아간 후 매일 아이를 돌보고 집안일이나 하는 생활이 견딜 수 없었다고 했다.

> 공장에서는 일이 힘들기는 해도 동료들과 이야기를 나눌 수 있었어요. 수입이 있고 할 일이 있으니까 마음에 여유가 있었죠.

이렇듯 오로지 생존의 필요로 종사하는 일자리라 해도 그것이 품팔이에게 다른 삶의 의의를 부여했다는 것은 인정해야 한다. 노동은 품팔이의 도시 생활의 핵심이다. 일자리가 없는 품팔이는 도시에서 계속 살아갈 수 없다. 하지만 노동은 품팔이가 전적으로 의지하는 것이기는 해도 그들에게 수입원을 제공할 뿐 완전한 도시 생활을 제공하지는 못한다.

1. 불안정한 일자리

다음의 두 가지 통계는 품팔이 일자리의 불안정성을 보여준다.

〈2010년 기업의 신세대 농민공 현황 및 대책 건의〉에 따르면, 신세대 농민공은 매년 0.26회(평균 4년에 1회), 전통적인 농민공은 0.09회(평균 11년에 1회) 일자리를 옮겼다. 일자리를 옮겨 본 적 있는 신세대 농민공 가운데 자발적으로 일을 그만둔 비율은 88.2%로, 전통적인 농민공에 비해 16.9%p 높았다. 또한, 20%에 가까운 신세대 농민공이 조만간 일자리를 옮길 계획이 있다고 답했는데, 이는 전통적 농민공(14.9%)에 비해 4.3%p 높다.

한편, '북경 노동자의 집'의 〈품팔이 주거 현황과 미래 발전 조사〉(2009

년)[51]에 따르면, 심천의 신세대 품팔이는 1년 6개월마다 1회, 소주의 신세대 품팔이는 2년에 1회 일자리를 옮긴 것으로 나타났다.

노동자와의 교류로 일자리의 안정성 격차가 굉장히 크다는 것을 알 수 있었는데, 1년 새 여러 번 일자리를 바꾼 노동자가 있는가 하면, 10년 동안 한 공장에서만 일한 노동자도 있었다. 그러나 총체적으로 분명한 점은 품팔이의 일자리가 매우 불안정하다는 것이다.

2. 일자리가 불안정한 이유

품팔이의 이직 원인은 경험적 분석과 노동자들의 이야기에 근거해 판단했으며, 어떠한 데이터 분석도 시도하지 않았다. 이직 이유는 스스로의 선택에 의한 것이 대부분이며, 해고 사례도 있기는 했지만 소수에 불과했다. 스스로 일을 그만둔 이유는 여러 가지인데, 아래에서 소개할 노동자들의 이야기에서 다음과 같은 원인을 도출할 수 있다.

- 기업의 조건과 일자리 성격 때문에 어쩔 수 없이 그만둠: 노동조건이 안 좋거나 일이 지루함
- 자신의 발전을 위해 자발적으로 그만둠: 기술 향상과 더 나은 대우를 모색하기 위함
- 도덕적 선택: 종사하는 일이 양심에 걸려 그만둠

일반적으로 불안정한 일자리는 부정적인 의미로 다가오는데, 불안정

---

51 《打工者居住狀況和未來發展調查報告》, 北京工友之家所做的調研報告(공식출판되지 않음), 2009.

한 수입과 불안정한 거주지로 이어질 가능성이 높기 때문이다. 그러나 다른 관점에서 보면, 일자리를 빈번하게 옮긴다는 것은 일할 기회가 비교적 많다는 뜻이기도 하다. 이러한 기회는 품팔이에게 더 나은 일자리를 찾을 일종의 가능성을 제공하고, 기업에도 노동조건을 개선하도록 압박한다. 문제는, 만약 품팔이에게 일자리를 옮길 출로조차 없다면 장기적인 발전을 모색하기 어렵다는 점이다. 또한, 노동력의 비용이 저렴하고 노동력 공급이 수요보다 많으면, 노동자의 이러한 유동도 기업의 고용조건 개선을 촉진할 수는 없을 것이다.

일은 힘든데 임금이 낮다

1981년생인 왕가(王佳, 왕자)는 귀주성 준의시 출신으로, 중학교를 졸업했다. 그녀는 1998년에 동관으로 나와 2010년 현재 12년째 품팔이를 하고 있다. 2008년 10월에 결혼해 다음해 8월 아이를 낳고, 1년간 출산 휴가를 쓰면서 틈틈이 일본어를 공부했다. 그동안 총 여섯 번 일자리를 옮겼는데, 가장 짧게 일한 것이 5개월, 가장 길게 일한 것은 3년이다. 지금은 동관의 일본 전자공장에서 3년째 일하고 있으며, 일본어 번역과 재료 구매 업무를 한다. 그녀는 첫 직장에 대해 이렇게 말했다.

> 1998년에 들어간 첫 직장은 동관에 있는 도장 만드는 공장이었어요. 도장을 만들면 피부가 다 벗겨지고, 옷에 묻은 게 잘 지워지지도 않았어요. 거기서 4~5개월 일했는데, 첫 월급이 250위안이었어요. 당시 제겐 큰돈이라 정말 기뻤어요. 그런데, 요보寮步에 가서 일주일 동안 이것저것 사다 보니 금세 200위안이 없어지더라고요.

그러다 얼마 후에 다른 지역 정보를 알게 됐는데, 제 월급이 너무 적은 거예요. 일도 지저분하고요. 그래서 근처 플라스틱공장에서 사람을 구한다기에 동료 몇 명이랑 바로 옮겼죠. 그때가 1999년인데, 거기서 1년간 일했어요.

다칠까봐 걱정된다

1990년생인 섭하운(聶夏雲, 녜샤윈)은 하남 출신으로, 중등전문학교를 졸업했다. 2007년부터 품팔이를 시작했고, 3년 동안 다섯 차례 일자리를 옮겼다. 가장 짧게는 1개월, 가장 길게는 8개월을 일했다.

첫 일자리는 심천의 플라스틱공장이었어요. 사촌 언니와 같은 공장에 다녔는데, 휴대폰 케이스를 만들어 수출하는 곳이었죠. 2007년 10월에 들어가서 2008년 6월에 나왔어요. 그 공장은 대우가 별로였어요. 숙식도 제공하지 않았고요. 잔업까지 하면 한 달에 최대 1700위안을 받았죠. 정신 차리지 않으면 기계에 손을 다칠 수도 있었어요. 하루는 야근하다가 새벽 1시쯤 한 여자아이 손이 기계에 눌려 잘리는 걸 봤어요. 그 후론 저녁에 출근할 때마다 구급차 소리가 들리는 것 같았어요. 정말 무서웠죠. 게다가 그 냄새까지. 더는 못 참겠더라고요.

잠시도 못 쉰다

1990년생인 왕우(王宇, 왕위)는 하남 출신으로, 고등학교를 졸업했다. 그는 2년이 채 안 되는 품팔이 생활에서 이미 네 차례나 일자리를 옮겼다.

졸업하고 반년을 고향의 작은 식당에서 일했어요. 우리 동네는 무척 번화해서 대로 양쪽에 모두 상품방商品房[52]이 있었고, 채소가게와 정육점도 있었어요. 제가 일하던 식당은 집 옆에 있었는데, 임금이 진짜 적었어요. 한 달에 500위안이었으니까요. 노동 시간이 길었는데, 정해져 있진 않았어요. 특히 여름철에 야시장이 서면 12시까지 일하는 게 태반이었죠. 휴식 시간도 안 주고, 가장 한가한 오후 2시에도 사장이 늘 일거리를 줬어요. 양꼬치를 꿰어놓으라거나 만두를 빚으라는 식으로요. 잠시도 못 쉬게 하는 거죠. 아무튼 식당일을 오래 할 수 있는 사람은 없을 거예요. 저는 8월부터 12월까지 하고 그만뒀어요.

일이 지루하다

1980년생인 진약수(陳若水, 천뤄수이)는 호남湖南 출신이며, 중학교를 졸업했다. 그는 1997년에 도시로 나와 품팔이를 시작했고, 총 10여 차례 일자리를 옮겼다. 짧게는 반나절, 길게는 3년간 일했다. 그는 광주廣州에서 경비일을 한 경험에 관해 이렇게 말했다.

2002년 10월에 광주로 갔더니 사촌 형이 작은 주택 지역의 경비

---

52 [역주] 1980년대부터 나타났으며, 시장경제하에서 당국의 허가로 자격을 얻은 부동산 개발회사(외자기업 포함)가 국가가 매도한 토지사용권을 취득한 후 벌인 주택 사업의 형태다. 이때 주택 가격은 시장 기제에 따라 결정된다. 한편, 법률적으로는 관련법에 따라 시장에서 자유롭게 교환되는 주택을 가리키며, 정부 정책의 제한을 받지 않는 각종 신축 주택, 중고 주택(재고 주택) 등을 의미한다.

일을 소개해 줬어요. 임금은 한 달에 600위안이었고, 숙식 제공에 하루 12시간 일하는 2교대였죠. 할 일이 별로 없어 종일 지루하게 앉아 있다 보니 옛날 일이 많이 떠올랐어요. 일 시작한 지 두 달 무렵인데, 그때 처음으로 제 인생을 되돌아봤어요. 우리 구역에 경비 4명이 있었는데, 다들 날마다 앉아 있었죠. 일을 막 시작했을 때는 괜찮았는데, 나중엔 점점 버틸 수가 없었어요. 일다운 일도 아니고, 기술도 못 배우고. 그렇다고 돈을 많이 버는 것도 아니고요. 차라리 그만두는 게 나았죠.

1988년생인 호항건(胡恒建, 후헝젠)은 귀주 출신이며, 중학교 2학년을 마치고 기술공업학교를 다녔다. 2003년 고등학교 졸업 실습 때부터 품팔이를 시작했고, 7년 동안 총 다섯 번 일자리를 옮겼다. 짧게는 반년, 길게는 1년 정도 일했으며, 중간에 여러 번 고향으로 돌아갔다. 그는 동관에서 경비일을 한 경험에 대해 이렇게 말했다.

2008년에 동관시 당하塘廈진에서 10개월 정도 경비원으로 일했어요. 매일 12시간 일했는데, 월급이 1100위안이었죠. 3개월을 채우지 못하면 월급이 깎여서 대략 900위안 정도 돼요. 12시간 2교대를 하며 공장 문을 지키는데, 정말 지루했어요. 휴대폰을 만지다가 사장에게 걸리면 벌금을 내야 해요. 야간 근무할 때는 더 지루했는데, 사장이 불시에 와서 잠도 잘 수 없었어요. 나중에 그만두고 고향에 돌아가 몇 달을 지냈죠.

장래성이 없다

1990년생인 염석봉(冉石峰, 란스펑)은 중경 출신이다. 그는 고등학교 1학년 때 학교를 그만두고 품팔이를 시작했으며, 지난 3년간 일곱 차례 일자리를 옮겼다. 텔레마케터로 하루 일한 것이 가장 짧고, 중경의 한 공익단체에서 1년 일한 것이 가장 길다. 그가 처음 한 일은 술집 종업원이었는데, 한 달 만에 그만뒀다. 2010년 9월 중경에서 만난 염석봉은 이렇게 말했다.

> 얼떨결에 학교를 그만두고 나니 취직하고 싶더라고요. 그때 현성(縣城, 현 정부 소재지)엔 일자리가 없어서 술집에서 일할 수밖에 없었어요. 그런데 미래가 너무 안 보여서 한 달 일하고 그만뒀죠.

기술 향상을 위해

진약수는 주형 기술을 배우기 위해 여러 차례 일자리를 옮긴 경험을 이야기했다.

> 2004년에 매형의 삼촌에게 주형일을 세 달 정도 배우고 일자리를 구하러 다녔어요. 그때는 줄곧 심천에 있었죠. 처음 들어간 공장에서 반나절 일했는데, 사장이 제 기술이 부족하다며 나가라고 하더라고요. 그나마 그 사장은 괜찮은 편이죠. 반나절 치 급여를 계산해줬거든요.
> 두 번째로 들어간 공장에서는 일주일간 일했어요. 공장에 막 들어간 날 사장이 출장을 간다면서 자기 없을 때 할 일을 주더라고요.

재료가 도착하면 도면에 따라 가공하라는 거였죠. 그런데 제가 도면을 잘못 봤는지 못쓰게 만들어 버린 거예요. 너무 미안해서 사장이 돌아오기 전에 관뒀어요. 급여 달라는 말도 안 했어요.

세 번째는 대당大唐[53] 계열의 한 공장이었는데, 거기서 두 달 일했어요. 가자마자 사장이 선반을 조종해 보라고 하더니 별로였는지 잡일을 시키더라고요. 그래서 바로 그만뒀죠.

그러다 대당의 한 공장에 들어갔어요. 주형 기계 가공 공장이었죠. 거기서 만드는 제품은 기술 수준이 낮은 편이라 두 달 지나니까 일하기 싫어졌어요. 좀 더 정밀한 물건을 만들어야 주형 기술이 향상되거든요. 그만두고 싶다는 생각을 하고 있는데, 사장이 월급을 올려줄 테니 나가지 말라고 하더라고요. 그리고 월급을 두 번 올려줬죠. 막 들어갔을 때 기본급이 600위안이었는데, 당시 노동자 월급보다 훨씬 높았죠. 게다가 초과 근무 수당도 있었어요. 나중에는 1000위안까지 받았어요. 별도로 잔업수당도 있었고요. 아마 제가 말도 잘 듣고 바지런해서 그랬을 거예요. 그 사장은 사람이 참 좋았어요. 마지막에 그만둔다고 했을 때도 월급을 더 줄 테니 계속일해 달라고 했죠. 하지만 제 기술로는 지금 이 정도 값어치밖에 안 되니 경험을 더 쌓고 싶다고 했어요. 이쪽 일을 하는 사람은 보는 게 많을수록 기술도 빨리 늘거든요. 그래서 결국 그만뒀어요.

그러고 나서 무허가 공장에 들어갔어요. 그게 뭐냐면 아무것도 없는 공장이에요. 근무카드도, 계약도, 회사 신분증도 없죠. 사실 앞

---

53   [역주] 전력회사인 중국대당집단회사中國大唐集團公司를 가리키는 것으로 추정된다.

서 일한 몇몇 공장도 이런 게 없기는 했어요. 단지 그 사장들은 그나마 신용을 중시하는 사람들이었는데, 이 사장은 믿음이 안 갔어요. 아니나 다를까 들어가면서 합의한 기본급이 900위안이었는데, 임금을 체불하더라고요. 식사도 안 나오니 생활비가 없어서 두 번 가불을 받았는데, 그 다음부턴 월급을 안 주는 거예요. 직원이 몇 명밖에 없었는데, 그중 일부는 사장 친척이라 월급에 개의치 않았어요. 전 월급을 계속 못 받을까봐 바로 그만뒀죠.

그러고는 횡강橫崗으로 돌아와서 하네다 전기기계공장의 주형공장에 들어갔어요. 거긴 그럭저럭 체계가 잡혀 있었어요. 노동법에 따라 22일만 근무해서 일주일에 이틀은 쉬었어요. 보통 매일 밤 9시 반까지 초과 근무를 했는데, 토요일에 잔업하면 임금을 세 배 쳐줬죠. 그때는 잔업수당 합쳐서 한 달에 1900위안까지 벌 수 있었어요.

더 좋은 일자리를 찾아

1973년생인 왕개령(王開嶺, 왕카이링)은 중경 출신으로, 중학교를 졸업했다. 그는 1993년에 도시로 나와 20년 가까이 다양한 일을 했다. 결국 공장에 다시 들어갔는데, 총 일곱 차례 일자리를 옮겼다. 가장 짧게는 며칠, 가장 길게는 4년을 일했다. 그는 현재 동관의 한 플라스틱공장에서 일한다.

2007년 10월에 이 공장에 들어와 지금까지 다니고 있어요. 주로 플라스틱 컵을 생산하고, 나이키에 납품하는 제품을 만들기도 하죠. 매일 12시간 일하고, 한 달에 나흘 쉬어요. 휴가를 안 쓰면 초과 근무 수당으로 계산되죠. 공장 안에 식당이 있지만, 한 끼에 3.5위안을 내야 해요. 이 공장에 막 들어왔을 때 월급이 1700위안이었어요. 착실히 일해서 1년 후에 조장으로 승진하고 월급도 3000위안 정도 받아요.

조직을 공평하게 관리하면 아랫사람과 충돌할 일이 없어요. 얼마 전 관리자가 새로 왔는데, 온 지 두 달 만에 직원 교육을 하더라고요. 이제 막 대학 졸업해 실정도 모르는 사람이 말이죠. 교육 내용이 귀에 거슬려서 그 사람과 말다툼을 했어요. 그래도 절 해고하진 못해요. 그 사람한테 그럴 권리도 없고요. 뭐, 일자리가 널렸으니 걱정도 안 해요. 요즘도 다른 공장에서 연락이 오는데, 당분간 여기서 계속 일하려고요. 절 승진시켜 준 사람을 난처하게 하고 싶진 않거든요.

제가 옮기고 싶은 공장은 불산佛山에 있는데, 거기서 약속한 임금이 기본급 5000위안이에요. 제 친구가 그 공장 관리자인데, 그리로 오라고 하더라고요. 여기서 3개월 정도 더 일하다가 그쪽으로 갈 계획이에요. 아내도 같이 가려고요. 요즘은 여자도 일자리 구하는 게 쉬워졌거든요. 둘이 같이 벌면 집 대출금 압박도 덜하겠죠.

양심을 파는 일

1986년생인 조항평(趙恒平, 자오형평)은 중경 출신으로, 수의전문대학을 졸업했다. 2008년 대학 졸업 후부터 일을 시작했고, 양식회사에서 7개월, 건설 현장 관리를 4개월, 생명보험 판매를 3개월간 했다.

A생명보험 판매일을 세 달 정도 했어요. 진짜 사람이 할 짓이 아니었죠. 거짓말을 해도 심장이 안 떨렸어요. 제가 그렇다고 하면 그런 거고, 과장을 해도 듣는 사람은 몰라요. 회사에선 고객에게 사실대로 고지하라고 하지만, 다들 그렇게 안 하죠. 보험금 지급이 어떤 게 되고 어떤 게 안 되는지 고객에게 알려주지 않아요. 보통 전부 지급된다고 하죠. 보험금이 안 나올 경우도 나온다고 속여요. 고객이 묻지 않으면, 지급 불가라는 단어는 아예 꺼내지도 않죠. 최대한 상대방이 꼬투리를 못 잡게 하면서 보험을 팔아치워야 해요. 물론, 사고가 나면 보험금을 지급해야 하지만, 사고가 일어나는 경우는 드물어요. 저희는 보험의 좋은 점만 설명해요. 상대방 기분이 좋아지도록 말이죠. 그 사람이 보험에 문외한이라면 쉽게 가입하겠지만, 꼼꼼히 따져본다면 안 하겠죠. 대중이 대상인 사회보험은 그렇지 않지만, 민영보험은 일종의 투자이고 재테크예요. 중산층이나 고소득층이 드는 거죠. 그땐 보험 하나를 팔면 2000위안 정도 벌었어요. 보험업의 인센티브제도는 다단계와 완전히 똑같아서 그 일을 할 때는 돈을 벌고 싶다는 욕망이 아주 크죠. 관리자나 그 이상의 간부가 되면 성과급이 엄청나요. 직원들은 보험을 팔아야 월급을 받기 때문에 스트레스가 상당히 심해요. 그래서 다들 어떤 수단을 써서라도 계약을 따내려고 해요. 그나마 10명 중 3명만 고임금이고, 나머지 7명은 배고프죠. 지출에 비해 돈은 얼마 못 벌어요. 보험 파는 사람들은 다 돈독이 올랐어요. 그런데 듣기 좋은 말만 내뱉죠. 그런 게 역겹고 성격에도 안 맞더라고요. 양심을 파는 일이잖아요.

해고당하다

왕개령은 4년 가까이 일한 공장을 떠날 수밖에 없었던 이유를 다음과 같이 설명했다.

> 1994년에 혜주惠州의 한 공사장에서 반년을 일했는데, 사장이 돈을 떼어먹고 도망쳐서 한 푼도 못 받았죠. 그 후 전화기 만드는 공장에 들어가 1998년까지 일했어요. 경비일을 하는 고향 사람이 소개해줬는데, 거긴 꽤 괜찮았어요. 처음에는 한 달에 겨우 400위안 정도 받았어요. 주말에도 출근하고 매일 10시간쯤 일했죠. 어쩌다가 하루만 쉴 수 있었어요. 나중엔 조장으로 승진해 월급이 1300위안으로 올랐어요. 공장 규모도 크고 숙식도 제공해 주고 그런대로 괜찮았는데, 제가 눈치껏 비위 맞추는 걸 잘 못해서 떠날 수밖에 없었죠. 우리 조의 직원 하나가 고의로 생산라인을 멈추는 사고를 쳤는데, 제가 그 사람을 찾아내 해고했거든요. 그런데 그 사람이 공장장의 처남인 걸 몰랐던 거예요. 그랬더니 공장장이 저를 쫓아내더라고요.

3. 만족스러운 일자리 ≠ 만족스러운 생활

조사 결과 대다수의 노동자가 자신의 일에 만족하지 않았다. 일자리에 만족한다는 노동자들도 일자리에 무게감을 갖지 않는다고 대답했다.

기본적으로는 일자리에 만족함에도 불구하고 그 일자리가 품팔이에게 큰 의미가 없는 이유는 무엇일까? 일부 품팔이는 공장 내 기숙사에 산다. 하지만 그곳은 그들의 진정한 집이 아니다. 기숙사 생활에 만족하

중경○○개발단지의 폭스콘 기숙사 건물
폭스콘 정문 앞에서는 수많은 사람이 짐을 싸서 나오거나 짐을 들고 들어가는 모습을 볼 수 있다. 폭스콘의 임금과 노동환경 자체는 비교적 좋은 편인데도 사람들은 왜 떠나려고 할까? 폭스콘 공장에는 체육시설, 병원, 심리상담소, 교육센터 등이 갖춰져 있다. 이런 조건에도 기숙사 건물에 자살방지 그물을 설치해야만 했던 이유는 무엇일까?

는 사람도 드물다. 어떤 이들은 셋방을 얻어 공장 밖에서 살지만, 좁고 허술한 임시 거처 또한 그들의 집은 아니다. 한 공장, 한 도시에서 10여 년을 일했음에도 그들은 자녀의 교육과 생활을 안정시킬 방법이 없다. 그들은 자신의 집이 어디인지, 늙으면 어디서 살아야 하는지 몰라 곤혹스러워한다. 누가 이런 생활에 만족하겠는가?

도시에 상대적으로 만족스러운 일자리가 있더라도, 그들에게 도시 생활은 여전히 불만족스럽다. 만족스러운 일자리와 온전한 생활은 같지 않기 때문이다. 온전한 도시 생활을 영위하려면 최소한 취업권, 주거권, 자녀 교육권이 보장되어야 한다. 이렇듯 상당수의 문제는 단순히 노동과 자본에만 의존해 해결할 수 있는 것이 아니라 정부와 사회, 기업, 품팔이 등 여러 주체가 공동으로 해결해야 한다.

오래 일하지 못하는 이유

많은 노동자가 일자리를 옮기는 이유는 열악한 임금과 노동조건 때문이지만, 좋은 조건일 때 일자리를 그만두는 것은 미래가 보이지 않기 때문이다. 하지만 막상 일을 그만두고 무엇을 할지 모르는 경우가 많다. 기술을 배우고 싶다는 친구도 있었는데, 무슨 기술을 배우고 싶은지는 명확하지 않다. 자신이 무엇을 하고 싶은지, 무엇을 배우고 싶은지, 무엇이 장래성이 있는지는 모르지만, 어쨌든 현재 상황에 만족하지 못한다.

1992년생인 진월국(陳月菊, 천웨쥐)은 귀주 출신으로, 중학교를 졸업했다. 그녀는 지금까지의 품팔이 삶에 대해 다음과 같이 말했다.

> 2008년에 중학교를 졸업하고, 집에서 가까운 작은 식당에서 종업원으로 잠깐 일했어요. 그리고 친오빠 소개로 모대茅臺진에 있는 식당에서 일하다가 작년(2009년) 6월쯤 집으로 돌아갔죠. 그때 월급이 500~800위안 정도였고, 아침 8~9시부터 저녁 8~9시까지 근무했어요. 손님이 많으면 10시까지도 일했는데, 초과 근무 수당은 없었죠. 누구든 식당 일은 오래 하지 못해요.
> 동관 쪽에서 일하던 숙모가 일자리를 구해줬어요. 방직공장이었는데 꽤 편했어요. 8시간 근무에 종종 야근도 했고, 3교대로 일했어요. 그렇게 일해서 1000위안 정도 받았죠. 다른 사람 얘기를 들어보니 광덕廣德공장이 괜찮다고 하더라고요. 그런데 거기는 18세 이하는 못 들어간다는 거예요. 그래서 딱 18세가 되던 올해 6월에 들어갔죠. 이 공장은 일요일엔 초과 근무를 안 해요. 다른 공장은 일이 바쁘면 꼭 초과 근무를 하거든요. 토요일엔 많이 바쁘면 5시간,

안 바쁘면 4시간 일해요. 임금은 매달 거의 비슷한데, 1700~1800 위안 정도예요. 보통 월요일부터 금요일까지 8시간 일하고, 초과 근무 시에는 9시 반까지 일하죠. 토요일 초과 근무는 4~5시간 정도인데 매달 비슷해요. 그래도 다른 공장들처럼 월급을 2000위안쯤 받거나 기본급이 있는 건 아니에요.

여기서 오래 일하진 않을 거예요. 1~2년 후엔 집에 돌아가려고요. 기술을 배우고 싶은데, 딱히 계획은 없어요. 앞으로 어떤 기술이 괜찮을지 알아봐야겠죠.

개미 같은 삶

1981년생인 유해도(劉海濤, 류하이타오)는 귀주 출신으로, 기술공업학교를 졸업했다. 중경, 광주, 심천을 거쳐 지금은 3년째 동관의 광덕공장에 다니고 있다. 이곳에서 3년간 일했지만, 자신의 일에 만족하지는 않는다. 그가 유난히 까다롭거나 매사에 만족할 줄 몰라서는 아니다. 삶에 만족하는 것과 일자리에 만족하는 것은 다른 문제다. 지금의 일자리가 수입면에서는 괜찮지만, 여전히 다른 것들을 갈망한다. 여가 시간과 여유, 고향에서의 삶이 그것들인데, 가족의 정과 귀속감을 고향에서 더 느끼기 때문이다.

운동용품 만드는 공장에 다녀요. 직원이 약 6000명인데, 화남華南 공업구에서는 규모가 큰 편이죠. 여기서 일한 지 3년쯤 됐어요. 지금 월급은 2500위안이고요. 관리직은 아니고 기술 노동자죠. 우리 공장의 일반 노동자 월급이 1800위안이에요. 초과 근무 수당을 합쳐 손에 쥐는 게 그 정도죠. 사실 우리 공장의 관리직은 별로예요. 월급이 일반 직원보다 높은 것도 아닌데 스트레스를 많이 받거든요. 요즘은 직원들 관리하기도 쉽지 않아요. 엄격하게 했다가는 그만둘지도 모르니까요. 이쪽은 일손이 부족해서 직원이 크게 잘못하지 않으면 해고도 못해요. 성질부리고 싸워도 하는 수 없죠.

이 공장은 근무 조건이 좋아요. 정해진 휴가가 많아서 일주일에 하루 반을 쉬어요. 월급도 괜찮고요. 아침 8시에 출근해 월요일부터 금요일까지 11시간씩 일하고, 토요일에는 반나절을 일하죠. 매달 꼬박꼬박 월급 받고, 일자리도 안정적이에요. '넌 해고야' 같은 말을 못하니까요.

우리 공장도 그렇지만, 현재 광동성 공장의 90% 이상이 일손이 부족해요. 90년대에 태어난 젊은 세대는 우리보다 더 자유로운 경향이 있어요. 월급이 별로거나 윗사람이 엄격하게 관리하면 이틀 일하고 내빼버려요.

품팔이 일은 그냥 평범한 것 같아요. 특별히 기쁘거나 즐거웠던 기억도 없어요. 보너스를 받은 적도 없고요. 이제껏 다닌 곳 중에는 지금 공장이 제일 마음 편해요. 여유 시간도 가질 수 있고, 월급도 괜찮거든요. 그럭저럭 괜찮은 편이죠.

2003년에 외지로 나온 이래 고향에 돌아가 본 적이 없어요. 전 개미족蟻族[54]이에요. 어디가 좋다고 생각하면 그때그때 옮기죠. 딱히

---

54 [역주] 열심히 일하면서도 불평하지 않고, 노동 시간이 길며, 단체정신을 가진 일본의 거주인구를 가리키는 말에서 유래했다. 최근 중국에서 열악한 집단 거주 환경에 사는 저소득 인구를 지칭하는 말로 사용된다. 예컨대, 도시에 빽빽이 살고 있는 시민, 품팔이, 대학 졸업생, 기술학교 졸업생 등이며, 특정 연령이나 학력과는 무관하다.

월급이 높은 게 아니라면 오래 고민하지 않아요. 그래도 일자리를 옮길 때 노동 시간이나 노동 강도, 휴가 같은 건 고려해요. 고향에서 가까운 곳이면 더 좋고요. 아니면 아예 고향으로 돌아가고 싶어요. 중학교 때부터 밖에서 살아서 어디서든 잘 적응하는 편인데, 강한 귀속감 때문인지 고향에 가고 싶다는 생각이 많이 들어요. 고향엔 친척이나 친구들이 많아요. 동네 사람 모두와 인사하며 지내고요. 그런데 외지에선 무슨 일을 해도 조심스러우니 혼란스러워요. 나중에 고향 쪽 사정이 좋아지면 돌아가려고요. 서부대개발西部大開發[55]을 하니까 사정이 나아지면 고향과 가까운 귀주나 중경으로 갈 수도 있고요. 여기는 일하는 시간이 너무 길어요. 그쪽에서 일하면 제 시간이 많아지겠죠. 여기서 품팔이할 때는 셋방 하나 얻어서 저녁에 한숨 자면 하루가 끝나거든요. 다음날 일어나 다시 출근하고, 이런 식의 삶이죠.

고향 근처 공장은 노동 시간이 8시간이에요. 주야 2교대로 일하니까 여기보단 낫죠. 큰 공장이든 작은 공장이든 주간반은 8시에서 12시까지나 2시에서 6시까지 일하고, 야간반은 새벽 3시까지 일해요. 그런데 제 고향 근처로 공장들이 이전하는 경우는 드물고, 보통 호남성으로 옮겨요. 구체적인 계획은 없지만, 고향 근처에 누나와 매형도 살고 있으니 적당한 데만 있으면 가고 싶어요.

---

55 [역주] 2000년부터 추진된 국가 정책으로, 개혁개방 과정에서 상대적으로 배제된 서부 내륙 지역에 대한 기초설비 건설 등 대규모 지원·개발을 그 내용으로 한다.

월세를 내려면 계속 일해야 한다

1980년생인 왕복련(王福連, 왕푸롄)은 중경 출신으로, 초등학교를 졸업했다. 품팔이 생활 10년 가운데 처음 3년간은 여러 번 일자리를 옮겼는데, 2003년 시저Schiesser공장에 들어간 후 지금까지 7년 넘게 일하고 있다.

이 공장엔 2003년에 들어왔어요. 독일 브랜드 시저를 생산하는 곳이죠. 지금은 독일이 홍콩에 브랜드를 팔아서 시저와 비코어러 Becorer 두 브랜드를 생산해요. 도중에 두 번 그만뒀는데, 이 공장이 그래도 자유로운 편이라 다시 들어왔어요. 월급도 괜찮은 편이고요. 보통 월 2000위안 정도를 받는데, 초과 근무를 많이 하면 3000위안도 받을 수 있어요.

당분간은 이직하거나 그만둘 계획이 없어요. 1~2년 더 일하려고요. 월세를 내야 하거든요. 일을 안 한다는 건 있을 수 없는 일이죠. 우리 공장은 다른 데에 비해 월급도 괜찮아요. 물량이 없을 때도 기본급 1500~1700위안을 주는데, 이건 26일치 월급이에요. 물량이 없어도 장기 휴가를 보내지 않고, 조장이 26일간 일할 수 있게 짜 줘요. 조장도 돈을 벌어야 하니까요. 금융위기 때도 노동자는 해고하지 않고, 월급이 높은 관리직 몇 명만 해고했어요. 우리 공장은 물량이 없을 때가 없어요.

작년(2009년) 12월에는 고향 근처 진에 집을 샀어요. 여기서 2년 더 일하고 진으로 돌아가 장사하고 싶어요. 구체적으로 뭘 할지는 아직 결정 못했어요. 진에는 사람이 별로 없어서 장사하기 어렵거든요.

여기, 품팔이[56]

작사 : 미상

작곡 : 강국량(姜國良, 캉궈량)

멀리서 보면 천당, 가까이서 보면 은행

도착해 보면 감방, 집에 돌아가 소랑 양이나 키울 걸

모두 이곳이 좋다고, 모두 이곳으로 오는데,

여기서 번 돈은 여기서 다 쓰니 집에 부칠 돈이 어디 있나

모두 여기가 월급이 많다는데, 치약 살 돈도 없네

모두 여기가 밥은 잘 나온다는데, 온통 풀떼기뿐이네

모두 이곳이 깨끗하다더니, 온통 바퀴벌레와 개미 투성이

모두 이곳의 반장이 잘 생겼다더니, 온통 솥뚜껑 같은 것들 뿐

일할수록 근심만, 짐승처럼 야근만

수당 없이 잔업만, 이유 없이 욕먹기만

사장 보면 눈 깔아, 월급 보면 짜증나,

월말엔 한숨만 나와, 이 고생은 언제쯤 끝날까

56   신노동자 예술단의 3집 앨범 〈우리의 세계, 우리의 꿈〉(2009) 수록곡.

라라라 라라라 라라라라 라
라라라 라라라 라라라라 라

제2장

도시에서의 삶

품팔이의 도시 생활은 주거권, 주거 조건, 주거지에 대한 귀속감 여부 등 세 가지 층위에서 분석할 수 있다. 중국의 호적제도는 도농 인구의 주거권을 제한했다. 현 규정에 따르면, 호적이 농촌인 품팔이도 도시 생활이 가능한데, 그 전제는 도시에서 취업해 거주증을 발급받는 것이다. 한 노동자는 주거권에 대해 다음과 같이 말했다.

> 저는 중국 공민公民이에요. 어느 곳에 살든 신분증만 있으면 되지, 체류증과 거주증을 받으라는 건 차별이에요.

이 책에서는 주거권을 거시적 차원에서 상세히 분석하지는 않을 것이다. 주거 조건 및 가정의 결합과 같이 비교적 현실적인 문제를 연구 대상으로 삼는다. 또한, 좀 더 상세한 자료와 묘사를 통해 북경, 소주, 심천 노동자의 주거 상황을 소개한다. 대다수의 품팔이가 장기간 도시에서 살지만, 자기 집 한 칸 없이 기숙사나 셋방에서 산다. 이것이 그들의 가장 큰 괴로움이다. '자기 소유의 안정적인 살 곳'은 모든 노동자의 관심사다. 한 노동자는 "동물에게도 보금자리가 필요한데, 하물며 사람은!"이라며 탄식했다. 또 다른 노동자는 SNS 소개글에 "달팽이가 되고 싶다. 어딜 가든 자기 집이 있으니까"라고 써 놓았다.

품팔이는 도시에 가정이 있었으면 좋겠다며 자주 탄식한다. 여기서 가정이란 곧 주택이다. 다시 말해 도시에 자기 소유의 주택이 있다면, 도시에 가정이 있는 것이다. 반대로 온 가족이 도시에 있다고 해도 자기 소유의 주택이 없으면 도시에 가정이 없는 것이다. 즉, 살 곳을 소유하고 있는지가 그곳에 귀속감이 있는지를 상당 부분 결정한다. 물론 주택이 귀속감의 전부는 아니다. 예컨대 2장에서 소개하는 두杜○○은 도시에 고급 아파트를 소유하고 있지만 귀속감은 없다. 즉, 귀속감은 물질과 정신의 두 가지 층위에서 결정돼 상호 영향을 끼치는데, 그 체감은 사람마다 다르다.

1. 퇴근 후에도 '집으로 돌아갈 수 없다'

노동자들이 '집이 어디'냐고 물을 때의 '집'은 모두 고향을 가리킨다. 퇴근 후에는 '기숙사로 돌아간다'거나 '셋방으로 돌아간다', 혹은 그냥 '돌아간다'라고 하지 '집으로 돌아간다'고 하진 않는다. 품팔이는 매일 도시에서 생활하지만 늘 '집으로 돌아갈 수 없다'. 심지어 어떤 노동자는 "도시에서 사는 건 익숙해졌는데, '집에 돌아가는 건' 익숙해지지 않았다"고 말했다. 이러한 모순적 서술은 품팔이의 도시 주거 현황을 반영한다. 품팔이는 장기간 도시에서 일하고 생활하지만 도시에서 주택을 소유할 수 없으며, 도시에 자기 '집'이 있다고 생각하지 않는다.

2000년 북경의 5환[57] 지역 주택 분양가는 1㎡당 평균 3000~4000위안이었는데, 2010년에는 1㎡당 2만 위안 이상으로 올랐다. 10년 새 7배가 오른 것이다. 품팔이의 소득 수준으로는 1년간 먹고 마시지 않는다해도 북경에서는 1㎡도 살 수 없다.

왕가의 도움으로 동관 전신전자銓訊電子의 한 작업장에서 조사를 진행했다. 직원 중 남성이 16명, 여성이 18명인데, 평균 연령은 30세로 모두 기혼이다. 이 34명 가운데 12명이 고향에 집을 지었고(35%), 7명이 고향 부근의 읍내나 시내에 집을 샀다(21%). 또한, 1명은 심천에 집을 샀고(3%), 14명은 자기 집이 없었다(41%). 즉, 품팔이는 자신이 일하는 곳에서 안정적인 삶을 살지 못했다.

[표2] 동관 전신전자 노동자의 주택 구매 및 건축 현황(N=34)[58]

	응답자 수	비율
심천에 집을 샀다	1	3%
고향 읍내 혹은 시내에 집을 샀다	7	21%
고향 마을에 집을 지었다	12	35%
집이 없다	14	41%

조사자: 왕가

살 곳이 없다는 것을 개인의 무능으로 생각할지도 모른다. 그러나 이

■

57 [역주] 북경시는 직사각형 모양의 간선도로 여러 겹으로 둘러싸여 있고, 도시 확장에 따라 간선도로망이 증가했다. 간선도로 한 겹을 하나의 '환圈(=고리)'이라 하는데, 시 중앙의 자금성을 1환으로 하며, 정치·경제적 핵심 시설이 2환 내부에 집중되어 있다. 5환은 시 외곽에 해당한다.
58 조사 표본수를 가리키며, 책 전체에서 이 표기를 따른다.

는 결코 개인의 노력으로 바꿀 수 있는 것이 아니라 사회가 감당해야 할 책임이다.

3명의 노동자 이야기를 들어 보자. 조^趙○○은 중경 A건설 현장의 요리사, 유격(喻格, 유거)은 대형 슈퍼마켓 점원, 두^杜○○은 석공이자 공장 사장이다. 조 씨는 공사장에 사는데, 고향에 40년 넘은 흙집이 있다. 조○○을 비롯한 많은 건설노동자가 도시에서의 정착은 꿈도 못 꾼다. 유격은 굉장히 영리하고 능력이 뛰어나다. 현실과 미래에 대한 분석도 분명하기 때문에 다른 사람들처럼 고향에 집을 짓지 않는다. 그녀는 자신의 능력으로는 도시에서 집을 살 수 없으며, 지금의 셋방이 진정한 집이 아니라는 것을 안다. 하지만 그녀는 도시에 정착하겠다는 의지가 명확하다. 두○○은 인터뷰이 중 가장 성공한 사람이다. 그는 이미 중경 고급 주택가에 있는 아파트를 샀다. 그만이 퇴근 후 집으로 돌아갈 수 있는 유일한 사람이다. 이런 그도 나중에는 고향으로 돌아가고 싶어 한다. 그에게는 고향집만이 진정한 집이기 때문이다.

내가 짓는 집은 나와 상관이 없다

52세인 조○○은 중경 출신으로, 그의 부인은 47세다. 조○○은 건설 현장 요리사고, 부인은 공사장 사장이 운영하는 작은 가게에서 물건을 판다. 그들에겐 24세 아들이 하나 있는데, 대학 졸업 후 북경에서 일한다.

45세 때부터 외지로 나와 품팔이를 시작했어요. 아들 학비가 필요했거든요. 가족 중 아픈 사람이 있어 거기도 돈이 들었죠. 고향집은 지은 지 40년이 넘었어요. 기와지붕의 흙집인데, 10~20년은 끄떡없을 것 같아요. 마을사람 중 약 60%가 집을 새로 지었어요. 품팔이해서 번 돈으로 지은 거죠. 보통 6~7만 위안을 들여 이층집으로 지어요.

공사장에서 잡일하는 사람은 일당 80~90위안 정도, 철근공이나 목공일은 몇 백 위안, 미장이는 200~300위안을 벌어요. 노동자 수십 명이 모두 가건물 한 곳에서 살아요. 연령대는 다양한데, 20대는 얼마 안 되고 30~40대가 좀 더 많아요. 집이 다 지어지거나 돈을 벌면 이곳을 떠나죠. 우리가 지은 집과 우리는 전혀 상관이 없어요. 그 집을 살 수도 없고, 계속 남에게 집을 지어 주는 거예요. 격차 같은 건 생각해 보지 않았지만, 이런 집은 한 채에 몇 십만 위안씩 하니까 우린 절대 못 사죠.

일하면서 어려운 일을 당해 본 적은 없어요. 일거리 찾기도 쉬웠고요. 나와서 품을 팔면 사장 손에서 돈을 가져오죠. 출근해 보고 별로면 나가 버리면 그만이에요. 저는 일을 더 못하게 될 때까지 외지에서 품팔이를 할 겁니다.

보금자리가 필요하다

1975년생인 유격은 중경시 홍호진 출신으로, 그녀의 남편도 동향인이다. 그들에게는 열 살, 여덟 살의 두 딸이 있다. 부부는 중경에서 품팔이를 하며, 방 2칸에 거실 1칸짜리 집에 다른 사람들과 함께 세 들어 산다. 두 딸은 농촌에 있는 할아버지와 할머니가 돌본다. 유격이 자신의 이야기를 들려줬다.

중경은 물가가 너무 비싸요. 자기 집을 갖는 건 우리 같은 품팔이에겐 머나먼 소원이죠. 지금 세 들어 있는 아파트는 낡은 집인데도 거의 35만 위안은 줘야 살 수 있어요. 35만 위안이라니, 아마 우린 평생 못 벌 거예요. 그런 말이 있잖아요. '변화는 계획보다 빠르다.' 그러니 무슨 계획을 할 수 있겠어요? 변해 버리면 모두 허사잖아요. 1년에 1만 위안이든 5000 위안이든 모으면 몇 년 뒤에 집 한 채는 살 수 있어야 하는데, 정작 그때가 되면 집값이 올라서 모두 물거품이 되죠.

고향에 집 지을 생각은 아직 없어요. 짓는다 해도 다 늙어 들어가 사는 거니까 지금은 쓸모없죠. 저는 집 지은 사람들이 부럽지 않아요. 고향에 집 짓는 것도, 읍내에 집 사는 것도 별로예요. 수중에 그만한 돈이 없는 건 둘째 치고, 있다고 해도 10~20만 위안이나 써서 읍내에 집을 사진 않을 거예요. 사봐야 무슨 소용이 있어요? 거기엔 아무 것도 없고, 할 일도 없어요. 환경이 좋든 나쁘든 전 여기에 정착하고 싶어요.

사회가 개인의 요구를 모두 만족시킬 순 없겠죠. 엄청난 개선도 없을 테고, 조금씩 바꿔 나갈 뿐이에요. 우리 같은 품팔이는 아이 학교 문제나 월급을 화이트칼라와 비교할 수 없다는 걸 감안해야죠. 어쩌면 화이트칼라도 집 사고 남은 돈이 얼마 안 될 수도 있지만, 최소한 그 사람들은 자신이 번 돈으로 집을 살 순 있잖아요. 자기 보금자리를요.

어쨌든 우린 정착할 곳이 있어야 해요. 동물들처럼요. 그런데 여기선 비싸서 헌집도 살 수가 없어요. 기준이 다 다르지만, 헌집은 보통 계약금 50%를 내요. 지금 세 들어 사는 집이 싼 편인데도 계약금이 15만 위안이나 돼요. 몇 년이나 일해야 그 돈을 모을 수 있을까요? 먹고 마시지 않아도 오래 걸릴 거예요. 주택이 가장 큰 문제죠.

도시와 고향 모두 집이 있다

중경시의 고급 아파트에 갓 이사 온 47세 두○○은 중학교를 졸업했다. 그는 이곳에서 10여 년을 살았고, 아내와 24세 아들, 13세 딸과 함께 산다. 두○○은 공장을 운영하며, 부인이 공장일을 돌본다. 물건 배달을 하는 아들에겐 트럭을 한 대 사줬다. 딸은 중학교 2학년으로, 3년간 5800위안의 학비를 내야 한다.

저는 중학교를 졸업하고 집에서 농사를 지었어요. 스물넷에 외지로 나왔는데, 그게 1987년이었죠. 고모부가 절 데리고 석공일을 하러 다녔어요. 광서廣西, 상해上海를 비롯해 일이 있으면 어디든 갔어요. 외지로 나와 첫 일당이 9위안이었는데, 한 달 지나니 15위안으로 올랐어요. 그 후 300위안까지 올랐죠. 지금도 석공과 조각일을 해요. 보통 1년에 4~5개월은 밖에 있어요. 조각 하나에 돌 여덟 덩이를 써서 12만 위안을 받는데, 두 사람이 열흘 정도면 다 끝낼 수 있어요. 어떤 때는 14만 위안을 받는데, 그때는 두 명이 20일 정도 일하면 돼요. 이 기술은 가족이 아니면 안 가르쳐주죠.

제가 먼저 중경에 오고 부인이 뒤따라왔어요. 여기서 12년을 함께 살았죠. 중경에서 도료공장을 한 지는 10년 됐어요. 제가 바쁘면 부인이 공장 일을 돌봐요. 도료공장엔 고정적인 노동자가 없고, 많을 땐 2~3명을 써서 하루에 10여 톤을 생산해요. 공장 규모는 100㎡ 정도 되고요.

6년 전에 13.8만 위안을 들여 68.9㎡짜리 헌집을 샀어요. 그 집을 철거하고 고쳐서 89.7㎡가 되었죠. 지금 이 집의 가치가 59만 위안이에요. 그래도 나중에는 농촌으로 돌아가고 싶어요. 일을 할 수 없을 때가 되면요. 이 집은 아이들이 도시에 머물 수 있도록 사준 거예요. 돌아가면 땅을 좀 얻어서 물고기도 키우고, 낚시도 할 거예요. 3년 전에 3만 위안 정도 들여서 고향에 집을 지었어요. 우리 마을엔 품팔이가 돌아와 집 짓는 경우가 드물어요.

저녁식사 후 두○○의 집을 나서다가 배웅 나온 그의 아들에게 "아빠가 너흴 위해 아파트를 사주셨으니까 맘 편히 도시에서 살 수 있겠구나"라고 했다. 그러자 그는 "아뇨. 저도 나중에는 고향으로 돌아갈 거예요. 여기는 '집'이 아닌 것 같거든요. 아파트는 제 아들에게 물려줄 거예요"라고 답했다.

2. 우리가 사는 4㎡의 공간

품팔이의 집단 거주지와 공업단지는 생활면에서 큰 차이가 있다. 집단 거주지 생활은 단조롭고 초라하지만, 대부분 온 가족이 함께 모여 살 수 있다. 공업단지에서는 노동자가 기계와 공장의 일부와 같아서 자녀를 데리고 있을 조건이 되는 가정이 매우 드물다.

북경 피촌의 품팔이 집단 거주지

피촌은 북경시 조양구 동5환과 동6환 사이에 있는 마을로, 북경의 조양, 통주通州, 순의順義 세 구의 교차점에 위치해 있고, 온유하温榆河에 인접해 있다. 상주인구는 1000여 명이고, 외래인구는 1만여 명이다. 피촌 지역 공회가 2011년 7월에 조사한 바에 따르면, 피촌에는 크고 작은 공장이 약 120곳 있다. 공장이 고용한 노동자는 4명에서 200여 명으로 다양하며, 각 공장마다 평균 약 17명이 고용되어 있어 2000여 명이 피촌 지역 공장에 출근한다고 할 수 있다. 물론 이곳에 거주하는 품팔이 중 매일 피촌 인근과 시내로 출근하는 사람도 많다. 마을 안에는 품팔이 자녀를 위해 개설한 민간 초등학교가 두 곳 있고, 1000여 명의 아이들이 다닌다.

〈품팔이 주거 현황과 미래 발전 조사〉에 따르면, 피촌에 거주하는 품팔이의 1인당 평균 주거 면적은 4.6㎡다([표3]). 일부 가정은 자녀 서넛과 함께 거주함에도 주거 면적이 10㎡ 정도밖에 되지 않는다. 많은 가정이 주택과 경제적 문제로 아이들을 고향에 남겨두는 선택을 한다.

피촌의 상점가
대다수 품팔이는 일자리와 거주지가 불안정하다 보니 집이 좁고 살림살이도 변변치 않다. 여섯 가구를 조사한 결과, 한 집의 살림살이를 모두 합쳐도 평균 360위안에 불과했다([표4]).

[표3] 북경 피촌 품팔이의 주거 면적

부부와 자녀(자녀 중 일부만 있는 경우도 있음)가 함께 사는 가정(N=74)		혼자 외지에 나와 품팔이를 하는 경우(N=38)	
가구당 평균 주거 면적	16.6	방 1개당 평균 주거 면적	14.1
현재 거주지의 평균 인원	3.6	방 1개당 평균 인원	2.9
1인당 평균 주거 면적	4.6	1인당 주거 평균 면적	4.8

자료: 북경 노동자의 집, 〈품팔이 주거 현황과 미래 발전 조사〉(2009)

■ 피촌 속○○의 집

[표4] 피촌 품팔이 가구의 재산 상황

조사 대상	가족 수	가전·가구	추산 가치
속栗○○	4	작은 탁자(잡동사니를 두는 용도), 큰 탁자(주방용품을 두는 용도), 가스레인지, 텔레비전, 선풍기, 전기밥솥	350위안
이李○○	4	작은 탁자(공부 및 식사용), 가스레인지, 텔레비전, 장롱, DVD, 선풍기, 전기밥솥,	500위안
동童○○	3	작은 탁자, 가스레인지, 선풍기, 전기밥솥, 식기	300위안
대代○○	3	작은 탁자, 가스레인지, 선풍기, 전기밥솥, 식기	300위안
평균			약 360위안

자료: 북경 노동자의 집, 〈품팔이 주거 현황과 미래 발전 조사〉(2009)

피촌의 모든 품팔이는 현지인의 집에 세 들어 산다. 보통 작은 방 한 칸을 빌리는데, 기본 시설이 없는 곳이 많다. 어떤 집은 수도꼭지가 밖에 있고, 방 안에서 밥을 해야 하는 경우도 있다. 겨울에는 석탄 난로로 알아서 난방을 해야 한다. 다만, 피촌의 공용 화장실은 편리하고 위생적이며, 개인이 운영하는 목욕탕도 세 곳 있다.

월세는 비싼 편이다. 2009년에는 10여㎡ 방 한 칸의 월세가 120위안이었는데, 2011년 피촌 주변 마을이 모두 철거돼 많은 노동자가 피촌으로 이주하면서 월세가 1~2배 폭등했다.

심천, 소주의 공장 기숙사

심천, 소주 지역 공장의 기숙사 면적은 매우 작은데, 소주의 1인당 평균 주거 면적이 4㎡([표5]), 심천은 2.6㎡다. 기숙사 방에 커튼이 없어 숙면을 취하기 어려우며, 시설이 무척 조촐하거나 시설이라 할 만한 것이 아예 없다. 대부분의 기숙사에는 탁자, 의자, 빨래건조대, 금고, 샤워실이 없으며, 심지어 전기 콘센트가 없는 경우도 있다.

심천의 한 노동자는 다음과 같이 말했다.

> 겨울엔 정말 추워요. 밤 10시가 넘으면 온수가 안 나오는데, 10시까지 야근하고 돌아오는 날은 난감해요. 그나마 우리는 식당 옆에서 온수를 받아 씻어요. 6~7층에 사는 여자들은 온수를 들고 올라가지도 못하죠. 그런데 여름에는 쓸데없이 밤 12시까지 온수를 튼다니까요.

기숙사 안은 시끄러워서 제대로 휴식을 취할 수 없다. 모두 출근 시간이 다르니 푹 쉬지 못하고, 조용하게 책을 읽거나 공부하기란 더욱 불가능하다. 사람이 많아서 아침에 세수할 때도 줄을 서야 한다. 절도 문제도 심각하다. 한 노동자는 야근해 돌아와 낮에 자는데, 누군가 방에 들어와 휴대폰 3대를 훔쳐갔다고 한다. 또 다른 노동자는 기숙사 16개 방이 모두 도둑을 맞았다고 했다.

심천, 소주의 공장 밖 셋방

셋방을 얻어 살더라도 공장 기숙사에 비해 주거 면적이 월등히 넓지는 않다. 소주 셋방의 1인당 평균 주거 면적은 5.8㎡인데([표5]), 기숙사보다 약 2㎡ 넓다.

[표5] 소주 품팔이의 주거 상황

주거 유형		공장 기숙사	셋방	집단 기숙사
공동 거주 인원		3~8명, 평균 6명	1인실, 혹은 2~4인 공동 임차 (주로 2인 공동 임차)	6~11명이 방 하나에 거주 (주로 8명이 공동 거주)
1인당 주거 면적		4.1㎡	5.8㎡	4㎡
주거 조건	화장실	일부는 기숙사 내부에 있고, 일부는 방 몇 개가 공동 이용	보통 몇 가구가 한 곳을 공동 이용	기숙사 안에서 공동 사용
	샤워실	온수가 나오지 않아 다른 곳에서 떠오거나 외부 샤워실을 사용해야 함.	샤워실이 있는 곳이 드물고, 있더라도 온수가 나오지 않음. 샤워실이 없는 곳은 겨울에는 외부 샤워실을 유료로 이용하고, 여름에는 화장실에서 해결.	기숙사 내부에 공동 샤워실이 있음. 온수를 따로 떠오거나 외부 샤워실을 이용해야 함.
	가구	개인 침대는 제공되나 다른 가구는 공장 사정마다 다르며, 옷장, 탁자, 의자가 없는 경우도 있음.	구비 수준은 집주인 사정에 따라 다름. 제공되는 가구가 허술하고, 아예 제공하지 않는 곳도 다수임.	개별 침대와 개별 옷장, 작은 탁자 1개, 의자 2개 제공

자료: 북경 노동자의 집, 〈품팔이 주거 현황과 미래 발전 조사 보고〉(2009)

소주에서는 8㎡ 남짓한 방의 월세가 약 200~300위안이다. 셋방을 따로 얻으면 소득의 20%를 월세에 써야 한다.

오래된 집의 경우 방범문이나 관리인이 없어 도둑이 드는 경우도 많다. 생활시설 또한 매우 불편하다. 대다수 가구가 공용 화장실을 이용하는데, 7~10가구 이상이 1개의 화장실과 샤워실을 함께 쓴다. 심천에서는 몇 가구 혹은 십여 가구가 부엌 한 곳을 함께 쓰거나 집마다 수도꼭지와 계량기가 1개뿐인 경우도 있다. 다른 사람이 물을 훔쳐 쓰는 것을

오○○의 셋방

동관에서 품팔이를 하는 오○○ 부부가 사는 셋방을 찾았다. 매우 좁은 그들의 셋방에는 이층침대 하나만 겨우 놓을 수 있다. 이층침대 위쪽에 잡동사니를 두고 잠은 아래쪽에서 잔다. 주방도 없어서 복도에서 식사준비를 할 수밖에 없다. 며칠 전엔 누군가 허술한 방 자물쇠를 따고 들어와 돈이 될 만한 물건을 모두 가져갔다. 부부에겐 딸이 둘 있는데, 고향에 있는 처제가 돌본다.

방지하기 위해 수도꼭지에 자물쇠를 채워 두기도 한다. 방과 방 사이에 세운 벽은 나무판이나 석고판으로, 옆방의 작은 인기척도 잘 들린다. 어떤 방은 채광이 좋지 않아 낮에도 불을 켜야 한다.

공장 밖에 셋방을 얻으면 좋은 점도 있다. 개인 공간이 생겨 자유롭고, 친구들이 찾아오기도 편하며, 혼자 밥을 지어 먹을 수도 있다.

소주의 집단 기숙사[59]

소주의 공장들은 기숙사를 제공하는 곳이 적어 품팔이의 거주지와 일하는 곳이 분리되어 있다. 캐논과 같은 일부 대기업은 기숙사를 짓거나 외부의 공동주택을 기숙사로 지정해 직원이 살 수 있게 한다. 그러나

---

59 이 중 일부 내용은 '소주 노동자의 집' 소속 전계영(全桂荣, 취안구이롱)이 썼다.

월세는 직원이 부담해야 한다. 기업은 노동자의 출퇴근 편의를 위해 전세 통근버스를 제공하기도 하는데, 차비 또한 노동자가 부담해야 한다. 통근버스는 집단 기숙사 구역과 직원이 많이 사는 농촌, 도심 촌락, 주택단지에도 있다.

집단 기숙사 건물은 속칭 품팔이 건물이라고도 한다. 소주 시정부가 2005년 발표한 바에 따르면, "각 시·구는 규정과 절차에 따라 모든 외래 인구 밀집 구역에 일정한 규모를 갖춘 집단 기숙사 구역을 조성해야 한다"는 방침이 있다. 또한, "집단 기숙사 구역은 구·진 정부(경제개발구)가 설치와 운영의 책임을 지고, 토지 정책을 원칙으로 시장화 방식에 따라 운영한다. 정부 투자, 고용 단위 출자, 민자 유치, 유휴 공장 시설 개조, 농민 자금의 지분 참여 등 다양한 경로와 형식을 채택해 건설할 수 있다"고 되어 있다. 즉, 집단 기숙사 건물은 상업적으로 운영된다.

집단 기숙사의 크기는 다양하다. 작은 곳은 200~300명, 큰 곳은 6000~1만 명까지 살 수 있다. 이러한 집단 기숙사 구역은 보통 5~6개의 건물로 이뤄진다. 대형 집단 기숙사 구역은 주로 5~6층 건물로, 각 층에 20~30개의 방이 있다(모든 층의 중간에 복도가 있고, 양 옆으로 방이 있는 구조다). 방마다 6~11명이 살고(주로 8명), 방 크기는 옷을 널어 두는 작은 베란다를 합쳐 35㎡ 정도로 이층침대 4개가 들어간다. 침대마다 작은 옷장이 하나씩 있으며, 샤워기가 달린 화장실이 하나 있다(일부는 화장실과 욕실이 분리되어 있다). 집단 기숙사에는 빈 방만 있으면 누구나 돈을 내고 들어갈 수 있다. 침대별로 단기 거주는 하루에 10위안, 장기 거주는 한 달에 100위안 정도며, 본인의 침구를 가지고 와야 한다.

이곳은 기반시설이나 문화시설이 잘 갖춰져 있으나 애인이나 배우자가 있는 사람은 살 수 없고 혼자 살기에 적합하다.

이 낮디 낮은 마을은 이 도시에서의 우리 집[60]

작사·작곡: 허다(許多, 쉬둬)

여기 이 도시, 현대적인 아파트와 별장 옆에
벽돌담을 드러낸 낮디 낮은 마을이 있어
방방곡곡에서 온 형제자매들
모두 잘 살아보려 이곳에 왔지

줄줄이 칸칸이 세 평짜리 작은 집에서
서로 다른 사투리로 같은 이야기를 하고
아침이면 빽빽이 버스를 타고 이 도시의 문명으로 비집고 들어가지
이제 용감하게 삶의 무게를 짊어질 때
아!

마을길은 구불구불 지저분해도
비가 오나 바람이 부나 고향 사람들은 길가에서 음식을 팔고
하남의 회면, 섬서의 양피, 항주의 소롱포
모두 고향 음식을 먹고 있네

아담하게 자리한 품팔이 자녀의 학교
아이들은 공부하며 즐겁게 놀 수 있지

---

60 신노동자 예술단의 2집 앨범 〈노동자를 위한 노래〉(2007) 수록곡으로, 품팔이 집단 거주지의 생활
상을 생동감있게 표현했다.

마을 옆 공사장에는 안전모를 쓴 고향 사람들
남을 위해 부지런히 어여쁜 집을 짓고
아!

우리는 두 손에 보따리를 들고 멀리멀리 다니지
우리의 노력으로 삶은 방향을 잃지 않고
우리는 방세를 벌어 이 낮디 낮은 마을에 사네
옆에는 고향 사람들이 지은 인터체인지와 양옥집

우리는 두 손에 보따리를 들고 멀리멀리 다니지
우리의 노력으로 삶은 방향을 잃지 않고
낡아빠진 녹음기에선 서북의 곡조가 흘러나오네
낭랑한 목소리는 생명의 힘을 노래하지
힘—

이 낮디 낮은 마을은 이 도시에서의 우리 집

제3장

가족이 함께 모여 살기 어렵다

이 장에서는 품팔이의 가족 결합 현황을 세 가지 층위에서 서술한다. 온 가족(부부와 자녀 포함)이 함께 사는 가구, 부부만 함께 사는 가구, 자녀와 부모가 함께 사는 가구 등이 그것이다.[61] 가족이 함께 모여 살지 못하는 상황은 매우 복잡하다. 이를테면, 부부만 함께 살고 자녀는 고향에 있는 경우, 일부 자녀와 함께 살고 다른 자녀는 고향에 있는 경우, 부부와 자녀 모두 각기 다른 곳에 사는 경우 등이 있다.

집단 거주지에 사는 품팔이와 공업단지에 사는 품팔이의 가족 결합 차이는 매우 크다. 집단 거주지는 일반적으로 도심 촌락이나 도농 경계 지역에 있다. 현지인들이 셋방을 지어 외지에 품을 팔러 온 사람들에게 임대하는데, 이러한 곳에는 외지 인구가 더 많다. 일부 집단 거주지에 품팔이 자녀를 위해 특별히 개설된 학교가 있는가 하면, 어떤 지역은 현지

61　자녀와 부모가 함께 사는 것과 온 가족이 함께 사는 것은 다른 의미다. 예를 들어, 한 가정에 아이가 둘 있는데 하나는 고향에 있고, 다른 하나는 부모와 함께 도시에 산다면 이 가정은 함께 모여 산다고 할 수 없다.

공립학교가 품팔이 자녀를 받아들인다. 이러한 지역에서 일부 품팔이 가구는 온 가족이 함께 모여 산다. 예컨대, 북경 피촌은 온 가족이 모여 사는 비율이 71%에 달한다. 물론, 중학교에 가야 할 때가 되면 경제적 인 이유나 대학 입시 준비를 위해 자녀를 고향으로 돌려보내기도 한다. 공업단지 혹은 그 주변에 형성된 생활 지역 및 상업 지역의 상황은 이와 다르다. 이곳에서는 여러 제약 때문에 자녀와 함께 살기 어렵다. 예컨대, 심천은 온 가족이 모여 사는 비율이 21%에 불과하다.

1. 온 가족이 함께 사는 가구

온 가족이 모여 산다는 것은 부모와 자녀를 포함한 모든 가족 구성원 이 함께 사는 것을 말하며, 여기에 성인이 된 자녀는 포함되지 않는다. 북경의 품팔이 집단 거주지와 남방의 공업 지역에서 가족이 함께 사는 비율은 매우 큰 차이를 보이는데, 북경이 남방보다 그 비율이 훨씬 높다. 〈품팔이 주거 현황과 미래 발전 조사〉에 따르면, 피촌에서 온 가족이 함 께 사는 비율은 71%지만([표6]), 심천은 21%에 불과했다([표7]). 또한, 동 관에서 2010년 진행한 사례 조사에 따르면, 그 지역에서 온 가족이 모여 사는 경우는 32%다([표8]).

[표6] 북경 피촌의 유자녀 노동자 가구(N=72)

	온 가족이 함께 산다 (부부와 모든 자녀가 피촌에 산다)	가족이 따로 산다 (모든 자녀가 고향에 있거나 일부 자녀만 고향에 있다)
가족 수	51	21
비율	70.8%	29.2%

자료: 북경 노동자의 집, 〈품팔이 주거 현황과 미래 발전 조사〉(2009)

[표7]은 심천 A공장 B작업장 노동자의 사례다. 온 가족이 함께 사는 경우는 21%에 그쳤고, 그 외는 모두 분리된 형태로 산다. 분리 형태는 다양한데, 주로 자녀와 부모의 분리다.

[표7] 심천 A공장 B작업장의 유자녀 노동자 가구(N=34)

가족 결합 형태	가족 수	비율
부부와 자녀 모두 심천에 산다(온 가족이 함께 산다)	7	21%
부부는 심천에 살고, 자녀는 고향에 있다	22	65%
남편은 심천에 혼자 살고, 부인과 자녀는 고향에 있다	2	6%
부인은 심천에 혼자 살고, 남편과 아이는 고향에 있다	1	3%
부인과 자녀는 심천에 살고, 남편은 다른 지방에서 일한다	1	3%
부인은 심천에, 남편은 다른 지방에, 자녀는 고향에 있다	1	3%

조사자: 개룬(2009)

[표8] 동관 전신전자의 유자녀 노동자 가정

평균 연령	평균 근무기간	부부가 함께 사는 비율	온 가족이 함께 사는 비율	평균 자녀 수	부모와 함께 사는 자녀
29.5세	3년	88%	32% (34가구 중 11가구)	1.3명	31% (34가구의 자녀 45명 중 14명)

조사자 : 왕가

2. 부부만 함께 사는 가구

북경의 품팔이 집단 거주지와 남방의 공업 지역은 부부가 함께 사는 상황에도 큰 차이가 있으며, 북경에서 부부가 함께 사는 비율이 남방보다 높다. 북경 피촌 동심실험학교同心實驗學校에서 학부모를 상대로 조사한 결과 부부가 함께 사는 비율이 97.6%였고([표9]), 피촌의 무작위 조사에서는 86.4%로 나타났다([표10]).

[표9] 북경 피촌 동심실험학교 학부모 중 부부가 함께 사는 가구(N=85)

	부부가 함께 산다	부부가 떨어져 산다
가구 수	83	2
비율	97.6%	2.4%

자료: 북경 노동자의 집, 〈품팔이 주거 현황과 미래 발전 조사〉(2009)

북경 피촌 동심실험학교 85개 가구 중 단 2가구만이 부부가 떨어져 산다(부인이 세상을 떠난 2가구와 남편이 복역 중인 1가구 제외). 이 경우 남편이 고향에서 일하고, 부인이 고향에서 아이들을 돌본다.

[표10] 북경 피촌 품팔이 부부가 함께 사는 비율(N=59)

	부부가 함께 산다	부부가 떨어져 산다
가구 수	51	8
비율	86.4%	13.6%

자료: 북경 노동자의 집, 〈품팔이 주거 현황과 미래 발전 조사 보고〉(2009)

동관 전신전자 노동자 전체 34명 중 남성이 16명, 여성이 18명이다. 평균 연령은 30세로 모두 결혼해 자녀가 있으며, 자녀 수는 평균 1.3명이다. 부부가 함께 사는 수는 30명(88%)인데, 부부 모두 동관에서 품팔이를 한다([표8]). 한편, 심천에서 부부가 함께 사는 경우는 86%다([표7]).

왕가의 결혼생활

왕가는 2008년 8월 학교 친구의 소개로 남편을 만났다. 두 사람은 첫눈에 호감을 가졌고, 이후 왕가가 여름방학을 맞아 고향에 갔을 때 양가 상견례를 했다. 그해 10월에 결혼했고, 이듬해 8월 아들을 낳았다. 아들은 고향의 시부모가 돌보고, 준의에서 일하는 남편은 이따금 아들을 보러 간다. 2010년 11월 12일 그녀는 자신의 결혼생활에 대해 이렇게 말했다.

> 8개월 동안 남편이 돈을 준 건 두세 번뿐이에요. 한 번에 1000위안 정도 줬는데, 나중에는 그것도 안 줘서 시아버지 돈으로 생활했어요. 남편 월급이 1700위안이에요. 그 사람은 매달 옷이랑 신발을 정말 많이 사요. 한번은 남편 기숙사에 신발이 열 몇 켤레나 죽 늘어져 있는 걸 봤어요. 전부 흰색 운동화인데, 신은 신발을 빨지 않고 새로 사더라고요. 남편은 보름에 한 번이나 한 달에 한 번 정도만 집에 와요. 그 사람이 다니는 공장이 시내에 있는데, 우리 진에서 굉장히 멀거든요. 매일 출근도 해야 하고, 평소에는 일이 바빠서 한 달에 이틀만 쉬어요.
>
> 남편은 집에 올 때마다 새 옷을 입고 와요. "또 새 옷 입고 왔네!"라고 하면, "아니야. 산 지 한참 된 싼 옷이야. 30~40위안밖에 안 돼"라고 하죠. "어떻게 나한테는 옷 한 벌을 안 사줘?"라고 하면, "난 네 사이즈도 몰라"라고 해요. 그러면 저는 "전화로 물어보면 되잖아"라고 말하죠. 제가 아이 낳기 전에는 꽤 말랐었는데, 지금은 맞는 옷이 없어요. 어떤 때는 시어머니 옷을 입는다니까요.

사실 그때 번갯불에 콩 구워 먹듯 결혼하면서 불안하긴 했어요. 그런데 시간이 흘러 서로에 대해 아는 게 많아지면 결혼하기 싫어질지도 몰라 빨리 결정했죠. 제가 스물일곱, 남편이 서른하나에 결혼했거든요. 둘 다 혼자 사는 데 익숙해진 상태였죠. 종일 둘이 같이 있는 게 싫어서 멀리 떨어져 있으면 좋겠다 싶었어요. 전 자유롭고 독립적이고 싶지, 둘이 시끌벅적 살고 싶진 않았어요. 제가 일을 하면 소득이 있으니까 금전적으로는 구속을 안 받겠죠. 그런데 집에만 있으면 달라요. 남편이 벌어 주는 돈을 알뜰하게 써야 하고, 게다가 돈이 모두 아이에게 들어가니까 전 앞으로도 옷 한 벌 못 살 거예요.

3. 자녀와 부모가 함께 사는 가구

품팔이 가정의 자녀 수

'북경 노동자의 집'이 2009년 북경 피촌 동심실험학교의 학부모 85명을 조사한 결과, 평균 연령이 38세, 가구당 평균 자녀 수는 2.2명이었다. 1명의 자녀를 둔 가구가 15%, 2명 이상의 자녀를 둔 가구는 85%에 달했는데, 이 중 자녀가 3~4명인 가구가 27%로 나타났다. 4가구 이상이 자녀가 없고, 자녀 수가 가장 많은 경우는 4명이었다.

심천과 북경의 노동자 집단 거주지의 상황은 큰 차이를 보였다. 심천의 A공장 B작업장 조사에서는 다음과 같은 결과가 나왔다. 가구당 평균 자녀 수는 1.1명이며, 1명의 자녀를 둔 가구가 전체의 74%를 차지했다. 그 외에는 모두 자녀가 2명이었다.

이 결과는 품팔이 집단 거주지와 공업단지의 차이를 보여준다. 하지만 여기서 주목해야 할 점은 피촌 학부모의 평균 연령이 38세라는 것이다. 심천 노동자의 평균 연령을 조사한 자료는 없지만, 피촌 학부모가 심천 노동자의 평균 연령보다 젊다는 것은 분명하다. 따라서 이들이 추후 자녀를 더 낳을 수도 있다는 점을 배제해서는 안 된다.

자녀와 부모가 함께 사는 가구

북경 품팔이 집단 거주지에서 자녀와 부모가 함께 사는 비율은 심천 공업단지보다 크게 높다. 북경은 64~70%인데 비해 심천은 26%에 그쳤고, 동관은 31%다.

함께 모여 살기 어렵다

정程○○과 그녀의 남편은 북경 피촌 상점가에서 사진관과 복사점을 운영한다. 1980년생인 정○○은 하남성 출신이고, 남편은 강소江蘇성 출신이다. 그녀는 1995년 광동에서 품팔이를 시작했다. 민영 양모 스웨터 공장에서 일했는데, 월급이 200위안 정도밖에 되지 않았다. 일을 시작하고 2년 동안 번 돈은 모두 집에 보내 농업세를 내거나 부모님 집 짓는 데 보탰다. 1997년 남편 탕湯○○을 만났고, 그때부터 두 사람이 번 돈을 시부모님 집 짓는 데 보냈다. 2001년에 큰딸이 태어났다. 공장에서 일하면서 아이를 데리고 있을 방법이 없어 아이가 태어나자마자 남편 고향으로 내려 보내 시어머니에게 맡겼다. 딸은 부부와 살아본 적이 없다. 이후 정○○은 더 큰 양모 스웨터 공장으로 옮겼다. 2004년에는 아들이 태어났는데, 이곳에서도 아이를 데리고 있을 수 없었다. 그렇다고 시부모에게 어린아이 둘을 맡길 수도 없어 부부는 일을 그만두고 고향으로 내려갔다. 하지만 돈벌이 할 곳이 없어 오래 머물지는 못했다. 부부는 우선 윤각장尹各庄으로 가서 동향인의 도움으로 인쇄, 복사, 촬영, 인화 가게를 열었다. 그리고 나중에 피촌으로 가게를 옮겼다.

그들의 작은 가게는 20㎡가 채 되지 않는다. 여기에 6㎡ 가량의 생활 공간을 만들었는데, 침대 하나 옷장 하나가 겨우 들어가는 크기다. 2008년 아들을 피촌으로 데려왔고, 2009년에는 여덟 살이 되도록 함께 살아보지 못한 딸이 안쓰러워 여름방학이 시작되자마자 데려왔다. 딸과 함께 올라온 시어머니를 비롯해 다섯 식구가 6㎡ 공간에서 빽빽하게 지내야 했다. 그렇게 온 식구가 나흘을 함께 있었는데, 결국 시어머니가 아들을 데리고 내려가는 수밖에 없었다. 딸은 차츰 이곳을 불편해했다. 집이 너무 좁고, 동네 아이들도 모르고, 놀 곳도 없었기 때문이다. 부부는 딸을 서점, 유원지, 슈퍼마켓 등에 데리고 다니며 도시에 익숙해지도록 했다. 딸은 고향과 할머니를 그리워했지만, 모녀의 정이 깊어 곧 적응했다. 그런데 시어머니가 도시에 익숙해진 손자를 상대하기 어려워했다. 두 아이를 곁에 둘 경제적 능력도 공간도 없었기에 부부는 결국 딸을 고향으로 돌려보내고 아들을 불러오기로 결정했다.

가게 수입으로는 매달 월세와 공과금 1000위안을 내고 나면 겨우 먹고살 수 있을 정도다. 그녀는 딸 이야기가 나오자 가슴 아파하며 자신은 능력이 없다고 했다. 그녀의 이웃인 채소가게도 아이들을 데리고 있기에 충분한 돈을 버는데, 자신은 왜 이렇게 장사가 안 되냐며 속을 태웠다. 그녀는 피촌의 월세가 계속 오르고 있다며, 더 버티지 못할 지경이 되면 포기할 수밖에 없다고 했다.

2010년 말에는 아들도 고향으로 돌려보냈다. 설을 쇠고 아이들을 데리고 올 생각이었는데, 이번에는 고향 생활에 적응한 아들이 도시로 오기 싫다고 했다. 그녀의 식구가 함께 살 날은 기약 없이 아득하기만 하다.

제4장

품팔이 자녀의 도시에서의 삶

북경에는 품팔이 자녀를 위해 개설된 학교가 100여 곳이 넘는다. 모두 사립학교인데, 대부분 학교 설립 허가증이 없으며, 학교 설립 조건도 공립학교와 큰 차이가 있다. 하지만 이러한 학교는 품팔이 자녀에게 도시에서의 취학 가능성을 열어 줬다. 품팔이 자녀에게 관심을 갖는 공익 기구들은 사회적 자원을 모아 보충수업, 사진 촬영, 그림 그리기, 연극, 체육활동 등의 방과 후 활동을 개설했다. 이러한 활동은 주로 대학생 자원봉사로 진행됐는데, 한 대학생은 이렇게 말했다.

방과 후 활동에 자원하지 않았다면 북경에 이렇게 열악한 곳이 있다는 걸 몰랐을 거예요. 이 아이들도 다른 아이들과 똑같아요. 이곳 아이들과 지내는 게 참 즐거워요.

품팔이 자녀들 앞에 놓인 최대 과제는 물질적 결핍이 아니라(물론 물질적 조건도 중요하지만, 품팔이 자녀의 생활 및 교육 개선도 필요하다), 그들의 사상과 가치관이 소비주의의 영향을 받고 있다는 것이다. 아이들은 수업 시간 외에는 주로 텔레비전이나 만화영화를 본다. 텔레비전 프로그램에는 소비주의와 배금주의가 만연해 있고, 만화영화 속 내용은 주로 고대 이야기나 동물 우화다. 이것들은 현실을, 더구나 품팔이 자녀의 삶을 반영하지 않는다. 이러한 주류 미디어에는 현대 사회의 사상 및 가치관의 문제가 고스란히 드러난다. 품팔이 자녀가 도시와 학교생활에서 부딪치는 곤경을 근본적으로 바꾸고자 한다면, 그 전제는 사회의 가치관을 바꾸는 것이다. 품팔이가 응당 받아야 할 노동의 가치를 인정받지 못하면, 그들 자녀의 생활과 교육도 개선되지 않는다. 품팔이 자녀에게 필요한 것은 동정이 아니다. 그들은 결코 약자가 아니기 때문이다. 그들에게 필요한 것은 사회의 공평한 대우다.

4장에서는 도시에서 생활하는 몇몇 품팔이 자녀의 상황을 살펴본다. 또한, 여러 가구의 이야기를 통해 품팔이 자녀가 직면한 문제와 아이들이 스스로의 생활을 어떻게 인식하는지 살펴볼 것이다.

1. '유동 아동'과 '품팔이 자제'

일반적으로 도시에 사는 품팔이 자녀를 유동 아동流動兒童 또는 품팔이 자제라 부른다. 하지만 노동자들은 이 용어에 동의하지 않았다. "'유동'이란 말은 꼬리표처럼 우리가 계속 어디론가 옮겨 다녀야 할 것 같은 느낌을 줘요." 만약 자신의 아이가 유동 아동이라 불린다면 어떨까? 또한, '품팔이 자제'라는 용어에 대해서도 "'품팔이'는 불안정하다는 느낌을 줘요. 그 안에 일종의 지위를 뜻하는 의미도 있는 것 같고요"라고 말했다. '자제'는 성차별적인 단어인데, '자子'는 아들을, '제弟'는 남동생을 지칭하기 때문이다. 따라서 '신노동자 자녀'라는 용어를 사용함이 마땅하다. '신노동자 자녀'는 희망과 미래를 대표하며, 우리가 노력해야 하는 방향이다. 하지만 이 책에서는 우리에게 더 익숙한 '품팔이 자녀'라는 호칭을 사용하기로 한다.

2. 품팔이 자녀의 현재 상황

품팔이 자녀가 직면한 어려움

품팔이 자녀가 직면한 가장 큰 문제는 일정하지 않은 거주지와 이 때문에 초래되는 잦은 전학이다. 품팔이 자녀 상당수가 공립학교에 취학할 수 없어 그들을 위해 개설된 민간학교에 가는 수밖에 없다. 하지만 이 민간학교는 조건이 별로 좋지 않으며, 교사도 안정적이지 못한 경우가 많다. 부모는 노동 시간이 길고 휴일이 없어서 아이들은 부모의 보살핌을 받지 못하며 자란다. 또한, 호적제도 및 품팔이와 그 자녀에 대한 사회적 차별 때문에 아이들은 신분에서 정체성의 혼란을 겪는다.

하지만 때로는 힘든 조건이 품팔이 자녀에게 긍정적인 영향을 주기도 한다. 부모가 아이를 보살필 시간이 없으므로 일부 품팔이 자녀는 스스로 돌보는 법을 배운다. 품팔이 가구에는 보통 2명 이상의 자녀가 있어 맏이가 어려서부터 동생들을 돌봐야 하는데, 이것이 아이들의 책임감과 생활력을 키우는 것이다.

유동이 아이에게 미치는 영향

빈번한 유동은 아이들이 안심하고 공부할 수 없게 한다. 품팔이의 유동은 생활의 압박에서 비롯되는 경우가 많다. 부모의 고생과 질병, 경제적 부담 등은 모두 아이의 심리 상태에 직접적인 영향을 준다. 또한, 친구가 없고 안정감도 느끼지 못한다. 양림(楊林, 양린)이라는 남자아이는 이렇게 말했다.

> 우리 집은 걸핏하면 이사를 가는데, 예전 친구들이 많이 보고 싶어요. 학교 친구들과 인사도 못하고 이사 가는 일도 자주 있어요. 원래 친구들과 재밌게 놀고, 학교도 같이 다니고, 이것저것 이야기도 많이 했었는데, 이제는 친구를 사귀고 싶지 않더라고요. 친구들한테 미안해지기 싫어서요.

품팔이 자녀는 대부분 성적도 나쁘다. 북경의 한 학부모는 "우리 아이는 3학년이나 됐는데 한어병음[62]도 몰라요"라고 말했다.

학교가 아이에게 미치는 영향

교사의 유동 또한 학생에게 큰 영향을 준다. 품팔이 자녀의 학교는 교육 여건이 좋지 않아 교사의 임금이 낮고 생활도 열악한 편이다. 그럼에도 교사의 책임과 부담은 과중하다. 이로 인해 교사의 유동이 매우 큰데, 교사의 잦은 교체는 아이들에게 부정적인 영향을 미칠 가능성이 높다.

품팔이 자녀의 가정 환경과 성장 배경은 아이들의 심리 상태에 영향을 끼친다. 아이들은 안정적으로 공부하지 못할 뿐만 아니라 수업에 집

---

62 [역주] 중국어 발음을 로마자를 원용해 표기하는 발음 기호. 예컨대, '中國'을 'Zhōngguó'로 표기한다.

중하지도 못한다. 엄격한 선생님을 만나면 그나마 관리가 되지만, 괴롭히기 쉬운 선생님을 만나면 교실은 엉망이 된다. 이런 분위기에서 열심히 공부하고 싶어도 잘되지 않는다.

한 학급의 인원이 너무 많은 것도 교육의 질에 영향을 미친다. 공립학교에는 한 학급당 28명을 넘어서는 안 된다는 지침이 있다. 이러한 학급 운영은 지식 전달과 학생과의 상호작용에 도움을 준다. 그러나 품팔이 자녀가 다니는 학교에서 이는 도달할 수 없는 목표다.

또한, 품팔이 자녀의 학교는 주류 가치관에 따라 교육함으로써 아이들을 더욱 길 잃게 한다. 전 국민이 고통을 겪는 요즘, 천신만고 끝에 대학을 보내도 아이들은 일자리를 찾지 못한다. 일자리를 잡거나 사업이 성공해도 집이나 차의 노예가 되어 계속해서 돈을 벌어야만 한다. 가난한 사람과 품팔이가 매일 목숨 걸고 일해도 돌아오는 것은 저임금뿐이고, 이에 더해 사람들의 멸시까지 받는다. 이 세계에는 마치 두 갈래의 길만 있는 것 같다. 하나는 남을 괴롭히는 길이고, 다른 하나는 괴롭힘을 당하는 길이다. 이 잔혹한 현실 세계는 교사에게도 다른 교육 방침을 주지 않는다.

현재 일부 민간 공익기구가 마을 아동 활동센터를 설립하거나 방과 후 학교, 아동 발달 교육을 진행한다. 그림 그리기, 사진 촬영, 연극, 체육 활동 등은 아이들의 삶을 풍부하게 하는 동시에 관찰력과 사고력을 키워 준다. 많은 아이가 활동센터를 자신의 두 번째 집이라 불렀다. 학부모 또한 아이들이 방과 후에 갈만한 안전한 장소가 생기고 학습에도 도움이 된다고 긍정적으로 생각한다.

가정 상황이 아이에게 미치는 영향
– 부모가 아이와 함께 있을 시간이 없어 생기는 부정적 영향

노동 시간이 긴 품팔이 부모는 아이를 돌볼 시간이 부족하다. '북경 노동자의 집'의 〈'떠다니는 마음의 소리' 발달 교육 프로젝트 행동 연구〉(2010)에 따르면[63], 북경 피촌에서는 약 40%의 품팔이가 소규모 상점을 운영하며, 소득을 늘리기 위해 휴일 없이 매일 12~18시간을 일한다. 품팔이의 17%는 임시 고용 노동자로, 노동 시간과 휴식 시간이 고정적이지 않다. 공장에 출근하는 품팔이의 43%는 노동 시간과 휴식 시간이 상대적으로 고정적이지만, 일이 매우 고되다. 이들은 매일 평균 9.6시간을 일하며, 월 평균 2.5일을 쉰다. 광주시 신교新橋촌 농산물시장에서 좌판을 깐 품팔이는 특별한 일이 없는 한 매일 장사를 한다. 신교에서 생활한 지 약 10년째인 사천성 출신 부부는 농산물시장 좌판에서 채소를 파는데, 매일 새벽 5시부터 밤 9시까지 일한다. 남편은 매일 밤 12시에 물건을 들여와 채소를 늘어놓고, 오전에 장사를 도운 후 오후부터 저녁까지 잔다. 하남성에서 온 신교의 한 여성 노동자는 가군嘉群 신발공장에서 일하는데, 근무 시간은 월요일부터 토요일 아침 8시부터 밤 10시 45분까지다. 부모의 이러한 상황이 아이들에게 부정적인 영향을 미친다. 아이들은 불법 피시방에서 인터넷에 중독되거나 공부를 봐 주는 사람이 없어 성적이 나쁘다. 또, 밖이 위험하다는 이유로 집안에 갇혀 지내 친구도 없이 외로움을 겪는다.

대다수의 품팔이 부모는 교육 방법을 모른다. 그들은 자녀 교육에 대

---

63 〈"流動的心聲"發展教育項目行動研究之二〉, 北京工友之家兒童項目組的行動研究報告, 2010.

한 인식 부족과 잘못된 교육제도로 인해 성적만 중시할 뿐 아이의 종합적인 발달과 심리적 건강에는 관심을 두지 않는다. 아이의 발달과 교육에 관심이 있는 일부 부모의 경우에도 그 방법을 몰라 답답해한다.

– 다자녀 가정이 아이에게 미치는 영향

품팔이 자녀와 도시 아동을 비교해 보면 한 가지 명확한 차이가 있다. 대다수 품팔이 자녀는 형제자매가 있지만, 도시의 아이들은 거의 외동이다. 이것이 성장에 미치는 영향은 매우 크다. 일반적으로 다자녀 가정의 아이들은 자기중심적으로 생각하는 경우가 드물다. '무시당하는' 것도 비교적 잘 참아 내며, 억울하거나 오해받는 상황도 잘 견디는 편이다.

빈곤 가정의 아이들은 일찍 철이 든다. 노동자 진陳○○은 자신이 학업을 중단한 이유를 들려줬다.

> 전 2007년에 중학교를 졸업하고 사회 진출을 선택했어요. 진학을 포기한 건 놀기를 좋아하거나 성적이 안 좋아서가 아니라 더 이상 집에 부담을 주기 싫어서였어요. 당시 시내 중심학교에 합격도 했고 등록까지 했었어요. 그때 마침 엄마가 앓아누웠죠. 평소에도 몸이 안 좋았거든요. 그런데 엄마가 기어코 병원에 안 가려는 거예요. 며칠 후면 제 입학금이 필요한데 병원에 가면 돈이 많이 드니까요. 아무리 설득해도 병원에 안 가더라고요. 그날 저녁 선생님께 전화해 더는 공부를 안 하겠다고 했어요. 선생님과 친척들이 찾아와 제 마음을 돌리려 했지만 거절했죠. 이미 마음을 굳혔으니까요. 단 한 번도 제 선택을 후회해 본 적은 없어요.

사회적 차별을 당하는 아이들

도시의 유동 아동 규모를 상세히 추산하기는 어렵지만, 현재 유동 아동의 수는 2000만 명을 넘어서는 것으로 보인다.

─ 품팔이 자녀의 취학 상태

북경 : 〈봉황망鳳凰網〉의 2011년 9월 보도에 따르면[64], 북경에는 품팔이 부모를 따라 도시로 온 자녀가 43만3700명이다. 그중 70%는 공립학교에 취학했고, 나머지 10만여 명은 민간이 설립한 학교에 취학했다. 이러한 민간학교(품팔이 자제 학교라고도 한다) 중 62곳이 허가증을 받아 합법적으로 설립됐다. 허가를 받지 못한 112곳에도 학생 4만여 명이 다닌다.

상해 : 〈21세기 경제보도21世紀經濟報道〉 2009년 12월 11일 자 보도[65]에 따르면, 상해 공립학교에서 의무교육을 받는 품팔이 자녀가 전체 농민공 자녀의 67%에 달했다. 정부는 민간학교에 대한 보조 정책을 통해 품팔이 자녀가 의무교육의 권리를 누릴 수 있도록 했다.

광주 : 2008년 광주시의 유동 아동은 약 48만 명이다.[66] 그 가운데 40%인 19만 명이 공립학교에 취학했고, 나머지 29만 명은 민간학교에 다닌다.

---

64 "北京關停24所打工子弟學校", 〈鳳凰網〉,
   (http://news.ifeng.com/gundong/detail_2011_08/17/8459337_0.shtml)
65 "'流動兒童'生根策", 〈21世紀經濟報道〉 網站,
   (http://nf.nfdaily.cn/epaper/21cn/content/20091214/ArticelJ06003FM.htm)
66 위의 기사.

– 호적과 신분증이 없다

품팔이 자녀는 원래 거주지에 살지 않고, 산아 제한 정책을 어기고 태어난 경우가 많아 대부분 호적이 없다. 호적이 없으면 신분증을 만들 수 없어 많은 문제에 부딪힌다. 한 노동자는 18세가 됐지만 아직도 신분증이 없다. 그는 품팔이로 번 돈을 모두 가족에게 보내는데, 그 이유 중 하나가 신분증이 없어 은행에 갈 수 없기 때문이다.

– 사회로부터 인정받지 못한다

많은 품팔이 자녀가 도시나 그 변두리에서 자란다. 그중 일부는 고향인 농촌에 돌아간 적이 없다. 하지만 농촌에서 떨어져 나온 그들의 신분은 여전히 농민이다. 북경에서 만난 품팔이 자녀들은 종종 북경을 사랑하는 마음을 표현하곤 했다. 왜 북경을 사랑하는지 물으니 "이곳에서 자랐으니까요"라고 대답한다. 북경과 도시는 그들의 정체성이다. 그러나 이 정체성은 신분에 의해 부정된다.

– 사회와 언론에서의 소외

텔레비전 프로그램은 하나같이 품팔이 자녀의 삶과 동떨어져 있다. 유행가도 이들의 희로애락을 담아내지 못한다. 아동 잡지 또한 그들의 현실을 반영하지 못하기는 마찬가지다.

유동 아동 양림의 이야기

양림은 1991년생으로, 도시 변두리에서 자랐다. 그는 세 살 때 고향을 떠난 뒤로 줄곧 품팔이 부모를 따라 도시 이곳저곳을 다녔다. 고향인 사천에는 한 번 가봤으며, 고작 한 달 머문 게 전부다. 다음은 2009년 5월 12일 양림이 들려준 이야기다.

처음에는 부모님이 다른 사람 밑에서 품팔이를 했어요. 그러다가 광주에서 벽돌공장을 차려 8년을 운영했죠. 저도 광주에 1991년 부터 1999년까지 8년 있었어요. 여덟 살에 학교에 들어갔는데 1학년 때 네 번, 2학년 때 세 번 유급했어요. 큰형과 둘째 형은 부모님을 도와 벽돌 가마 일을 했고요.

한번은 엄마가 집에 둔 400위안 중 100위안을 몰래 가져갔어요. 그런데 마침 그날이 직원들 월급 주는 날이라 엄마가 돈이 빈다는 걸 안 거예요. 화가 난 엄마가 절 때리더라고요. 식구들 모두 종일 벽돌 가마에만 있지, 아무도 나를 신경 쓰지 않는다며 엄마에게 대들었어요. 주말에도 저만 집에 남겨 두거든요. 그 뒤에도 몇 번 더 돈을 훔쳤는데, 그때마다 두드려 맞았죠. 결국 부모님과 거의 대화를 안 하게 됐어요.

2000년에 북경으로 이사를 왔어요. 처음에는 흑교黑橋에서 3년 동안 돼지를 길렀죠. 엄마, 삼촌, 큰형이 함께 돼지를 키웠는데 그게 잘 됐어요. 그래서 월세집도 하나 얻었죠. 거기서 학교를 몇 년 다녔는데, 개천 하나 건너면 돼서 진짜 가까웠죠. 품팔이 자녀들이 다니는 학교였어요. 그런데 한 학기 지나니까 학교가 문을 닫는 거예요. 그래서 2004년부터는 큰형이 사는 장점長店[67]의 광명실험학

---

67 [역주] 흑교촌과 장점촌은 자동차로 5~10분 거리(3km) 정도 떨어져 있다.

교光明實驗學校에 다녔어요. 나중에는 엄마가 장점으로 이사를 왔고요. 3학년부터 4학년까지 두 번 유급했어요.

2005년에는 다시 통현通縣으로 이사를 갔어요. 집 옆에 공립학교가 하나 있었는데, 엄마가 엄청 보내고 싶어 했어요. 저도 가고 싶었고요. 그런데 입학 수속에 필요한 서류가 너무 많고, 제 성적도 기준에 못 미쳤죠. 70점이 합격점이었거든요. 그래서 대신 새싹학교育苗學校[68]에 4학년으로 들어갔어요. 한 학기 다니고 새싹학교가 동심실험학교에 합병돼서 거기서 6학년까지 다녔죠. 6학년 때는 한 학기에 절반 정도를 결석했어요. 그때 부모님이 편찮으셨거든요. 엄마는 눈이 잘 안 보였고, 아빠는 허리랑 손이 안 좋았죠. 돌봐 주는 사람이 없으니 학교 다닐 땐 숙제도 늘 안 했어요. 엄마는 선생님에게 제가 집안일을 돕느라 숙제할 시간이 없다고 했어요. 다음날 선생님이 제게 "공부 열심히 안 하면 진학을 못해. 그러면 다른 사람들에게 품이나 팔면서 살아야 하지. 너희 엄마처럼 말이야. 졸업장이 있으면 돈을 모아서 창업도 할 수 있어"라고 했어요. 저도 그 학교에선 공부를 잘 해 볼 생각이었는데 마음처럼 되질 않더라고요. 우리 집은 걸핏하면 이사를 갔어요. 친구들과 인사도 못하고 떠나는 일이 잦았죠. 학교에선 늘 선생님이 바뀌었고요. 4~6학년 때 모두 중간에 선생님이 바뀌었는데, 가르치는 방식도 선생님마다 달랐어요. 한 학기만 가르치고 떠나 버리니 선생님이 선생님 같지 않았어요. 그러다 2008년 6월 28일에 졸업했어요.

---

68 [역주] 공립학교에 들어가지 못했거나 중도에 나온 학생들이 다니는 학교다. 대부분 민간 설립이며, 유치원부터 고등학교까지의 과정을 한 학교에서 가르친다.

양림은 네 살 때 그의 둘째 형에게 한동안 맡겨졌다. 건설 도급업자인 둘째 형은 건설 현장에서 포클레인을 몰며 양림을 뒷좌석에 태우곤 했다. 어느 날 둘째 형이 포클레인에서 잠든 동생을 깜박하고 퇴근해 버렸는데, 잠에서 깬 양림이 포클레인을 직접 몰고 집으로 돌아왔다. 네 살짜리 아이가 혼자서 거대한 포클레인을 몰고 오자 동네 사람 모두가 입을 다물지 못했다. 학교 선생님들도 하나같이 양림의 손재주와 리더십이 좋다고 평가했다. 하지만 이 사회의 젊은이에게 대체 어떤 미래가 있을까?

3. 부모의 마음속 이야기

다음은 노동자 친구 4명의 이야기다. 왕영귀(王永貴, 왕융구이)는 아이를 데리고 살지만, 일이 바빠 거의 돌보지 못한다. 진만현(陳滿賢, 천만셴) 부부는 아이를 돌보기 위해 주야 교대로 일한다. 학郝○○은 잦은 이사로 아이들이 이웃과 친구를 잃지만, 한편으로는 식견이 넓어지고 사교성이 단련된다고 생각한다. 왕복란(王福蘭, 왕푸란)의 아들은 14세인데, 유동 아동이었다가 다시 잔류 아동이 되었다. 부모도 고통스럽고, 아이에게도 현실은 고생스럽다.

아이가 곁에 있어도 돌볼 수 없다

31세인 왕영귀는 하북河北 출신이다. 북경에서 인테리어일을 하고, 부인은 가사도우미로 일한다. 그는 13세 때 학교를 그만두고 품팔이를 시작했다. 처음에는 호텔에서 일하다가 오토바이 수리도 잠깐 했고, 나중에 인테리어일을 하게 됐다. 그에게는 여덟 살, 여섯 살의 두 아들이 있다. 그는 자신의 생활을 이렇게 설명했다.

> 큰아이는 고향에서 학교를 다니고, 작은아이는 저희가 데리고 있어
> 요. 큰아들은 성적이 참 좋아요. 엊그제 전화해서 1등 했다고 하더
> 라고요. 고향에 내려오면 오리구이를 사달래요. 작은아들은 유치
> 원 다닐 때부터 돌봐 주는 사람이 없었어요. 같이 있는 시간이 드
> 물어서 아들에 대해 아는 게 많질 않아요. 집에 있는 시간도 얼마
> 안 되고, 퇴근하면 모두 잠들어 있죠. 제가 집에 있거나 없거나 별
> 차이가 없어요. 집에 가면 보통 밤 9시고, 아침에는 아들이 일어나
> 기 전에 나가니까 얘기를 나눌 수가 없죠. 아이를 데리고 있어도 함
> 께하는 시간이 없으니 그저 자식을 위해 돈 벌 궁리만 해요. 그게
> 제가 할 일이죠. 간단해요. 저도 좋은 방식이 아니라는 건 알아요.
> 그런데 달리 무슨 수가 있겠어요? 저도 2~3일 시간 내서 아이와
> 놀러 가고 싶죠. 그럼 돈은 누가 벌어요? 오늘만 먹고 내일은 굶을
> 수 없잖아요?

아이를 돌보기 위해 주야 교대로 일한다

1976년생인 진만현은 중경시 봉절현 토상吐祥진 제령齊嶺촌 출신으로,
초등학교를 졸업했다. 그녀는 20세가 되던 1996년 외지로 나와 품팔이
를 시작했다.

> 강소성에서 품팔이를 했고, 북경에서는 의류공장에 다녔어요.
> 1997년 말 고향에 돌아가 결혼했죠. 결혼 후엔 외지로 나와 1년 정

도 품팔이를 하다가 고향에 가서 아이를 낳았어요. 아이가 한 살 때는 광동성의 한 식당에서 일했죠. 아이가 세 살이 될 무렵 광동에 데려와 직접 키웠어요. 고향의 시부모님이 이혼한 아주버님 아이를 돌봐 줘야 했거든요. 연세가 있으시니 제 아이까지 맡길 순 없었어요. 그런데 우리 부부가 모두 일을 해서 유치원에 다니는 아이를 데리러 갈 수가 없는 거예요. 유치원 차를 타고 아이 혼자서 다녔죠. 같은 공장에 다니던 우리 부부는 안 되겠다 싶어서 주야 교대로 일하기로 했어요. 매일 12시간을 일하는데, 출근 시간이 오전 7시 30분과 오후 7시 30분이었죠. 이렇게 하면 번갈아가며 아이를 돌볼 수 있으니까요.

지금은 일주일에 3일간 3시간씩 추가 근무를 하고, 주말에는 하루 더 일해요. 그러면 한 달에 1000위안 정도 벌죠. 아이가 다니는 사립학교의 한 학기 학비가 1700위안이에요. 교재비나 교복비를 제외하고도 1년에 총 6000위안 정도가 들죠. 요즘은 외지에서 온 품팔이 자녀는 공립학교에 갈 수 없어요. 남편은 공장을 그만두고 인테리어일을 해요. 두 사람 월급을 합치면 3000~4000위안 정도인데, 아껴 쓰면 한 사람 월급은 저축할 수 있어요.

요즘은 아이 숙제도 잘 돌봐 주지 못해요. 간혹 남편이 봐 주기도 하는데, 아이가 중학교에 갈 무렵엔 고향으로 보내려고요. 지역마다 시험 문제가 다르거든요. 고향에 가면 아이 스스로 알아서 챙겨야 할 거예요. 시부모님이 이 아이까지 돌볼 여력이 없으니까요.

조건만 되면 전 지금이라도 고향에 돌아가고 싶어요. 우리 고모가 40대인데 아직도 외지에서 품팔이를 해요. 고향에 가도 뭘 해야 할지 몰라서요. 그 지역엔 조그맣게 장사하는 사람이 너무 많아서 장사하는 것도 쉽지 않아요.

적응력이 뛰어난 아이

학○○은 하북 출신으로, 중학교 졸업 후 북경에 왔다. 북경에서 품을 판 지 10여 년이 된 그는 이렇게 말했다.

2003년부터 2007년까지 가구 설치를 했고, 2007년부터는 에어컨 설치를 해요. 많으면 한 해에만 다섯 번 일자리를 옮겼으니 이사도 다섯 번 했죠. 임금이 높은 데가 있으면 바로 옮겼어요. 북경에 사는 가장 큰 이유는 수입 때문이에요. 지금 하는 일은 종일 이리저리 뛰어야 해서 이제 북경 지리에 익숙해졌어요. 북경에서 지낸 지는 오래됐는데, 피촌에 온 건 몇 달 전이에요. 친구 소개로 이 공장에 왔죠. 일거리가 있으면 바쁘게 다니고, 없으면 쉬어요. '북경 노동자의 집'에 가서 동료와 탁구도 치고요. 제 아들도 북경에 온 지 3년 됐어요. 올해 여섯 살이고, 피촌 동심실험학교 1학년이에요. 아이 엄마는 고향에 있고요.

제 아들은 적응 능력이 뛰어난 것 같아요. 피촌에 온 지 열흘 만에 길을 다 외우더라고요. 아들을 따라 '북경 노동자의 집' 영화관에서 영화도 보고, '신노동자 극장'에서 연극도 봤어요. 그 아이는 새로운 것을 조금도 두려워하지 않아요. 저하고는 다르죠. 제가 학교 다닐 때는 사람들 앞에서 말도 잘 못했거든요. 전 아들의 그런 성격이 참 좋아요. 현대 사회에선 자기 세계 안에서만 살 수 없어요.

반드시 다른 사람이나 사회와 교류해야 하죠. 그렇지 않으면 견문이 좁아져요.

제가 일자리를 바꾸는 게 아이에게 영향을 줬을 거예요. 아이가 그 지역에 막 익숙해지려고 하면 낯선 곳으로 다시 이사를 가야 했거든요. 그건 공간의 변화만은 아닐 거예요. 아이는 그럴 때마다 불안했겠죠. 자신이 어디에 있는지, 어디가 집인지 몰랐을 거예요. 며칠 전 아들을 데리고 예전에 살던 대흥大興구에 가 봤는데, 그때 이웃들은 모두 이사를 갔더라고요. 옛날 친구들을 못 만난 아들이 우는 걸 보니 마음이 아팠어요.

이리저리 옮겨 다니는 아이

37세인 왕복란은 중경 출신으로, 중학교를 졸업했다. 그녀의 남편은 39세이며, 역시 중학교를 졸업했다. 이 부부에게는 열네 살인 아들과 두 살짜리 딸이 있다. 다음은 2010년 11월 15일 그녀의 분식집에서 들은 이야기다.

아들은 고향집의 조부모님이 데리고 있었어요. 할머니가 병으로 돌아가신 후에는 어쩔 수 없이 아들을 여기에 데려와 학교에 보냈어요. 하지만 아들을 돌볼 시간이 없었죠. 학교도 무책임했고, 교육의 질도 형편없었어요. 여기서 중학교까지 다녔는데, 나중에 고향에 돌아가서는 6학년 성적도 못 따라갔으니까요. 이곳 학교에서는 선생님이 자기 마음대로 시험 점수를 줬어요. 60점짜리도 80~90점을 주는 거죠. 학비도 너무 비싸요. 한 학기 학비만 2000위안이고, 통학버스비와 생활비까지 합치면 최소 4000위안이 들어서 아들 학비로 몇 만 위안은 썼어요. 지금은 고향으로 돌려보냈는데, 학교 기숙사에 있다가 매주 한 번씩 저희 엄마 집으로 가요. 거긴 공립학교라 학비도 싸요.

딸은 산아 제한 정책을 어기고 낳은 아이라 벌금을 냈고[69], 지금 호구 수속을 밟고 있어요. 동관 병원에서 이 아이를 낳을 때 2000위안 정도 들었어요. 아이가 있으면 일자리를 못 구할 거라 생각하던 차에 마침 남편이 요리를 배운 적이 있다는 게 떠올랐어요. 그래서 산후 조리가 끝난 후에 현재 운영하는 분식집을 열었어요. 그때 딸아이가 참 불쌍했어요. 갓난아이 때부터 소파 위에서 잤으니까요. 아이가 좀 크고 나서는 가게일이 바쁘면 탁자 위에 묶어 뒀어요. 그래서인지 딸아이 건강이 무척 안 좋았죠. 걸핏하면 감기 걸리고 배 아프고 그랬어요. 손님이 있으면 애 밥도 잘 못 먹였고요. 결국에는 고향으로 돌려보낼 수밖에 없었어요. 요즘은 많이 건강해졌어요. 그런데 저희 부모님도 농사일로 힘드셔서 내년에는 딸을 데리고 오려고요. 여기서 유치원에 보낼 계획인데, 애를 봐 줄 사람이 있는지 알아봐야죠.

장사는 그럭저럭 괜찮은데, 요즘은 물가가 높아서 나가는 돈이 더 많아요. 겨우 4000~5000위안 정도 남죠. 일은 엄청 힘들어요. 아침 7시에 일어나 새벽 1~2시는 돼야 자니 늘 잠이 부족해요. 그래

---

69 [역주] 중국 정부는 2015년까지 1가구당 1명의 아이만 낳도록 하는 산아 제한 정책을 시행했으며, 2016년부터는 노령화와 노동력 부족 문제를 해결하기 위해 1가구당 2명의 아이를 낳을 수 있도록 정책을 변경했다.

도 공장에서 품을 파는 것보다 자유로워서 더 나은 것 같아요. 어쨌든 제 가게니까요. 그런데 여름쯤 문을 닫을까 해요. 전 계속 하고 싶은데 남편이 너무 힘들다고 진작부터 그만두고 싶어 했거든요. 힘들긴 하죠. 전 개업한 뒤로 몸무게가 10kg 넘게 빠졌어요. 남편이 천천히 다른 걸 찾아보자고 하네요. 고향에선 장사하기 어려워요. 예전에 고향 읍내에서 옷을 팔아봤는데요. 장사하는 사람이 너무 많아서 별로 못 벌었어요.

4. 아이의 마음속 이야기

여기서는 소월(小越, 샤오웨)과 장가려(張家麗, 장자리)의 이야기를 통해 북경 품팔이 자녀의 상황을 살펴보기로 한다.

소월의 이야기[70]

저는 소월이고, 올해 열 살이에요. 고향은 하남성이고요. 저는 책 읽는 걸 좋아하고, 성적도 좋아서 이제까지 계속 반에서 10등 안에 들었어요.

전 계속 고향에서 자랐어요. 외할머니와 함께 살았죠. 다섯 살 때 부모님이 북경에 폐품 모으는 일을 하러 갔어요. 큰언니도 벌써 외지로 나가 품팔이를 하고 있고요. 언니는 다른 사람 밑에서 옷을 팔아요. 둘째 언니는 중학생이고, 남동생은 네 살이에요. 부모님은 둘째 언니랑 남동생을 북경에 데리고 갔어요. 저만 혼자 외할머니

<hr />

70 북경 동삼기東三旗에 사는 소월의 이야기로, 2010년 북경 목란木蘭 지역활동센터 책임자인 제려하(齊麗霞, 치리샤)가 인터뷰했다.

집에 남겨 두고요.

엄마는 1년에 한 번 집에 왔어요. 설에 와서 예쁜 새 옷을 사줄 때마다 기분이 아주 좋았죠. 그런데 엄마는 사나흘만 있다가 꼭 제가 자고 있을 때 몰래 가 버렸어요. 외할머니가 엄마 벌써 갔다고 하면 너무 속상해서 방 안에 숨어 혼자 울었어요. 엄마가 너무 보고 싶어서요. 엄마가 영원히 절 안 떠났으면 좋겠다고 얼마나 바랐는지 몰라요. 엄마가 간 날은 너무 슬펐지만, 시간이 지나면 조금씩 괜찮아졌어요. 다시 친구들과 웃으며 재밌게 놀았죠. 하지만 엄마가 데리러 오는 친구들을 보면 또 속상해져서 집에 돌아와 울었어요.

부모님은 남동생만 좋아해요. 동생 말은 뭐든 들어주고, 맛있는 것도 동생만 챙겨요. 참 불공평해요. 한번은 엄마가 맛있는 거 사먹으라고 남동생한테는 10위안을 주고, 저한테는 1위안만 주는 거예요. 먹을 것도 동생한테 더 많이 주는데, 제가 동생한테 좀 달라고 하면 아빠가 때려요. 엄마는 때리진 않는데, 물건 나눌 때는 동생 것을 더 크게 잘라 줘요. 부모님이 왜 동생만 예뻐하냐면, 걔는 남자잖아요. 나중에 커서 동생이 부모님을 부양할 거라 생각하거든요. 저도 부모님을 모실 수 있는데 말이죠. 그런데 부모님은 제 말을 안 믿어요. 여자는 남자보다 못하대요. 남자는 공부를 못해도 큰일을 할 수 있다고 하는데, 전 그 말 안 믿어요. 글도 모르는 사람은 미래가 없어요. 누가 그런 사람한테 일을 시키겠어요. 동생은 공부를 안 좋아해서 아직도 유치원에 다녀요. 물론 부모님도 걱정하죠. 나중에도 공부를 안 하면 운전을 배우게 하겠대요.

엄마는 제가 아홉 살 때 북경으로 데려왔어요. 외할머니가 외삼촌

네 아기를 돌보기로 했거든요. 전 북경에서 좀 더 좋은 교육을 받을 수 있었어요. 우리는 동삼기의 폐품 처리장에 있는 화물 보관소에서 살아요. 우리가 사는 방은 고향집보다 많이 작은데도 월세를 1000~2000위안이나 내야 해요. 어떨 때는 고향에 사는 것보다 못한 것 같아요. 아무래도 부모님이 돈을 많이 벌어야 고향에 갈 수 있겠죠. 엄마는 매일 5시에 일어나 서직문西直門에 가서 철을 모으고, 밤 9~10시가 돼야 집에 와요. 아빠는 공사장에서 낡은 목재를 모으는데, 아침 7시에 나가서 밤 7~8시에 돌아와요. 엄마가 더 힘들겠죠. 부모님이 늦게 오는 날엔 마중을 나가요. 일찍 들어와서 같이 밥을 먹을 수 있으면 좋겠어요.

지금 다니는 학교는 집에서 아주 가까워요. 더 좋은 건 우리 학교 도서관에 재미있는 책이 참 많다는 거예요. 저는 작문이랑 동화를 가장 좋아해요. 도덕책도 좋아하고요.

동삼기가 곧 철거될 거라고 해서 정말 깜짝 놀랐어요. 저를 고향으로 돌려보내면 어쩌나 걱정했는데, 이사 갈 집을 찾고 있대요. 거기서 계속 폐품도 모으고, 제가 다닐 학교도 찾아본다고 했어요. 그래도 전 걱정이 돼요. 낯가림이 심해 모르는 사람이랑 얘기도 잘 못하거든요. 여기서 정말 어렵게 친구들과 친해졌는데 이사 가면 어떡해요. 어디로 이사 갈지도 모르겠고요.

저는 커서 아동복을 팔고 싶어요. 도덕책에서 봤는데, 전 세계 어린이가 6억 명이래요. 그러니 큰 옷가게를 차리면 돈을 많이 벌 수 있을 거예요. 매달 몇 천 위안만 벌면 좋겠어요. 돈 벌면 엄마한테 새 옷을 사주고 싶어요. 엄마가 자기 옷 사는 걸 본 적이 없거든요. 엄마는 아빠 옷이나 주운 옷만 입어요.

장가려의 이야기[71]

저는 북경에서 중학교를 다니는 학생이고, 16세입니다. 제 기억으
로 우리 집은 벌써 네 번이나 이사를 했어요. 이사를 너무 자주 해
서 물건도 잃어버릴 정도예요.

전 집을 철거하거나 짓는 걸 보면 도망부터 쳐요. 저기 깔려 몸이
으스러지는 건 아닐까 무섭거든요.

이사한 우리 집은 정말 작은데, 너무 비싸요. 그래도 아쉬운 대로
살아야죠. 학교도 멀어서 새벽에 일어나야 해요. 잠이 부족해 정말
짜증나요.

집주인은 집을 철거할 때 돈을 많이 받을 생각만 하지 세입자는 신
경 쓰지 않아요. 많은 사람이 같이 사니 별별 사람이 다 있고, 아
주 난장판이에요. 물건을 잃어버리기도 하고, 도둑맞기도 하고, 욕
하는 사람도 많아서 듣기 안 좋아요.

게다가 골목길은 돼지우리처럼 더러워서 뭐라 표현할 수가 없어요.
사람은 많은데 수도꼭지는 단 1개고요. 물을 뜨려면 줄을 서서 한
나절은 기다려야 해요. 우리가 사는 방은 방음도 잘 안돼요. 한마
디 하면 첫 번째 방에서 네 번째 방까지 들린다니까요. 정말 불편
하죠.

---

71 배신학교培新學校 장가려 학생이 쓴 글로, 품팔이 자녀를 대상으로 출판되는 월간지 《떠다니는 마음
속 이야기流動的心聲》 제16호에 수록됐다. 이 월간지는 '북경 노동자의 집' 아동 과제조가 편집하며,
2008년 5월에 창간했다. 현재 북경 품팔이 자녀 학교 50여 곳에 무료로 배포된다.

제가 하고 싶은 말은 딱 이거 하나에요. 북경은 살기 좋은 곳이 아
니란 거요.

아주 작은 갈망[72]

가사: 단옥

난 마을에 살지만 이곳은 내 고향이 아니야

어려서 엄마 아빠를 따라 곳곳을 유랑했지.

풍찬노숙風餐露宿은 익숙한 일상

내겐 반짝이는 눈이 있어. 끝없는 갈망도 있지

흙먼지 가득한 얼굴로 하늘을 바라보고, 고운 옷도 없지만

와아! 와아! 이건 동생이 우는 소리

하하! 하하! 이건 누이가 웃는 소리

아아! 나는 저 멀리 아름다운 곳을 갈망해, 동경해

이제 이곳을 떠나겠지. 또 다시 엄마 아빠 따라 저 먼 곳으로

즐거운 교정을 떠나야겠지. 삶을 위해 바삐 유랑하겠지

와아! 와아! 이건 동생이 우는 소리

하하! 하하! 이건 누이가 웃는 소리

아아! 나는 저 멀리 아름다운 곳을 갈망해, 동경해

아아! 유랑은 언제 끝나려나

---

72   신노동자 예술단의 2집 앨범 〈노동자를 위한 노래〉(2007) 수록곡.

제5장

철거당하랴, 이사 다니랴

중국 곳곳에서 철거가 진행 중이다. 북경에서는 도농 일체화 개발, 서안西安과 무한 등지에서는 도심 촌락 개발이 한창이다. 하지만 철거 관련 보도의 대다수는 현지인의 이익 침해만을 다룬다. 외곽 촌락城邊村과 도심 촌락에는 현지인보다 외지인이 훨씬 많아 철거가 진행되면 외지인이 받는 영향이 더 크다. 그럼에도 외지인의 피해에 대한 보도는 거의 찾아볼 수 없다.

여기서 소유권과 주거권의 개념을 구별할 필요가 있다. 품팔이는 도시의 토지와 부동산에 대한 소유권이 없다. 하지만 품팔이가 셋방을 얻어 한 지역에 거주하는 것은 주거권이 있기 때문이므로 이들의 주거권은 보호받아야 한다. 한 사람이 한 지역에서 거주하면(설령 불법 거주라 하더라도) 일정한 시간이 지난 후 그 지역에서의 주거권을 갖는다고 많은 국가가 법률로 규정한다. 따라서 외지에서 온 품팔이도 철거 과정에서 자신의 권리를 주장할 수 있다.

5장에서는 북경 중오촌 철거 사례를 통해 철거가 품팔이 집단에 미치는 영향을 살펴본다.

1. 북경 도농 경계 지역 개발의 배경

한 언론에 따르면, 북경시에서 개발이 필요한 행정촌은 총 227곳이며, 2010년부터 중점적으로 개발이 필요한 50곳에 대해 개발 사업이 진행됐다.[73] 이 50개 중점촌의 총 면적은 약 117㎢로, 모두 북경시 도농 경계 지역에 위치하며, 조양구, 해전海澱구, 풍대豐臺구, 석경산石景山구, 방산房山구, 통주通州구, 순의順義구, 창평昌平구, 대흥구 등 9개 구에 걸쳐 있다. 이곳의 호적상 인구는 농민 14만 명, 주민 4만3000명으로 총 18만3000명이지만, 유동 인구는 69만 명에 이른다. 또 다른 언론에 따르면, 철거가 계획된 곳의 농민 및 거주민은 약 13만 가구며, 이전과 정착이 결정된 농민 및 거주민은 30만 명, 거주 문제가 해소된 유동 인구는 120만 명이다.[74] 이처럼 언론마다 유동 인구 수를 50만 명이나 차이가 나게 보도했으며, 현지인에 대해서는 '정착', 유동 인구에 대해서는 '해소'라는 표현을 쓴 것으로 보아 이들에 대한 언론의 관점을 엿볼 수 있다.

2. 조사 지역 및 조사 방법

이번 사례 조사의 대상 지역은 북경시 경산景山구 중오촌이다. 주민위원회에 따르면, 이곳의 현지인은 7000여 명이고, 외지인은 2만여 명이

73 "北京年內將搬遷改造50個重點村 2/3原村回遷", 《新浪網》
    (http://news.sina.com.cn/c/2010-04-02/032019991547.shtml)

74 "北京市今年搬遷安置農民30萬人", 《網易新聞》
    (http://news.163.com/10/1103/02/6KHH6IMN00014AED.html)

다. 외지인의 수가 이보다 많음은 분명하지만, 구체적으로 추산할 방법은 없는 실정이다. 중오촌과 인접한 북오촌은 북경시 최초의 도농 일체화 개발 마을로, 2009년에 이미 철거를 겪었다. 북오촌은 현지인이 2000여 명, 외지인 2만여 명으로, 외지인이 현지의 10배였다. 도농 경계 지역의 품팔이 집단 거주 마을은 일반적으로 외지인이 현지인의 5~10배이며, 최대 20배에 이르기도 한다. 2010년 1월 진행한 중오촌 현지 조사에서 총 32명의 노동자를 인터뷰했는데, 남성이 17명, 여성이 15명이다.

3. 중오촌 품팔이의 현황

연령

중오촌 현지 조사에서 품팔이의 평균 연령은 38세로 나타났다. 조사 대상 가운데 최소 연령은 25세다. [표11]에서 볼 수 있듯이, 다수의 품팔이(69%)가 1세대 품팔이에 속했다.

[표11] 품팔이의 연령(N=32)

연령	응답자 수	비율
25~30세	10	31%
31~40세	12	38%
41세 이상	10	31%

출신 지역

조사 대상 가운데 47%가 하남성에서 왔으며, 기타 응답으로 하북성, 산동山東성, 사천성 등이 있다.

직업 및 소득

[표12] 품팔이가 종사하는 직업(N=30)

직업	응답자 수	비율
고용된 품팔이 (미화원, 청소, 파트타임, 식당 설거지, 실내 수리, 출납 업무, 인테리어, 직업 훈련, 판촉, 교사)	12	40%
장사(잡화, 침구류, 슈퍼마켓, 음식점, 노점상, 채소, 식료품, 식당, 차 수리)	12	40%
자유직업(운전기사, 사진사)[75]	2	6.7%
가정주부	2	6.7%
실업	2	6.7%

품팔이의 소득은 매우 불안정한데, 대부분 계절성 직업이기 때문이다. 장사는 보통 계절 등 비인위적 요인의 영향을 받는다. 물론 인위적 요인의 영향을 받는 경우도 있는데, 그 주요 요인이 바로 철거다. 또한, 다른 사람에게 고용되어 품을 파는 노동자의 경우에는 실업 등의 요인이 소득 불안정을 초래한다.

인터뷰 대상 중에는 소득이 너무 불안정해 월 소득을 추정하지 못한 사람이 7명이고, 적자 상태인 사람이 1명이다. 품팔이 및 자유직업에 종사하는 노동자 12명의 1인당 평균 월 소득은 2058위안이며, 장사를 하는 경우 가구당 평균 월 소득은 3760위안, 1인당 평균 월 소득은 약 1880위안이다.

---

75 [역주] 자유직업自謀職業이란 공·상업 영업 면허를 취득해 개인 사업을 하는 취업 형태를 가리킨다. 개혁개방 초기 기존의 직업 배분 정책을 탈피하기 시작하면서 실업 및 준실업 노동자가 발생하자 이에 대응하기 위한 일종의 '자력갱생'식 정책이다.

주거 상황

중오촌에서 일하는 품팔이가 외지에서 품팔이를 한 기간은 평균 9년이며, 북경에서만 평균 7년 동안 거주했다. 이 가운데 중오촌에서 거주한 기간은 평균 3년 6개월이다.

주거 조건은 굉장히 열악한데, 가구당 평균 주거 면적이 10㎡, 평균 월세는 341위안이다. 즉, 평균 가구원 수가 2.7명이니 1인당 주거 면적은 3.7㎡다.

장사를 하는 일곱 가구 중 차 수리를 하는 품팔이 1명을 제외하면(이는 특수한 상황이며, 그의 점포 면적은 200㎡로 굉장히 크다.) 점포의 평균 면적은 21㎡이고, 평균 월세는 1630위안이다.

조사 대상 모두의 셋방에는 생활시설이 갖춰져 있지 않았다. 화장실이나 주방, 수도꼭지조차 없어 공용 화장실과 공용 샤워실을 사용한다. 집안에서 조리를 하는 경우도 있지만, 대부분 집 밖에 천막을 치고 밥을 짓는다.

청소일을 하는 한 노동자는 12㎡ 방에 세 들어 산다. 월세는 300위안이며, 수도세가 1년에 50위안, 전기세가 1kW에 1위안, 매달 인터넷 비용 40위안과 CCTV 비용 10위안이 든다.

또 다른 노동자는 10㎡짜리 셋방에 작은 구멍가게 겸 전파상을 열었는데, 이 중 주거 공간은 3㎡ 정도다. 임대료는 매월 700위안으로, 여기에는 수도세, 전기세, 난방비가 포함되지 않는다.

4. 철거 인지 상황

철거 소식을 듣게 된 경로를 묻자, 대다수가 소문으로 들었다고 답했다. 이 질문에 응답한 24명의 노동자 중 21명(88%)이 고향 사람, 이웃, 집주인 등으로부터 들었다고 했다. 그 외 공고란이나 신문을 통해 철거 소식을 봤다고 한 사람도 있었으며, 어떤 노동자는 누군가 와서 토지 측량을 하는 걸 보고 추측했다고 응답했다.

철거 시기에 대해 질문했으나 아무도 확실한 정보를 알지 못했다. 조사는 2010년 1월에 진행됐는데, 중오촌은 그해 5월 철거됐다. 철거 소식을 접한 노동자들은 다음과 같이 말했다.

> "마을에선 아무 소식을 들을 수 없어요. 마을사람들끼리 왕래가 있는 것도 아니고요."
>
> "집주인도 자세히 얘기하지 않아요. 그 사람은 세를 봐야겠다는 생각뿐이니 우리한테 사실대로 말할 수가 없죠. 집주인 말로는 철거 여부가 확정되지 않았대요. 그 사람도 잘 모를 수 있겠죠."
>
> "정확하게 말하는 사람이 아무도 없어요. 누구는 내년(2011년)이라고 하고, 누구는 올해(2010년) 노동절 전이라고 해요. 그래도 철거하는 건 확실해요. 측량도 했는걸요. 제가 봤어요."

5. 철거가 품팔이에 미치는 영향

경제적 영향

품팔이 다수는 이사 경험이 있다. 그들이 이사를 가는 이유는 다양하지만, 북경에서 철거로 인한 이사는 매우 보편적인 현상이다. 32세인 장려(張麗, 장리)는 하남성 신양(信陽) 출신으로, 남편과 함께 폐품을 수집해 생계를 유지한다. 그들은 2001년 북경에 온 이래 열 번 가까이 이사했다. 북경에 막 왔을 때는 곳곳에서 철거가 진행돼 반년에 한 번꼴로 이사를 했다고 말했다. 중오촌에서는 2004년부터 지금까지 살고 있다.

이사로 인한 경제적 손실에 대한 질문에는 20명의 노동자가 응답했다. 그중 10명은 경제적 손실이 크지 않았다고 했고, 다른 10명은 경제적 손실이 있었다고 응답했다. 이 가운데 몇몇은 구체적인 손실을 가늠하지 못했고, 그 외는 손실을 1200~6000위안으로 추정했다. 손실액이 6000위안으로 가장 많은 노동자는 슈퍼마켓을 운영하는데, 중오촌에 개업한 지는 2년이 넘었다. 그는 다음과 같이 말했다.

> 지난 번 이사에서 손해를 봤죠. 미리 낸 임대료도 돌려받지 못했고요. 또, 새로운 곳에서 개업하면 보통 장사가 잘 안 되니까, 그런 것들을 다 합치면 6000위안 정도 돼요.

이처럼 장사하는 지역을 옮기면 경제적 손해를 입을 수밖에 없다. 이사 준비로 장사를 중단해야 하고, 시설 이전 비용도 발생하며, 이전한 지역에서 다시 고객을 만들어야 하니 수입이 감소할 수밖에 없다.

자녀 교육에 미치는 영향

전체 조사 대상 22개 가구의 취학 및 미취학 자녀 수는 총 30명이다. 이 중 가정이 빈곤하고 취학이 어려움에도 불구하고 17명의 아이가 부모와 함께 중오촌에서 생활했고(57%), 나머지는 고향에 남겨져 있었다. 북경의 입학 및 진학 정책이 품팔이 자녀에게도 차별 없이 적용된다면, 부모와 함께 생활하는 아이의 수도 훨씬 많아질 것이다.

취학 중인 자녀를 둔 부모가 철거를 겪으며 가장 애태우는 것이 자녀의 전학 문제다. 이사할 지역에 아이가 다닐 만한 학교가 있는지도 불안하지만, 불안정한 삶이 아이의 심신과 성적에 부정적인 영향을 미친다는 것도 문제다.

장려는 아홉 살, 두 살의 두 아들이 있다. 잦은 전학으로 성적이 안 좋은 큰아들은 중오촌의 학교에 합격하지 못해 향산香山에 있는 거룡문무학교巨龍文武學校에 보낼 수밖에 없었다. 이 학교는 민간 설립 학교로, 학교 운영이 매우 폐쇄적인 데다 학비가 매년 1만 위안이나 된다. 큰아들은 한 달에 한 번 집에 오는데, 그나마 이 학교라도 다닐 수 있어 다행이라고 했다.

직업 선택에 미치는 영향

이사 후에도 같은 직업에 종사할 것인가에 대한 질문에는 30명의 노동자 중 24명이 '그렇다', 3명은 '불가능하다', 3명은 '모르겠다'고 응답했다. 즉, 철거가 노동자의 직업 선택에는 별로 영향을 주지 않는다는 것을 알 수 있다.

> "특별한 상황이 아니면 이사 간 후에도 계속 청소일을 할 거예요. 이 일을 한 지도 오래됐고, 회사도 믿을 만하거든요."
> "계속 폐품 수집을 해야죠. 전 학력이 안 좋아서 큰 회사엔 들어갈 수 없거든요."
> "침구용품 파는 일을 계속 할 거예요. 달리 할 수 있는 것도, 기술도 없어요."

"당연히 음식점 일을 계속 해야죠. 할 만한 일도 없고, 이쪽 일이
익숙해지기도 했고요."

철거돼도 고향으로 갈 수는 없다

철거가 진행되면 고향으로 돌아갈 것인지에 대해 응답한 29명의 노동
자 가운데 24명이 '아니다'라고 응답했다. 5명은 '그럴 수도 있다'고 답했
는데, 그중 3명의 이유는 아이 교육 문제 때문이었다. 이곳은 학비도 비
싸고, 아이를 돌볼 사람이 없다는 것이다. 또 다른 노동자는 고향에 집
을 사 두었는데, 돌아가서 다른 일을 도모할 수도 있다고 답했다.

"고향에선 농사를 지을 수밖에 없는데 땅이 별로 없어서 돌아갈
수 없어요."
"고향에 돌아갈 순 없어요. 땅도 벌써 다른 사람에게 세를 줘 버렸
거든요. 다시 돌아가서 농사 지을 가능성은 없죠."
"늙어서 일을 할 수 없게 되면 몰라도 당분간은 돌아갈 생각이 없
어요."
"탄광 지역이라 땅을 모두 징수당해서 고향에 땅이 없어요. 고향에
기업이 몇 개 있기는 한데 매출이 엄청 낮고요. 고향 사람들은 돈
으로 사람을 평가하죠. 인정이 없어졌어요. 북경에서 집을 살 수 있
다면 뭐 하러 돌아가겠어요? 그런데 도저히 비싸서 살 수가 없으니
결국엔 돌아가야겠죠. 가더라도 사람들과 잘 어울리지 못할 거예
요."

기타 영향

곧 철거가 닥칠 경우 가장 큰 문제는 무엇인가에 대한 질문에 절반에 가까운 노동자가 장사할 곳과 살 곳을 찾는 문제라고 답했다.

[표13] 철거가 가져올 가장 큰 문제(복수응답)

철거가 가져올 가장 큰 문제	중요도
살 지역과 살 집 구하기	12
자녀 학교 문제	4
경제적 손실	3
처음부터 다시 시작해야 함	2
설비 이전	1
큰 문제없음	5

"살 집을 구하는 것과 아이 학교 문제죠. 곳곳이 철거 중이니 대체 어디로 가야 할지 모르겠어요. 고층 주택은 비싸서 꿈도 못 꿔요. 학교도 철거될 텐데 우리 아이들은 어디서 공부해야 하죠?"

"당연히 집 문제가 제일 크죠. 그리고 철거 소식에 마을사람 3분의 1이 이사를 가서 제가 하는 음식점에도 영향이 있어요."

"저야 아무리 힘들어도 상관없어요. 그런데 아이들 학교는 어떻게 합니까? 타격이 너무 커요."

"막 인수한 가게를 모두 잃게 생겼어요. 방법이 없네요. 힘들어요."

"경제적으로 손해가 있겠죠. 저는 무허가 택시를 운영해서 단골손님이 있어야 해요. 아는 사람이 없으면 돈을 못 벌죠. 새로운 곳에 가면 얼마가 지나야 장사가 될지 모르겠어요."

"망연자실이죠. 아직 여기서도 적응을 못했는데, 또 이사를 가야 하니까요."

"이곳에 익숙해져서 별로 이사 가고 싶지 않아요."

6. 철거에 대한 생각

현재의 철거 상황이 정당하냐고 묻는 질문에 18명 중 13명이 '부당하다', 나머지 5명은 '상관없다'고 답했다. 하지만 부당하다고 응답한 사람들도 이러한 상황에 어찌할 도리가 없다고 말했다.

"부당하죠. 그런데 방법이 있나요? 이 사회는 원래 불공평해요. 어떤 사장은 저 클럽에 다니는데, 차 한 대 가격만 20만 위안이 넘어요. 그런데 많은 사람이 밥도 배불리 못 먹잖아요!"

"부당하지만 우린 외지인인데 무슨 방법이 있겠어요?"

현재 상황을 변화시키는 방법에 대해서는 8명의 노동자가 '방법이 없다' 혹은 '모르겠다'는 태도를 보였다. 다른 견해를 내놓은 7명은 정부가 중요한 역할을 하기를 희망했다.

"우리 집이 있었으면 좋겠어요. 그러면 매번 이사 다닐 필요도 없잖아요. 하지만 가능성이 없는 것 같네요. 북경에 집 사는 건 평생 힘들 거예요."

"외지인 문제를 전문적으로 맡아 책임지는 관리 기구가 생겼으면 좋겠어요. 아이들 학교 문제나 안정된 주거지 같은 문제들이오."

"정부가 외지에서 온 사람들의 수요나 상황, 자녀 교육 문제를 더욱 고려하면 좋겠어요. 그리고 임대료가 저렴한 집과 정부계획주택經濟適用房[75]을 더 많이 지어 주면 좋겠고요. 외지인에게 한 지역을 할당해 주는 것도 방법이겠네요."

"국가가 한 지역에 주택 몇 백 가구를 지어서 외지에서 온 노동자를 살게 해 주면 좋겠어요. 경비원이 안전하게 관리도 하고요. 적어도 5년간은 한 곳에서 살았으면 해요."

"정부가 합당한 보조를 해 줬음 좋겠어요."

"정부 방침이 그렇다면 철거해야겠죠. 그런데 더 좋은 정책이 나와서 우리에게 싼 집을 제공해 주면 좋겠어요. 저렴한 임대주택 같은 거요."

---

76 [역주] 원래 표현은 '경제적인 주택經濟適用住房'이다. 용지는 행정적 조치로 확보하고, 토지양도금을 면제하며, 건설 부대비용을 반값으로 하는 등 정부의 통일된 계획으로 운영된다. 주택 가격은 정부 지도 가격으로 책정되며, 손실을 보지 않는 선에서 적은 이윤을 남기는 방식으로 확정한다. 민간분양주택에 비해 사회보장적 성격을 띠는 주택이다.

또 이사 가는 거야?[77]

작사·작곡 : 웅아주(熊亞州, 슝야저우)

인터뷰 : 이청(李淸, 리칭) 등

엄마야, 오늘 무슨 날이야? 이렇게 일찍 집에 다 오고

집이 왜 텅텅 비었어? 혹시, 또 이사 가?

몇 년 동안 말이야, 이사를 많이 다녔는데 매번 당황스러워

친구들아, 섭섭하겠지만. 그리고 선생님, 걱정하시겠지만

엄마야, 이번엔 더 바쁘네. 아직 난, 인사도 못 했는데

안녕, 내 친구들아. 우린 이제, 다신 함께 못 놀겠지

안녕, 우리 선생님. 전 이제, 다신 선생님 못 보겠죠

안녕, 내 친구들아. 우린 이제, 함께 공부 못해

안녕, 우리 선생님. 전 이제, 누구한테 이야기하죠

엄마야, 새집은 어디 있어? 그곳 동네엔, 학교가 있어?

엄마야, 새집은 어디 있어? 그곳 학교엔, 친구가 있어?

그곳 학교엔, 친구가 있어? 친구가 있어? 친구가 있어?

77　북경 피촌 동심실험학교의 햇빛소년대가 2009~2010년 공연한 뮤지컬 〈떠다니는 마음의 소리〉 중
　　한 곡. 동심실험학교 황정함(黃婧涵, 황징한)의 이야기를 참고해 철거가 아이들에게 주는 영향을 표
　　현했다.

제6장
토론

1. 자발적 선택과 어쩔 수 없는 선택

삶은 과연 무엇에 의해 결정될까? 아마도 각자가 처한 상황에 따라 답이 다를 것이다. 그럼에도 부인할 수 없는 것은 어떤 사람이나 집단의 방향이 명확하다면 그곳으로 나아갈 가능성이 높다는 것이다. 그 길에 아무리 굴곡이 많더라도 말이다.

〈품팔이 주거 현황과 미래 발전 조사〉는 '자발적 선택'과 '어쩔 수 없는 선택'이라는 개념을 제시하며 두 가지 질문을 했다. "당신이 향후 도시에서 일자리를 구하지 못한다면 어떻게 하겠습니까"와 "당신의 향후 계획은 무엇입니까"다. 이 두 가지 질문은 되풀이되는 것 같지만, 이를 설계하면서 다음을 기초로 삼았다. 대다수 품팔이는 어쩔 수 없는 선택을 한다. 사회 정책이 사회적, 경제적 비용을 낮추기 위해 이를 강요하기 때문이다. 따라서 첫 번째 질문은 품팔이의 어쩔 수 없는 선택, 즉 선택지 없는 선택을 설명하기 위한 것이며, 두 번째 질문은 품팔이의 자발적 선택을 설명하기 위한 것이다.

조사 결과 품팔이의 자발적 선택과 어쩔 수 없는 선택에 큰 차이가 있었다([표14], [표15]). "당신이 향후 도시에서 일자리를 구하지 못한다면 어떻게 하겠습니까"라는 질문에 다수(65%)의 품팔이가 "고향으로 돌아간다"고 답했다. 그런데 "당신의 향후 계획은 무엇입니까"라는 질문에는 9%의 품팔이만이 "고향으로 돌아간다"고 했고, 21%는 "생각해 본 적 없다"고 답했다. 현재 불안정한 삶의 상태와 자신이 통제할 수 없는 사회적 환경에서 사람들은 자신의 미래를 자발적으로 계획할 수 없다.

[표14] 당신이 향후 도시에서 일자리를 구하지 못한다면 어떻게 하겠습니까
(N=152)

답변		응답자 수	비율	
고향으로 돌아간다		99	65.1%	
품팔이 생활을 계속 한다	조그맣게 장사를 한다	9	5.9%	24.3%
	계속 일자리를 구한다	21	13.8%	
	일자리가 없을 리 없다	6	3.9%	
	공부를 한다	1	0.7%	
생각해본 적 없다		16	10.5%	

자료: '북경 노동자의 집' 〈품팔이 주거 현황과 미래 발전 조사〉(2009)

[표15] 당신의 향후 계획은 무엇입니까(N=143)

답변		응답자 수	비율	
고향으로 돌아간다		13	9.1%	
품팔이 생활을 계속 한다	돈을 번다	21	14.7%	53.1%
	창업한다	19	13.3%	
	북경에 집을 산다	10	7.0%	
	이곳에 계속 머문다	20	14.0%	
	기술을 배운다	6	4.2%	
자녀의 상황에 달려 있다		24	16.8%	
별 계획이 없다 / 생각해 본 적 없다		30	21.0%	

자료: '북경 노동자의 집' 〈품팔이 주거 현황과 미래 발전 조사〉(2009)

　수억 명의 품팔이가 자발적으로 도시를 선택하고, 이러한 선택이 생존 및 발전의 요구에 기초한 것이라면, 정부와 사회는 어떠한 대답을 내놓아야 할까? 품팔이가 짊어진 사회적 책임은 노동하는 것과 가정을 책임지는 것이다. 품팔이가 이미 사회적 책임을 다하고 있으니 사회가 마땅히 그에 상응하는 책임을 부담해야 한다. 현재 품팔이는 생존과 사회 발전의 요구로 도시에 머물고 있다. 하지만 생활의 안전과 노후를 고려해 어쩔 수 없이 고향에 집을 마련해야 한다. 이러한 어쩔 수 없는 선택은 수많은 품팔이가 도시에서는 돌아갈 집이 없는 상황과 거대한 자원 낭비(농촌과 소도시의 빈집)를 유발했다.

2. 사회 발전 방향의 결정 요소

화중사범대학 정치학연구원장 서용(徐勇, 쉬융)은 〈초천도시보楚天都市報〉에 실린 "농촌 개혁 30년: 농촌의 거대한 전환의 역사적 맥락"이라는 글[78]에서 농촌 개혁 30년이 세 단계로 구분된다고 주장한다. 1단계는 1978~1988년의 황금 10년으로, 농촌 개혁이 시작되어 농민의 자발적인 개혁이 국가의 하향식 대형 개혁 추동으로 전환된 시기다. 2단계는 1988~2002년의 15년으로, 농촌 개혁이 끊임없이 심화하는 가운데 우여곡절이 상당히 많았다. 3단계는 2003~2007년의 역사를 뛰어넘는 5년으로, 우여곡절의 과정을 탈출한 중국의 농촌 개혁이 새로운 단계로 진입한 시기다.

또, 조수개(趙樹凱, 자오수카이)는 2008년 제1기 〈중국발전관찰中國發展觀察〉에 실린 "농민의 유동 30년"이라는 글에서 농촌 개혁 30년은 농민이 유동한 30년이기도 하다고 주장한다. 이 30년은 농민의 역할과 정부의 역할 두 가지 측면에서 살펴볼 수 있다. 정부의 역할 측면에서 이 30년은 크게 세 가지 단계로 나뉜다. 1단계는 개혁의 시작부터 1990년대 전반기 즉, 1978~1993년으로, 기본적으로 '정책이 없는' 시기다. 2단계는 1994~2002년으로, 여러 정책이 잇달아 등장했으나 제한 위주의 정책이 다였다. 여기에는 새로운 몇몇 차별 정책이 포함된다. 3단계는 2003년부터 지금까지로, 정책 방향에 근본적인 변화가 발생한 시기다. 새로운 정책은 평등한 대우, 권익 보호 중시를 기본 특징으로 한다. 조수개는 최근 몇 년이 개혁 이래 농민공 문제 해결에 있어 가장 큰 진전을 보인 시

---

78   徐勇, "農村改革30年——農村巨變的歷史脈絡", 〈楚天都市報〉, 2009년 8월 22일 자
(http://www.cnhubei.com/xwzt/2008zt/hbgg30y/mlbd/200803/t257504.shtml)

기라고 주장한다.

'북경 노동자의 집'은 품팔이 30년 유동의 역사를 세 단계로 나눠 설명한다. 1단계는 1978~1988년으로 '험난한 유동'의 시기다. 2단계는 1989~2002년의 '품팔이 열풍'의 시기, 3단계는 2003년부터 지금까지로 '신노동자 신시민'의 시기다.

과거 30년에 대한 구분을 비교해 보면, 시기별 구분은 차이가 크지 않거나 일치한다. 그러나 바라보는 시각과 주체성의 측면에서 매우 큰 차이를 보인다. 여기서 '정책이 발전을 주도하는가, 아니면 발전이 정책을 주도하는가'라는 발전사회학의 문제가 제기된다. 노동자와의 대화 도중 "품팔이가 어떻게 현 상황을 바꿀 수 있을까?"라는 질문을 해 본 적이 있다. 그들에게 자주 듣는 대답은 "우리가 무엇을 할 수 있는데요? 결정권은 정부와 돈을 주는 사장이 갖고 있죠"다.

3. 호적제도 개혁

유럽의 몇몇 국가는 주기적으로 대사면을 하는데, 현재는 이를 '합법화'라 부른다. 이는 합법적인 거주 신분증이 없던 사람에게 그 권한을 부여하는 것이다. 2010년 말부터 2011년 초까지 벨기에는 한 차례의 '합법화'를 진행했다. 2010년 12월 20일 중국인을 포함한 3만여 명이 신청해 2011년 초 합법적인 신분을 획득했다. 합법화 신청 조건은 다음과 같다. ① 벨기에에 연속 5년 이상 거주, ② 벨기에가 목적지로 합법적인 입국, ③ 체류 기간 중 기타 유럽연합 국가에 신분 합법화 미신청자, ④ 범죄 기록이 없을 것, ⑤ 사회 융화가 가능함을 증명(현지 언어 구사 가능, 현지 친구 등), ⑥ 3년 이상 5년 미만 거주자는 신분 합법화 이후 월급 1500유로 이상의 취업 계약서를 증명할 것 등이다. 벨기에 거주 신분증을 받은 이들 가운데 중국인들은 약 5년간 미등록 노동자였고, 일반적으로 중국 식당에서 일했다. 이들이 합법적인 신분을 획득한 후에는 유럽 현지인과 동등한 대우를 누릴 수 있게 되었다. 벨기에에서는 허가받지 않은 이민자의 자녀도 현지인과 똑같이 무상 입학이 가능하다. 현재 중국에서도 변화가 일어나 호적제도 개혁을 시작했고, 여러 도시가 임시거주증제도를 폐지하고 새로운 거주증제도를 시행하기 시작했다.

2010년 '양회兩會'[79] 기간 중 북경공업대학 인문학원장 육학예(陸學藝, 루쉐이)는 인터뷰에서 다음과 같이 말했다.

> 조사에 따르면, 호적제도가 개선되면 일부 농민공은 도시에 남겠지만 그렇지 않은 농민공도 있을 것입니다. 특히 나이가 많은 사람들은 도시에 남을 생각이 전혀 없어요. … (품팔이) 햇수가 굉장히 중요한데, 품팔이 기록이나 거주 기록을 근거로 할 수 있겠죠. 물론 절차를 만들어야 합니다. 시급한 문제부터 개혁해야죠. 예를 들어 학교와 주택 문제, 온가보 총리가 제기한 농민공 저가 주택 문제, 정부계획주택 문제 등을 고려해야 합니다. 지금 국가는 민생을 개선해야 하는데, 이를 위해서는 예산이 필요합니다. 사회보험이나 의료보험이 그렇죠. 그런데 호적제도 개혁은 다릅니다. 2억 명에게서 '농민' 두 글자만 떼어 내면 노동자工人로 바뀌죠. 그러면 곧바로 개

---

79 [역주] 매년 거의 같은 시기에 개최되는 '전국인민대표대회(전국인대)'와 '중국인민정치협상회의(정협)'를 함께 지칭하는 말이다. 특히 헌법상 최고 국가권력기관이자 입법기관의 역할을 하는 전국인대에서는 주요 법률과 정책이 비준되고, 주요 인사가 단행된다. 양회 기간을 앞두고 주요 현안 및 사회 문제에 관한 각계각층의 의견이 청취되며, 최근에는 인터넷을 통해 인민이 의견을 개진하기도 한다.

선이 되는 거예요. 긴박한 때가 온 것 같아요. 호적제도 개혁 조건
도 이미 성숙한 상태입니다.[80]

4. 평등한 교육

품팔이 자녀 가운데 유동 아동보다 잔류 아동이 많은 이유는 다음과
같다. ① 소득이 낮아 아이를 데리고 있는 비용을 감당할 수 없다. ② 노
동 시간이 길고 휴일이 없어 자녀를 돌볼 수 없다. ③ 품팔이 지역의 공
립학교가 아이들을 받아 주지 않아서 학비가 비싸고 교육의 질이 낮은
사립학교에 보낼 수밖에 없다. ④ 고등학교와 대학교의 입학시험을 볼
수 없다.

2011년 양회에서는 품팔이 자녀의 입학 문제가 쟁점 중 하나였다. 이
문제에 관한 네티즌의 질의에 온가보 총리는 다음과 같이 답했다.

이는 중국에 존재하는 독특한 문제입니다. 우리는 '양손'을 써야만
합니다. 한 손은 바로 농촌 교육을 적극적으로 발전시켜 농촌의 학
교를 튼튼하게 건설하는 것입니다. 우수한 교육 자원을 모두 도시
에만 남겨 두는 것이 아니라 좋은 교사를 농촌으로 보내 교육을 지
원해야 합니다. 다른 한 손은, 농민공의 도시 진입과 자녀의 취학,
특히 의무교육이 호구 때문에 영향을 받지 않도록 해야 합니다. 저
는 여러분의 자녀가 고향에 남아 있든, 여러분을 따라 나왔든 모두

---

80   "戶籍改革成兩會熱點話題 專家稱改革條件已成熟", 〈人民網〉
     (http://finance.people.com.cn/nc/GB/61937/182920/183264/11076494.html)

가 좋은 교육을 받을 수 있으리라고 믿습니다.[81]

  품팔이 지역에서의 입학과 고등학교 입학시험을 지원하는 몇몇 정책
이 있다. 예컨대 2008년부터 안휘安徽성은 선도적으로 호적 제한을 타파
해 품팔이 자녀가 유입지에서 고등학교 입시를 치르거나 고등학교 수준
의 학교에 응시할 수 있도록 하는 한편, 본인 의사에 따라 호적 소재지
로 돌아가 입시 등록을 할 수 있게 했다.[82] 중국 교육부 부장 원귀인(袁貴
仁, 위안구이런)은 2011년 3월 10일 제11기 전국인대 2차 전체회의 개막
전 인터뷰[83]에서 중국이 시급히 해결해야 할 것은 부모를 따라 도시에
진입한 품팔이 자녀가 현지 아이들과 똑같이 의무교육을 받게 하는 것
이며, 고등학교와 대학 교육은 그 다음 문제라고 말했다. 그는 품팔이
자녀가 도시에서 고등학교와 대학교 입시를 치를 수 있는 계획에 관해
서는 명확하게 답변하지 않았지만, 그 시간이 그리 길지는 않을 것이라
밝혔다.

  우리가 2억여 명의 품팔이를 '농민공'이라 부른다면, 그 자녀들은 당연
히 '유동 아동'이라 불리게 된다. 그러나 품팔이를 '신노동자'라 부른다면,
그 자녀들은 '신노동자의 자녀'가 된다. 우리의 목적은 호칭을 바꾸는 것
이 아니라 노동자의 권익을 쟁취하는 것이다. 현대 사회는 품팔이 자녀

---

81 "溫總理與網民在線交流 回應人民網兩會調查熱點問題", 〈人民網〉,
    (http://politics.people.com.cn/GB/14017334.html)

82 "安徽 : 率先打破戶籍限制 打工子弟學校成歷史", 〈工友家園−城邊村網站〉,
    (http://et.chengbiancun.com/2011/1027/19551.html)

83 "袁貴仁 : 流動人口子女在就讀地中,高考很快落實", 〈東方網〉,
    (http://news.eastday.com/c/2011lh/u1a5775851.html)

에게 도시에서의 평등한 교육 기회를 제공하지 않는다. 그럼에도 수많은 품팔이 자녀가 도시에서 부모와 함께 살 수 있는 것은 품팔이의 꾸준한 노력과 거대한 희생 덕분이다. 최근 중국은 품팔이 자녀의 교육 문제를 중시하기 시작했고, 도시와 농촌에서 품팔이 자녀를 위한 여러 활동이 전개되고 있다. 중국 정부는 이 문제에 대한 정책 개혁을 더욱 심도 있게 고려해야 한다. 그것이야말로 품팔이의 요구에 부합하는 것이자 조화로운 사회和諧社會[84]를 위한 발전 방향이다.

5. 주택 문제 해결

유엔 주거권 특별보고관 라켈 롤닉Raquel Rolnik은 일찍이 언론과의 인터뷰에서 주택이란 벽 네 개와 천장 하나를 가진 상품이 아니며, 사람들이 생활할 수 있게 하는 안전하고 평화롭고 존엄한 장소이기 때문에, 주거권은 모든 사람의 권리라고 말했다.[85] 즉, 인권의 기본 중 하나인 주거권 보장은 현대 정부의 거부할 수 없는 책임이다.

〈인민일보人民日報〉 2011년 3월 7일 자 보도에 따르면, '국가발전과개혁 위원회'는 6일 제11기 전국인대 4차 회의 기자회견에서 다음과 같이 발표했다.

향후 5년간 중소도시에 보장형 안심주택 3600만 호를 건설할 계획

---

84 [역주] 2004년 호금도(胡錦濤, 후진타오) 당시 중국 공산당 총서기가 제기한 국정 운영 방침으로, 개혁개방 이후 지속적으로 확대된 경제적·사회적 격차 해소의 필요성을 최초로 언급한 것이다. 이후 각종 분배 정책의 기초가 된다.
85 "'天量保障房'尤需鐵腕問責", 〈中國新聞網〉
    (http://www.chinanews.com/estate/2011/02-28/2872443.shtml)

이다. 2011년 1000만 호, 2012년 1000만 호, 이후 3년간 총 1600만 호를 공급해 보장형 주택 보급률이 20%에 도달하도록 할 것이다. 중소도시의 저소득 가정에 저렴한 임대주택을 제공하고, 염가 임대료제도를 실시할 것이다. 중소도시의 중저소득 가정에 대해서는 공공임대주택을 제공할 것이다.

이러한 주택 보급 범위 안에 해당 도시 출신이 아닌 품팔이가 속해 있는지는 명확하게 언급되지 않았다. 하지만 국가가 중저소득 계층 중심으로 정책 방향을 설정한 것은 분명하다. 사실상 중소도시 저소득 계층의 대부분은 외지인으로, 그들은 마땅히 보장형 주택을 제공받아야 한다.

〈QQ뉴스〉 2011년 9월 20일 자 보도에 따르면, 온가보 총리는 19일 국무원 상무회의에서 보장형 안심주택 건설과 관리에 힘쓰겠다고 밝혔다. 또, 주거 문제 해결이라는 목표 실현을 가속화할 수 있도록 국가 역량을 배치하겠다고 말했다. 공공임대주택의 대상은 중소도시의 중저소득 가정과 사회 초년생인 무주택 노동자, 중소도시에서 안정적으로 취업한 외지인 등이며, 소형 주택 및 세대 면적 40㎡를 보급한다. 임대료는 시·현의 시장가보다 약간 낮게 한다는 원칙을 결합해 합리적으로 책정한다.

이러한 정책을 보면, 품팔이의 주택 문제를 해결할 수 있으리라는 희망이 보인다. 그러나 품팔이가 주거권을 획득하는 길은 여전히 정책 집행 상황에 따라 결정될 것이다. 앞으로 모든 지방정부가 염가 임대주택과 공공임대주택에 관한 계획을 수립하고, 통합 운영을 실현해야 할 것이다.

제2부

돌아갈 수 없는 농촌

품팔이 집단, 그중에서도 특히 신세대 품팔이 집단이 농촌으로 돌아갈 수 없는 현실에는 여러 원인이 있다. 우선, 중국의 농촌은 인구가 많고 땅이 부족해 소농의 농사 수입이 변변치 못하다. 두 번째로, 도시에서는 취업 기회가 많다. 또한, 도시에서 한 사람이 한 달 동안 벌어들이는 수입이 소농의 연간 수입과 맞먹거나, 심지어 그보다 훨씬 높다. 마지막으로, 소비패턴과 생활방식의 변화다. 생산방식과 생활환경은 경제생활뿐 아니라 소비생활을 좌우한다. 노동자가 도시에서 일정 기간을 살아온 이상 소비패턴과 생활방식의 측면에서 그들은 이미 도시 사람이 되었으며, 다시 시골 생활에 적응하기는 매우 어렵다.

중국의 농촌 문제를 근본적으로 해결하는 길은 분명 노동력의 이동이지만, 농촌에서 도시로의 노동력 이동은 도시와 공업에 번영을 가져온 동시에 농촌의 몰락을 초래했다. 농촌 호적을 가진 젊은이들은 모두 도시의 품팔이가 되었고, 농촌에 남은 사람은 대부분 노인과 어린아이들이다. 이러한 현실은 중국과 전 세계에 큰 위기를 가져다준다. 중국과 같은 인구 대국은 스스로의 강대한 농업 생산이 없어서는 안 된다. 이는 곧 이주노동자의 도시화와 신농촌 건설이라는 두 가지 문제에 동시에 대응해야 한다는 말이기도 하다. 신농촌 건설에 있어서 농촌 노동력의 이동은 양날의 검이다. 농촌의 인구를 줄이면 사람이 많고 땅은 부족한 농촌의 모순을 개선하는 데 도움이 되겠지만, 농촌의 청장년층 노동력이 부족해 농촌 건설이 힘들어진다. 도시 공업화 발전의 많은 부분을 이미 자본이 장악해 버렸다. 이제 농촌과 토지마저 자본의 손아귀에 들어가는 것을 방관할 수만은 없다. 품팔이는 그다지 낙관적이지 못한 도시 생활에 대응하기 위해 두 가지 방법을 취했다. 하나는 '퇴로 마련'이고, 또 하나는 '자기 최면'으로, 이 두 가지 대처법은 서로 연관되어 있다. 퇴로 마련은 고향에 집을 짓거나 사 두는 것이다. 자기 최면은 도시 생활이 견딜 수 없을 때마다 정 안 되면 고향으로 돌아갈 수 있다고 스스로를 위로하는 것이다. 문제는 퇴로가 결국 출구가 아니었음이 드러났을 때이며, 한평생 자기 최면에 취해 살 수는 없다는 것이다. 품팔이는 농촌으로 돌아갈 수 없으며, 돌아가고 싶어 하지도 않는다. 그러나 도시에서는 발붙이고 살아갈 방도가 없으니, 결국 대다수가 '물질적인 집(주택)'을 고향에 마련한다. 고향에 집을 지어 두는 이들도 있고, 고향과 가까운 진이나 현에 집을 사 두는 이들도 있다. 즉, 2억여 명의 품팔이가 일종의 분열 상태에 놓여 있다. 자신이 장기간 생활하는 곳은 정작 자기 '집'이 아니고, 늙어서 돌아갈 것이라 상상하곤 하는 그곳(양로원)이 자기 '집'이다. 이러한 분열은 '지금의 삶을 살아가지 못하는' 정신적 고통을 안겨 줄 뿐만 아니라 막대한 자원 낭비까지 초래할 수 있다. 한평생 피와 땀을 쏟아 돌아갈 수 없는 '양로원'만 짓고 있기 때문이다.

제7장
쇠락해가는 농촌

대다수의 품팔이가 현재의 삶을 도저히 견딜 수 없을 때, 돈을 벌면 고향으로 돌아갈 수 있으리라는 환상을 갖는다. 하지만 과연 한평생 돈을 번다고 해서 노년을 보내기에 충분한 돈을 마련할 수 있을까. 또, 그들이 고향에 돌아갈 때쯤이면 고향의 모습은 대체 어떻게 변해 있을까.

농촌이 쇠락해가는 모습을 보면 그들이 돌아가고 싶은 농촌이 과연 계속 존재할지 우려할 수밖에 없다. 우선, 농촌의 청장년층 인구가 감소하고, 남은 이들은 노동 능력을 잃어버린 노년층이다. 노동력이 부족해 화학비료와 농약을 과다하게 사용하는 탓에 생태계 또한 무너지고 있다. 하남성의 한 마을은 생산하는 작물이 한 가지로 줄었고, 축산업은 더 이상 할 수 없다.

농업 인프라의 건설 및 관리도 큰 문제를 안고 있다. 일부 지역에서는 관개 시설을 사용할 수 없어 논을 경작하지 못하며, 어떤 계절에는 깨끗한 물조차 마실 수 없다.

또, 농민에게 촌민자치의 법률만 제공되고 법률을 실제로 구현할 여건

은 마련되지 않아 진정한 촌민자치 실현이 어려운 상황이다. 촌민소조村
民小組[86]는 촌민자치와 행정관리를 제대로 하지 못하며, 겨우 이름만 유지
할 뿐 건설적인 역할을 하는 경우는 드물다.

1. 5개 마을 개괄

하남성 초작시 무척현 사기영진 북대단촌

북대단촌에는 400여 가구 1800여 명이 산다. 그중 노동 인구가 800
여 명, 학생이 600여 명이다. 노동 인구 중 외지로 나간 품팔이는 300여
명, 인근에서 품팔이를 하는 이들이 300여 명이다. 농업에만 기대서는
생계를 이어갈 수 없기 때문에 집집마다 적어도 1명씩은 외지로 나가 품
팔이를 한다.

이 지역은 5년마다 한 번씩 토지를 조정한다. 마을의 경지 면적은
2200묘畝(약 147ha)이며, 1인당 토지는 1묘(667㎡)뿐이다. 이곳은 대평원
으로, 재배 품종은 옥수수와 밀이다. 농작물 생산량은 매우 높아 1묘에
서 한 가지 작물 1100근斤(550kg, 중국에서 1근은 500g이다) 안팎을 생산할
수 있다.

대대大隊 소유의 토지가 200묘 있으며, 각 조마다 20여 묘의 여유 토지
가 있어 촌민에게 하청을 준다. 하청 계약금은 저수조 관리비나 기타 수
리비 등으로 쓰인다. 개혁개방 이후로 집체경제[87]가 사라졌다. 집체 경영

86　[역주] 중국은 1958년 대약진운동 시기 '인민공사, 생산대대, 생산대'의 3단계 조직을 통해 농촌의
　　소유, 생산, 행정 등을 관할했다. 이후 인민공사가 해체되면서 그 기능을 대신하기 위해 생겨난 조직
　　이 인민정부, 행정촌, 촌민소조다. 촌민위원회는 행정촌 산하의 자치 조직이며, 법률적 조직이다. 촌
　　민소조는 1개 또는 복수의 자연촌이 모여 구성되는데, 법률적 조직은 아니다.

87　[역주] 집체 소유, 공동 노동, 노동에 따른 분배 등을 주요 내용으로 하는 일종의 공유제 경제를 말

하던 시설이나 물자는 모두 개인에게 팔았다. 변압기는 국가 소유이고, 양수기와 펌프 우물을 포함한 관개 시설만이 집체 소유다.

현재는 마을과 그 주변에 공장이나 기업이 없다. 1996년에 집체 소유의 화학공장이 하나 있었는데, 2001년에 문을 닫았다. 1985년까지만 해도 마을에 집체 소유의 카펫공장, 자수공장, 제분공장이 있었으나 1990년 이후 모두 없어졌다. 그 후 개인이 운영하는 배합사료공장 두 곳이 생겼지만, 4~5년 운영하다 1999년에 닫았다. 지금은 개인이 운영하는 쌀과 밀가루 가공 작업장이 한 군데 있으며, 아침식사용 죽에 쓰이는 옥수수 가루를 만든다.

초등학교가 한 곳 있으며, 교사 10명과 학생 50여 명이 다닌다. 형편이 좋은 집의 아이들은 현성의 초등학교에서 공부한다. 사립유치원도 하나 있는데, 유아사범학교를 나온 여성이 모친과 함께 운영한다. 이곳에서는 중학교에 갈 나이가 되면 진이나 현성으로 보내 공부를 시킨다. 부모가 품팔이를 하는 지역에서 공부하는 아이들은 소수다.

중경시 봉절현 청룡青龍진 홍양紅陽촌

홍양촌에는 670가구 2361명이 산다. 3개 마을이 통합된 곳으로, 마을의 전체 면적은 14.5㎢이며, 가장 높은 곳이 해발 1800m다. 현재 외지에 나간 품팔이 수는 1000여 명으로, 마을 전체 인구의 50% 정도를 차지한다. 이들 자녀 중 80%가 이곳에 남아 있으며, 대부분 조부모 손에

하며, 농촌 집체경제와 성진城鎭 집체경제로 나뉜다. 농촌 집체경제의 경우 향진, 행정촌, 촌민소조의 3급 소유제를 실시하며, 토지, 임목, 수리시설 등을 집체 소유로 하고, 농민에게 택지를 무상으로 나눠 준다.

키워진다.

논밭은 집안 노인들이 가꾸거나 다른 사람에게 맡긴다. 경작지는 대략 2700묘이며, 이 중 논이 60여 묘, 황무지가 400여 묘다. 보통 1인당 약 1묘의 땅을 가지고 있다. 산간 지역은 지리 조건이 나쁘고 논밭이 흩어져 있으며, 모두 산비탈이라 기계 경작이 불가능하다. 논밭에 심는 것은 대체로 옥수수, 감자, 고구마, 황두黃豆, 유채, 쌀이다. 가장 많이 심는 것은 돼지 사료로 쓰이는 고구마와 옥수수이며, 논이 별로 없어 쌀 재배는 비교적 적다. 요즘은 옥수수를 먹는 이들이 적고, 일반 가정에서는 쌀을 사서 먹는다. 예전에는 가계 수입 대부분을 양돈에 의존해 한 가정에서 7~10마리의 돼지를 기르기도 했지만, 지금은 사료비와 인건비가 비싸 4마리 정도 기른다. 게다가 요즘은 대다수가 외지로 나가 있어 돼지를 많이 기르지 않는다.

전기는 국가 지원으로 설치하며, 전기료는 전력공급소에서 걷는다. 마을 도로 중 일부는 국토국에서 건설한 것이다. 처음에는 연초국이 담뱃잎 재배를 위해 도로를 건설하려 했는데, 이곳에서 재배하는 담뱃잎이 기준에 미달한다며 계획을 취소하는 바람에 도로 건설이 마무리되지 못했다. 나머지 도로는 마을사람들이 모은 돈으로 보수 중이지만, 여전히 4만 위안 정도가 부족하다. 식수의 경우 현재 저수조 한 개를 짓기 위해 준비 중인데, 완성되면 모두 깨끗한 물을 마실 수 있다.

농민 간의 협력은 비교적 적은 편이다. 예전에는 서로에게 도움을 청할 수 있었고, 농사일도 서로 도와가며 했다. 하지만 이제는 모든 일에 돈을 내야 한다. 산간 지역이라 협력이 더 어렵기도 하고, 땅이 가구마다 여기저기에 조금씩 흩어져 있기 때문이다. 마을사람들 간의 빈부격차도 있고, 노인과 아이들만 마을에 남아 있는 것도 협력이 어려운 이유다.

마을 학교는 초등부 한 반과 유치부 한 반에 총 20여 명의 학생이 다녔다. 대부분의 아이는 진에 가서 공부하는데, 1년 책값으로 몇 십 위안이면 충분하다. 하지만 진의 유치원은 조금 비싼 편으로, 한 학기에 260위안을 내야 한다. 마을 학교는 학생 수가 너무 적어 2011년 2월 끝내 문을 닫았다.

마을에 의사가 있으나 이곳에 살지는 않는다. 이러한 의사들이 여는 진료소는 모두 민영民營이며, 대부분 약국도 함께 운영한다. 자율 구매 방식의 농촌의료보험이 있으며, 80%의 마을사람이 이 의료보험에 들었다.

마을 산을 관리하는 임업원이 있지만, 보통은 마을 간부가 나서야 관리가 된다. 마을 간부는 마을 서기, 마을 회계원, 마을 당 지부 서기, 산아 제한 정책 협조원 등 4명이다. 간부는 3년마다 한 번씩 선거로 뽑는다. 마을 서기는 마을 주민이 우선 투표한 뒤 마을 당 지부와 전 당원이 투표해 뽑고, 마을 당 지부 서기는 주민 투표로 뽑는다. 마을의 일상이나 정책 홍보 등을 모두 마을 간부가 책임진다. 마을에서는 회의가 자주 열려서 1년에 5~6차례의 큰 회의가 있다. 각 마을의 자연대自然隊가 회의를 소집하고, 주민 대다수가 참석한다. 생산대生産隊[88]는 원래 23개가 있었지만, 지금은 조정되어 8개만 남았다. 마을에는 약 40명의 당원이 있으며, 중요한 일이 생겨 토론이 필요하면 당원대회를 소집하기도 한다. 담뱃잎 재배 기준치는 대략 200묘로, 어떤 가구는 만 위안이 넘는 수입

---

88 [역주] 중국 사회주의 농업 경제의 조직 단위. 토지 등 생산수단을 집체 소유하며, 독립채산을 실시한다. 농가별 생산책임제 시행 이후 인민공사 해체에 따라 촌민소조로 바뀌었다. 역주86 참조.

을 얻기도 했다. 이러한 일에 마을 간부의 안배와 조율이 필요하다. 새로운 작물을 재배해야 할 때는 마을 회의를 열어 토론하기도 한다.

수력발전소 이전 후 마을 서기가 이 건물을 구입해 살고 있는데, 이곳에서 마을 회의도 열린다. 발전소로 다시 쓸 수는 있지만, 그러려면 70~80만 위안을 투자해야 한다.

중경시 장수구 홍호진 평탄촌

평탄촌에는 987가구 3026명이 살며, 그중 1340명 이상이 외지에서 품팔이를 한다. 경지면적은 2500묘이며, 1인당 평균 0.8묘가 조금 넘는 토지를 갖고 있다. 300~400명의 아이가 부모를 따라 외지로 나갔고, 전체의 절반이 넘는 아이는 이곳에 남겨졌다.

1인당 평균 0.6묘의 논과 0.4묘의 밭이 주어지지만, 이곳의 땅 대부분이 황폐해졌다. 토지를 무상으로 내놔도 거들떠보는 사람이 없기 때문이다. 1981년 농가별 생산책임제[89] 시행 후 '사람이 태어나면 더하고, 사람이 죽으면 줄이는' 방식으로 토지가 분배됐으나, 1996년 10월 30일 이후로는 토지 조정이 없었다.

사천성 인수현 감자진 반죽촌 4조

반죽촌 4조에는 80여 가구 300여 명이 살며, 그중 3분의 1이 외지로 나가 품팔이를 한다. 이들이 간 곳은 대부분 광동성이며, 귀주나 중경으로 간 이들도 있다. 절반 정도의 아이가 이곳에 남겨졌고, 일하러 나간

---

89 [역주] '가정토지연산승포책임제'를 의미한다. 역주41 참조.

부모 중엔 아이 한두 명을 남기거나 셋을 남기고 떠난 이들도 있다. 마을 아이들은 모두 진에서 초등학교를 다닌다. 점심은 학교에서 먹고, 아침과 저녁은 집에서 먹는다. 약 20만 위안을 들여 1980년대에 지은 마을의 초등학교는 교실은 남아 있지만, 선생님과 학생이 없어서 버려진 상태다.

토지는 2000년에 한 번 조정해 2000년 이후에 태어난 이들은 모두 토지가 없다. 하지만 토지를 빌리려는 사람이 없어 다른 이에게 빌려줘도 대가를 받을 수 없다. 이곳은 1인당 평균 반 묘의 논과 반 묘의 밭만이 주어진다.

마을 부근에 벽돌공장이 하나 있으며, 80여 명의 노동자가 그곳에서 일한다. 여름철에는 삼밧줄 공장이 하나 생기는데, 인근 사람들이 그곳에서 일하기도 한다.

마을에는 노인과 아이들만 남았지만, 외지에 나가 일하는 사람들은 거의 마을에 새집을 지었다. 이들은 적게는 3~4만 위안에서 많게는 20여 만 위안을 들여 집을 짓는다.

귀주성 준의현 신민진 혜민촌

혜민촌에는 765가구 3200명이 살며, 그중 850명이 외지에 나가 품팔이를 한다. 17개의 촌민소조가 있으며, 토지 4500묘 가운데 논이 약 2000묘다. 마을에는 현재 노인과 아이들만 남아 있고, 젊은이는 모두 외지에서 일한다. 외지로 나간 젊은이들은 나이가 들면 마을로 돌아오거나 외지에 남을 것이다. 촌장은 그 수가 반반일 거라 예상한다. 외지에서 일하는 사람 가운데 3분의 1(200여 명)은 이미 도시에 집을 사 두었다. 마을사람 중 50여 명이 귀양貴陽시에 사는데, 그중 20여 명은 귀양에서 집을 샀다.

마을에 중심中心초등학교가 하나 있으며, 유치부 한 반과 1학년부터 6학년까지의 과정이 개설돼 있다. 이 학교에는 30여 명의 교사와 250여 명의 학생이 있다. 학생 중 절반이 부모가 외지에서 품팔이를 하며, 모두 할아버지 할머니에게 맡겨졌다. 또, 교사 1명에 십 수 명의 일반인이 다니는 교육센터도 있다.

토지는 1979년 농가별 생산책임제 시행 이후 다시 조정된 바가 없다. 많은 사람이 담뱃잎이나 채소를 재배하는 대농가에 토지를 임대한다. 2010년 기준으로 1묘 임대료는 500위안이다.

2. 농촌 인구의 감소

농촌 인구 감소는 사람이 많고 땅이 부족한 중국 농촌의 부담을 덜어주는 데 도움이 되기도 한다. 하지만 이민자의 구조가 균형을 잃을 때, 즉 외지로 나가는 이들이 모두 청장년이고 남겨진 이들이 모두 노인일 때는 농촌과 농업이 쇠퇴할 수밖에 없다.

아래는 몇 가지 측면에서 본 농촌 인구 감소의 실상이다.

− 마을이 사라지고 있다: 산간 일부 지역에서는 사람들이 떠나간 후 작은 자연촌이 사라졌다.
− 탈농업화: 하남성과 중경시에 있는 두 가구 구성원의 생활 및 취업 상황을 3세대에 걸쳐 살펴본 결과, 1980~90년대 출생자들 가운데 농촌에서 농업에 종사하는 이가 없다. 이러한 탈농업화 현상은 필연적으

로 농업 인구 감소를 초래한다.

– 돌봐 주는 이 없이 남겨진 노인: 농촌에 노인과 아이들만 남고 청장년층이 모두 외지에 나가 품팔이를 하다 보니 일부 노인은 노동 능력을 거의 잃었음에도 여전히 생활을 꾸려나가야 하는 상황이다.

– 사람 없는 빈집: 오래된 집은 '사람이 떠나 쓰러져가고', 새집은 '사람이 살지 않는 빈집'이다.

1) 마을이 사라지고 있다

동관에서 만난 노동자 12명의 고향은 중경시 봉절현이다. 여기서는 봉절현 두 마을의 사례를 살펴보며, 사람들이 외지에 나가 품팔이를 하는 것이 그 지역에 어떤 영향을 미치는지 알아보기로 한다. 봉절현 토상진 제령촌에서는 진수산(陳樹山, 천수산) 혼자 집에서 소를 키운다. 산에 남은 인가는 현재 이 집 하나다. 또, 봉절현 청룡진 홍양촌에서 만난 한 농민에 따르면, 자신의 집 옆에 있는 자연촌에 원래 100여 명이 살았으나 지금은 겨우 3명이 남았다고 한다.

산에 홀로 남은 한 가구

동관에서 만난 43세 왕개향은 아들 진영련(陈赢连, 천잉롄)과 함께 동관에서 품팔이를 한다. 그녀의 남편 진수산은 산 위에 있는 고향집에서 농사를 지으며 소를 키운다. 이곳의 산지는 집집마다 나누어 갖고 있지만, 산에 살던 이들이 모두 외지로 품을 팔러 가거나 산 아래로 이사한 탓에 현재 산을 돌보는 이가 없다. 진수산은 2007년부터 소를 키우기 시작해 현재 20여 마리를 키운다.

산 위에 사는 인구가 줄어들면 한 가구가 사용할 수 있는 초지 면적이 넉넉해져 목축업 발전을 촉진할 수 있다. 진수산에게 향후 10년 계획을 물었다. "아마 10년 후에도 계속 소를 키우겠죠. 힘만 남아 있다면 20년 후에도 계속 소를 키울 거예요." 하지만 아들의 혼담이 오갈 때마다 신부 쪽에서 내거는 첫 번째 조건이 진에 집이 있어야 한다는 것이다. 그래서 부부는 소를 팔아 진에 집을 사 주기 위해 상의 중이다. 소 한 마리에 1만 위안 정도를 받을 수 있지만, 아들은 반대한다. 진에서 살 계획도 없을뿐더러 이렇게 빨리 결혼이라는 속박에 얽매이고 싶지 않다는 이유다.

사람이 점점 줄어들 수밖에 없다

동관시 봉절현 청룡진 홍양촌에서 송금영(宋金英, 쑹진잉)을 만났다. 그녀의 남편 왕개신(王開新, 왕카이신), 둘째 아들 왕복련, 며느리 하옥청(何玉淸, 허위칭)은 모두 동관에서 일한다. 남편은 2010년 설 이후부터 동관에서 청소부로 일하기 시작했다. 54세인 송금영은 학교에 다닌 적이 없으며, 현재 고향에서 혼자 다섯 살짜리 손자를 돌본다. 그녀는 마을 상황에 대해 다음과 같이 말했다.

> 마을에 사람이 점점 줄어들 수밖에 없어요. 외지에 나가 일하는 사람들 집은 이미 무너진 데가 많아요. 그 사람들은 돈을 벌면 이 마을을 떠날 거예요. 마을에 사람이 좀 많아지면 좋겠는데, 그럴 리가 없죠. 교통도 불편하고요. 돈 있는 사람들은 다들 진이나 도시에 집을 지으려고 할 거예요. 사람은 편한 곳에서 살기 마련이니까요.

3명만 남은 마을

봉절현 청룡진 홍양촌에서 왕진해(王振海, 왕전하이) 부부를 만났다. 왕진해는 69세, 아내는 68세다. 두 사람 모두 학교에 다닌 적이 없으며, 세 자녀 모두 외지에서 품팔이를 한다. 딸은 39세, 큰아들은 37세, 작은아들은 35세다. 딸과 큰아들은 결혼했고, 큰아들에게는 두 아이가 있다. 작은아들은 아직 결혼 상대를 찾지 못했다. 노부부는 지금 일곱 살 된 외손자를 데리고 있다. 마을의 미래에 대해 왕진해는 이렇게 말했다.

앞으로 마을에 사람이 점점 줄어들 수밖에 없을 거예요. 나이가 든 사람들은 세상을 뜰 테고, 젊은이들은 여기에 돌아와 살고 싶어 하지 않으니까요. 우리 옆 마을은 예전에 100명 넘게 살았는데, 지금은 3명만 남았어요.

2) 탈농업화

여기서는 두 대가족의 구성원을 간단하게 소개하고, 이를 통해 두 개의 '족보'를 구성했다.

조趙○○은 중경 출신으로, 6명의 형제자매가 있다. 산아 제한 정책을 착실히 따랐는지 이들에게는 모두 남자아이 하나만 있다. 하남 출신의 손복귀(孫福貴, 쑨푸구이)는 7명의 형제자매가 있으며, 모두 결혼해 여러 명의 아이를 낳았다.

두 가구 모두 도시로 이주했으며, 그중 농업에 종사하는 20대는 한 명도 없다. 24세인 조○○의 아들은 중·고등학교 동창 중 농촌에 머무는 이는 아무도 없으며, 단 한 명도 농민이 될 것 같지는 않다고 했다.

조○○ 집안의 족보

중경의 한 건설 현장에서 요리사로 일하는 조○○을 만났다. 그의 아내는 사장이 운영하는 공사장 매점에서 물건을 판다.

저는 52세이고, 중학교를 졸업했습니다. 아내는 47세로, 초등학교만 나왔죠. 저는 45세 전에는 쭉 고향에서 농사를 짓고 돼지 잡는 일도 했어요. 그러다 집안 형편이 너무 안 좋아져서 2003년부터 외지로 나와 일하기 시작했죠.

처음에는 중경 청목관靑木關진의 오토바이 부품공장에서 1년간 일했어요. 임금은 많지 않았어요. 8시간 일해서 700~800위안을 받았죠. 임금이 낮아 그만두고 그 뒤로 계속 공사장에서 밥을 하고 있어요. 현재 월급은 1800위안이에요.

중경 파남巴南구의 한 마을이 제 고향이에요. 고향에는 아직 부모님이 계세요. 두 분 모두 올해 73세가 되셨죠. 연세가 있어 농사는 안 지으시고, 반찬거리만 조금 키워 드시곤 해요. 제가 맏이고, 6명의 형제자매가 있어요. 대부분 중경에서 일해요.

52세인 큰 여동생도 품팔이를 해요. 큰 매제는 구두 공장에서 일하고요. 25세 아들이 하나 있는데, 그 애는 광동에서 일해요.

큰 남동생은 47세고, 건축일이나 잡일을 해요. 제수씨는 창고 관리를 하고요. 22세 아들이 하나 있는데, 군대 제대 후 수력발전학교에서 공부를 했어요.

둘째 남동생은 공사장에서 막노동을 하고, 둘째 여동생은 고향에 있어요. 둘째 매제는 날품팔이고요. 갓 대학 졸업한 아들이 하나 있죠.

43세인 셋째 여동생도 고향에 있어요. 셋째 매제는 외지에 나가 일하는데, 옷을 만들어요. 중학생 아들이 하나 있고요.

41세인 막내 여동생은 집에서 농사를 지어요. 넷째 매제는 오토바이 부품공장에서 일해요. 열여덟 살짜리 아들이 하나 있는데, 중학교 졸업하고 외지로 나와 일하고 있어요. 그 아이도 중경의 한 오토바이 부품공장에 다녀요.

[표16] 중경시 조○○ 가족 구성표

구성원	평균 연령	인원	남성	여성	농업 종사자	품팔이	대졸 직장인	학생·유아
1세대	73	2	1	1	0	0	0	0
2세대	46	7	3	4	3	4	0	0
3세대	21	6	6	0	0	2	2	2

손복귀 집안의 '족보'

손복귀는 1968년생으로, 하남성 초작시 출신이다. 자녀는 둘인데, 18세 아들과 20세 딸 모두 북경에서 품팔이를 한다. 83세 노모는 고향에 있다. 손복귀는 2000년 이전까지 고향 근처 흑벽돌공장에서 여러 해 일했다. 그곳에서 주로 한 일은 기계 유지 보수였다. 이후에는 섬서陝西의 벽돌공장에서 수리일을 했고, 산서山西의 한 발전소와 천진의 공사장에서 일했다. 지금은 북경에서 제련製鍊일을 한다.

58세인 큰형은 이혼을 했는데, 아이는 없어요. 지금은 고향에 살아요.

둘째 형은 54세예요. 늦은 나이에 결혼했는데, 형수가 아이 3명을 데려왔죠. 큰아들은 마을 근처 벽돌공장에서 일하고, 큰며느리는 집에서 아이를 돌봐요. 딸 둘에 아들 하나를 뒀죠.

46세인 셋째 형은 아직 독신이고, 고향에서 어머니를 모시고 있어요. 농사 지어 먹고살아요.

넷째 형은 44세인데, 북경에서 경비로 일해요. 넷째 형수도 북경에 있고요. 아이가 셋인데, 19세인 큰아들은 하남성 수무修武현에서 일해요. 둘째 아들은 고등학교 2학년이고, 입양한 작은딸은 다섯 살이에요.

56세인 큰누나는 남편이랑 고향의 진에서 철물점을 해요. 아이가 셋인데, 30세인 큰딸은 고향 진에 있는 개발구의 대용大用회사에서 일해요. 사위는 하남성 신향新鄕시에서 일하고, 일곱 살 된 아들이 있어요. 27세인 큰누나의 둘째 딸은 현성에서 장사를 해요. 둘째 사위는 선원이라 반년 일하고 반년은 쉬어요. 그 아이들에겐 네 살 된 아들과 두 살짜리 딸이 있어요. 그리고 큰누나네 아들은 25세인데, 부모와 함께 현성 철물점에서 일해요. 다섯 살, 세 살 된 아들이 있죠.

둘째 누나는 51세이고, 마을에서 농사를 지어요. 매형은 산서에서 목공일을 하고요. 그 집은 아이가 넷이에요. 22세인 큰딸은 북경에서 대학을 다니고, 둘째 딸은 대학 졸업하고 북경의 건강검진센터에서 일해요. 셋째 딸은 현성에서 고등학교를 다니고, 막내아들은 초등학생이에요.

39세인 막내 여동생은 마을에서 농사를 지어요. 매제는 산서의 벽돌공장에서 불 지피는 일을 하고요. 여덟 살 아들과 여섯 살 딸이 있죠.

[표17] 하남성 손복귀 가족 구성표

구성원	평균 연령	인원	남성	여성	농업 종사자	품팔이 ·상업	대졸 직장인	학생· 유아
1세대	83	1	0	1	0	0	0	0
2세대	49	8	5	3	5	3	0	0
3세대	20	17	7	10	0	9	2	6
4세대	5	8	5	3	0	0	0	0

3) 돌봐 주는 이 없이 남겨진 노인

중국 경제는 지난 30년간 고속 발전을 해 왔다. 이러한 경제발전은 필연적으로 심각한 사회구조 변화를 가져오기 마련이다. 그리고 그 과정에서 많은 사람들, 특히 농촌의 노인들이 발전의 대가를 치르고 있다. 그들은 농업을 유지하며, 외지로 품팔이하러 나간 자식들 대신 손주를 기른다. 이제 그들은 점점 나이가 들어가는데, 누가 그들을 보살필 것인가?

농촌에 '삼팔', '육일' 부대만 남았다는 말이 유행한 적이 있다.[90] 농촌에 여성과 아이들만 남았다는 뜻이다. 하지만 지금은 청장년 여성도 얼마 남지 않고, 노인과 아이들만 남았다. 여러 마을을 조사하면서 만난 청장년이라고는 하남성 북대단촌에서 아이를 돌보며 농업에 종사하던

---

90 [역주] '삼팔'은 3월 8일 여성의날을, '육일'은 6월 1일 어린이날을 가리킨다.

중년 부인이 전부였다. 그 외 다른 청장년은 모두 외지로 나갔다.

신민진 왕명초 할아버지

2010년 11월에 신민진의 농가에서 만난 왕명초(王明超, 왕밍차오) 할아버지는 보살펴 주는 친족이나 자녀 없이 홀로 지낸다.

> 전 78세예요. 아내가 세상을 떠난 지 7년이 됐네요. 지금은 약간의 땅만 가꾸고, 대부분은 다른 사람이 재배하도록 하청을 줬어요. 자식은 셋이에요. 딸 하나에 아들 둘.
>
> 큰아들은 47세예요. 귀양에서 장사하는 사람을 돕는데, 그 가게에서 살지요. 아들에게 딸이 하나 있는데 스무 살이에요. 큰아들은 날 보러 자주 와요. 귀양에서 여기까지 차비가 편도에 50위안이에요. 그 애는 올 때마다 제게 200~300위안씩 주고 가죠.
>
> 46세인 딸은 농촌에 살아요. 손자가 올해 서남西南대학을 졸업했고요.
>
> 40세인 작은 아들은 미혼이에요. 절강浙江성에서 일한다는데, 무슨 일을 하는지는 모르겠어요. 몇 년째 전화가 없네요. 손주들이 가끔 전화해서 하는 말이, 한번은 작은 삼촌한테 할아버지 돈 좀 쥐어 드리라고 했대요. 그런데 삼촌이 자기 쓰기도 빠듯하다고 하더래요.
>
> 지금은 땅 임대료를 받아 생활해요. 제게 다섯 명 몫의 땅이 있어서 그걸 빌려주고 돈을 받죠. 우수품질농작물 보조금도 있고요. 한 묘당 500위안이니 4묘를 빌려 주면 1년에 2000위안의 수입이

생겨요.

건강은 그런대로 괜찮아요. 감기 같은 잔병만 있죠. 무슨 일이 생기면 큰아들이 오고요.

반죽촌 장○○ 할머니

2010년 9월 반죽촌의 한 작은 가게에서 장張○○ 할머니를 만났다. 그녀는 밀가루를 지고 와 국수로 바꾸고 있었다.

저는 62세예요. 해방되던 해에 태어났지요. 아들 내외는 광동에서 일해요. 아들은 벽돌 쌓는 건축일을 하고, 며느리는 전자공장에서 일해요. 손녀딸은 초등학교 4학년인데, 저와 함께 지내죠. 시집간 딸도 하나 있고요.

지금 사는 곳은 30여 년 된 진흙집이에요. 집에 딸린 네 명 몫의 논밭도 있고요. 논 2묘에 밭 2묘예요. 소는 없고, 닭 2마리를 키우죠.

아들이랑 며느리는 5년째 집에 못 오고 있어요. 올해는 올 수 있을지 모르겠네요. 예전엔 전화도 없다가 요즘은 한두 달에 한 번씩 전화는 해요.

전 위장병과 관절염이 있어서 몸이 안 좋아요. 그래도 일은 해야죠. 농사일도 해야 하고, 손녀도 돌봐야 하거든요.

홍양촌 왕진도 할아버지

왕진도 할아버지는 68세다. 아내는 2005년에 고혈압으로 인한 뇌출혈로 세상을 떠났다. 딸 둘과 아들 하나가 있으며, 모두 외지에서 품팔이를 한다. 그는 현재 생활을 이렇게 묘사했다.

예전에 노동자로 일해서 매달 300위안 정도의 보조금이 민정국民政局에서 나와요. 요즘은 세 명 몫의 땅을 재배하는데, 2~3묘 정도 될 거예요. 돼지 1마리를 키우고, 다른 가축은 없어요. 혼자 살고요.

보조금이랑 딸들이 부쳐 주는 돈으로 생활하죠. 그 돈으로 주로 화학비료, 종자, 농약 등을 사는데, 1년에 500~600위안이 들어요. 화학비료는 돈을 내면 마을까지 배달해 줘요. 예전에는 마을사람들끼리 서로 도와 일했는데, 요즘은 다들 노인만 있어서 자기 몸 챙기기도 벅차요.

아들은 광동에서 기술학교를 다녔어요. 공부를 1년 하고 바로 취직했죠. 나가 산 지 3년이 넘었는데, 이제껏 집에 온 적이 없어요. 돈을 보내지도 않고요. 두 딸은 1년에 200위안 정도 부치곤 하죠. 둘째 딸은 1993년부터 외지로 나가 일하기 시작했어요. 그 후로 10여 년 동안 두 번 집에 왔죠. 한 번은 애 엄마가 세상을 떠났을 때였고, 또 한 번은 지난달에 진에 집을 사느라 왔어요. 둘째 딸은 설 쇠고 나면 제가 광동으로 가길 바라고 있어요. 더는 농사짓지 말라고 하더군요. 아직 결정하지 못했어요. 그런데 광동에 가든 안 가든 앞으로 농사는 더 못 지을 것 같아요. 나이도 많이 들었고요. 논밭도 몇 뙈기 안 되고 게다가 한데 모여 있지도 않아서 너무 고되거든요.

4) 사람 없는 빈집

하남, 귀주, 사천, 중경의 여러 마을에서 빈집들을 흔히 볼 수 있다. 사람이 떠난 빈집은 흉물스레 변했고, 가끔씩 들여다보는 사람이 있어도 많이 파손된 모습이다. 새로 지은 집들도 있지만, 자물쇠가 채워져 있거나 노인과 아이들만 살고 있다.

쥐들의 소굴

설숙란(薛淑蘭, 쉐수란)은 1975년생으로, 하남성 초작시 출신이다. 그녀의 남편은 세상을 떠났고, 지금은 중학생이 된 아들과 함께 북경에서 산다. 남편이 세상을 떠난 후로 그녀는 고향에 가는 일이 거의 없다. 슬픈 기억과 말 많은 곳으로부터 멀리 떠나고 싶기 때문이다.

고향집에는 안채 두 칸, 동쪽 방 두 칸, 곁방 두 칸으로 방이 아주 많아요. 2009년에 고향에 지진이 났어요. 고향집 대들보에 원래 균열이 있어서 틈이 더 벌어졌죠. 집이 무너질까봐 삼촌에게 손을 봐달라고 했어요. 친정 부모님이 거기서 그리 멀지 않은 곳에 사세요. 전동차로 20여 분 거리에요. 한번은 부모님이 제 집에 가 보니 뜰 안에 풀이 무성하고, 대문을 열자마자 족제비가 나오더래요. 사람이 살지 않으니 엉망이 됐다고 하시더라고요. 집안엔 쥐들이 소파 밑에 소굴을 만들었고요. 엄마가 이대로 안 되겠다며 관리를 해야겠다고 하셨어요. 그래서 요즘은 며칠에 한 번은 가 보세요. 2010년 설에도 집안 청소를 싹 해놓으셨대요. 그렇게 해 주시니 근심이 좀 사라졌죠.

수도관이 터지고, 곰팡이가 피고

1968년생인 손복귀는 하남성 초작시 출신으로, 중학교를 졸업했다. 그에게는 18세 아들과 20세 딸이 있다. 부부와 딸은 모두 북경에서 품팔이를 하고, 아들은 북경에서 일하다 최근 고향으로 돌아갔다.

그는 중학교 졸업 후 누나가 운영하는 철물점에서 견습을 하고, 집 근처 벽돌 가마에서 기계 수리를 했다. 2000년 이후로는 외지에 나가 품팔이를 한다. 그간 섬서의 벽돌공장, 산서의 발전소, 천진의 공사장 등에서 일했다. 지금은 북경에서 제련일을 한다.

2010년 8월 손복귀와 함께 그의 고향인 하남성 북대단촌을 방문했다. 가는 길은 순조로웠으나 그의 집 마당에 들어서니 마당의 수도관이 터져 온통 물바다였다. 집안에는 곰팡이 냄새가 진동했고, 소파에도 곰팡이가 뒤덮여 앉을 수조차 없었다. 하는 수 없이 연로하신 그의 어머니 집으로 가 이야기를 나눌 수밖에 없었다.

> 1999년에 고향에 집을 지었어요. 형들 집은 부모님이 지어 주셨는데, 제 집은 스스로 지었죠. 제 운명이 그런가 봐요. 계속 스스로 꾸려나갈 수밖에 없는 그런 운명이요.
>
> 우리 마을엔 택지가 매우 적어서 승인이 그리 쉽게 떨어지지 않아요. 땅 한 뙈기라도 있어야 나중에 집을 지을 수 있잖아요. 이거라도 없음 어디에 집을 짓겠어요. 집 사는 것도 쉽지 않고요. 택지 신청을 6년이나 했는데 계속 승인이 안 났어요. 우리 조의 조장이 서명을 안 해서요. 이후에 지금 이 택지를 제가 먼저 차지했죠.
>
> 요즘은 농촌에 집을 지으려면 10만 위안 정도 들어요. 제 친구 중

하나가 "이렇게 쓰느니 시내 가서 집 사는 게 낫겠다"고 하더라고요. 저도 고민을 많이 했어요. 농촌에 꼭 집을 지어야 하나, 외지에 사는데 고향에 집을 지으면 뭐하나. 그래도 귀착점이 한 군데는 필요하겠죠. 우리 마을사람 중 하나가 흥청망청 쓰다가 고향집을 팔아 버렸는데, 늙으면 어디서 살겠어요? 다시 집을 사는 건 그리 쉽지 않거든요.

앞으로 도시에 있을지 아니면 고향으로 돌아갈지 생각해 봤어요. 만약 도시가 우리를 받아 준다면 도시에 살 거예요. 그렇지 않다면 고향으로 돌아갈 수밖에 없겠죠. 그래도 고향에선 생활이 보장되고, 토지도 있으니까요.

3. 무너지는 농업 생태계

노인이 경영하는 농업은 '저물어가는 농업'일 수밖에 없다. 많은 노인이 농사일을 하지만, 힘이 마음을 따라주지 못한다. 거름을 멜 힘이 없어 거름 주는 것을 포기하고, 유채를 심을 힘이 없어 아예 심지 않는다. 하지만 하남성의 사례는 농업 수입과 품팔이 노동 수입의 큰 격차 역시 농업의 와해를 야기한 원인 중 하나라는 사실을 알려준다. 즉, 가족 중 누군가의 품팔이 수입으로 생계를 유지할 수 있다면, 농업에 종사하는 가족 구성원은 지속 가능한 농업 발전을 위해 많은 힘을 쏟을 필요가 없어진다는 것이다. 이로 인해 하남성의 경우 화학비료를 대량으로 사용하고, 거름을 사용하지 않으며, 작물 품종이 단일하고, 더는 목축업에 종사하지 않는 등의 현상이 나타난다.

더는 돼지를 기르지 않는다 - 하남성 북대단촌의 상황

2010년 8월 북대단촌을 찾았다. 이곳에는 400여 가구 1800여 명이 산다. 외지에 나가 품팔이를 하는 이가 300여 명, 부근에서 품팔이를 하는 이가 300여 명이다. 농가에서 인터뷰를 하던 중 돼지 몇 마리를 키우는지 물었는데, 놀랍게도 이곳에는 돼지를 키우는 집이 드물었다. 돼지를 키우지 않는다는 것은 거름을 사용하지 않는다는 것을 의미한다. 이처럼 단일 작물을 재배하고 거름을 사용하지 않는 농업 생태계는 매우 취약할 수밖에 없다.

해운(海雲, 하이윈)은 42세이며, 초등학교를 졸업했다. 그녀는 농사를 지으며 집안을 돌본다. 40세인 남편은 중학교를 졸업했으며, 외지에서 건축공으로 일한다. 시아버지는 63세이며, 그녀의 큰아들은 중학교 1학년까지만 다니고 지금은 북경에서 건축일을 한다. 14세인 작은아들은 진에서 중학교를 다닌다.

> 저희 집에는 땅 5묘가 있어서 옥수수, 밀, 그리고 약간의 땅콩을 심어요. 채소도 안 심고, 가축도 안 키워요. 예전에는 돼지를 키웠는데, 10여 마리를 키우다가 나중엔 7~8마리로 줄었어요. 지금은 사료도 비싸고, 다 키워도 팔기 어려워서 안 키우죠. 농지는 모두 저 혼자서 가꿔요. 밀은 기계로 수확하고, 옥수수는 제가 따고요. 심을 때는 기계를 쓸 때도 있고, 사람이 할 때도 있어요. 옥수수는 모두 내다 팔고, 밀은 집에서 먹어요. 쌀과 채소는 사다 먹고요.

손복귀의 둘째 형은 현재 상황을 다음과 같이 말했다.

옥수수와 밀을 심고, 다른 작물은 안 심어요. 옥수수를 수확하고 나면 밀을 심는 식으로, 1년에 두 가지 작물을 번갈아 수확하죠. 옥수수는 모두 파종기로 심어요. 가축은 안 키우고요. 8년 전엔 돼지를 키웠어요. 그런데 적게 키우면 아무것도 안 남고, 많이 키우면 병에 걸리기 쉬워서 이젠 안 키우죠.

더는 거름을 쓰지 않는다 - 귀주성 혜민촌의 상황

예전에는 농촌에서 여러 가지 용도로 돼지를 키웠다. 돼지를 잡아 설을 쇠기도 하고, 배설물로 퇴비를 만들었으며, 집안 수입의 원천이 되기도 했다. 하남성 북대단촌 농가들은 이제 돼지를 거의 기르지 않지만, 사천성과 귀주성에서는 많은 농가가 여전히 돼지를 기른다. 하지만 그들은 더 이상 설에 돼지를 잡거나 배설물로 거름을 만들지 않는다. 농민들은 화학비료를 쓰면 땅이 약해진다는 것을 알지만, 농촌에 남은 이들이 거의 노인이라 어쩔 수가 없다.

왕문현(王文賢, 왕원셴) 부부는 58세이며, 초등학교를 중퇴했다. 큰아들은 37세로, 중학교 졸업 후 10년간 품팔이로 살다가 지금은 진에서 장사를 한다. 딸은 30세로, 동관에서 일한다. 부부는 2010년 땅 3묘에 옥수수와 고구마를, 땅 0.8묘에 고추를, 1.2묘에는 조를 심었다.

올해는 유채를 안 심었어요. 이제 나이가 들어 못 하겠더라고요. 거름 멜 힘도 없어서 지금은 화학비료를 써서 농사를 지어요. 화학비료를 쓰고 나면 토질이 떨어지는 게 보이지만, 힘이 없으니 방법이 없죠.

195

가까스로 유지되는 농업 - 중경시 홍양촌의 상황

하남, 사천, 중경, 귀주에서는 농업에 종사하는 농민의 나이가 매우 많았다. 40세 이하의 농민은 거의 찾아볼 수 없었으며, 70세가 넘었음에도 농사를 짓는 노인들이 적지 않았다.

농촌에서 손주를 돌보며 농사를 짓는 노인들의 이야기를 들어봤다.

> 지금은 제가 논을 안 가꿔요. 허리가 심하게 아파서 다른 사람에게 빌려줬죠. 그렇다고 그 사람이 작물을 나눠 주는 것도 아니에요. 저는 밭농사만 조금 하는데, 주로 옥수수(1년에 1000근), 감자(1000여 근), 고구마(3000근), 황두(몇 십 근)를 심죠. 수확한 작물은 모두 우리가 먹거나 돼지에게 먹여요. 작년에는 유채를 심었는데, 90여 근 되는 유채 씨를 수확해 30여 근 정도 기름을 짰어요. 그런데 올해는 너무 지쳐서 못 심었어요. 작년부터 다른 사람에게 논을 빌려줬으니, 지금 먹는 쌀은 예전에 재배한 것들이에요. 닭 몇 마리와 오리 두 마리를 길렀는데, 돈이 없어서 오리를 한 마리에 25위안 받고 팔았어요. 그런데 갑자기 손자가 병이 나서 그 돈으로 약을 지어 줬죠.
>
> 저녁까지 온종일 밭에서 일하고, 점심에 잠깐 집에 와서 밥을 먹어요. 비 오는 날에도 우비를 입고 밭에서 일하곤 해요. 보통 음력 5월이 농번기고, 6~7월에는 감자, 9~10월에는 고구마를 수확해요. 지금은 약간의 황두를 수확하고요. 겨울에는 별 다른 일이 없어요. 올해는 집에서 한갓지게 지냈어요. 일찌감치 모두 거둬 놨거든요. 몸이 아프지만 않으면 이 정도 농사일은 정말 별 거 아니에요.

남편이 집에 있을 때는 그이가 하도 늦장을 부려서 자주 부딪혔죠.

－송금영(54세)

오늘(2010년 11월 21일)은 종일 밭에서 황두를 수확하느라 날이 어두워져서야 겨우 밥을 먹네요.

저희는 4명 몫의 땅에 농사를 지어요. 구체적으로 얼마나 되는지는 모르겠어요. 도로를 건설한다고 땅을 많이 떼어 갔는데, 어떤 보상도 없었죠. 멀리 있는 땅은 모두 황폐해졌어요. 논이 1~2묘, 밭이 4묘 안팎 될 거예요. 수확한 것 중 우리가 먹을 걸 빼고 파는데, 그 돈으로 살기엔 턱없이 부족해요. 돼지 키우는 데에도 밑천이 필요하죠. 돼지 몇 마리에 1000위안 정도 필요하거든요. 돈 쓸 데가 끝이 없어요. 집에서 심은 유채로 직접 기름을 짜서 쓰는데, 올해는 너무 힘들어서 유채를 심은 사람이 거의 없어요. 밥할 때는 나무를 때도 되지만, 나이가 많아서 장작 패는 게 힘에 부치네요. 겨울에 난방하려면 연탄도 필요한데, 1년에 1000여 위안이 들어요. 나이가 들어 그런지 병치레가 잦아 한 달에 200위안 정도 들고요. 지난번엔 이빨이 아파서 60~70위안을 썼죠.

－왕진해(69세)

4. 토지제도

중국인에게 경작지는 매우 중요하다. 모두 곡식과 고기를 먹으며 살아가기 때문이다. 품팔이에게 농촌의 땅은 다른 의미에서 중요하다. 그들이 도시에서 안착할 방법이 없기 때문이다. 품팔이는 명목상의 땅을 포기할 수 없지만, 사실상 이미 농업을 포기했다.

무한 호북湖北 농촌에서 촌장을 지낸 노동자 친구 육陸○○과 이야기를 나눴다.

> 반드시 토지 집체 소유를 유지해야 합니다. 여기엔 두 가지 이유가 있어요. 하나는, 심각한 빈부격차를 방지할 수 있기 때문이에요. 또 하나는, 토지를 집체 소유해야만 인구 변화에 따라 토지를 조정해 공평하고 합리적인 사용을 보장할 수 있기 때문이죠.
> 농촌의 토지는 앞으로 규모의 경영만이 살 길입니다. 하지만 절대 자본가가 토지를 사게 해선 안 돼요. 하지만 아무도 모르죠. 어느 날 제가 고향에 돌아가 지주 밑에서 품을 팔고 있을지.

하남성 북대단촌은 5년마다 한 번씩 토지를 조정하는데, 2009년 조사한 마을 가운데 유일하게 정기적으로 토지 조정을 하는 곳이었다. 귀주 신민촌은 1979년 농가별 생산책임제 이후 토지를 조정한 적이 없다. 이는 1980년 이후 태어난 이들은 토지가 없다는 말이다. 사천 반죽촌은 10년 전(2000년)에 토지를 한 번 조정했는데, 이는 2000년 이후에 태어난 사람은 토지가 없다는 말이다. 중경시 평탄촌은 1996년 10월 이후 토지를 조정한 적이 없으니 1996년 이후에 태어난 이들은 토지가 없다. 이는 많은 품팔이가 고향에 집이 있다고 해서 반드시 토지를 가지고 있는 것은 아니라는 사실을 말해 준다. 농촌에 살지만 농사를 짓지 않으며, 향진의 취업시장 또한 매우 협소하다. 품팔이가 언젠가 자신이 지어 놓은 '양로원'으로 돌아간다 하더라도 그때는 노동 능력을 완전히 잃은 후일 것이다. 현재 1980년대생의 부모들은 아직 노동 능력이 있어서 농촌에서 살아갈 수 있고, 손주도 돌봐 줄 수 있다. 하지만 머지않아 이들의 상황은 달라질 것이다. 이들이 노동 능력을 상실했을 때 과연 누가 이들을 돌볼 것인가?

평탄촌에서 생태농장을 운영하는 주(株)○○을 만났다. 그녀는 농민들에게 토지를 일부 빌려 유기농업 기술을 연구한 후 농민들이 이에 가담하도록 이끌 생각이다. 그녀는 중경시에서 온 고객들에게 유기농 채소와 기타 농산품을 주문받는 일을 책임지고 있는데, 2010년 현재 이미 20여 명의 고객 주문으로 공급이 수요를 따라가지 못하는 상황이다. 또, 기술 연구, 농가 참여 및 농가 관리의 어려움을 해결하기 위해선 농촌 전문가가 절실하다. 그래서 그녀는 모두의 신임을 받고 있는 전 소대장(小隊長)이 농장 관리를 맡아줄 수 있는지 섭외 중이라고 했다.

농촌과 농업 발전이 넘어야 할 산은 매우 거대하다. 주○○의 도전이나 기타 혁신 모델이 장래성이 있을지는 상당 부분 농촌 토지제도의 안배에 달려 있다. 다음은 몇몇 마을의 토지제도 현황을 살펴본 것이다.

하남성 초작시 무척현 사기영진 북대단촌

북대단촌은 5년마다 한 번씩 토지를 조정하며, 2010년에도 토지 조정을 시행했다. 외지에 나가 품팔이를 하는 가구 중 일부는 토지를 마을사람에게 임대해 주며, 임대료는 일반적으로 1묘당 300위안 안팎이다. 전체 촌 소조의 촌민 명단에 오른 사람만 토지 조정에서 토지를 분급받을 수 있으며, 호적 인구에 근거해 토지 조정을 하므로 외지에 나가 품팔이를 하는 사람도 토지를 분급받을 권리를 가진다.

2010년 6월 북경에서 품팔이를 하는 설숙란을 만나 이야기를 나눴다. 그녀는 자신의 고향인 북대단촌의 토지 분급 상황을 들려줬다.

우리 마을은 5년에 한 번씩 토지를 조정하는데, 우리 집엔 3명 반 몫의 토지가 있어요. 우리 식구 3명에 시아버지 반 명 몫이지요. 다른 반쪽은 아주버님한테 있어요. 저는 집에 없으니 다른 사람에게 경작하라고 땅을 빌려줬어요. 임대료는 적어도 누군가 가꾸기만 하면 된다고 생각했죠. 한번은 이웃집에서 1묘에 320위안을 준다기에 그러라고 했는데 다른 집에서 이러쿵저러쿵 말이 많아 무산됐어요. 나중에 먼 친척이 빌려 달라고 해서 시세보다 낮은 280위안에 빌려주고, 그 후에는 시누이에게 빌려줬어요. 올해 토지 조정이 있을 텐데, 그러면 우리 모자 2명 몫의 땅만 남을 거예요. 원래 한 사람당 1.2묘를 줬는데, 이번엔 얼마나 될지 모르겠네요. 아마 1묘를 주지 않을까 싶어요. 올해 고향에 가면 시누이에게 알려 줘야죠. 관리해 주는 사람이 있음 그걸로 됐어요.

귀주성 준의현 신민진 혜민촌

2010년 11월 혜민촌을 찾았다. 이곳은 1979년 농가별 생산책임제 시행 이후 토지를 조정한 적이 없다. 많은 농민이 담뱃잎이나 채소를 재배하는 대농가에 토지를 빌려준다. 2010년 토지 임대료는 1묘에 500위안이다.

진선수(秦先秀, 친셴슈)와 만나 토지 조정에 관한 이야기를 나눴다. 진선수와 그녀의 남편은 모두 55세로, 아들 둘과 딸 하나가 있다. 자식들은 모두 가정을 이뤄 자녀가 있다. 둘째 며느리만 집에서 아이들을 돌보며, 다른 가족들은 모두 외지에 나가 품팔이를 한다.

> 저희 집엔 각각 3묘 조금 넘는 논밭이 있어요. 큰아들과 딸은 땅이 있고, 작은아들은 땅이 없어요. 1979년에 토지를 분급한 이후에는 조정한 적이 없거든요. 아버님이 마을 간부라 저 혼자서 땅 일부만 경작해요. 나머지 땅 중 일부는 임대하고, 일부는 이웃에게 그냥 줘요. 올해는 2묘를 다른 사람에게 빌려주고, 1묘에 500위안을 받았어요. 그 사람은 대파를 심었죠. 여긴 물 대기가 불편해 땅이 안 좋아요. 그래서 올해는 2묘의 논에 옥수수를 심었어요.

사천성 인수현 감자진 반죽촌

2010년 9월 반죽촌에 갔는데, 이곳은 10년 전(2000년)에 한 번 토지를 조정했다. 이 마을에서는 평균적으로 1인당 반 묘의 논밭을 가진다. 돈을 내고 땅을 빌리려는 사람이 없기 때문에 다른 이에게 빌려줘도 대가를 받을 순 없다.

이 마을 지도자는 진에 살고, 조장도 마을 인근의 한 벽돌공장에서 일한다. 그들을 만나지 못해 조장의 아내를 만나 이야기를 나눴다. 그녀는 소조의 토지가 30년 전에 분급한 것이라고 했다. 그 후 10년 전에 한 번 토지를 조정했는데, 그때 모두 바뀌었다고 한다.

중경시 장수구 홍호진 평탄촌

평탄촌에서는 황폐해진 토지를 많이 볼 수 있었다. 이곳 또한 땅을 빌리려는 사람이 없어 다른 이에게 빌려줘도 대가를 받을 수 없다. 마을사람들은 1인당 0.6묘의 논과 0.4묘의 밭을 가진다. 1981년 농가별 생산책임제 시행 후 '사람이 태어나면 더하고, 죽은 사람이 생기면 줄이는' 방식으로 토지를 조정해 왔으나 1996년 10월 30일 이후로는 토지를 다시 조정한 적이 없다.

5. 기반시설

하남, 귀주, 사천, 중경의 몇몇 마을 상황은 다음과 같다. 촌급 이상의 도로는 크게 개선됐으나 마을 내 도로는 여전히 움푹 패여 있고 질퍽거린다. 이들 마을은 모두 농촌 전력망 개선으로 전기 사용이 원활하지만, 관개수와 음용수 현황은 매우 열악하다. 많은 지역이 건기에 단수가 되며, 음용수의 위생 역시 보장할 수 없다. 이를 개선하기 위해 어떤 마을은 저수조 건설을 시작했다.

도시에 사는 사람이 도시와 시골의 격차와 불공평함에 대해 생각해본 적이 있을까? 도시의 교통은 매우 발달해 있지만, 과연 이 도로를 닦는 데 노동력을 요구받은 도시인이 있을까? 도시에 사는 어느 한 사람이라도 도로 건설에 돈을 내라는 요구를 받은 이가 있을까? 그러나 농촌 사람들은 스스로 돈을 모아 도로를 건설하는 일이 매우 마땅하고 당연한 것처럼 여긴다.

봉절현의 한 마을 지도자는 다음과 같이 말했다.

현재 국가는 물, 전기, 교통 등의 인프라에 많은 걸 투자하고 있어요. 시골에는 이런 시설이 없어서 많은 사람이 도시나 지방 소도시로 가고 싶어 했죠. 이 부분이 해결되면 시골에 사는 것도 나쁘지 않다고 생각할 거예요.

중경시 봉절현 청룡진 홍양촌
―관개수와 음용수

왕개정(王開正, 왕카이정) 부부는 61세로, 그들에겐 아들 하나와 딸 하나가 있다. 아들은 마을 간부로 일하고, 딸은 동관에서 분식점을 운영한다. 노부부는 현재 6~7명 몫의 땅을 경작하면서 손주 둘을 돌본다. 외손녀는 두 살이고, 중학생인 외손자는 평소엔 기숙사에서 지내다가 주말이면 집에 온다.

왕개정, 왕진도와 마을의 관개수 및 음용수 시설에 관한 이야기를 나눴다.

집에 논이 있는데, 직접 경작하진 않아요. 물이 없어서요. 예전에는 이웃 마을에서 물을 구해 왔는데 그것 때문에 다투곤 했어요. 그래서 이제는 아예 밭만 경작해요.

마시는 물의 저수조는 알아서 마련해야 해요. 보통 집집마다 하나씩 저수조를 만들어요. 저수조 하나 마련하는 데 2000~3000위안이 들죠. 앞으로 마을 전체에 큰 저수조 하나를 만든다는데, 비용이 몇 십만 위안이나 든대요. 국가에서 얼마간 보조할 테지만, 우리도 돈을 내야 할 거예요. ―왕개정

마시는 물은 위에 있는 도랑에서 집까지 수도관을 연결해 받아요.

사실 이 물도 아주 더러워요. 발전소에서 흘려보낸 물이거든요. 예전에는 집 옆에 둑이 있었는데, 둑 위에 돼지우리가 생기고 나서는 물이 더럽고 역해져서 이젠 안 마셔요. 지금 정수장 지을 준비를 하고 있다는데, 돈을 또 내야 할 거예요. -왕진도

-전기

겨울이면 정전이 되곤 했어요. 요즘은 어쩌다 점검 수리할 때만 정전이 돼요. 작년(2009년)에 마을의 전신주와 전선을 모두 새것으로 교체하는 농촌 전력망 개조 공사를 했어요. 국가에서 비용을 많이 투자했고, 우리도 집집마다 200위안을 냈죠. -왕개정

예전엔 겨울만 되면 자주 정전되곤 했는데, 요즘은 점검할 때 빼곤 정전되는 경우가 거의 없어요. -왕진도

전기 시설은 모두 국가 지원으로 설치했고, 전기료는 공전소에서 걷어 가요. -마을 지도자

-도로

올해 마을에 도로를 내는데, 한 사람당 100위안씩 냈어요. -왕진도
마을의 도로 중 일부는 국토국 지원으로 건설한 거예요. 처음에는 담뱃잎 재배에 도움이 되라고 시작한 거였죠. 그런데 연초국에서 이곳의 담뱃잎이 기준 미달이라고 계획을 취소하는 바람에 공사가 마무리되지 못했어요. 나머지는 마을사람들이 돈을 모아 건설했

죠. 하지만 지금도 4만여 위안이 부족해요. -마을 지도자

-연료

밥할 때 보통 연탄을 때요. 장작을 때도 되지만, 땔감을 하러 갈 시간이 없어서요. 게다가 이제 나이가 들어서 장작을 팰 수도 없어요. 연탄에만 1년에 2000~3000위안이 들어요. -왕개정

귀주성 준의현 신민진 혜민촌
-관개수와 음용수

물은 산에서 내려와요. 한 개 저수조에 수도관을 연결해 집집으로 보내는데, 매년 두세 달은 물이 부족해요. 비가 제대로 안 오면 산에 있는 물이 말라서 물이 없어요. 그렇게 가뭄일 때는 강에서 물을 길어 올려야 해요. 기계 하나로 물을 산 위까지 끌어올리고, 다시 저수조 안으로 끌어올려 집집마다 보급하는 거예요. 올해는 2~3일간 단수가 됐어요. 평소엔 산에 있는 물이나 우물이 모두 봉해져 있어서 수질이 깨끗해요. 물이 부족한 두세 달은 수질이 매우 떨어지죠. 강이 너무 멀어서 강에서 올리는 물은 배수구를 통과해야 하거든요. 한 시간도 넘는 거리에 강이 있어요. 뭐, 눈에 안 보이니 모른 체하며 마시는 거죠. 그 물에서 오리도 키우고, 거위도 키워요. 강물을 길어 올려 주로 관개에 쓰는데, 가뭄에는 이 물을 마시는 거죠. 기계가 고장이라도 나면 우물에 가서 길어 오는 수밖에 없어요.

가뭄에 물을 길어 올려서 이득을 보는 건 주로 우리 조예요. 다른

조는 사람을 고용하는데, 우리 조는 직접 기계를 관리하거든요. 대신 우리가 기계를 지키고 있어야 해서 집집마다 열흘에서 보름씩 나눠 맡아요. 예전에 관리를 소홀히 했다가 변압기를 도둑맞은 적이 있어요. 당시 1년에 1000위안 정도 주고 기계 지키는 사람을 고용했는데, 그 사람이 그날 기계를 안 보고 집에서 일을 했대요. 언제 도둑맞았는지도 모르더군요. 책임은 묻지 않고 우리가 돈을 모아 다시 기계를 마련했죠. 물을 길어 올릴 때 비용이 1시간에 48위안이에요. 물 긷는 비용에 인건비, 그리고 유지 보수에 드는 돈을 더한 가격이죠. 물을 쓰는 집이 돈을 내요. 논을 경작하지 않는 집은 물을 길어 올릴 일이 없죠. 여기에 저수조를 두고 열 가구 정도가 이 물을 마셔요. 물값은 다 같이 분담하고요.

저희 집엔 논밭이 각각 3묘씩 있어요. 그런데 물이 없어서 땅이 안 좋아요. 올해도 논에 벼는 못 심고, 옥수수만 조금 심었어요. -진선수

마을에 관개소가 5개 있어요. 관개와 인수引水를 책임지는 곳이죠. 가장 큰 관개소가 우리 조에 있는 거예요. 부속 시설은 국가연초회사 투자로 건설했죠. 현재 관개소의 재산권은 이미 촌민조로 위임됐어요. 관개 면적이 500묘인데, 처음에는 마을에서 재산권을 관리하다가 그럴 여력이 없어져서 촌민조에 위임해 관리하도록 했어요. 현재 전권이 촌민조에 있고, 마을은 일부 업무에 협조하는 정도예요. 매년 가뭄 때는 반드시 마을의 협조가 필요하거든요. 만약 큰 문제가 생기면 상급 주관 부서에 개선해 달라고 요청해야 해요. 올해(2010년) 상반기 귀주에 몇 십 년 만에 가뭄이 들었어요. 마을 상

급 부서에는 가뭄 대처 지원금이 있어요. 기계 크기와 관리 범위에 따라 지원금이 책정되죠. 만약 불이라도 나서 대형 기계에 문제가 생기면 수리비가 만 위안이 넘어요. 우리 같은 서민은 감당할 수 없죠. 마을이 상급 주관 부서에 보고하고, 유지 보수 지원금을 받는 일을 맡아 줘야 해요. ―마을 지도자

―도로

우리 촌민소조에는 60가구가 있어요. 마을사람 중 60%가 외지로 나갔고, 30~40대는 모두 외지에서 품팔이를 해요. 농촌은 요 몇 년 새 큰 발전이 없어요. 변화가 있긴 하죠. 도로에 원래 차가 없었는데, 지금은 차가 다닐 수 있게 됐어요. 좋아진 건 이것뿐이에요. 이 길이 마을 입구까지 깔린 지 6~7년 정도 됐어요. 우리 마을의 노동력으로 이룬 거죠. 하지만 이 도로는 비가 안 올 땐 괜찮은데, 비가 오면 차들이 다니지 못해요. ―왕문현

6. 농촌의 기층 조직

농촌에는 촌민자치의 법률이 있지만, 실행할 여건은 매우 부족하다. 촌민소조라는 조직 체계에는 촌민자치부터 행정 관리까지 모두가 결여되어 있다. 극히 드문 지역에서 촌민소조의 소대장이 자신의 역할을 하는 것을 볼 수 있었지만, 그 역할이 단지 유지와 전달 정도였으며, 조직적이고 건설적인 경우는 매우 드물었다.

북대단촌에서는 주택을 지을 때 높이에 대한 규제나 관리가 이루어지지 않는다. 그 결과 모두가 앞다퉈 지반과 건물 높이를 올려 많은 문제를

초래했다. 농경지의 흙으로 지반을 다져 토양 유실을 야기했고, 관개와 기계 경작에 어려움을 가져왔다. 또한, 배수시설이 없어 지반이 낮은 집으로 물이 흘러 지반이 손상된다.

진영정(陳永正, 천융정)은 중경시 장수구 홍호진 평탄촌 5조에서 여러 해 동안 소대장을 맡았다. 그의 아내와 결혼한 자녀들은 모두 중경에 나가 일한다. 하지만 그는 마을을 떠나는 것이 못내 아쉽다. 마을로 통하는 시멘트 도로는 그와 마을사람들이 10년에 걸쳐 노력한 끝에 준공된 것이다. 또, 그는 촌민소조 각 가구 구성원을 모두 알고 지낸다. 145가구 가운데 누가 외지로 나가 품을 파는지, 누가 어디서 일하는지, 누구 집에 아이가 몇인지 등을 모두 머릿속에 담아 두고 있다. 이처럼 농촌에는 그 지역 출신의 책임감 있고 애정이 충만한 리더가 필요하다. 하지만 결국 그는 고향을 떠날 수밖에 없었다.

하남성 초작시 무척현 사기영진 북대단촌

2010년 8월 북대단촌을 찾았지만, 이 마을 지도자와는 직접 만나지 못했다. 마을 주민들과의 교류를 통해 느낀 점은 마을 관리와 통솔이 되지 않고 있다는 것이다. 그 주된 이유는 마을사람이 집을 지을 때 주택의 높이를 앞다투어 올려도 문제를 제기하는 사람이 아무도 없기 때문이다. 한 마을 주민은 이렇게 말했다.

요즘 집을 지을 때 누구든 다른 집보다 더 높게 지으려고 해요. 지반이 올라가면 물이 배출되지 못해서 다른 집을 훼손하게 되죠. 어쩔 수 없어요. 이웃집이 모두 그렇게 지으니까요. 마을엔 이 문제에 관여하는 사람이 없어요.

　마을의 한 퇴직 교사에게 인근 마을도 북대단촌과 같은 상황인지 물었는데, 마을마다 다르다고 했다. 그는 북대단촌에서 멀지 않은 수무현 환봉^{郵封}진 소문안^{小文案}촌을 소개했다. 그곳에선 과거 대집체 시절 촌 관리의 효과가 남아 있는 것을 볼 수 있다고 했다.

　소문안촌에서 9년차 마을 간부를 만났다. 이 마을에는 1000여 가구 4300여 명이 산다. 예전에는 없다가 최근 몇 년 새 외지에서 일하는 사람들이 생겼다. 2010년 외지로 나간 품팔이는 130여 명인 것으로 추정된다. 소문안촌이 인상적인 이유는 다음의 두 가지 때문이다. 하나는, 주택이 매우 잘 구획되어 모두 줄지어 늘어서 있다는 것이다. 지반이나 집의 높낮이가 들쭉날쭉하지도 않았다. 또 하나는, 길과 집 앞뒤마다 배수 시설이 있다는 것이다. 비록 오래돼 보이긴 하나 여전히 제 기능을 하고 있었다.

　소문안촌 지도자는 마을의 집들이 가지런한 이유를 다음과 같이 말했다.

　　문화혁명이 종결되던 시기에 우리 마을은 한창 전성기였어요. 그때 우리 마을이 신농촌을 건설한 지 벌써 28년이 됐네요. 우리 집이 바로 28년 전에 지은 거예요. 당시 전 하남성에서 최초로 신농촌을 건설한 마을에 가서 학습을 했어요. 모택동 사상도 배워 왔죠. 그리고 신농촌 건설을 시작했어요. 오래된 집과 빈집들을 모두 이용할 수 있도록 하고, 질서정연하게 개조했죠.

우리 마을사람들은 비교적 교양 있는 편이에요. 우리에겐 엄격한 규정과 구체적인 척도가 있죠. 집의 높이와 양식 모두에 기준이 있어요.

사람을 관리하기는 그나마 쉬워요. 만일 규칙을 지키지 않는 사람이 있으면, 모두 그 사람을 손가락질하고 질책하죠. 그래도 어쨌거나 농촌은 농촌이에요. 도시와는 잣대가 다르죠. 농촌 사람들이 도시 사람들만큼 교양 있진 않아서 여러 가지 문제가 생기기 마련이에요.

중경시 장수구 홍호진 평탄촌

2010년 9월 진영정 소대장과 함께 몇몇 농가를 방문했다. 평탄촌에는 987가구 3026명이 산다. 그중 1340여 명이 외지로 나가 일한다. 경지 면적은 2500묘이며, 평균적으로 1인당 0.8묘 조금 넘는 땅이 주어진다. 절반이 넘는 아이가 외지로 일하러 간 부모와 떨어져 집에 남겨졌고, 300~400명은 부모를 따라 외지로 나갔다. 평탄촌 5조에는 145가구 449명이 살며, 그중 229명이 외지로 나가 일한다. 이곳에는 논 303묘, 밭 186.5묘가 있다. 63명의 아이가 부모와 함께 외지에 있으며, 38명의 아이가 집에 남아 있다.

마을에서 시내로 통하는 도로를 만드는 데 일등공신이었던 진 소대장은 다음과 같이 말했다.

마을에서 시내로 통하는 길은 10년이 걸려서야 완성됐어요. 1999년 도로 공사를 시작해서 차가 다닐 수 있는 돌길이 완성된 게

2001년이에요. 하지만 그 뒤로 8년간 그대로 있었죠. 그 후 2009년에 시멘트 길로 바꾸는 공사를 시작하고, 마침내 2010년에 시멘트 길이 됐죠. 만약 이 두 해에 도로를 정비하지 않았다면, 전 아마 도시로 갔을 거예요. 아들이 혼자서 시골에 머무는 걸 원치 않거든요.

진 소대장은 또한 촌민회의 조직에도 뛰어난 능력과 책임감을 보였다. 요즘 농촌에서 촌민회를 조직하기란 매우 어렵고, 대부분 그저 형식적일 뿐이다.

저는 소대장으로, 제 임무는 상부의 정책을 전하고 홍보하는 거예요. 회의를 열어 대중에게 정책을 설명하고 이해시켜 정부를 지지하도록 하죠. 가장 최근 회의는 2010년 8월 16일 가구 대표자회의였어요. 중경 발전에 관한 중경 서기의 지시를 전달하고, 농촌 양로보험을 홍보하기 위해서였죠. 이 회의에 74명이 참가했는데, 제가 공책에 참가 명단을 적어 놨어요. 집집마다 찾아다니며 회의 참가를 독려했죠. 보통 농가 한 곳을 정해 거기서 회의를 해요. 실내에서 할 때도 있고, 바깥에서 할 때도 있어요.

올해는 네 번 회의를 했어요. 그 회의에서 농민들을 지원할 일이 있으면 설명도 해 주고 그래요. 가령, 어제는 수돗물을 먹게 해 주면 좋겠다는 의견이 나왔어요. 현재 상수도 시설을 갖춘 집은 자기 스스로 마련한 거예요. 그래서 통합 상수도를 마련하기 위해 바로 음용수 공사를 시작할 계획이에요. 진 정부에서 사람을 파견할 거고요.

진 소대장의 아내와 아들딸은 모두 중경시에서 일한다. 자녀들은 아버지가 홀로 고향에 남아 있는 게 싫어 도시로 오길 바라지만, 그는 줄곧 망설이는 중이다.

저도 외지로 나가 일하는 게 어떨까 생각 중이에요. 하지만 지금은 마을 임원들 임기가 다 끝나가고, 곡물도 말려야 하는 시기예요. 도시로 간다 해도 곡물이나 돼지를 팔아야 움직일 수 있어요. 마을에 일할 사람이 없는 건 아닌데, 만일 조직에서 제가 계속 이 일을 하길 원한다면 계속 해야죠.

그 후 2011년 3월에 진 소대장의 소식을 들을 수 있었다. 그는 마을 간부 교체 때 소대장직을 고사한 뒤 도시로 떠났다가 최근 다시 고향으로 돌아왔다고 한다. 그리고 유기농업 책임자로 일할 것인지 고민 중이다.

7. 시골 양아치

아래는 동료 왕사성(王思成, 왕쓰청)이 들려준 이야기다. 이는 2012년 설 전후에 그가 겪은 실화다. 다소 극단적인 사례지만, 시골에서 무위도식하는 청년 문제를 잘 보여준다.

제 고향은 호적 인구가 1550명인 호남성의 한 마을이에요. 부모님은 올해 57세가 되셨고, 아버지는 1989년부터 외지에 나가 품을 팔았어요. 저는 1986년생이고, 중등전문학교 졸업 후 2004년에 외지로 나가 일하기 시작해서 지금까지 계속하고 있어요. 1990년생인 남동생도 외지에서 일하고요. 저는 외지에 나온 이후로 집에 가는 일이 드물어요. 올해(2012년 1월) 설에 집에 갔는데, 3년 만에 간 거죠.

제 고향은 요족獠族 자치현에 속하는 곳이에요. 현지 정부가 이 지역을 요족마을로 조성하려고 2008년부터 철도와 도로 건설을 포함한 각종 프로젝트를 시작했어요. 예전에 돈이 없을 땐 촌민위원회도 괜찮았어요. 그런데 도로 공사에 돈이 나오기 시작하니까 촌민위원회가 부패하기 시작했죠. 마을에 젊은 패거리가 모여 '범죄조직'을 만든 거나 마찬가지예요. 그중 서른 몇 살 된 양아치가 별별 수단을 다 써서 우리 촌의 서기가 됐어요. 이 패거리가 돈을 구하는 경로는 공사 자금이랑 마을사람에게 걷는 돈이죠.

제 기억으로 우리 마을은 돈을 걷는 일이 매우 드물었어요. 어릴 때 집집마다 몇 푼씩 걷은 게 고작이죠. 그런데 이 패거리가 촌민위원회를 잡은 후부터 각종 모금 활동이 시작됐어요. 2008년 설에 마을에서 돈을 걷어 외부 극단을 초청해 전통극 공연을 했는데, 예산 공개 때 보니 거기서 남은 돈이 2만 위안 정도였어요. 그런데 이 돈을 촌민위원회가 마작판에서 다 써 버렸어요. 그 후로도 매년 이런저런 이유를 대며 마을사람에게 돈을 걷곤 했죠.

2011년에 이 양아치들이 마작판에서 돈을 잃고 높은 이자의 사채를 빌렸어요. 게다가 다른 마을사람들과 싸움을 벌여 몇 명이나 칼로 찔러 중상을 입혔어요. 원래는 붙잡혀 가야 하는데, 이 패거리가 그 지역 공안국公安局[91] 사람과도 결탁돼 있어서 무사했죠.

그해 10월에 이 일당이 집집마다 상수도 건설을 해야 한다며 500 위안씩 내라고 통보했어요. 외지에서 일하는 사람한테는 전화로 통보했는데, 제게도 전화가 왔죠. 제가 돌아가지 못한다고 했더니 벌금 1500위안을 내라고 하더라고요. 촌민위원회 일당 중 하나가 제 사촌형이에요. 그 사람 덕분에 벌금은 면했는데, 결국 이번 설에 집에 가서 500위안을 내야 했죠. 돈을 안 내면 집의 전기선을 끊겠다고 했어요.

그런데 이 패거리에게 상해를 입은 피해자들이 우선 9만 위안을 배상해야 합의하겠다고 했나 봐요. 마을사람들은 나중에야 이 사실을 알게 됐죠. 상수도를 짓겠다며 걷은 돈이 사실은 합의금이었어요. 비록 500위안씩 걷은 돈이 상수도 공사를 위한 게 아니었지만, 사람들은 그래도 사건이 잘 수습된 거면 괜찮다고 생각했어요. 하지만 결국 이 돈이 상해사건 수습에 쓰이지 않고, 마작으로 진 사채를 갚는 데 쓰였다는 게 밝혀졌어요.

이번 설(2012년 1월)에 또 이 패거리가 젊은 사람들에게 돈을 걷었어요. 미혼인 젊은이에게 300위안씩 걷었는데, 우리 형제도 냈죠.

최근에(2012년 2월) 상부에서 도로 건설 지원금으로 80만 위안이 나왔어요. 그런데 이 돈으로는 도로 전 구간을 건설하는 데 부족하니 각자 100위안씩 분담해야 한대요. 그 후 촌민위원회 최종 토론을 거치더니 1명당 120위안을 내는 걸로 바뀌었어요. 문제는 다른

---

91 [역주] 중국의 사법기관 중 국가의 치안 보위 및 수사를 담당하는 공안기관에 속한 조직. 한국의 경찰청에 해당한다.

마을에선 도로를 건설할 때 마을사람에게 돈 걷을 필요가 전혀 없다는 거예요.

올해 설에는 많은 젊은이가 고향에 왔지만, 설만 지내고 바로 가 버렸어요. 부모님들도 "별일 없으면 어서 가거라. 마을에 있을 필요가 없다"라고 말해요. 하지만 그 패거리는 거기 없는 사람이라도 돈 걷을 명단에 이름을 올릴 거예요.

제8장

집이 있어도 돌아가지 못하는 사람들

상당수 품팔이가 고향에 집을 짓거나 고향 근처에 집을 샀다. 하지만 그들은 고향집으로 돌아갈 수 없기 때문에 내 집에 산다는 것이 어떤 느낌인지 모른다. 그 원인은 다음과 같다. 우선, 농업 수입이 매우 보잘것없어 가계의 기본적인 지출조차 감당할 도리가 없다. 두 번째로, 집을 짓거나 사기 위해 앞으로 10여 년간 벌어야 할 돈을 당겨쓰기 때문에 계속 일을 할 수밖에 없다. 세 번째로, 그들의 삶은 사장이 통제한다. 그들에게는 고향집에 갈 수 있는 휴가가 없다. 잠깐이나마 집에 돌아가는 것도 그들에게는 힘든 일이다.

1. 보잘것없는 농업 수입

몇몇 농가의 농업 수입 현황을 살펴본 결과, 이 수준으로는 품팔이가 고향에 집을 지었다 해도 안착하기 어렵다. 품팔이의 수입도 많지 않지만, 농민의 수입은 이보다 훨씬 적다. 수입이 가장 낮은 사례인 사천성의 한 농민 부부와 품팔이의 수입을 비교하면(2009년 9월 인력자원과 사회보장부에서 발표한 통계에 따르면, 품팔이의 월 평균 수입은 1417위안이다), 사천성 농민 2명의 연간 농업 수입이 품팔이 1명의 월수입 절반에도 못 미친다. 또한, 사천성 농민 1명의 월수입은 광동성 품팔이 월수입의 2%에 불과하다. 수입이 가장 높은 하남성 농민의 월수입은 광동성 품팔이의 절반이다.

하남성 초작시 무척현 북대단촌 두 가구의 상황은 다음과 같다. 한 가구의 경우, 4묘 남짓한 밭의 연간 순수입이 5758위안이니, 1묘당 연간 순수입이 1440위안이다. 다른 한 가구는 6묘 밭의 연간 순수입이 9290위안이니, 1묘당 연간 순수입이 1548위안이다. 북대단촌에서는 농업을 책임지는 이들이 모두 여성이다. 남편은 외지에 나가 품을 팔며, 대다수가 건축일을 한다. 하남성은 다른 지역처럼 노인들만 남아 농사를 짓는 것이 아니라 부부 중 하나가 남아 농사를 짓기 때문에 비교적 수입이 높은 편이다. 하지만 생계를 꾸리기에는 여전히 부족해 1명은 외지에 나가 일해야만 한다.

사천성 인수현 감자진 반죽촌의 한 가구는 2묘 남짓한 논밭의 연간 순수입이 1650위안이니, 1묘당 연간 순수입이 825위안이다. 다른 한 가구의 6묘 남짓한 논밭의 연간 순수입은 고작 540위안이며, 1묘당 연간 순수입은 90위안이다.

중경시 장수구 홍호진 평탄촌의 상황은 다음과 같다. 한 가구가 3묘 남짓한 논밭에서 내는 연간 순수입이 810위안이니, 1묘당 연간 순수입이 270위안이다. 다른 한 가구는 4묘 남짓한 논밭에서 연간 순수입 1754위안을 내니, 1묘당 연간 순수입이 439위안이다. 이 가구의 수입이 더 높은 것은 돼지를 기르기 때문인데, 이를 함께 산출해야 농업 시스템의 실제 상황을 반영할 수 있다.

귀주성 준의현 신민진 혜민촌의 한 가구는 밭 7.5묘와 돼지 3마리로 연간 8280위안의 순수입을 얻으니, 밭 1묘당 연간 순수입은 1104위안이다. 다른 한 가구는 밭 5묘와 돼지 3마리로 연간 2270위안의 순수입을 얻으니, 밭 1묘당 연간 순수입은 454위안이다.

사천성과 중경시, 귀주성의 상황을 보면, 보잘것없는 농업 수입으로 노인들이 생계를 유지하고 있다. 이번 조사로 알게 된 것은, 아직 노동 능력이 있는 부모에게 외지에 나간 자녀가 돈을 보내는 일이 거의 없다는 것이다. 자녀들이 돈을 부치는 경우는 부모가 자신의 아이를 양육하는 경우다.

1) 하남성 초작시 무척현 북대단촌

북대단촌에는 400여 가구 1800명이 살며, 외지에 나간 품팔이가 300여 명이다. 집집마다 1명씩은 외지에 나가 산다. 마을 전체 경지 면적은 2200묘이며, 한 사람당 겨우 1묘의 밭이 주어진다. 이곳은 대평원이며, 농작물의 품종은 옥수수와 밀이다. 작물 생산량은 매우 좋아서 1묘의 밭에서 한 가지 작물당 1100근 안팎을 생산할 수 있다.

[표18] 북대단촌 이월청 가구의 농사 비용.[92]

4묘 밭		
내용	밀	옥수수
화학비료	400위안	400위안
관개(3회)	180위안	180위안
제초제	12위안	20위안

농약	60위안	50위안
생장조절제		20위안
종자	200위안	110위안
기계 수확	200위안	
기계 탈곡		10위안
기계 경작		320위안
총 투입	1052위안	1110위안
산출	1100근/묘	1100근*4묘=4400근
판매 가격	0.9위안/근	0.9위안/근
용도	판매: 3000근 자급: 1000여 근	전부 판매
총 수입	3960위안	3960위안
밭 4묘의 연간 순수입	2908위안	2850위안
1묘당 일모작 작물 순수입	727위안	713위안
1묘당 이모작 작물 순수입	1440위안	

[표19] 북대단촌 손복귀 둘째 형 가구의 농사 비용

6묘 논밭		
내용	밀	옥수수
화학비료	400위안	300위안
농약	40위안	40위안
관개	80위안	70위안

92 이 표의 비용은 논밭과 양돈을 묶어 산출한 것이다. 이는 농민의 생활 습관을 따른 것으로, 농민이 물건을 살 때 장부에 일일이 적지 않고 합계만 적어 놓는 경우가 많기 때문이다. 또, 이러한 산출 방식이 농민의 실제 상황을 잘 반영할 수 있다.

밀 수확	100위안	
써레질		480위안
총 투입	620위안	890위안
수확	1000근×6묘=6000근	1000근×6묘=6000근
판매 가격	0.9위안/근	0.9위안/근
총 수입	5400위안	5400위안
총 순수입	4780위안	4510위안
1묘당 일모작 작물 순수입	797위안	752위안
1묘당 이모작 작물 순수입	1548위안	

2) 사천성 인수현 감자진 반죽촌

반죽촌 4조에는 80여 가구 300여 명이 산다. 이 중 3분의 1이 외지에 나가 일하는데, 대부분 광동에 있고 나머지는 귀주나 중경에 있다. 마을 인근에는 벽돌공장이 하나 있으며, 그곳에서 80여 명이 일한다. 여름에 운영되는 삼밧줄 공장에서 일하는 사람도 있다.

56세인 주일(朱一, 주이)은 아들 둘, 딸 하나가 있다. 그의 노모는 80세로 아직 건강하다. 두 아들은 모두 결혼했으며, 둘째 아들은 얼마 전 아들을 얻었다. 집에는 6명 몫의 논밭이 있는데, 각각 3묘 남짓의 논밭이 여기저기에 흩어져 있다.

저희 논밭은 모두 다른 사람에게 빌려줬어요. 아무나 와서 경작하면 되죠. 임대료도 안 받아요. 임대료 대신 받는 곡물도 없고요. 돈을 받는다고 하면 아무도 빌리지 않을 걸요. 일은 많은데 돈이 안 되니까요. 그래도 이 땅에 농사를 짓는 사람은 손해 보진 않아요. 땅 1묘에 벼 1000근을 수확할 수 있으니, 1묘에서 600~700위안을 벌 수 있죠.

주이(朱二, 주얼)는 53세로, 네 명의 자녀가 있다. 맏이는 중경에서 학생을 가르치고, 둘째는 현에서 보험을 판매하며, 셋째는 신강新疆에서 일하고, 넷째는 현성에서 임시공으로 일한다. 그만 홀로 집에서 농사를 짓는데, 2묘 남짓 되는 땅만 경작한다.

[표20] 반죽촌 주이 가구의 농사 비용

1묘 반 논과 1묘 2할 밭			
내용	벼	옥수수	벼와 옥수수
소 대여	90위안		
농약			90위안
화학비료			80위안
종자			130위안
총 투입	390위안		
수확	1200근	1200근	
용도	소량 판매	대부분 판매	
판매 가격	0.9위안/근	0.8위안/근	
총 수입			2040위안
총 순수입			1650위안
논밭 1묘당 순수입			611위안

구仇○○은 61세, 그의 아내는 56세다. 부부에게는 딸 둘, 아들 둘이

있으며, 네 자녀 모두 외지에서 일한다. 집에 6명 몫의 땅이 있는데, 각각 3묘 남짓의 논밭이다. 즉, 1명당 반 묘씩의 논밭이 주어질 뿐이다.

표를 보면, 구○○의 생산량이 주이에 비해 현저히 낮다는 것을 알 수 있다. 구○○이 키우던 옥수수가 재해를 입어 거의 수확하지 못했기 때문이다. 이를 통해 농업 생산의 불확실성을 알 수 있다. 주이 또한 1묘당 연간 순수입이 600여 위안에 불과한데, 구○○은 1묘당 연간 순수입이 겨우 90위안이다.

[표21] 반죽촌 구○○ 가구의 농사 비용

3묘 논과 3묘 밭			
내용	옥수수 3묘	벼 3묘	합계
종자			300위안
화학비료			1800위안
제초제			60위안
총 투입			2160위안
산출	금년에는 재해를 입어 수확이 없음	3000여 근	
용도		2000근 판매, 1000여 근 자급	
판매 가격		0.9위안／근	
총 수입		2700위안	
총 순수입			540위안
논밭 1묘당 순수입			90위안

3) 중경시 장수구 홍호진 평탄촌

평탄촌에는 987가구 3026명이 산다. 그중 외지로 나간 사람은 1340여 명이다. 경지 면적은 2500묘로, 1인당 0.8묘 정도의 경지가 주어진다. 절반이 넘는 아이가 외지로 떠난 부모에 의해 고향에 남겨져 조부모의 보살핌을 받는다. 부모를 따라 외지로 나간 아이도 300~400명이다.

이 중 평탄촌 5조에는 145가구 449명이 살며, 229명이 외지에서 일한다. 이곳의 경지 면적은 논 303묘, 밭 186.5묘다. 63명의 아이가 부모를 따라 외지에 가 있으며, 38명의 아이는 집에 남아 있다.

여余○○은 65세, 그의 아내는 58세다. 그들은 아들 하나와 딸 하나를 두고 있다. 아들은 37세로, 중경시에서 차 수리를 한다. 딸은 30세로, 중경시의 한 슈퍼마켓에서 일한다. 아들에게는 두 딸이 있는데, 이들은 현재 노부부가 돌보고 있다. 여○○은 중경시의 한 강철회사의 퇴직 노동자다. 노부부는 현재 고향집의 땅을 경작한다.

[표22] 평탄촌 여○○ 가구의 농사 비용

2묘 남짓한 논과 1묘 남짓한 밭					
내용	벼	옥수수	땅콩	대두	벼, 옥수수 등 작물 합계
종자					220위안
화학비료					1200위안
비닐하우스					30위안
밭갈이 소	150위안				
제초제					30위안

총 투입	1630위안				
산출	2000근	예전에는 1000근 이상 거뒀지만, 올해는 펑 때문에 300근만 수확			
용도	절반은 자급, 절반은 판매		소량은 자급, 100근 판매	80근 판매	
판매 가격	1위안/근		3.5위안/근	약1위안/근	
수입	2000위안		350위안	90위안	
총 수입	2440위안				
총 순수입	810위안				
1묘 논밭의 순수입	270위안				

두춘효(杜春孝, 두춘샤오)는 74세, 그의 아내는 70세다. 부부에게는 딸 셋과 아들 하나가 있다. 큰딸은 중경시의 한 오리농장에서 일하고, 둘째 딸은 시골에 있으며, 셋째 딸은 복주福州의 의류공장에서 일한다. 아들은 손재주가 있어 석조일을 하며 도처로 떠돈다. 노부부는 다섯 살 된 손녀를 돌보며 밭일을 한다.

[표23] 평탄촌 두춘효 가구의 농축산 비용

논 2묘, 밭 2묘, 돼지 1마리			
내용	벼	옥수수, 고구마	벼와 옥수수
종자			46위안
화학비료			250위안
비닐하우스			
밭갈이 소	60위안		
농약, 제초제			0
관개	10위안		
돼지 사료		500위안	
총 투입	866위안		
산출	1800근	돼지 1마리 판매 1000위안	
용도	모두 자급	모두 돼지 먹이로 사용	
판매 가격	0.9위안		
총수입	2620위안		
총 순수입	1754위안		
논밭 1묘당 순수입	439위안		

4) 귀주성 준의현 신민진 혜민촌

혜민촌에는 765가구 3200명이 사는데, 그중 850명이 외지에 나가 일한다. 17개의 촌민소조가 있고, 4500묘의 경작지 중 논이 2000여 묘다. 현재 마을에는 노인과 아이들만 남았으며, 젊은이들은 모두 외지에서 일한다.

호군(胡君, 후쥔)은 40대로 고등학교를 졸업했고, 그의 아내는 초등학교를 다 마치지 못 했다. 이들이 현재 사는 집은 1962년에 지은 것으로, 50년이 다 되어 간다. 1988년생인 아들은 동관에서 일한다. 부부는 7~8묘의 논밭을 직접 경작한다. 돼지 7마리와 소 2마리도 키웠는데, 2010년 6000위안에 돼지 3마리, 2700위안에 소 1마리를 팔았다. 호군은 산에서 난초를 재배하고, 꽃이 피면 장터에 팔기도 한다. 2010년 난초를 팔아 번 수입은 총 2000~3000위안이다.

[표24] 혜민촌 호군 가구의 농축산 비용

논밭 7~8묘, 돼지 3마리			
내용	옥수수 3~4묘, 약간의 황두, 고구마 0.7~0.8묘	고추 1~2묘	벼 약 1묘
비료, 농약, 종자 등을 포함한 모든 투입	1500위안		
돼지 사료(3마리)	1500위안		
새끼 돼지 구입(3마리)	600위안		
총 투입	3600위안		
산출	돼지 3마리 판매 6000위안	600근	1200근
용도	모두 돼지 먹이로 사용	판매	자급
판매 가격		8위안/근	0.9위안/근
총 수입	11880위안		
총 순수입	8280위안		
논밭 1묘당 순수입	1104위안		

왕문현 부부는 2009년에 480위안을 주고 탈곡기 두 대를 샀다. 그들이 5묘의 논밭과 돼지 3마리에 투입하는 비용은 다음과 같다.

[표25] 혜민촌 왕문현 가구의 농축산 비용

논밭 5묘, 돼지 3마리			
내용	옥수수 3묘에 사이짓기로 고구마를 심음	고추 0.8묘	곡식 1.2묘
종자, 화학비료, 농약, 관개, 모내기, 농기구 구매 등	2000위안		
산출	돼지 3마리를 2000위안에 판매	170근	자급
판매 가격		7위안/근	0.9위안/근
총 수입	4270위안		
순수입	2270위안		
논밭 1묘당 순수입	454위안		

2. 집으로 돌아갈 수 없다

품팔이는 도시에서 정착할 방법이 없기 때문에 도시에서 오랫동안 일하면서도 농촌의 집을 자신의 '집'으로 여긴다. 하지만 장기간 외지 생활로 이미 그들의 관념과 생활방식이 변했다. 일부는 실제로 자신이 지은 고향집에 돌아가지만, 그곳 생활에 적응하지 못한다. 그들이 '집에 가지 못하는' 원인은 여러 가지다. 그들은 자신의 품을 팔아야 생계를 유지할 수 있고, 집을 짓기 위해 돈을 벌어야 하며, 휴가가 없기 때문이다. 하지만 더 중요한 원인은 그들이 고향에 돌아가는 것을 원하지 않게 되었다는 것이다.

1) 일하지 않으면 '빈 둥지空巢的家'를 살 수 없다

이번에 살펴볼 가구는 진짜 '공소가정空巢家庭'[93]으로, 고향집에 사람이 한 명도 살지 않는다. 부부와 아들 세 식구는 모두 외지에 나가 산다. 부부는 고향에 언제 돌아갈 수 있을지 모르고, 20대인 아들은 아예 돌아가려 하지 않는다. 하지만 그토록 먼 곳에 사 놓은 '빈 둥지'가 그들의 유일한 집이다. 고향에 집을 사기 위해 염명염(冉明豔, 란밍옌) 가족은 약 2만 위안을 들였고, 이때 진 빚을 갚기 위해 외지에서 품을 팔아야만 한다. 몇 년 후면 빚을 갚을 수 있을 테지만, 과연 그들이 집으로 돌아갈 수 있을까? 고향으로 돌아간다 해도 무엇을 할 수 있을까? 하지만 "계속 여기 머물진 않을 거예요. 이곳은 집값이 너무 비싸 살 수가 없거든요. 그러니 고향으로 돌아가야겠죠"라는 염명염의 말대로라면 아마 언젠가는 고향으로 가야 할 것이다.

염명염의 고향은 중경시 봉절현 홍양촌이다. 40세인 그녀는 학교에 다닌 적이 없다. 남편은 46세로, 4년간 학교에 다녔다. 부부에게는 1991년생 아들이 하나 있고, 세 식구는 현재 동관에 산다.

남편이 1994년부터 줄곧 탄광에서 일했으니 11년 가까이 했죠. 2004년에 탄광이 도산해서야 그만뒀어요. 그러다 2007년에 강소

---

[93] [역주] 공소空巢는 '빈 새 둥지'라는 뜻으로, 자녀가 일이나 학업을 위해 외지로 나가고 집에 노인 홀로 남은 현상을 말한다. 저자는 본문에서 소개한 가구에 노인조차 없기 때문에 '진짜 공소가정'이라 표현했다.

로 가서 집 철거하는 일을 했어요. 집 사면서 빌린 돈을 갚으려면 외지에서 돈을 벌어야만 해요. 그래서 작년에 동관으로 왔어요. 남편은 한 달에 1300~1400위안을 버는데, 먼지가 너무 심해서 출근할 때 마스크와 귀마개를 써야 해요. 남편은 밖에서 일하고, 저는 집에서 부업을 하죠.

전 몸이 계속 안 좋았어요. 아이 낳고서 생긴 병이에요. 지금은 오래 앉아 있거나 서 있지도 못하고, 잠을 오래 자지도 못하죠. 그래서 공장에선 일을 못하고 집에서 부업을 해요. 식구들 밥도 해주고요. 얼마 벌진 못해요. 휴대폰 장식품을 만드는데, 하루에 2000개를 만들어야 겨우 14위안이에요. 한 달에 500~600위안 정도 벌어요.

2004년에 고향에 집을 사느라 2만 위안을 썼죠. 예전 집은 단칸방이었는데, 정말이지 계속 살진 못하겠더라고요. 새로 산 집은 지은 지 얼마 안 된 거예요. 집을 판 사람도 집 지을 때 진 빚 때문에 우리한테 판 거죠. 그 집 인테리어하는 데 1만6000위안이 또 들었죠. 지금은 집 산 걸 후회해요. 거기에 아무도 살지 않아 그냥 자물쇠로 잠가 놓았거든요. 아직도 1~2만 위안의 빚이 남았어요. 저축해 둔 1만7000여 위안 가운데 아들 교육비에 7000위안이 들었고, 남은 1만 위안은 강소에서 제 수술비로 써 버렸죠.

2) 집에 갈 시간도, 돈도 없다

대다수의 품팔이가 휴가가 없어 집에 가지 못한다. 휴가가 있다 해도 집이 너무 멀고 교통비가 비싸면 가지 않는다. 아래 이야기는 세 노동자의 각각 다른 상황을 보여 준다.

남남이 다 됐어요

해란(海蘭, 하이란)의 고향은 하남성 초작시 무척현 북대단촌이다. 42세인 그녀는 초등학교를 졸업했고, 40세인 남편은 고등학교를 졸업했다. 이들에게는 세 자녀가 있다. 큰아들은 고등학교를 졸업하고 재수 중이며, 열 살인 둘째 아들은 학교에 다닌다. 얼마 전에는 세 살 된 딸을 입양했다.

> 우리는 1990년에 결혼했어요. 남편은 결혼하자마자 품팔이를 시작했는데, 처음에는 초작에서 건축일을 했어요. 초작은 집에서 가까워 반년에 한 번씩 집에 왔죠. 결혼하고 4년째 되던 해에 우리는 돼지를 키웠는데 손해만 봤어요. 그 후 도예일도 해봤지만, 또 밑지고 말았죠. 할 수 없이 남편이 다시 외지에 나가 건축일을 했는데, 그만 다리를 잘리는 사고를 당한 거예요. 그래서 마을 인근 신향의 한 식당에서 설거지를 하다가 돈이 안 돼서 다시 건축일을 하러 섬서에 갈 수밖에 없었어요. 거기 있을 때는 시간이 날 때마다 집에 왔어요. 그 후 동북으로 가 몇 년 있었는데, 거긴 상황이 전혀 달랐죠. 설날에나 한 번 집에 올 수 있었거든요. 지금 그이는 석가장石家莊에서 일하는데, 올해는 아예 집에 온 적이 없어요. 전화를 해도 어떨 땐 몇 마디하곤 바로 끊어요. 둘이 얼굴 보는 시간이 너무 적어서 남남이 다 됐죠. 이젠 같이 있어도 말을 안 해요.

병든 할아버지도 돌보지 못해요

중경 출신인 24세 조항평은 현재 북경의 한 공익단체에서 일한다. 그는 집안에서 하나뿐인 자식이다.

아버지가 중경의 한 공사장에서 요리사로 일해요. 월급은 1800위안이죠. 쉬는 날도 없고, 휴가를 낼 수도 없어요. 그래서 집에서 갈등이 있었어요. 할아버지가 갑자기 큰 병에 걸려 수술을 해야 하는데, 장남인 아버지가 집에 가 보지도 않았어요. 휴가를 못 내서요. 휴가를 신청하면 바로 잘리거든요. 중요한 게 돈이냐, 가정이냐고 아버지께 따져 물었죠. 지금은 그리 궁하지도 않거든요. 제 교육비나 생활비가 들어가는 것도 아니고요. 사실 아버지는 병든 식구를 위해 반드시 돈을 벌어야 했던 거예요.

10년이 넘도록 엄마를 못 만났어요

중경시 제령촌 출신인 진만현은 고향에 못 간 지 10년이 넘었다. 그녀는 20세가 되던 해에 외지로 나와 품을 팔기 시작했다.

고향집이 너무 외져서 얼마 전 고향 읍내에 집을 샀어요. 읍내까지 걸어가려면 몇 시간이 걸리고, 이것저것 다 불편했거든요. 그런데 집 살 때 한 번 가 본 게 전부예요. 언제쯤이면 이렇게 외지에서 일하지 않아도 될지 잘 모르겠어요. 지금은 뭐라 말할 수가 없네요. 저희 엄마는 저를 외지로 시집보내기 싫어서 집 떠나 일하지 못하게 했어요. 우리 집에서 가까이 사는 상대와 결혼하고서야 외지로 나갈 수 있게 해 줬죠. 그런데 집에 계속 못 가서 엄마 얼굴을 10년이나 못 봤어요. 올해 겨우 만날 수 있었죠. 요즘은 교통비가 너무 비싸요. 돈을 아껴야 하니 가끔씩만 집에 가려고요. 결혼한 지 벌써 13년이 됐는데, 설 지내러 두 번 집에 갔던 게 전부에요.

3) 돌아가지 않을 내 집

인터뷰한 사람들 중 다수가 일하지 못할 나이가 되면 고향으로 돌아가게 될 것이라 여겼다. 어떤 노동자들은 고향에 집을 지어 두긴 했지만 돌아가기 싫다고 했는데, 이미 도시 생활에 적응했기 때문이다.

이제 집에 가면 낯설어요

호남성 주주株洲시 출신인 진약수가 자신의 이야기를 들려줬다.

우리 가족은 다섯이에요. 부모님은 고향에 계시고, 다섯 살 위인 누나는 초등학교 중퇴 후 심천으로 가 품팔이를 시작했죠. 세 살 위 형은 중등전문학교에서 건축 설계를 전공했어요. 졸업 후 외지로 나왔는데, 학교를 나왔어도 공장 생산라인에서 일해요. 신입공부터 시작했죠.

부모님은 고향에서 농사를 지어요. 우리 집엔 6명 몫인 약 6묘의 땅이 있어요. 산 위나 강가 모래밭을 개간해 채소나 땅콩, 고구마, 옥수수 등을 심어요. 정확히 땅이 어느 정도 되는지는 모르겠어요. 이리저리 한 뙈기씩 흩어져 있거든요.

저는 제1고등학교에 합격하지 못했어요. 그 학교는 우리 현에서 가장 좋은 학교였거든요. 농업학교엔 합격했지만 안 다녔어요. 누나랑 입학 등록하러 갔는데, 학교가 너무 허름한 거예요. 게다가 부모님도 그 학교에 다니는 건 돈 낭비라고 반대했고요. 비싼 돈 들여 중등전문학교를 2년이나 다녔는데도 형이 잘 된 건 아니니까요.

저는 1997년에 외지로 나가 지금까지 줄곧 일했어요. 그동안 일자리를 열 번 넘게 바꿨죠. 가장 짧게 일한 게 반나절, 가장 오래 일한 게 3년이에요. 광주, 번우番馬, 동관, 심천에서 일했죠. 식당에서 종업원도 해 보고, 여행가방공장, 완구공장, 운동기구공장에서도 일하고, 경비원도 해 보고, 콩나물 장사도 해 봤어요.

제 고향은 호남성과 강서江西성이 인접하는 지점에 있는데, 비교적 외진 곳이에요. 집에 가려면 우선 종착역인 고향의 현성으로 가서 진까지 70분 정도 차를 타야 해요. 거기도 종착역이에요. 진에 도착하면 40분 정도 걸어야 우리가 사는 산촌이죠.

2002년에 새집을 지었어요. 인테리어는 나중에 한 거고요. 집 지을 때 5만 위안 넘게 들었는데, 부모님이 일부 보태 주시고 대부분 제가 번 돈이에요. 그리고 인테리어 비용으로 1만 위안 정도 더 들었죠. 작년(2009년)까지 계속 공사를 했어요. 집 뒤에 주방 하나 짓고, 정원에 담 두르는 데에만 대략 6000위안이 들었죠. 수세식 화장실도 지었어요. 수돗물은 산에서 받아요. 진짜 자연수죠. 관 하나를 산에서부터 대어 놓으면 수위가 높아서 압력이 생겨 물이 저절로 내려와요. 양수기를 쓸 필요도 없어요.

외지에 있으니 처음 몇 년은 집이 정말 그리웠어요. 하지만 지금은 그런 게 없어졌죠. 오히려 이젠 외지에서 떠도는 게 익숙해요. 전 이미 횡강을 제2의 고향으로 삼았어요. 거기서 머문 시간이 정말 길거든요. 1997년에 집을 떠나 품팔이 생활을 시작한 지 12~13년째인데, 횡강에서 지낸 세월이 거의 7~8년이에요. 이제 길 하나하나 모두 훤하죠. 거기 가면 고향에 간 것 같은 기분이에요. 고향집에 가면 오히려 낯설죠. 거기선 주로 텔레비전을 보거나 이웃사람을 만나요. 집안 식구들과는 서먹서먹하거든요. 어른들이랑 있음 무슨 말을 해야 할지도 모르겠고, 인사치레로 몇 마디 나누고 말아요.

4) 돌아갈 집이 없다

〈품팔이 주거 현황과 미래 발전 조사〉에 따르면, 북경 피촌의 1세대 품팔이 중 73%가 고향에 자기 집을 가진 반면, 신세대 품팔이는 37%만이 고향에 자기 집이 있다.

동관 전신전자에는 34명의 노동자가 일하며, 평균 연령은 30세다. 가장 나이가 많은 사람이 38세, 가장 적은 사람이 22세다. 이 중 24명이 1980년대생이고, 평균 연령은 28세다. 이들 가운데 13명(54%)이 고향에 집을 지었거나 샀는데, 신세대 품팔이 중에서는 높은 비율이다. 그나마 1990년대 태어난 사람이 없고, 모두 30세에 가까운 연령이기 때문이다. 즉, 많은 품팔이가 도시에서 가정을 꾸릴 수 없고, 고향에도 '빈 둥지' 하나 없어 결국 돌아갈 집이 없다. 어느 쪽이 더 서러울까? '집을 가졌으나 돌아가지 못하는' 쪽일까, 아니면 '돌아갈 집이 없는' 쪽일까?

집이 무너져 버렸어요

중경 출신인 염석봉의 고향집에는 아버지, 의붓어머니, 여동생이 산다. 2010년 9월 중경에서 일하는 염석봉을 만났다.

고등학교 1학년 때 고모집에 살았는데, 고모가 싫은 소리를 해서 반항심에 학교를 관뒀어요. 그러고는 나와서 바로 일을 시작했죠. 3년 동안 직장을 일곱 번 옮겼어요. 가장 짧게 일한 건 휴대폰 판매를 하루 한 거예요. 가장 길게 한 건 1년이고요.

집이 가난해서 아버지가 돈을 구하러 다니곤 했어요. 월급도 적은데다 돌아가신 어머니가 투병을 오래 하셨거든요. 설상가상으로 1998년엔 집이 무너져 버렸어요. 한 칸 남짓한 집인데, 아직도 벽이 기울어져 있죠. 고칠 돈이 없거든요. 그래서 집에 갈 때마다 삼촌집에서 지내요.

제9장
농촌의 아이들

앞에서 살펴본 바와 같이 외지에서 일하는 부모와 함께 사는 아이를 '유동 아동', 농촌의 고향집에 남겨진 아이를 '잔류 아동'이라 편의상 구분한다.

외지에서 일하는 노동자에게 "이토록 고달픈 품팔이 생활에 희망이랄 것이 있나요?"라고 물으면 그들은 이렇게 대답하곤 한다. "돈을 많이 벌어서 자식 뒷바라지하는 거죠. 자식들은 우리처럼 힘들지 않았으면 좋겠어요." 그들의 고된 품팔이 생활은 자녀를 위해서다. 그러나 여러 가지 요인과 제한으로 자녀를 곁에 데리고 있을 수 없어 많은 아이가 고향에 남아야 한다. 부모는 천륜의 즐거움을 누리지 못하고, 자녀는 부모의 애정 어린 보살핌과 제대로 된 교육을 누리지 못한다. 잔류 아동이 생긴 원인은 첫째, 품팔이 가정의 수입이 낮아 아이를 데리고 있을 경제적 조건이 못 돼서다. 둘째, 노동 시간이 길어 아이를 돌볼 시간이 없기 때문이다. 셋째, 지역적으로 할당된 입학 및 진학 규정 때문에 외지에서 학교를 다니는 데 제약이 있다.

젊은 노동자 중 많은 이들이 한때 잔류 아동이었다. 1980~1990년대에 태어나 농촌에서 자란 청년들 중에는 그곳에 남아 농업에 종사하는 이가 거의 없다. 즉, 농촌은 잔류 아동이 떠나게 될 곳이다. 부모를 만나지 못하는 아이들의 이야기가 서럽고, 아이를 돌보는 노인들의 사연이 슬프고, 아이를 만나지 못하는 부모들의 호소가 쓰리고, 잔류 아동이 공부하는 학교의 열악함이 마음 아프다. 이렇게 아픈 이야기들은 우리에게 무엇을 말해 줄 수 있을까?

1. 잔류 아동의 수

2005년 〈전국 1% 인구 표본 추출 조사〉에 따르면,[94] 중국 농촌에 있는 만 0~17세 잔류 아동이 약 5800만 명이며, 그중 만 14세 이하인 잔류 아동은 약 4000만 명인 것으로 추산된다. 전체 농촌 아동 중 잔류 아동의 비율은 28.29%로, 평균적으로 농촌 아동 4명 중 1명 이상이 잔류 아동인 것이다.

촌·향·진의 학교 및 농촌 지역공동체에 관한 조사에 따르면, 지역마다 잔류 아동의 상황이 다르다. 어느 지역에서는 약 3분의 1의 아이가 고향집에 남겨졌고, 어느 지역에서는 80%의 아이가 남겨졌다. 몇몇 마을의 잔류 아동 상황을 살펴보자.

충칭시 봉절현 청룽진 홍양촌

2010년 11월 홍양촌 취재 당시 촌 간부는 다음과 같이 소개했다.

---

94 高文書, "留守和流動兒童教育現狀", 中國網,
(http://www.china.com.cn/news/zhuanti/09rkld/2009-12/21/content_19106126.htm)

현재 외지에 나간 품팔이 수가 전체 마을 인구의 절반가량을 차지해요. 1000여 명이 외지에 나가 일하는 거죠. 그들의 자녀 중 80%가 이곳에 남아 있는데, 보통 조부모가 데리고 있어요. 마을엔 반이 1개인 학교와 유치원이 하나뿐이고, 총 20여 명이 다녀요. 다른 마을 학교도 반이 1개뿐이죠. 그래서 대부분 진에 가서 공부해요. 1년에 몇 십 위안의 책값만 내면 되는데, 유치원은 한 학기에 260위안으로 좀 비싼 편이에요.

귀주성 준의현 신민진 혜민촌

2010년 11월 혜민촌에서 마을 지도자를 만나 마을 상황을 들었다.

우리 마을엔 중심초등학교가 하나 있어요. 1학년부터 6학년까지 있고, 유치부도 하나 있어요. 이 학교에는 30여 명의 교사와 250여 명의 학생이 다녀요. 학생들 중 절반은 부모가 외지에 나가 일하고, 그 아이들은 모두 조부모가 데리고 지내요. 교사 1명과 십 수 명의 일반인이 다니는 교육센터도 하나 있고요.

사천성 인수현 감자진 반죽촌

2010년 9월 반죽촌 4조 소조장의 아내를 만나 마을 상황을 들었다.

이곳에는 80여 가구가 살아요. 그중 절반이 아이를 남겨 두고 외지에 일하러 갔죠. 아이 한두 명이 남아 있거나 3명이 남아 있는 집도 있어요. 여기 남은 아이가 60명 정도 될 거예요. 부모가 심천으로 데려간 아이는 약 70명이고요.

중경시 장수구 홍호진 평탄촌

2010년 9월 평탄촌 제5촌민소조에서 진 소대장을 만났다. 이 소조에는 145가구 449명이 살며, 그중 229명이 외지에서 품팔이를 한다. 63명의 아이가 부모와 함께 외지에 살고, 38명이 집에 남아 있다.

2. 잔류 아동의 이야기

여기서는 실제 잔류 아동 출신의 이야기를 들어 본다. 이야기는 대부

■
중경시 봉절현 청룡진 홍양촌의 초등학교
진의 요청으로 2011년 2월 결국 폐교됐다. 현재 마을 아이들은 진에서 학교를 다닐 수밖에 없다.

■
말할 줄 모르는 아이
홍양촌 초등학교의 유치부. 교실 맨 뒷줄에 앉은 검은색 옷의 아이는 일곱 살이 넘었는데도 아직 유치부에 다닌다. 일하는 부모 대신 고모가 아이를 돌본다. 하지만 고모 역시 돌볼 시간이 없어 아이를 매일 방에 가둬 두는 바람에 아직까지 온전하게 말하지 못한다. 지금은 외할머니가 돌보는데, 발성을 시작했고 성격도 활발해졌다.

다섯 살 아이가 초등학교 2학년
사진 속 여성은 훙양촌 초등학교 여○○ 선생
님이고, 아이들은 모두 여 선생의 2학년 반
학생들이다. 키가 작은 두 아이는 겨우 다섯
살인데 벌써 2학년이다. 부모가 도시에서 일
하느라 일찍 아이를 맡겼기 때문이다. 이 아
이들은 여 선생님 집에서 산다.

분 한때 잔류 아동이었던 젊은 품팔이의 회고이며, 집이 있어도 돌아가
지 못하는 냉혹한 현실을 보여 준다. 이러한 현실이 반복되지 않기를 바
라는 마음으로 그들의 이야기를 소개한다.

염석봉의 이야기

저는 할아버지 할머니와 함께 살았어요. 제가 두세 살 때부터 아버
지가 외지로 일하러 나가셨거든요. 아버지는 3~5년에 한 번 집에
오셨죠. 크고 작은 선물상자를 들고 오시곤 했어요.

고등학생이 되자 공부를 열심히 해야겠다고 다짐했어요. 전 학교
에서 매우 얌전해서 제 할 일을 알아서 하는 편이었죠. 고등학생쯤
되면 인격적으로 대우받고 일일이 관여하는 사람이 없잖아요. 전
적극적으로 학생회에 참여하거나 반장을 하기도 했죠.

당시 전 현 중심에 있는 고모집에 살았어요. 어느 날 그 지역에 모
란축제가 있었는데, 너무 늦게까지 놀았던 거예요. 늦게 들어가면
고모와 다툴 것 같아 밤새 피시방에 있다가 아침에 바로 학교에 갔
죠. 방과 후 집에 갔더니 고모랑 고모부가 화를 내더라고요. 거기

산 1년 동안 한 번도 걱정 끼친 적 없이 잘 지냈는데, 철이 없다는 말에 울컥했어요. 고모가 돈을 주며 도저히 안 되겠으니 나가라고 해서 집을 나왔죠. 고모는 홧김에 한 말이었지만, 그 후 다시는 고모집에 가지 않았어요. 그래서 학교를 떠나게 됐죠.

왕도의 이야기

왕도(王濤, 왕타오)는 1991년생이며, 부모님과 함께 동관에 산다. 40세인 어머니는 몸이 안 좋아 집에서 부업을 하며 약간의 돈을 벌고, 43세인 아버지는 공장에서 일한다. 왕도도 동관의 한 공장에 다니는데, 월급이 대략 1800위안이다. 2010년 11월 동관에서 왕도 가족을 만나 이야기를 나눴다.

고등학교 2학년까지만 다니고 일하기 시작했어요. 이제 2년 좀 넘었네요. 당시에 담임선생님과 사이가 안 좋아서 학교에 가기 싫었어요. 학교를 그만둔 결정적인 계기는 셋째 삼촌이 돌아가셨을 때인데, 선생님이 결석 처리를 안 해주는 거예요. 셋째 삼촌이 돌아가신 게 저와 무슨 상관이 있냐면서요. 한참 선생님과 말다툼을 하다 학교를 그만두겠다고 했죠. 그 뒤로는 학교에 가지 않았어요.

섭하운의 이야기

하남 출신인 섭하운은 집안의 장녀이며, 1992년생 남동생과 1994년생 여동생이 하나 있다. 아버지는 그녀가 초등학교 4학년 때 외지로 나가 일하기 시작했다. 2년 후 어머니도 일자리를 찾아 외지로 나갔다. 부모님은 현재 정주鄭州시에서 일한다.

그녀는 정주의 기술학교에서 2년간 수치 제어를 배웠다. 2007년 졸업 후 실습을 하러 나갔고, 한 공장에 배정됐다. 학교 공부는 쓸모가 없었다. 그녀는 소주의 한 공장에서 2개월, 심천의 플라스틱공장에서 8개월, 또 심천의 주물공장에서 8개월을 일한 뒤 한 달간 옷장사를 했지만 손해만 봤다. 다시 한 공장의 생산라인에 들어가 5개월간 일했다. 지금은 소주의 한 공익기구에서 일한다. 그녀의 남동생은 2008년부터, 여동생은 중학교 중퇴 후 일하기 시작했다. 2010년 7월 그녀의 여동생에 관한 이야기를 들었다.

> 제 여동생은 중학교 중퇴 후 외지로 나왔어요. 2학년이 되기 전에 학교를 그만뒀죠. 당시 그 아이는 마을 인근 현에 있는 중학교에 다녔어요. 그런데 그 학교가 별로예요. 한 반에 학생도 열 몇 명뿐이고요. 엄마가 다니지 말라고 해도 동생은 굳이 거길 다니겠다고 했어요. 집에 그 애를 돌봐줄 사람이 없어서 한 학기 만에 나쁜 짓을 배우고 성적도 떨어졌어요. 동네 사람들이 수군대며 아빠가 집에 갈 때마다 이르곤 했죠. 외삼촌도 그 아이를 말릴 수가 없다며 전화하곤 했고요. 그러다가 1학년 끝나기 전에 엄마가 동생을 정주로 데려갔어요. 동생은 의류공장에 들어가 허드렛일을 하며 반년을 지냈죠.

진약수의 이야기

진약수는 중학교 졸업 후 1997년부터 10여 년간 광주, 심천, 동관 등지에서 품팔이를 하고 있다. 2010년 7월 심천에서 진약수를 만났다.

형과 누나를 포함해 마을의 친척들은 공통점이 있어요. 남자아이는 외지에 데려가고, 여자아이는 집에 남겨 둔다는 거죠. 딸이 맏이라 그렇기도 해요. 혼자 알아서 빨래도 하고 그러니까요. 예전에는 월급이 적어서 외지에 아이를 데리고 있을 수가 없었는데, 지금은 사정이 나아져서 데려가 공부 시킬 수 있어요. 최근 몇 년간 많이 변했죠. 형도 조카를 외지에 데려가 키우는데, 부담이 클 거예요. 돈도 많이 들고. 게다가 등하교 때도 그렇고 누군가 돌봐 줘야 하잖아요. 그래도 예전보다는 잔류 아동이 줄긴 했어요. 조건이 되면 다들 데리고 나가니까요. 앞으로 더 늘겠죠. 자식이랑 떨어져 살고 싶은 부모가 어디 있겠어요. 조건만 허락한다면 데려오겠죠. 물론, 저희 외삼촌처럼 아들만 데려오고 딸은 고향집에 남겨 두기도 하는데, 그건 한 명 감당하기도 힘들어서예요.

남학생이 훨씬 많은 도심 촌락 학교

2010년 3월 28일 '서안 노동자의 집' 아동 활동센터, 고가보高家堡 초등학교 출신 22명과 함께 서안 고가보 초등학교의 남녀 비율을 조사했다. 공립인 이 학교는 도심 촌락에 위치하고 있어 현지 학생이 전교생의 3분의 1을 차지한다. 이 학교의 남학생과 여학생의 비율은 약 140:100이다.

2010년 4월 22일 광주시 번우구 신교의 청소년 활동센터, 신교 학교 출신 15명과 함께 조사한 바에 따르면, 이 학교 역시 공립이며 약 3분의 2가 외지에서 온 품팔이 자녀들이다. 이 학교의 남학생과 여학생 비율은 약 144:100이다.

이 같은 학교 내 성비 차이는 이 연령대 아동의 성비가 원래부터 균형이 맞지 않았던 데다, 많은 품팔이가 아들만 외지로 데려왔기 때문이다.

섭하운의 이야기

2010년 7월 섭하운은 자신이 직접 동생들을 돌본 경험을 이야기했다.

> 집안에 저희를 돌봐 줄 사람이 없었어요. 아침엔 학교에서 자습을 하고, 저녁 7시에 수업이 끝나면 집에 가서 직접 밥을 해 먹었죠. 제가 6학년이 되자 부모님은 일하러 외지로 나가셨는데, 그때 남동생이 1학년, 여동생이 2학년이었어요. 할아버지 할머니도 저흴 돌봐주지 않았어요. 우리 셋 다 밥을 할 줄 몰라서 누가 만들든 제일 맛있게 된 걸 먹었죠. 밥할 땐 저희끼리 자주 싸웠어요. 제가 음식을 하면 동생들이 맛이 없다며 다시 만들곤 했죠. 한번은 만두를 만들었는데, 밀가루를 제대로 발효시키지 않아서 만두가 딱딱하더라고요. 동생들이 안 먹어서 저 혼자 한 달 동안 먹었어요. 저흰 국수도 뽑을 줄 알아요. 직접 유탸오[95]를 튀겨 먹기도 하고요. 농사일을 하는 외삼촌과 이모가 가끔 들여다보시긴 했어요. 고모는 한번도 저흴 도와준 적이 없고요. 아빠는 한두 달에 한 번 집에 오는데, 제가 전화하면 바로 달려와요. 그래도 길게 있어 봤자 이틀 정도예요. 설이나 돼야 온 가족이 모일 수 있었죠.

95 [역주] 밀가루 반죽을 길쭉한 모양으로 만들어 기름에 튀긴 음식.

염석봉의 이야기

2010년 9월 염석봉은 자신의 어린 시절 이야기를 들려줬다.

시의 제3중학교에 막 들어갔을 때까진 아주 좋았어요. 하지만 집안 사정이 여의치 않아 계속 다닐 순 없었어요. 학교도 너무 멀어 차를 타고 다녀야 했고요. 그래서 진에 있는 학교로 전학을 갔죠. 현성에서 학교를 다니면 아무래도 돈이 더 많이 들어요. 게다가 학교에서 살아야 하니까요. 진에서 다니면 그럴 필요는 없죠. 중학교 다닐 때 점심은 매일 학교에서 먹었어요. 그땐 노는 걸 참 좋아해서 마작이나 구슬치기도 하고 싶었는데 그럴 수가 없었어요. 집에 빨리 가서 고모 아이를 돌봐야 했거든요. 고모는 아이가 한 살 조금 넘었을 때 광동으로 일하러 가셨죠. 할아버지 할머니에게 아이를 맡기고요. 고모부는 건달처럼 하는 일 없이 종일 빈둥댔어요. 할아버지 할머니와 많이 싸웠고요. 어릴 땐 되는 일이 하나도 없다는 생각뿐이었죠. 놀 시간도 없고 가슴이 답답했어요. 할아버지 할머니는 농사를 지어야 해서 제가 집에 늦게 가면 혼을 냈죠. 그래도 때리시진 않았어요. 저를 많이 예뻐하시지만, 형편이 안 좋으니 아이를 돌보게 할 수밖에 없었던 거예요.

저는 아침 6시에 일어났어요. 그리고 15분 만에 학교에 가서 수업 시작하는 8시 30분까지 교실에 그냥 앉아 있었죠. 그렇다고 공부를 한 것도 아녜요. 친구들과 수다를 떨거나 그랬죠. 전 공부를 좋아하지 않았어요. 그저 집안일로 마음이 심란했죠. 매일 밤낮으로 우울한 생각만 했던 것 같아요. 밤에 잠이 안 올 때는 이런저런 생각에 울기도 했고요.

주채홍의 이야기

2010년 9월 사천성 인수현 반죽촌에 사는 초등학교 6학년 주채홍(硃彩虹, 주차이홍)을 만났다.

> 부모님은 절 뒷바라지하고 할아버지 할머니를 보살펴 드리기 위해 외지에서 일하세요. 두 분은 보름이나 한 달에 한 번 전화를 하시고, 1년에 한 번 집에 오시죠. 어떨 땐 설에도 못 오시기도 해요. 부모님이 옆에 없다는 게 제게 어떤 영향을 주는지는 잘 모르겠어요. 아주 오래 옆에 안 계셨으니까요. 저는 줄곧 할아버지 할머니 손에 자랐어요. 그래도 부모님과 함께 살면서 즐겁게 어린 시절을 보냈으면 좋겠어요. 엄마 아빠 사랑도 더 많이 받고 싶고요.

왕경의 이야기

왕경(王勁, 왕징)은 1986년생으로, 중경시 봉절현 청룡진 홍양촌 출신이다. 그녀는 대학 졸업 후 지금은 심천의 한 물류회사에서 일한다. 그녀의 아버지는 46세로 고등학교를 졸업했고, 아버지와 동갑인 어머니는 학교에 다닌 적이 없다. 두 분은 현재 강소에서 집을 철거하는 일을 한다. 그녀에게는 남동생이 하나 있는데, 중학교 졸업 후 절강에서 일한다. 2010년 11월 그녀는 자신이 자라온 과정을 들려줬다.

> 1993년쯤 아빠만 먼저 의창宜昌에 가셨어요. 1995년에는 엄마와

남동생도 그곳으로 갔고요. 부모님은 거기서 알탄을 파셨는데, 예전에는 장사가 잘되다가 가스를 쓰는 집이 많아지면서 어려워졌죠. 그러다 2006년 전후에 광동에서 일했고, 1년 전쯤 강소성에서 집 철거하는 일을 시작하셨죠.

부모님은 돈 버느라 남동생을 돌볼 시간이 없었어요. 그래서 그 애는 늘 말썽을 피웠죠. 성적도 나빠서 중학교 졸업하고는 아예 공부를 관뒀어요. 중학교 다닐 때 한 학기 동안 고향집에 보냈는데, 제가 남동생을 돌봤죠. 그때 할아버지도 함께 살았는데, 연세가 많으셔서 우릴 돌봐주진 못했거든요. 밥도 우리가 직접 해 먹었고요. 그땐 동생도 저도 너무 어려서 많이 싸웠어요. 그래서 부모님이 동생을 다시 의창으로 데려가셨죠.

저는 중학교 때 진에 있는 학교 기숙사에서 살았어요. 주말에는 삼촌집으로 갔고요. 중학교 학비는 한 학기에 300~400위안 정도로 그리 비싸지 않았어요. 진은 물가가 싸서 식비랑 용돈까지 한 달에 100여 위안쯤 들었죠. 중학교를 졸업할 무렵엔 그곳에서 계속 공부하고 싶지 않았어요. 부모님이 계신 곳으로 전학가고 싶었죠. 그럼 최소한 제가 직접 빨래하지 않아도 되니까요. 부모님 환경도 그리 좋은 건 아니었어요. 두 분도 외지에 살면서 엄청 아끼며 살아야 했으니까요. 그래도 정말 부모님과 함께 살고 싶었어요.

고등학교는 현성에서 다녔어요. 문과와 이과를 합해 10개 반이 있고, 한 반에 60~70명의 학생이 있죠. 심화반에 있던 친구들은 거의 대학에 합격해서 대학 진학률이 70%였어요. 한 학기 학비가 대략 600~700위안이고, 용돈은 한 달에 300위안 정도 썼죠. 당시엔 집안 사정도 그런대로 괜찮았고, 현은 물가가 좀 비싸거든요. 전 장학금을 받기도 했어요. 고등학교 2학년 때부터 선생님 집에서 살 았는데, 그 학기 성적이 정말 좋았어요. 그 집에선 세탁기로 빨래할 수 있었어요. 3학년 때는 엄마가 현성에 방을 얻어 절 돌봐 줬죠. 그리고 대학에 합격했어요.

어릴 때 전 부모님께 자주 전화를 걸었어요. 두 분이 한 학기 동안 쓸 돈을 한꺼번에 줘서 제가 직접 돈 관리를 했어요. 방학이 되면 부모님 계신 곳으로 갔죠. 어릴 땐 혼자 못 가니 한 분이 데리러 오 셨어요. 중학생이 된 이후부터는 저 혼자 갔고요. 부모님과 소원해 졌다는 느낌은 없었어요. 학기가 끝나거나 장기 휴가 때 늘 만났으 니까요. 하룻밤 배를 타면 닿는 곳이라 거리도 가까웠어요. 그러다 대학 입학 후 부모님도 광동으로 일하러 오셨죠. 예전에 비해 부모 님이 계신 곳에 그리 자주 가진 않아요. 제가 다 크기도 했고, 친구 들도 만나야 하니까요.

저는 2005년에 장강의 단과대학에 합격했어요. 전공은 마케팅이 에요. 사회 경험을 해보고 싶어 3학년 때 심천으로 왔는데, 고모 가 소개해 준 조기 교육기관에서 한 달 반쯤 일했죠. 4학년 마지막 학기부터는 실습을 해야 해서 과학기술단지의 한 회사를 찾아갔어 요. 정전기 방지복을 판매하는 곳이었는데, 기본급 1000위안에 추 가 근무 시 성과급을 줘요. 그런데 그 회사가 당시 상장을 준비하 던 때여서 우리처럼 막 졸업한 학생들을 양성할 여력이 안 됐죠. 그 래서 졸업 논문 심사 후에 이 회사를 그만뒀어요. 그 후 사무직 일 자리를 찾았는데, 하는 일도 별로 없고 너무 무료했어요. 그래서 그만두고 도처로 일자리를 구하러 다니다가 지금 일하는 물류회사에 들어왔어요. 이 회사는 대우도 괜찮고 만족스러워요. 월급은 4000위안 정도고, 분기별 월별 상여금도 있어요. 생활용품도 나오고 회사에서 점심도 먹을 수 있고요. 안정된 생활을 할 수 있으니 앞으로도 괜찮을 것 같아요. 막 졸업한 학생이라고 무시하지도 않아요. 대학생이라고 해서 모두 교양 있는 건 아니지만, 대학에 가면 아무래도 좀 더 대담해지는 것 같아요. 지식이 축적되니 자신감도 높아지고요. 막 졸업했을 때는 일자리를 구하는 게 어려워서 마음이 복잡하기도 했어요. 대학 가지 말고 차라리 일찍부터 취직할 걸 그랬다며 후회하는 친구도 있었고요. 많은 회사가 경력직을 우선 채용하니까요. 그래도 전 대학에 가는 게 일자리 찾는 데 큰 도움이 된다고 생각해요. 학교 다닐 때 관세사 자격증을 땄는데, 우리 회사도 사람 뽑을 때 이 자격증을 보더라고요.

제 계획은 5년 안에 경제적 토대를 어느 정도 쌓는 거예요. 사실 전 심천에서 살고 싶지는 않아요. 여긴 집값이 너무 비싸거든요. 돈 많은 남편을 만나지 않는 이상 힘들죠(웃음). 하지만 곰곰이 생각해 보면 돈이 있다고 해서 행복한 건 아니에요. 전 나중에 너무 크지 않은 도시에서 살 것 같아요. 가령, 해남海南 정도면 괜찮겠네요. 중경도 괜찮고요. 앞으로 발전이 빠르게 이뤄질 테니 지금은 결정할 수가 없어요. 전 호구를 학교에 뒀는데, 아직은 옮길 생각이 없어요. 심천으로 옮길지 말지 내년에 다시 생각해 보려고요. 학교엔 2

년 이상 호구를 둘 수 없거든요. 사회보험[96]은 그리 좋다는 느낌은 못 받았어요. 아직 십 수 년 더 내야 하고, 앞으로 어떻게 될지 모르니까요. 회사가 납부하는 사회보험도 매우 적어요. 최저임금 수준이죠.

3. 아이를 돌보는 노인들의 이야기

잔류 아동의 수는 유동 아동의 수를 웃돈다. 잔류 아동의 일부는 조부모의 보살핌을 받고, 일부는 장기간 학교 기숙사에서 산다. 대다수 품팔이 부모가 자녀의 양육비를 부담하지만, 노인들이 농사를 지어 그 비용을 보태기도 한다. 또, 노인들은 손주를 돌보며 많은 시간과 에너지를 쏟아붓는다. 이처럼 농촌과 농촌의 노인들이 도시를 위해 노동력의 재생산이라는 중대한 임무를 감당하고 있다.

중경시 장수구 홍호진 평탄촌에 사는 두춘효 부부는 다섯 살짜리 손녀를 돌보며 농사일을 도맡아 한다. 다음은 2010년 9월 두춘효가 들려준 이야기다.

셋째 딸은 복주의 의류공장에서 일해요. 딸에겐 중학생 아들이 하나 있는데, 홍호진에서 중학교를 다니죠. 올해는 그 애 시어머니가 돌아가시기도 했고, 돈 들어가는 데가 많나 봐요. 가끔 우리 부부에게 돈을 주는데, 어떨 땐 제가 받지 않아요.

아들은 자식이 둘이에요. 손자가 열네 살, 손녀가 다섯 살이죠. 아

96　[역주] 중국의 사회보험에는 양로, 산재, 의료, 출산, 실업 등 5대 보험이 있다. 납부 기준액과 대우 및 보상 기준액은 전년도 평균임금에 따라 달라지며, 개인과 직장이 나누어 부담한다.

들은 예전에 장수에서 셋방을 얻어 지냈어요. 손자가 거기서 학교에 다녔거든요. 현재 손녀는 홍호로 데려와 유치원에 보내고, 손자는 장수의 진에서 중학교에 다녀요. 며느리는 다른 사람들 밥해 주는 일을 하며 자기 여동생집에 살아요. 며느리가 일하러 외지로 나가면 제 아내가 장수로 가서 손자를 봐 주죠. 평일에는 진에서 외손자를 봐요. 한 2~3년 됐어요. 세 끼 밥도 해 주고, 유치원에도 데리고 다니고요. 어떨 땐 애들이 말을 안 듣기도 하고, 엄마 보고 싶다고 떼를 쓰기도 하죠.

중경시 봉절현 청룡진 홍양촌에 사는 송금영을 만나 이야기를 나눴다.

올해(2010년)는 주로 남편이 집으로 보내 주는 돈으로 살았어요. 그는 동관에서 일하는데, 한 달에 950위안을 벌어 거의 집으로 보내요. 손자 학비도 이 돈으로 쓰는 거예요. 작은아들이 작년에 집을 사서 빠듯하거든요. 집 사기 전에는 손자 양육비로 1년에 500위안을 보냈죠. 손자에게 드는 비용이 한 달에 최소 200위안이에요. 아이가 아프면 진까지 걸어가서 진찰을 받기도 해요. 차비만 왕복 50위안이라 1시간이 걸려도 다들 병원까지 걸어 다니죠. 많이 아파서 의사가 왕진을 오면 차 대절비까지 부담해야 하고요.
저희 땅은 수십 군데에 흩어져 있어요. 모두 작은 덩어리라 농사지을 때 이리저리 뛰어다녀야 하죠. 손자도 밭에 데려가요. 올해 고구마 심을 때도 데려갔는데, 너무 추워서 울더라고요. 가엾다는 생각이 들 때가 많죠.

4. 아이를 만나지 못하는 부모들의 이야기

아이를 도시로 데려올 방법이 없어요

류진란(劉珍蘭, 류전란)은 1984년생으로, 고향은 귀주성 준의현 신민진이다. 그녀의 남편은 29세이고, 부부에게는 네 살짜리 아들이 하나 있다. 아이는 현재 고향의 친정 부모님이 보살핀다. 2010년 11월 동관에서 그녀를 만나 이야기를 나눴다.

> 저는 결혼 후에도 줄곧 친정에 살았어요. 친정집에는 부모님과 큰오빠 부부, 작은오빠 부부가 같이 살아요. 큰오빠는 아들 하나, 작은오빠는 딸이 하나 있어요. 올해 어머니는 57세, 아버지는 61세가 되셨어요. 아버지는 대학 졸업 후 진에서 교직 생활을 하시다가 지금은 은퇴하셨어요. 집에는 어머니, 큰오빠, 작은오빠 몫의 논밭이 있고요. 평소에는 집에 부모님, 제 남편, 제 아들, 오빠네 아들 이렇게 다섯 식구만 있어요.
>
> 저는 1999년 중학교 졸업 후 처음으로 외지에 나와 일하기 시작했죠. 2006년에 결혼한 후에는 일을 안 했더니 돈이 부족하더라고요. 2006년 10월에 아이를 낳고, 한 살 반까지 애를 보다가 2008년에 다시 외지로 나왔어요.
>
> 우리 아이는 신민진에 있는 중심초등학교에 다녀요. 아이를 이곳 학교에 보내려면 돈이 있어야 하는데, 여긴 너무 비싸거든요. 애를 데려온 사람 말로는 학기마다 최소 몇 천 위안은 든다고 하더라고

요. 등록하는 데만 한두 달치 월급이 들죠. 그 아이는 학교에서 제대로 먹지도 못해요. 생각해 보세요. 학생이 그렇게 많은데 어떻게 학교에서 좋은 생활을 할 수 있겠어요. 또, 위험하니까 매일 제시간에 아이를 데리러 가야 해요. 제 동료 아이가 다니는 학교는 개인이 운영하는 곳인데, 그런 곳은 정규학교처럼 책임을 다하지 않죠. 고향에 있는 학교가 그나마 나아요.

13년 동안 아이를 겨우 세 번 만났어요

36세인 왕개산(王開山, 왕카이산)과 그녀의 남편 웅대의(熊大義, 슝다이)는 중경시 봉절현 출신으로, 초등학교를 졸업했다. 이들에게는 두 딸이 있다. 2010년 11월 그녀는 자신의 경험담을 들려줬다.

1993년 부녀연합조직을 통해 일자리를 찾아 외지로 나왔어요. 2001년에는 공장을 그만두고 집으로 가 아이를 낳았죠. 그땐 출산휴가라는 말도 들어본 적이 없었어요. 지금도 조장이 출산휴가를 주지 않기 때문에 아이를 낳으려는 사람이 있다면 일을 그만둬야 할 거예요.

제 아이들은 고향집에서 할아버지 할머니 손에 자라고 있어요. 2005년에 저희가 현성에 집을 샀거든요. 그래서 두 분이 현성으로 이사해 아이들을 돌봐 주시죠. 중학교 3학년인 큰딸은 성적도 괜찮은 편이에요. 작은 딸은 초등학교 3학년이고요. 두 아이 교육비는 1년에 1만 위안 정도 들어요. 큰딸이 다니는 학교가 비교적 좋은 곳이라 학비가 비싸거든요. 아무래도 농촌에선 아들이 있으면 좋다지만, 우리가 늙으면 딸이 더 효도할 수도 있죠.

보통 몇 년에 한 번 고향에 가는데, 올해 8월에 갔어요. 집에서 열흘 있었는데, 마침 아이들 여름방학 때였죠. 1997년부터 13년 동안 우리 부부는 두세 번 고향에 갔어요. 그때마다 열흘 정도 있다가 왔죠. 공장에 휴가 내는 것도 어렵고, 내더라도 길어야 보름이에요. 그것도 주말 포함해서요. 아이들이 말을 잘 들어서 할아버지 할머니가 돌보기 수월할 거예요. 부모가 외지에 있는 것도 익숙해졌을 거고요. 그래도 부모가 그립기는 하겠죠. 저희도 아이가 보고 싶어요. 하지만 방법이 없어요. 돈을 많이 모으려면 아이를 데려올 수가 없죠. 이곳은 물가가 비싸거든요. 월급이 더 오르면 모를까 지금은 불가능해요. 이유야 어떻든 아이들과 오랜 시간을 함께하지 못하다 보니 사이가 그리 돈독하진 않아요. 그저 전화나 한 번 하고 몇 마디 얘기만 나눌 뿐이지 그리 깊은 정도 없는 것 같고요.

5. 잔류 아동의 학교 이야기

2010년 11월 용천龍泉중학교 류劉○○ 교장은 학교 상황을 다음과 같이 소개했다.

용천중학교는 학년마다 반이 9개씩 모두 27개의 반이 있어요. 주변의 촌과 진에서 온 2600여 명의 학생이 다니죠. 남학생이 여학생보다 200명 더 많고요. 잔류 아동은 770명 정도 돼요. 이 아이들 부모와는 몇 년째 만나기 힘들어요.

학교는 가난한 편이에요. 대형 컴퓨터실이나 실내 활동 공간을 마련하고 싶어도 형편상 불가능해요. 지금 컴퓨터실엔 컴퓨터가 30대 밖에 없어서 한 타임에 한 반만 쓸 수 있어요. 그것도 두세 명이 1대를 같이 써야 하죠. 컴퓨터를 더 마련하면, 아이들이 부모와 화상 통화도 할 수 있고 수업도 원활해질 거예요. 최근 몇 년간 많이 발전해서 잔류 아동의 경제적 상황이 좀 나아지긴 했어요. 부족한 게 있다면 주말 활동이나 기타 활동이에요. 학교에서도 아이들을 모아 공놀이를 하는 등 몇 가지 방법을 생각해 봤지만, 비 오는 날엔 어쩔 도리가 없어요. 우리 학교엔 실내 활동 공간이 없거든요.

이제 날도 추워졌는데, 학교엔 목욕탕도 없어요. 잔류 아동은 몇 달에 한 번 집에 가니까 몇 달에 한 번만 씻을 수 있는 셈이죠. 다른 학생들은 일주일에 한 번 집에 가서 씻고요. 그리고 식당도 없어요. 아이들이 매일 밖에 서서 밥을 먹는데, 비라도 오면 아주 곤란하죠. 현재 건설 프로젝트를 신청해 공사 중이니 앞으론 학생들이 식당에 앉아 밥을 먹을 수 있을 거예요. 또, 도서관도 없어요. 약간의 책을 빌릴 수는 있지만, 읽을 만한 공간은 없죠. 하긴 요즘은 책보다 인터넷이 학생들에게 더 영향력이 있지만요.

잔류 아동 관리 중 가장 난처한 부분은 주말 활동이에요. 마음 같아선 학교 차원에서 주말에 학생들과 함께할 수 있는 프로그램을 마련하고 싶지만, 그럴 환경이 안 돼요. 아이들이 주말에 피시방에만 있는 것도 막고 싶은데, 어려움이 많죠. 간혹 교사들이 잔류 아동의 '대리 아빠'가 돼 주기도 해요.

제10장
토론

1. 신농촌 건설의 희망은 어디에

신농촌 건설을 위해서는 우선 사람이 가장 필요하지만, 농촌에는 노인들만 남았다. 리더도 필요하지만, 기층 간부가 부재하거나 변질됐다. 자본과 시장이 필요하지만, 자본과 시장의 이윤 지향은 오히려 농촌과 농업을 쇠락시켰다.

신농촌 건설 문제에 관해 견해를 제시한 몇몇 학자가 있다. 온철군 (溫鐵軍, 원톄쥔)은 자신의 저서 《중국 신농촌 건설 보고》에서 중국이 1998년부터 중시한 '3농(농업, 농촌, 농민)' 문제와 '신농촌 건설' 정책을 술회했다.

신농촌 건설은 '3농'의 곤경을 개선하기 위한 신시기 국가 발전 전략의 유기적 부분이다. 이는 더 이상 공업화 원시 축적 시기에 농업에서 잉여를 취해 공업을 지원하고, 농촌에서 노동력을 징발해 도시 인프라 건설을 지원하며 형성된, 도시를 본위로 하는 '도농 이

원화 구조 체제'여서는 안 된다. 또한, 이는 개혁 과정에서 시장경제
가 형성되고, 이 때문에 제도에 대한 의존이 지속되자 이런 경로로
추진되었을 뿐이다. 중국의 발전은 또한 도시화로 농촌을 '해체'하
고, 도시가 농촌을 '관할하는' 것이어서도 안 된다. 다른 한편으로,
농촌이라면 무조건 우선시하는 일체의 보수주의, 혹은 농민의 염
원에 무조건 따르고자 하는 포퓰리즘적 '3농 본위론'이어서는 더더
욱 안 된다 … '3농'의 곤경을 개선하기 위해서는 두 가지 힘이 필요
하다. 하나는, 각급 정부가 '보이는 손'을 사용해 '3요소'[97]의 환류
를 촉진하는 것이다. 다른 하나는, 농촌의 억만 대중의 노동의 힘
을 빌리는 것이다. 그들의 노동하는 손이 직접 신농촌 건설 프로젝
트에 참여해 농촌의 기본 조건을 바꿔 나가야 한다.[98]

이창평(李昌平, 리창핑)은 자신의 저서 《대기후》[99]에서 중국 농촌의 역사
적이고 현실적인 문제를 체계적으로 분석하며 실행 가능한 정책을 건의
했다. 또한, 그는 '농민의 자주성과 중국의 자주성'을 강조한다.

1980년대 중국 경제의 새로운 성장 가운데 70% 이상은 향진기업
과 농업이 창조해 낸 것이다. … 1980년대 개혁 발전의 성과는 외
자 없이, 그리고 중앙의 적극적인 재정 정책 및 화폐 정책의 도움 없

97 [역주] 온철군 교수가 제시한 농업 생산력의 기본 3요소인 토지, 노동력, 자금을 말한다. 그는 1990
     년대 이래 3요소가 농촌에서 유출되는 현상이 나타났으며, 이는 3농 문제가 더욱 심각해진 원인이
     기도 하다고 지적했다.
98 溫鐵軍, 《中國新農村建設報告》, 福建人民出版社, 2010年4月 第一版, 第3頁.
99 李昌平, 《大氣候》, 陝西人民出版社, 2009年3月版, 第43~57頁.

이 얻은 것이다. 이는 농민의 자주성과 창조성이 끊임없이 발전하고 성장한 결과다. ⋯ 1980년대에 발전한 많은 향진기업과 사대기업社隊企業[100]이 극소수의 '인재'와 개인 소유의 '선진기업'에 양도됐다. ⋯ 농촌 경제 총량의 70%를 고작 5% 안팎의 자본가가 장악하고 있는 것이다.

중국은 100년 동안 이미 네 번의 신농촌 건설을 전개했으며, 이번이 다섯 번째다. ⋯ 즉, 이는 2003년에 시작됐다고 봐야 할 것이다.

또한, 이창평은 신농촌 건설에서 주력해야 할 것으로 신농민조직 건설, 신생산관계 완비, 신민주 정치제도 건설, 신공공서비스 및 신사회보장제도 구축, 신농촌의 경제·사회·생태 시스템의 과학적 규획과 건설을 들었다.

중국은 지난 60년 동안 많은 동요와 변혁을 겪었으며, 토지제도 역시 많은 변화를 겪었다. 신중국 성립 때의 토지사유에서부터 합작사合作社[101], 그리고 지금의 가정토지연산승포책임제에 이르기까지 다양한 변화를 겪었다. 세계적으로 보아도 농업은 공업과 평등하게 경쟁할 수 있는 산업이 아니다. 그렇기 때문에 유럽부터 미국에 이르기까지 농업과 농민에 대한 지원이 있는 것이다. 그런데도 유럽과 미국의 많은 소농의 형편은 여전히 어렵다. 심지어 중국 농촌은 인구가 많고 땅이 부족하다. 절대다수 지역에서 소농의 농업 수입이 매우 미미해 생계를 유지할 방도가

---

100 [역주] 중국 농촌 인민공사와 생산대대에서 운영한 집체 소유제 기업을 말한다.

101 [역주] 중국에서 사적 소유가 사회주의적 소유로 전환되던 과도기에 운영된 협동조합. 이후 인민공사로 흡수됐다.

없다. 중국은 농업이 없으면 안 된다. 이는 중국의 안전과도 관련된 중요한 일이다. 하지만 중국의 농민이 곧 사라질 지경이니 중국의 농업을 어떻게 하면 좋을까? 어쩌면 중국 농촌이 쇠락하는 현재의 상황이 세계 자본과 중국 자본의 눈에는 확실한 기회로 보일지도 모른다. 계속 이대로 나아간다면, 자신들이 한층 더 중국 농업을 통제할 수 있을 것이기 때문이다.

2. 가족의 결합은 사회의 책임

중국 사회의 주류에는 다음과 같은 인식이 퍼져 있다. 도시와 공장 사장이 품팔이 노동자에게 돈을 벌 기회를 주었으니 그 은혜에 감지덕지해야 하며, 도시로 오면서 생긴 여러 가지 문제와 대가를 본인이 마땅히 감당하고 지불해야 한다는 것이다.

중국 개혁개방 30년은 경제 비약의 30년이었고, 노동자가 도시에 진입해 품을 팔고 다닌 30년이었으며, 사회적 재산이 폭증하고 빈부격차 역시 폭증한 30년이었다. 중국 경제의 비약은 전국 각계와 모든 노동자가 함께 노력해 얻은 결과다. 그리고 노동대군 중에서도 주력군은 농촌에서 도시로 온 2억여 명의 품팔이들이었다. 이들은 도시와 공업의 발전을 위해 막대한 공헌을 했지만, 삶은 매우 비관적이다. 임금이 적고, 거주 환경마저 열악하다. 그들의 자녀는 도시에서 평등한 교육 기회를 보장받지 못하고, 심지어 고등학교·대학교 입시도 고향으로 돌아가 치를 수밖에 없다. 또, 품팔이 자녀는 농촌에서 조부모의 보살핌을 받거나 장기간 가족의 보살핌 없이 학교 기숙사에서 생활한다.

이처럼 냉혹한 현실에 대해 사회적 움직임이 없는 것은 아니지만, 일반적으로 자선활동 위주로 진행된다. 이러한 자선활동이 지역공동체에 깊이 개입하고 꾸준하게 이루어진다면, 품팔이 노동자의 현실적인 문제를 해결할 수도 있을 것이다. 그러나 그것이 도움을 주는 데에만 그친다면, 그들을 그저 시혜를 베풀어야 하는 사회적 약자로만 보게 될 것이며, 구조적인 문제는 바꿀 수 없을 것이다.

기업과 사회는 품팔이의 온전한 한 인간으로서의 요구를 감당해야 한다. 그들의 생존과 발전에 필요한 비용은 기업이 홀로 감당해서는 안 되며, 그렇게 할 수도 없다. 그렇다고 그 사회적 비용을 품팔이 노동자와 그 가족에 전가하는 것은 더더욱 안 될 일이다. 정부, 사회, 기업, 그리고 품팔이 노동자는 각자 자신의 책임과 의무를 다해야 한다. 현재 잔류 아동의 양육과 보살핌의 임무는 대부분 농촌의 연로한 노인들에게 맡겨져 있다. 도시는 농촌의 청장년 노동력을 탈취했을 뿐만 아니라 노동력 재생산 부담을 빈곤한 농촌과 노인에게 얹어 준 것이다. 유동 아동과 잔류 아동이 공평한 교육의 기회를 갖도록 하는 것은 사회적 책임이다. 또한, 잔류 아동이 부모와 함께 살 수 있도록 하는 것 역시 사회적 책임이다.

그들은 말해[102]

작사·작곡·노래 : 단옥

거긴 땅이 없는 마을,

마을사람들은 날품을 팔아야 먹고살아

마을에 남은 건 연로한 노인들

그리고 철모르는 아이들

그들은 말해

아이가 그립다고

그들은 말해

엄마가 그립다고

마을을 떠난 지 벌써 수년째

외지에서 겪는 고통은 마음속으로 헤아릴 수 있을 뿐

그는 자신을 낳아 주고 길러 준 땅을 그리워해

그러나 지금은 온통 철근, 시멘트, 콘크리트 뿐

그들은 말해

아이가 그립다고

그들은 말해

엄마가 그립다고

---

102 신노동자 예술단의 4집 앨범 〈우리 손안에〉(2010) 수록곡.

또 한 해의 복사꽃이 날려

소망하는 눈빛으로 돌아가길 원하고 원해

삶을 위해 또 밖으로 나가 날품을 팔아

함께 모인 시간은 눈 깜짝할 사이 날아가고

그들은 말해

아이가 그립다고

그들은 말해

엄마가 그립다고

우리는 말해

우린 원래 한 가족인데

왜!

갈라져야만 하니

왜 갈라져야만 하니

우리는 말해

우린 아이가 그리워

우리는 말해

우린 엄마가 그리워

왜? 무얼 위해, 왜?

도시와 농촌 사이에서 길 잃음

제3부에서는 구조적 차원에서의 사회 현상과 품팔이 노동자의 미래에 관해 서술한다. 품팔이 노동자의 도시 거주 환경은 열악하고 생활도 곤란하지만, 농촌에서는 자신의 집을 짓거나 산다. 이 점에서 그들의 길 잃음이 두드러진다. 수많은 품팔이가 고향에 돌아가 농사를 짓지 않을 것을 알면서도 고향에 집을 짓는다. 논밭 사이에 곧게 들어선 텅 빈 집이나 노인과 아이만 사는 새집은 집이라기보다는 '기호로서의 집'이라 하는 것이 타당할 것이다. 품팔이가 도시와 농촌 사이에서 길을 잃는 것은 도시와 농촌 그리고 자신의 발전에도 이롭지 않다. 또, 이러한 길 잃음은 노동자 개인의 문제가 아니라 전환기의 사회 문제다. 도시발전은 대규모의 노동력을 필요로 하지만, 농촌으로부터 온 노동력이 도시발전과 경제발전의 성과를 공평하게 향유하지 못하면서 사회가 파열됐고, 품팔이 노동자는 이 과정에서 길을 잃는다.

품팔이 노동자에 대한 사회구조적 의제 가운데 두 가지 문제가 이들의 발전 및 출로와 밀접하게 관련된다. 하나는 구인난이고, 다른 하나는 산업 이전이다. 구인난은 기업, 정부 및 품팔이 노동자의 각축을 표현한다. 일부 지역에서 비교적 심각하지만, 어떤 지역에서는 구인난 자체가 없다. 정부와의 힘겨루기에서 기업은 구인난의 심각성을 부각해 정부로부터 관심과 혜택을 얻으려 한다. 품팔이 노동자와 힘겨루기에선 언론을 통해 구인난의 심각성을 선전하며 취업으로 유도한다. 품팔이 노동자는 기업과의 다툼에서 약자의 위치지만, 이들의 힘은 '발로 하는 투표(用脚投票, voting by feet)'[103]에 있다. 품팔이가 일자리를 선택하는 것이다. 이 또한 일정하게 기업의 고용 환경 개선 효과를 갖는다. 구인난과 품팔이 노동자의 불안정한 취업은 직접적으로 관련되는데, 이 때문에 품팔이는 부단히 일자리를 바꾸지만 계속해서 도시에서 일하게 된다. 구인난 현상은 우리에게 다음과 같은 사실을 알려준다. 우선, 개별적으로는 불안정하지만 부단히 증가하는 노동자 집단이 이미 형성되어 있다는 점이다. 또, 그들에게 별 다른 선택지가 없더라도 그들은 언제든 그만둘 수 있는데, 이는 약자의 무기가 되며 이 무기를 운용하는 과정에서 품팔이 자신도 노동자 집단으로서의 인식을 심화한다. 그리고 이 또한 신노동자 집단의 형성 과정이다.

산업 이전 자체는 염가 노동력과 더 높은 이윤을 추구하는 자본의 선택이지만, 객관적 효과의 측면에서 보면 낙후된 지역에 발전의 기회를 가져다주기도 한다. 또한, 고향을 떠나 오랜 기간 외지에서 살아온 품팔이 노동자에게 고향에서 취업할 수 있는 가능성을 가져다준다. 이 책은 산업 이전을 다루지는 않았지만, 국가와 사회가 이를 단순히 지방 경제발

---

103 [역주] 1956년에 미국의 경제학자 찰스 티부Charles Tiebout가 제안한 개념으로, 개개인이 지역 간의 자유로운 이동을 통해 정치적 의사를 표현하는 것을 의미한다. 여기서는 노동자의 이직을 뜻한다.

전의 수단으로만 간주하지 않고, 품팔이 노동자의 이익과 요구를 적극적으로 고려해야 한다고 주장한다. 그렇게 된다면 품팔이가 '귀향 취업'을 할 수 있을 뿐만 아니라 고향에서 안정된 주거와 보람된 직업을 영위할 수도 있을 것이다.

10여 년 전에는 정부와 학자뿐 아니라 품팔이 노동자 스스로도 반드시 농촌으로 돌아갈 것이라 여겼다. 하지만 십여 년이 지났고, 역사의 수레바퀴는 되돌릴 수 없게 되었다. 중국의 사회, 경제, 문화 구조에 거대한 변화가 발생했고, 품팔이 노동자 집단은 이 변화의 추종자이자, 수혜자 그리고 피해자였다. 지금은 사회와 품팔이 노동자 모두 신세대 품팔이가 농촌으로 돌아가지 않을 것으로 여긴다. 품팔이 노동자의 일, 사상, 소비 관념은 도시화됐지만, 그들의 임금, 생활환경, 사회보장은 도시화되지 않았다. 게다가 그들이 종국에 귀향할 것이라는 옛 관념을 아직도 내려놓지 않고 눈앞의 이익에 매몰되어 그 사회적 비용을 책임지지 않으려는 기업과 사회 정책으로 인해 품팔이는 도시와 농촌 사이에서 진퇴양난이다. 이는 품팔이 노동자의 처지를 난처하게 만들었을 뿐만 아니라(도시에 속할 수 없는 신분이지만 농촌으로 돌아갈 수도 없다) 경제적인 자원 낭비를 초래하며(주택 건설에 투자해도 직접 거주할 수 없다), 경제와 사회의 발전을 저해한다(경제 및 사회 불평등, 자녀 교육의 불평등).

제11장
타지에서의 생활

　외지에서의 품팔이 노동은 농촌 청장년 절대다수의 선택이다. 품팔이 노동자는 도시에서 일하고 생활하지만 도시에서 정착할 수 없어 고향집으로 돌아갈 수밖에 없다. 그러나 다양한 원인과 제약으로 지금이 아닌 미래를 기약해야 한다. 나중에 고향으로 돌아가기 위해 지금 준비하고 있는 것이다. 즉, 2억여 명의 노동자가 '지금 여기'가 아닌, 미래를 위해 매일 바쁘게 준비한다.

　노동자는 퇴근해도 '집으로 돌아갈 수 없다.' 그들의 생활은 '여기'에, '지금'에 있지 않다. 그들은 '피안彼岸'을 위해, 미래를 위해 투자한다. '피안'과 미래는 현재의 힘든 생활을 감당할 플라시보(위약)이며, 현실에서 분투할 수 있게 하는 각성제다.

1. 무엇을 위해 집을 짓고 사는가?

　품팔이가 집을 사는 목적은 세 가지다. 가장 주요한 목적은 보금자리로서의 집을 갖는 것이다. 둘째, 아들이 결혼 상대를 만날 수 있도록 하기 위해서다. 셋째, 아이의 통학과 교육에 도움이 되기 때문이다.

첫 번째 목적의 집은 '양로원'이라 할 수 있다. 젊어서는 돌아갈 수 없고 늙어서도 언제 돌아갈 수 있을지 알 수 없으니, 이러한 집은 그저 하나의 기호일 뿐이다. 아이의 결혼 상대를 찾아주기 위한 집 또한 기호에 불과하다. 부모 세대도 돌아갈 수 없는데, 과연 젊은 세대가 돌아갈 수 있을까? 돌아간다 하더라도 수십 년 전에 지은 그 집에 살 수 있을까? 아이의 교육을 위한 집은 그나마 실용적이다. 하지만 이러한 목적으로 집을 사는 경우는 드물고, 대다수는 진에서 집을 임대하거나 기숙사에 보낸다.

결국 품팔이는 현재 모두 기호적 의미에서 집을 짓거나 산다고 할 수 있다. 하지만 더 좋은 출구가 없는 현실에서 기호일지언정 이는 매우 중요하며, 계속 노력할 동력을 유지한다.

1) 새로운 '양로원'을 세우기 위한 품팔이 노동

중국 도시에는 수많은 '주택 노예'가 있다. 이들은 대출을 받아 집을 사고 매달 빚을 갚는다. 이 빚을 아마도 십 수 년 혹은 수십 년 동안 갚아야 할 것이다. 이러한 상황은 중국뿐만 아니라 미국과 유럽도 마찬가지다. 즉, '주택 노예'는 한평생을 바쳐야 가질 수 있는 집에 산다. 하지만 중국의 많은 품팔이 노동자는 도시에서 자기 집을 갖지 못한다. 고향에 집을 가진 이들도 다 늙어서야 거기서 살 수 있는데, 이는 빚을 갚기 위해 도시에서 계속 품팔이 노동을 해야 하기 때문이다. 그들은 노후를 보낼 곳을 갖기 위해 평생 고통받는다.

북대단촌에서는 대다수 촌민이 자기 땅에 집을 짓는다. 이곳의 농업

수입이 상대적으로 양호하고, 교통이 편리하며, 장년 부녀들이 농사일을 하며 아이들을 돌보기 때문이다. 그러나 이곳의 거의 모든 청장년 남성은 외지에서 품팔이 노동을 한다.

높은 언덕에서 반죽촌을 내려다보면 논밭에 우뚝 솟은 신축 주택들이 눈에 들어온다. 건축비가 10만 위안에서 수십만 위안에 달하지만, 이런 주택을 구입한 젊은 주인들은 아무도 보이지 않는다. 어떤 집에는 여든 살 노인과 열 살짜리 손녀만 살고, 어떤 집은 양곡이나 볏짚 창고로 쓰인다. 예쁜 외벽만 자랑할 뿐 인테리어는 전혀 안 된 집도 있다.

인터뷰 도중 한 젊은 여성은 새집을 짓는 것을 반대하기도 했다. "집을 지어 봐야 돌아와 살 것도 아닌데요. 자식을 위해 집을 짓는다 해도 우리 아이가 나중에 이 조그만 동네에 살려고 할지 모르겠어요." 하지만 그녀는 시어머니와 남편의 고집 때문에 집 지을 돈을 벌어야 한다.

품팔이 노동이 그저 '양로원'을 짓기 위함이라면, 이는 품팔이 노동자와 사회의 비애이기도 하다. 또한, 농촌이 그저 노후를 위한 곳이라면, 이는 비애를 넘어 위험이 된다.

하남성 초작시 무척현 사기영진 북대단촌

2010년 8월 북대단촌을 찾았다. 북경에서 가는 교통편은 매우 편리해서 기차에서 내려 버스를 타면 됐다. 도로는 마을 입구까지 이어져 있고, 마을의 주요 길도 시멘트로 포장되어 평평했다. 하지만 좁은 길은 아직 흙길이라 비가 오면 진흙탕이 됐다. 이 마을사람들은 이웃이 집을 지으면 모두 겁을 낸다. 이전에는 마을에서 주택의 높이를 통일적으로 관리했는데, 이제는 아무도 관리하지 않아 경쟁적으로 집을 높게 짓는다.

집을 높게 지어야 풍수적으로 좋다고 여기기 때문이다. 이렇게 되자 다른 사람들도 집을 다시 지어야 하는 상황이 벌어졌다. 마을에 배수시설이 없어 이웃집이 더 높으면 침수되거나 집이 무너지기 때문이다. 외지에서 일하는 사람들 상당수는 나중에 돌아올 생각으로 마을에 새집을 짓는다. 집을 높게 짓기 위해 다른 곳의 흙을 파헤쳐 논 사이의 깊은 구덩이들도 종종 보인다. 이 큰 구덩이로 인해 관개수가 흘러 물을 낭비하거나 농기계 작업 시에도 위험하다. 즉, 지역공동체의 관리 없이 개별적으로 집을 짓다 보니 결국에는 모두가 위험에 처하는 결과를 낳은 것이다.

2010년 7월 손복귀는 이러한 마을 상황에 대해 이야기했다.

> 농촌에서는 풍수를 매우 중시하죠. 우리 마을사람들이 가장 중시하는 건 주택의 높이예요. 누가 나보다 높게 지으면 내가 다시 더 높게 짓는 식인데, 끝이 없어요. 죽어 있는 집보다 사람이 더 중요한 거 아니에요? 요즘은 더 높게 지어요. 논에는 큰 구덩이가 많이 생겼고요. 흙을 파서 더 높은 지대에 지어야 하니 그리 된 거죠.
>
> 제가 99년에 지은 집은 옆집보다 조금 더 높았어요. 30센티미터 정도요. 그러자 옆집 사람이 트집을 잡더라고요. 그래서 우리 집 대들보를 들어낼 수밖에 없었어요. 당시엔 마을에서 엄격하게 관리했거든요. 지금은 아무도 뭐라는 사람이 없어요. 그때 우리 집이 높은 건 아니었어요. 규정대로 12척 정도, 즉 4미터였죠.
>
> 고향집은 지은 지 10년 됐어요. 그런데 동쪽 이웃집이 우리 집보다 높게 지어 다시 지어야 해요. 그래도 지금은 새로 지을 수가 없어요. 서쪽 이웃집이 집을 다 지은 다음에야 우리 집을 지을 수 있죠.

농촌이라는 데가 이렇게 골치 아픕니다. 외지에 가서 번 돈을 집 짓는 데 다 쓰죠.

아들이 제게 새로 집을 짓든 안 짓든 괜찮다고 해놓곤 자기 친구네는 집을 다 지었다고 말하더군요. 이것도 굉장히 스트레스예요. 지금 농촌에 집을 지으려면 약 10만 위안이 듭니다. 제 친구는 이렇게 돈을 쓰느니 시가지에 집 사는 게 낫겠다고 하더군요. 그래도 외지에 살면서 고향에 집 짓는 건 돌아갈 곳이 있어야 해서예요.

우리 같은 사람들의 미래는 어떻게 될까요? 도시에 남을까요, 고향에 돌아갈까요? 도시에서 우릴 받아 준다면 도시에 있겠죠. 그런데 받아 주지 않는다면 고향으로 돌아가는 게 나아요. 땅도 있고, 생활도 보장되니까요.

사천성 인수현 감자진 반죽촌

2010년 9월 반죽촌에 가기 위해 우선 북경에서 비행기로 성도成都에 가서 인수로 가는 시외버스를 탔다. 한참을 잘 닦인 고속도로를 달려 인수에 도착한 뒤 다시 진으로 가는 시외버스로 갈아탔는데, 산길은 많았지만 도로 상황은 양호했다. 반죽촌은 도로변에 위치해 있다. 하지만 도로에서 마을로 들어가는 길은 다지지 않은 좁은 흙길에다 산세가 험준해 비가 오는 날이면 다니기 힘들다.

마을의 어느 집 지붕에 올라 아래를 내려다보니 논밭이 조그만 덩어리들로 이루어져 있고, 논밭 사이에 갓 지은 다층 주택이 솟아 있다. 보통 3~4층 높이의 주택들이다. 이렇게 우뚝 솟은 다층 주택 옆으로 구불

구불한 진흙길이 펼쳐져 있고, 논밭이 굴곡을 이루며 주변을 둘러싸고 있다. 그리고 멀지 않은 곳에 보이는 오래된 집이 다층 주택과 선명한 대비를 이룬다.

60세까지만 일할 거야: 주일의 이야기

전 마흔에 외지로 나가 품팔이를 시작했어요. 그 전에는 고향에서 농사만 지었죠. 아내는 저보다 먼저 외지로 나가서 품팔이를 20여 년 했죠. 우리 가족은 같은 공장에서 일했어요. 광주 신당新唐에 있는 아주 큰 의류공장이었죠. 전 기술이 있어서 월급도 많았어요. 한 달에 3000~4000위안 정도. 딸은 거기서 2년 정도 일했는데, 그 아이도 기술이 좋아서 한 달에 4000위안 정도 받았고요. 나중에 아들 내외도 함께 일했어요. 큰아들 기술이 가장 뛰어났죠. 그 아이는 패턴사pattern maker라 월급이 높았어요. 며느리 월급은 2000위안 정도였고요. 둘째 아들 내외는 아들을 낳고 지금은 집에서 쉬고 있어요. 큰 며느리는 아이 낳고 2년간 집에 있다가 다시 외지로 나갔고요. 그래서 제 아내가 손자를 돌보죠.

작년(2009년) 3월쯤 일을 그만두고 고향에 와서 집을 짓고 있어요. 3개월 남짓 공사를 했는데, 10여 명을 고용했죠. 4층 집인데, 인건비 3만 위안에 재료비가 14만 위안 들었어요. 품팔이로 번 돈을 한 번에 다 쓴 거죠. 딸이랑 둘째 아들도 각각 1만 위안 정도 보탰어요. 나머지는 우리 부부가 부담했고요. 이 집은 큰아들 몫도 있는데, 그 아이도 나중에 돈이 생기면 보탤 거예요. 여긴 집집마다 마찬가지 상황이에요. 집을 짓지 않는 사람이 없죠. 우리 집은 우리가 갖고 있던 논에 지은 거예요. 옛날 집도 아직 있는데, 어머니가 거기 사시죠.

저와 아내가 귀향하면 5000~6000위안 정도가 손해예요. 우리 공장은 사직서 수리가 안 되면 월급을 포기하고 떠나야 해요. 그래서 전 사표가 수리될 때까지 기다렸죠. 좀 지나면 다시 공장으로 돌아갈 거예요. 60세까지 몇 년 더 일하려고요. 돈을 벌어 놔야 하니까요.

노인을 위한 신농촌 건설

주일과 신농촌 건설에 관한 이야기를 나눴다.

−20년 후엔 마을이 어떻게 변할까요?

아마 큰 변화가 있을 겁니다. 지금 신농촌이라는 걸 한다며 모두 모여 계획 중이잖아요.

−그러면, 당신의 집짓기가 헛수고가 되는 것 아닌가요?

이곳은 그렇지 않아요. 제가 집 짓는 곳도 그 계획지에 포함되는데, 그래도 손해 보진 않을 거예요. 이사를 하게 되면 반드시 보상해 줄 테니까요.

−신농촌 건설이 좋긴 한데, 그때의 마을은 어떤 모습일까요? 지금처럼 노인과 아이만 남는 건 아닐까요?

그땐 분명히 노인 인구가 많겠죠. 그런 점에서 신농촌이란 건 노인과 아이들을 위한 계획이죠.

400여㎡의 집에 둘만 살아: 임○○ 할머니의 이야기

반죽촌 논 사이에 있는 임⚹○○ 할머니 집은 유달리 크고 예쁘다. 4층 집으로, 바닥엔 타일이 깔려 있다. 각 층마다 물을 대서 화장실을 만들었는데, 매우 호화롭게 꾸며져 있다. 2층과 3층에는 욕실이 있으며, 옥상에 태양열 온수기를 설치해 뜨거운 물이 콸콸 나온다. 2층 응접실에는 마호가니 목제 가구가 있고, 침실에도 마호가니 침대가 놓여 있다. 낡은 2인용 침대가 있는 침실이 한 곳 더 있는데, 할머니는 평소에 손녀와 함께 이 낡은 침대에서 잔다. 인테리어는 모두 마친 상태지만 방은 대부분 비어 있고, 가구도 2층에만 있다. 4층짜리 집에 할머니와 손녀 둘만 사니 집이 휑하다. 외지에서 일하는 할머니의 아들은 소규모 하청공장의 작업반장이라고 했다.

내가 여든한 살이야. 남편은 30년 전쯤 먼저 갔어. 자식은 아들 하나 딸 넷이고. 아들은 마흔인데, 며느리랑 같이 품팔이를 해. 아들 내외에겐 아들 둘 딸 하나가 있지. 손자 둘은 아들 내외가 데리고 있고, 열 살짜리 손녀는 여기서 학교에 다녀. 다들 외지에 나가 일하고, 나랑 손녀 둘이서 사는 거야. 이 집은 아들이 번 돈으로 지었어. 20만 위안 정도 들었는데, 그간 품팔이해서 번 돈을 다 여기에 썼어. 빚도 몇 만 위안 졌고. 집도 다 지어 놨으니 두 손자가 결혼하더라도 따로 집을 짓진 않아도 돼. 우리 집엔 4명 몫의 땅이 있는데, 다른 사람들한테 농사지으라고 다 빌려줬어.

■ 반죽촌 논 사이에 우뚝 솟은 임 할머니의 새집

새집은 그저 창고일 뿐

2010년 9월 2일 구○○ 부부를 만났다. 그들은 아들 집 바로 옆에 붙은 옛날 집에서 산다. 아들의 4층짜리 새집은 외벽에 타일을 붙였을 뿐, 내부 인테리어가 거의 되어 있지 않아 바닥과 벽면에 석회가 그대로 노출되어 있다. 계단과 집 사이에 틈이 벌어진 것을 보니 매우 조잡하게 지어진 듯했다. 집안에 화장실이 있지만 잡동사니가 쌓여 있어 집 밖의 간이 화장실을 써야 한다. 방 한 칸에만 바닥재가 깔려 있고, 텔레비전과 나무 의자 1개만 놓여 있다. 집 어디에도 마땅한 가구나 시설이 없어 식사 준비도 옛날 집의 어두운 부뚜막에서 해야 하며, 물은 산 위에서 길어와야 한다.

32세인 큰딸 부부는 광동성 광주시에 나가 품팔이를 합니다. 딸 둘, 아들 하나를 다 데리고 있어요. 큰 손녀는 아홉 살, 둘째 손녀는 다섯 살, 그리고 막내 손자는 두 살 좀 넘었어요. 둘째 손녀는 두 살 반 때부터 올해(2010년)까지 우리가 보살피다가 7월 11일 광주로 갔어요. 우린 돈이 없어서 열일곱 살 때부터 외지에 나가 일한 큰딸에게 의지할 수밖에 없었어요.

큰아들은 25세이고, 중학교까지 나왔어요. 지금은 중경에서 전기공으로 일하는데, 아직 결혼은 안했어요. 둘째 아들은 광동에서 선반 일을 해요. 일한 지 9개월 됐는데, 공장에서 임금을 계속 안

■ 집 앞에 서 있는 임 할머니

■ 곳곳이 텅 빈 400여㎡의 집

준대요. 1년을 일해야 임금이 나온다나 봐요. 아들 둘 다 아직 사귀는 사람이 없어요. 여자들 눈에 우리 집 애들이 성에 안 차겠죠. 예물을 1000위안 넘게 준 여자도 있었는데, 우리 아들이 마음에 안 든다며 돈을 돌려보냈더라고요.

자식들은 우리에게 돈을 부치지 않아요. 집을 짓고 나서는 더 이상 주지 않죠. 설에 집에 와서도 안 주고요. 전에는 큰딸이 아이 맡겼을 때 주곤 했는데 그것도 이젠 안 줘요.

이 집 1층은 10년 전쯤 지은 거예요. 1만 위안 정도 들었어요. 거의 우리 부부가 냈죠. 2, 3층은 3~4년 전에 큰아들 돈으로 지었는데, 3만 위안 정도 들었어요.

2) 아들의 결혼을 위한 품팔이 노동

농촌 출신의 남자가 진에 집이 없으면 맞선조차 보기 어렵다. 50세가 넘은 부모가 외지에서 품팔이를 하는 이유는 그래야만 진에 있는 집을 살 수 있고, 아들의 결혼 상대를 찾는 데 도움을 줄 수 있기 때문이다. 하지만 부모가 진에 집을 산다 하더라도 젊은 사람들은 그곳에 살기 싫어한다. 촌구석으로 돌아갈 생각이 없는 데다 마땅한 일자리를 찾기도 힘들기 때문이다. 따라서 진에 있는 새집은 일종의 의례에 불과하며, 맞선을 보기 위한 자격일 뿐이다.

2010년 11월 심천에서 왕경을 만나 이야기를 들었다. 그녀는 어릴 때 잔류 아동이었다. 고등학교 때 좋은 선생님을 만나 그 집에서 머물며 비교적 안정된 생활을 할 수 있었다. 대입 시험을 앞두고 어머니가 돌아와 1년간 함께 살았다. 학력이 좋은 그녀는 대학 졸업 후 심천에서 좋은 일자리를 얻었다. 그녀의 남동생은 잔류 아동으로 지내다가 나중에 부모를 따라가 함께 지냈다. 하지만 일찍 학업을 포기하고 지금은 품팔이 노동자다. 그녀의 부모는 남동생을 위해 15만 위안을 들여 진에 집을 샀다. 그녀도 비용을 보탰다. 그녀는 남동생의 결혼 상대를 구하기 위해서는 어쩔 수 없다고 했다.

■
반죽촌 논 사이에 선 구○○ 부부

■
유일하게 가구가 놓인 3층 방

■
창고로만 쓰이는 새집

고향집은 오랫동안 사람이 살지 않아서 주저앉았어요. 그래서 진에 집 사는 데 15만 위안 정도 들었고, 인테리어 하려면 돈이 더 들어요. 일부는 이미 지불했고, 앞으로 저도 돈을 더 내야 해요. 모자라면 친척들에게 좀 빌려야죠. 남동생 때문에 이 집을 살 수밖에 없었어요. 결혼 상대를 찾아야 하니까요.

왕경의 아버지는 자신의 경험담을 들려줬다.

아마 1992년이었을 거예요. 친척 소개로 의창이라는 곳에 가서 품팔이 노동을 했어요. 그전엔 정말 가난했죠. 1년 내내 고생해도 남는 돈이 없고, 오히려 빚을 지기도 했어요. 그래서 다 같이 의창으로 간 거예요. 처음에는 탄광에서 일했어요. 나중에 보니 연탄 장사가 참 잘 되더라고요. 그래서 식당에 연탄 공급하는 일을 시작했죠. 연탄 장사로 돈을 좀 모을 수 있었어요. 당시 10만 위안 정도 모았죠. 그때 진에 집을 샀으면 좋았을 텐데, 여행사에 투자했다가 친구에게 사기를 당했어요. 10년간 모은 돈을 한방에 날리고 빈털터리가 됐어요. 왕경이 대학 다닐 때는 모아 둔 돈이 하나도 없었어요. 연탄 때는 집이 갈수록 줄어 장사가 안 돼서 사람들을 따라 혜주 가구공장에 들어갔어요. 그런데 공장에서 일해 본 적이 없고 자유롭게 일하는 게 습관이 돼서 매일매일 통제받는 게 적응이 안 되더라고요. 1년 정도 일하니 더 하기 싫어졌어요.

당시 마을사람 상당수가 강소에서 주택 철거 일을 했는데, 돈을 꽤 번다는 거예요. 힘들다곤 하지만 한번 해보고 싶었어요. 처음에는

■ 주저앉은 왕경의 고향집

■ 이 중 1채가 왕경의 남동생을 위해 구입한 진의 새집이다.

여름철 땡볕에서 일하는 게 적응이 안 됐어요. 그래도 점차 적응을 해나갔죠. 임금도 괜찮았어요. 하루에 적어도 100위안 정도 벌 수 있으니까요. 둘이서 하루에 200위안 정도 벌었죠. 마을사람들과 같이 일하니까 서로 보살펴 주기도 하고 좋았어요. 그래서 요 몇 년간 줄곧 강소에서 일해요. 지금은 완전히 적응했고, 매년 고향으로 가 설을 보내요.

올해는 아들도 같이 왔어요. 얼마 전부터 사귀기 시작한 여자 친구와 함께 왔어요. 둘은 올해(2010년) 1월 24일에 약혼해요. 아들이 하루빨리 결혼해야 마음이 놓일 것 같아요. 둘이 같이 지내게 하다가 결혼 날짜도 얼른 잡으려고요.

3) 자녀 교육을 위한 품팔이 노동

외지에서 품팔이 노동을 하는 부모가 진에 있는 집을 임대하고, 거기서 학교에 다니는 아이들을 조부모가 돌보게 하는 상황이 흔하다. 어떤 가구는 나중에 자신들이 살기 위해 진에 집을 사기도 한다. 현재 진의 집값은 매우 비싼데, 조사 결과 15만 위안 이하의 집이 거의 없다. 그래서 품팔이가 이곳에 집을 사면 빚을 갚기 위해 계속 일할 수밖에 없다. 또한, 진의 새집에서 아이와 함께 살고 싶어도 진에서는 일자리를 얻기가 어렵고, 장사를 하고 싶어도 경쟁이 치열해 그럴 수가 없다.

빚을 내면서까지 늙어서 살 집을 구입하는 것은 낭비일 뿐 아니라 불확실한 미래다. 수십 년 전에 구입한 집에 정말 살 수 있을지도 모르고, 시간이 흘러 그곳이 어떻게 변할지 모르기 때문이다.

다음은 아이를 진의 학교에 보내기 위해 품팔이를 하는 왕복련 일가의 이야기다. 2010년 11월 14일 동관에서 품팔이를 하는 왕개신, 왕복련, 하옥청을 만났다. 그들이 사는 곳은 전형적인 '밀집형 빌딩'이다. 집은 매우 좁고, 침대 하나가 방 전체를 거의 다 차지한다. 화장실이 있지만 매우 작아서 덩치 큰 사람은 비집고 들어가야 할 정도다.

왕복련의 고향 홍양촌은 매우 구석진 곳이라 진에도 버스가 없어 현까지 3시간이나 나와야 한다. 대다수 품팔이가 이런 곳에 집을 짓는다. 마을사람 중 수십 가구는 진에 집을 사 놓기도 했다.

북경에서 홍양촌까지는 매우 멀다. 우선 20시간 동안 기차를 타고 의

창으로 간 다음 의창에서 봉절까지 3시간 동안 쾌속 페리를 타야 한다. 다시 봉절에서 청룡진까지 2시간 정도 버스를 타고, 거기서 홍양촌까지는 버스가 없어 50위안 정도 들여 따로 차를 대절해야 한다.

왕복련의 아버지는 57세다. 40대에 언덕에서 넘어져 장애인이 됐다. 지금도 허벅지에 철심을 박은 상태며, 걸을 수는 있지만 절뚝거린다. 2009년에 동관에서 청소부 생활을 했는데, 하루에 80위안을 받았다. 매일 일이 있는 것은 아니어서 한 달에 약 950위안을 벌었다. 왕복련의 어머니는 54세다. 고향에서 다섯 살 손자를 돌본다. 고향집은 지은 지 50여 년이 되었다. 32세인 누나는 남편이 광산 사고로 숨졌는데, 배상금이 20만 위안 가까이 됐다. 왕복련은 30세로, 아내와 함께 동관의 공장에서 품팔이 노동을 한다. 그는 10여 년의 품팔이 생활 중 처음 3년간은 일자리를 여러 번 바꿨다. 그 후 서아舒雅 공장에 들어가 지금까지 7년 넘게 일하고 있다.

지난 해(2009년) 12월쯤 청룡진에 집을 샀어요. 상가주택이죠. 크기가 112㎡ 정도 되는데, 1층은 상점이고요. 지금 4만 위안의 계약금만 지불한 상태인데, 곧 5만 위안의 중도금을 내야 해요. 열쇠 받을 때 나머지를 지불해야 하고요. 다 합쳐서 15만 위안 정도 필요할 겁니다. 돈이 부족하면 친척이나 친구들에게 빌려야죠. 집은 아이들 때문에 샀어요. 시골은 길이 안 좋아서 여러 가지로 불편하죠. 전 2년 정도 더 일하다가 진으로 와서 장사를 하고 싶어요. 하지만 구체적으로 뭘 할지는 생각해 보지 않았어요.

왕복련의 부인 하옥청은 25세로, 귀주 출신이다. 놀기를 좋아해 중학교 2학년 때 중퇴하고, 18세 때부터 외지로 나와 품팔이를 했다.

밖으로 나돌던 2004년에 그 사람을 만났어요. 당시 저희 부모님은 반대했고, 그 사람 집에선 찬성했어요. 지금이야 애가 있으니 저희 부모님도 마음을 바꾸셨죠. 저희 부부는 귀주에 세 번 가봤어요. 눈사태가 있던 해에 아이를 데리고 가는데, 아이를 업고 종일 걸었죠. 운 좋게 만난 대학생 몇 명이 아이를 업어 줘서 같이 걸었어요. 참 즐거웠어요.

2005년에 동관에서 아이를 낳았는데, 한 살이 넘어서야 혼인신고를 했어요. 아이를 호적에 올려야 하니까요. 임신하고 1년간은 출근을 못했어요. 아이 낳는 데 돈이 많이 들진 않았어요. 고향 사람이 소개해 준 산파를 불러 집에서 낳았거든요. 원래는 300위안인데, 아들을 낳으니 600위안을 받겠다고 하더라고요. 뭐, 줄 수밖에 없었죠. 병원에 가서 낳으면 몇 천 위안이니까요. 게다가 제왕절개를 하면 7000~8000위안은 들 거예요. 아이 낳고는 시어머니가 이곳으로 와 조리를 해줬죠. 3개월 됐을 때 시어머니가 아이를 시골로 데려가셨어요. 아이를 못 본 지 벌써 2년이 다 됐네요. 시골에 한 번 다녀오려면 교통비가 너무 많이 들거든요. 왕복 1000위안 정도 들어요. 공장에 휴가 내기도 쉽지 않고요.

청룡진에 있는 새집 인테리어가 끝나면 저 혼자 돌아가서 아이를 돌보려고요. 거기 초등학교에 보낼까 하거든요. 지금은 시골에서 유치원에 다니는데, 한 학기에 275위안이 들어요. 아이와 시어머니

가 자주 몸이 아파 일주일에 여러 번 전화해요. 그래서 이곳으로
아이를 데려올까도 생각해 봤죠. 그런데 여긴 생활비랑 교육비가
너무 비싸요. 시어머니도 이곳으로 오시려 하지 않고요. 적응도 안
되고, 광동에 와 있으면 시골집이 무너져 내릴까봐 걱정된대요. 그
집은 50년 정도 된 흙집인데, 곧 무너질 것처럼 정말 낡았어요.

돈만 있으면 지금이라도 바로 돌아갈 수 있어요. 그런데 밑천이 있
어야 장사라도 하죠. 새집은 건물 1층이 상점이고, 위층이 주택인
데, 개발상과 정부가 합작해 만든 거예요. 집의 재산권은 아직 불
분명하지만, 정부가 개발상에게 공공시설을 지으라고 한 거라 큰
문제는 없을 거예요. 이제 진에 집을 사고 재산권 등록을 하면, 농
촌의 토지를 회수해 간다고 하더군요. 구체적으로 어떻게 될지는
아직 몰라요. 나중에 알게 되겠죠.

청룽진은 아주 작아요. 농업 중심이고, 공업은 거의 없어요. 현급
시내로 가려면 3시간 정도 걸려요.

왕복련의 어머니 송금영의 이야기를 들어봤다.

손주가 이제 다섯 살이에요. 마을 유치원에 다니는데, 아침 7시쯤
유치원에 데려다주고 오후 1시에 집으로 데려옵니다. 유치원에 안
가는 주말이면 농사일 하는 데 애를 데려가고요.

아이는 제 아빠만 보고 싶어 해요. 엄마보다 아빠가 전화를 자주
하거든요. 원래는 작은아들이 광동으로 오라고 했죠. 거기서 아이
학교도 보내자고요. 하지만 전 며느리랑 사이가 안 좋아질까 봐 못

가겠어요. 그럼 성가시잖아요. 제가 시골에 있는 게 더 좋아요. 내 년엔 작은아들 새집에 들어갈 수 있을 텐데, 전 가지 않으려고요. 아이는 며느리가 와서 보면 되죠. 전 시골에서 우리 가족 먹을 채소나 곡식을 심을 거예요. 그럼 돈 주고 사 먹지 않아도 되잖아요. 지금 사는 흙집은 아버지가 물려주신 거예요. 원래 벽돌집이 흙집보다 더 덥지만, 요즘은 흙집 짓는 사람이 없더라고요. 집이 낡아서 비가 오면 물이 새곤 했는데, 작년에 300위안 정도 들여 기와를 새로 했어요.

2. 불확실한 삶

사람은 일생 동안 많은 변화를 경험하기 마련이다. 그 변화에는 능동적인 것들도 있고, 수동적인 것들도 있다. 중국 사회의 급속한 변화와 발전은 농촌으로부터 도시로의 거대한 이동을 초래했고, '도시에서 버틸 수 없고, 농촌으로 돌아갈 수 없는' 상황에서 품팔이의 생활은 매우 불확실하다. 이에 일자리와 거주지, 아이들의 거처가 불안정하며, 여성은 어린 자녀를 돌볼지 외지로 나가 품팔이를 할지 선택해야 한다. 이러한 상황에서 더 나은 삶을 위한 전망은 보이지 않고, 혼돈 속에서 몸부림친다.

1) 중요한 것이 첫 번째는 아니다

품팔이 노동자들과 이야기를 나눠 보면, 이들에게 가장 중요한 것은 바로 자녀다. 그들이 힘들게 노동을 하는 것도 다 자녀에게 좋은 조건을 만들어 주기 위함이다. 그러나 현실적으로 수많은 품팔이가 아이를 고향집에 남겨 놓을 수밖에 없으며, 아이와 함께 살거나 돌볼 수 없는 처지다. 따라서 이는 그들에게 매우 모순적이고 고민스러운 부분이다. 품팔이는 자신이 가장 중요하다고 생각하는 일을 할 수 없다. 이에 그들이 번 돈으로 가족의 생계를 유지하고 집을 짓는 것이 최우선이 된다.

2010년 11월 10일 동관에서 품팔이 노동자 류진란을 만나 지금 가장 중요한 게 무엇인지 물었다.

> 아이가 가장 중요하죠. 아직 어려서인지 지금은 아이 생각밖에 없어요. 설날 전까지만 여기서 일하고 고향으로 돌아가려고요. 이번에 돌아가면 고향에서 일자리를 얻고 싶어요. 아이를 돌보려면 더 이상 외지에 나가 있음 안 되는데, 그래도 집을 지으려면 다시 나와 일해야겠죠. 외지에서의 임금이 더 높으니까요. 현재로선 외지에서의 삶이 10년까지 걸리진 않을 것 같아요. 저 혼자 돈 버는 건 아니니까요. 남편도 함께 벌어야죠.

2011년 초 류진란의 상황이 어떻게 변했는지 알아봤다. 그녀는 결국 고향집에 남아 아이를 돌볼 수 없었으며, 다시 동관으로 나가 품팔이 노동을 하고 있다.

2) 계획은 변화를 따라잡지 못한다

노동자는 생활과 일에 대해 나름의 생각과 기대를 가진다. 그러나 현실은 그 실현을 불가능하게 하며, 그 거리감은 점점 커진다. 결국, 눈앞의 계획은 쓸모없는 것이 된다. 그들 스스로는 객관적 조건의 제약을 극

복할 수 없기 때문이다.

2010년 11월 11일 동관에서 정운(程雲, 청원)을 만났다. 그녀는 1973년
생(당시 37세)이며, 고등학교 졸업 후부터 15년째 품팔이를 하고 있다. 다
섯 살 연하인 남편은 그녀와 동향인이다. 지금은 다섯 살짜리 아들과 함
께 동관에서 산다. 남편은 공장에서 일하고, 그녀는 아이를 돌보면서 주
택을 관리하며 약간의 돈을 번다. 부부에게 미래 계획을 물었다.

> 저희는 줄곧 계획이 변화를 따라가지 못하는 삶을 살았어요. 매번
> 계획은 있었는데, 그대로 되진 않았죠. 이제는 계획이라고 할 것도
> 없어요. 계속 품팔이 노동을 할 수만 있다면 좋겠어요. 그럴 수 없
> 다면 고향에 돌아가 농사를 지어야겠죠. 농사를 지어 본 적은 없지
> 만, 해 봐야죠. 20년 후엔… 잘되면 도시에서 살 거고, 아니면 고
> 향에서 살겠죠. 준의현에서요. 하지만 산골로 돌아가고 싶진 않아
> 요. 아이 교육 차원에서 보면, 산골 아이들은 도시 아이들과 비교
> 했을 때 출발점 자체가 다르니까요.

3) 도시와 농촌 사이의 진퇴양난

품팔이는 도시에서 뿌리내리기가 아주 어렵다. 하지만 그들은 도시에
서 발전을 도모하고 품팔이 노동으로 생계를 유지해야 한다. 그들의 일,
생각, 소비는 도시화됐지만, 그들의 임금, 생활환경, 사회보장은 도시화
되지 않았다. 그들은 나중에 고향으로 돌아갈 생각을 버리지 않으며, 눈
앞의 이익에 급급한 기업과 사회는 품팔이의 사회적 비용을 감당하려
하지 않는다.

여기서는 세 가지 서로 다른 이야기를 소개하려 한다. 동관에서 품팔이 노동을 하는 진만현은 고향인 중경시의 진에 집을 마련했다. 그녀는 집을 사기 위해 친척과 친구들에게 약 10만 위안을 빌렸다. 그래서 그녀는 도시에서 품팔이 노동을 계속해야만 한다. 한편, 중경시에서 품팔이 노동을 하는 유격은 고향에 집 지을 생각도 진의 집을 살 생각도 없다고 한다. 고향에 돌아가지 않을 것이기 때문이다. 자신의 딸들 또한 언젠가 고향에 돌아가 살게 될 것이라 생각하지 않는다. 비록 평생 일해도 도시에서 집 살 돈을 벌지 못할 것을 알지만, 그녀는 여전히 도시에 기반을 마련하고 싶다. 동관에서 품팔이 노동을 하는 웅대의는 도시에서 계속 살기 위해 품팔이를 하며 줄곧 사회보험료를 냈다. 하지만 도시에서 살지 못하게 돼 고향으로 돌아갔을 때를 대비해 고향인 중경시에서 집을 샀다.

진만현의 이야기

2010년 11월 14일 동관에서 진만현을 만났다.

> 올해(2010년) 10월경 토상진에 집을 샀어요. 다해서 22만 위안 정도 들었어요. 친척과 친구들에게도 좀 빌렸고요. 저희 돈은 10만 위안 정도 들었고, 나머지는 다 빌린 거예요. 결혼한 지 벌써 13년이 됐는데, 집에 가서 설을 지낸 건 두 번뿐이에요. 상황이 되면 지금이라도 고향에 가고 싶어요. 문제는 돌아가서 뭘 해야 할지 모르겠다는 거죠. 저희 집 옆에도 간식거리를 팔거나 장사하는 사람들이 많이 늘었어요. 소규모 자영업도 쉽지 않죠.

유격의 이야기

2010년 9월 6일 중경시에서 유격을 만났다.

> 고향에 집 지을 생각은 아직 안 해봤어요. 짓는다 해도 다 늙어 들어가 사는 거니까 지금은 쓸모없어요. 저는 집 지은 사람들이 부럽지 않아요. 고향에 집 짓는 것도, 읍내에 집 사는 것도 별로예요. 수중에 그만한 돈이 없는 건 둘째 치고, 있다고 해도 10~20만 위안이나 써서 읍내에 집을 사진 않을 거예요. 사봐야 무슨 소용이 있어요? 거기엔 아무 것도 없고, 할 일도 없어요. 환경이 좋든 나쁘든 전 여기에 정착하고 싶어요.

웅대의의 이야기

웅대의는 아내와 함께 동관에서 품팔이를 한다. 두 딸은 고향 현에 사놓은 집에서 조부모가 돌본다. 그의 처지는 앞선 두 사람보다 낫지만, 그래도 미래가 불확실한 건 그들과 다르지 않다.

> 우선은 두 딸을 잘 키워야죠. 그래서 애들 스스로 돈을 벌도록 할 거예요. 전 사회보험을 든 지 한참 됐어요. 언젠가 고향에 돌아가 농사를 지을 수도 있어요. 계속 살고 싶은 곳이야 아무래도 도시보단 고향이죠. 여기서 우린 늘 외지인이거든요. 지금은 저희를 예전처럼 우습게 보진 않지만요. 미래에 대해 큰 걱정은 없습니다. 보험도 있고, 고향에 집과 땅도 있으니까요. 나중에 정말 방법이 없으면 고향에 돌아가면 돼요.

[표26] 귀주성 준의현 출신인 동관 품팔이 노동자의 주택 구입 및 건축 현황

이름	품팔이 노동	주택 구입
류진란(여), 26세	외지 품팔이 10년. 현재 동관 신발공장에서 일함	친정 부모가 고향 신민진에 주택 부지를 사 둠. 번 돈과 대출을 합해 집 지을 준비 중
속말리(여), 27세	외지 품팔이 11년. 현재 동관에 거주. 남편은 공장에서 일하고, 자신은 아이를 돌봄	집을 짓거나 사기 위해 돈을 벌고 있음. 장소는 아직 정하지 않았으며, 이후 귀향해 살 예정
왕가(여), 30세	외지 품팔이 12년. 현재 동관의 일본 기업에서 일함	시댁 부모가 남편 고향인 신민진에 주택 부지 구매. 본인은 생각이 없으나 시어머니와 남편은 집을 지을 계획
유해도(남), 29세	외지 품팔이 13년. 현재 동관에서 일함	고향집은 비어 있고, 새집을 짓거나 사지 않음. 이후 중경으로 돌아가길 바라지만 미래가 불확실함
정운(여), 37세	외지 품팔이 15년. 현재 동관에 거주. 남편은 공장에서 일하고, 자신은 아이를 돌보면서 주택 관리를 해 약간의 돈을 벌고 있음	아직 집을 짓거나 사지 않음. 미래에 준의로 돌아가길 바람
왕력(남), 37세	외지 품팔이 20년. 동관에서 고향 상계진으로 돌아온 지 얼마 안 됨	품팔이 노동 중 상해를 입어 받은 보상금으로 2010년 상계진의 주택 구입. 집값 15만 위안, 인테리어 2만 위안 지출. 그 외 6만 위안의 빚이 있음

[표27] 중경시 봉절현 출신인 동관 품팔이 노동자의 주택 구입 및 건축 현황

이름	품팔이 노동	주택 구입
진만현(여), 34세	외지 품팔이 14년. 현재 동관에서 남편과 함께 일함	2010년 10월 고향 토상진에 22만 위안의 주택 구입. 4층집으로, 1층은 상점이고 3개 층은 주택. 한 층이 약 80㎡로, 자신들이 번 10여 만 위안과 친척과 친구들에게 빌린 돈으로 구입
왕복련(남), 30세	외지 품팔이 10년. 현재 동관에서 아내와 함께 서아공장에서 일함	2009년 12월 청룡진에 112㎡ 주택 구입. 1층이 상점인 상가주택. 현재 4만 위안의 계약금만 지불한 상태로, 곧 중도금 5만 위안과 잔금 15만 위안을 추가 지불해야 함. 돈이 부족할 경우 친척과 친구들에게 빌릴 수밖에 없음
왕동(남), 46세	외지 품팔이 18년. 현재 강소에서 아내와 함께 주택 철거 일을 함	2010년 청룡현에 15만 위안의 주택 구입. 인테리어를 할 경우 더 지출해야 함
왕개산(여), 36세	외지 품팔이 17년. 현재 동관에서 남편과 함께 일함	2005년 봉절현 진에 80㎡ 주택 구입. 인테리어 포함 약 8만 위안 지출. 현재 20만 위안 정도로 집값이 오름. 고향집은 6000위안에 마을사람에게 팔고, 땅과 두 칸짜리 집은 남겨 둠
왕개령(남), 37세	외지 품팔이 17년. 현재 동관에서 아내와 함께 품팔이	데릴사위. 2010년 아내의 고향인 중경시 만주구에 100여㎡ 주택 구입. 총 19만 위안 지출. 현재 3만5000위안 지불, 대출금은 매월 3000위안씩 갚아야 함
왕복란(여), 37세	외지 품팔이 17년. 현재 동관에서 남편과 함께 분식점 운영	1998년 청룡현에 주택 구입. 총 5만 위안 지출, 약간의 대출금

염명염(여), 40세	출산 이후 계속 몸이 아파 일을 하지 못함. 줄곧 남편에게 기대어 생활을 유지. 지난해 남편과 함께 동관으로 왔고, 남편은 외부에서, 본인은 일감을 받아 집에서 수공예 일을 함	2004년 고향에 마을사람 집 구입. 집값 2만 위안, 인테리어 1만6000위안 지출. 아무도 살지 않아 후회 중
왕개향(여), 43세	예전에는 남편과 외지에서 생활하면서 남편은 품팔이 노동을 하고, 자신은 아이를 돌보았음. 이후 자신은 동관에서 품팔이 노동을 하고, 남편은 고향에서 농사일 및 소 키우는 일을 한 지 8년 되었음	2000년 고향의 산중에 주택 건축. 현재 진에 있는 주택 구입 예정

[표28] 2010년 동관 전신전자 노동자의 주택 구입 및 건축 현황(N=34)

	인원	비율
심천에서 주택 구입	1	3%
고향의 진 또는 시내에 주택 구입	7	21%
고향 마을에 주택 건축	12	35%
주택 없음	14	41%

*전체 노동자 34명 중 남성 16명, 여성 18명이며, 평균 연령은 30세로 모두 기혼(조사자: 왕가)

제12장

파열된 사회

격리된 사회(도시와 농촌, 지역 혹은 국가 사이에서의 격리)에서의 차이는 사회적 파열과 정신적 억지臆持[104]를 형성하지 않는다. 이러한 조건에서는 사적 경험에 대한 종적 대비를 통해 시대와 자신의 변화를 느끼기 때문이다. 예를 들어 농촌에서 50~60대에게 현재 생활을 물으면, "지금은 좋아요. 교통도, 생활도 좋아졌죠. 자유롭기도 합니다. 심고 싶은 작물을 심을 수도 있고, 가고 싶은 곳에 갈 수도 있어요"라는 대답을 들을 수 있다. 혹은 다음과 같이 말하기도 한다. "과거엔 모두 평등했죠. 물건의 품질이나 가격을 믿을 수 있었어요. 하지만 지금은 그 어느 것도 믿을 수 없게 됐죠." 이러한 답변에서 우리는 시간에 따른 사회 변화가 개체에 준 영향을 확인할 수 있다.

그러나 인구 이동과 유동이 빈번히 지속되는 사회에서 사람들은 눈앞

---

104 필자는 이 연구에서 '정신적 억지'라는 개념을 창안했다. 한 사람의 신체와 생활이 처한 장소와 다른 곳에 그의 귀속감과 정신이 있고, 이 상태를 유지하는 정신적 지주 또한 다른 곳에 있으며, 현재 상태를 유지하는 동력이 이를 통해 실현될 수 없는 일종의 억측에서 발원한다는 것을 의미한다.

에 즉각 드러나는 횡적 대비를 통해 사회 속에서 자신의 위치를 감지하며 만족과 불만족을 느낀다. 도시의 부유층은 자가용을 타고, 우아한 주택에서 산다. 이곳에서 함께 사는 보모, 미화원, 경비원 등이 여러 가지 서비스를 제공한다. 그러나 이들은 지하실이나 비좁고 누추한 숙소에 산다. 이때 품팔이는 이 상황을 농촌 고향집과 비교하지 않는다. 오히려 눈앞에 보이는 생활환경 속에서 그 차이를 느낀다. 똑같은 공간이지만 생활에서는 큰 차이가 있는데, 이러한 사회적 차이는 직접적으로 파열된 사회를 만들고, 불평등한 지위에 있는 사람들을 분열된 상태에 놓이게 한다. 이는 사회적 징후이지 개인의 문제가 아니다.

2002년 손립평(孫立平, 쑨리핑) 교수는 '파열된 사회'[105]라는 개념을 제기한 바 있다. 그는 "파열된 사회는 사회가 두 부분이 아니라 여러 부분으로 조각나 있음을 말한다. 파열된 사회에서 서로 다른 부분은 완전히 다른 시대에 놓여 있다. 그들 사이에는 전체로서의 사회를 형성할 방도 또한 없다. 다시 말해 전체 사회가 분열된 것이다"라고 지적한다. 이 장의 전반부 두 절은 파열된 사회가 품팔이 집단에 미친 직접적인 영향을 논의하고, 후반부 두 절은 파열된 사회가 품팔이의 물질생활과 정신적 귀속감에 길 잃음을 초래한 이유를 다룰 것이다.

1. 3세대와 3개의 세계

2011년 11월 15일 동관에서 왕개력(王開力, 왕카이리)과 그의 아내 염명염, 아들 왕도를 만났다. 그리고 2011년 11월 21일 중경시 봉절현 청룡

<hr>

105 孫立平, "我們在開始面對一個斷裂的社會?", 360doc個人圖書館網站.
　　(http://www.360doc.com/content/07/0104/14/16099_318139.shtml)

진 홍양촌에서 그의 어머니 양연청(梁延青, 량옌칭)을 인터뷰했다. 이 가족의 삼대는 다음과 같이 정리할 수 있다.

1세대는 '순수한 농민'이다. 양연청은 72세로, 전형적인 농촌 여성이다. 가장 멀리 가 본 곳이 진이며, 도시 생활에 익숙하지 않아 그곳에 살고 싶어 하지도 않는다. 지난 수년간 그녀는 손자를 돌봤다. 현재 그녀는 고령임에도 자신이 할 수 있는 만큼 농사일을 한다.

2세대는 '도시와 농촌 사이에 낀 세대'다. 왕개력과 염명염은 농사일을 해본 경험이 있지만, 외지에서 품팔이로 생계를 유지하는 것이 현재의 생활방식이다. 농촌의 고향집은 빈집이 되었다. 그들은 늙어서 일할 수 없을 때가 되면, 고향의 빈집으로 돌아가 노후를 보내려 한다.

3세대는 '도시에서 길을 잃은 세대'다. 왕도는 학교를 중퇴하고 외지에서 품팔이를 한다. 그는 농촌에서 농사일을 해 본 경험이 없다. 그의 일자리는 공업화의 일부이고, 생활방식은 오락과 소비주의의 일부이며, 발전의 꿈은 도시화의 일부다. 개인적·사회적 조건의 제약으로 그는 도시에서의 발전이 실현 불가능하다고 느낀다. 그러나 이것이 그가 도시에서 계속 품팔이하며 생활하는 것을 막지는 못한다.

이와 같은 세대 변화에서 생산력과 생산관계의 상호작용 및 생활방식에 대한 생산관계의 영향을 볼 수 있다. 첫째, 농업 생산에서 노동력은 과학기술의 도움으로 대규모 감소했으며, 고소득 농업이 가능한 시대로 진입했다(동시에 환경오염과 식품안전 위기를 초래했다). 이는 현재 농업이 적은 수의 사람과 노인에 의해 유지될 수 있도록 했다. 둘째, 새로운 과학기술 및 사무용품, 소비재 수요의 다양화가 공업화의 발전을 촉진했고, 공업 지역과 방대한 노동자 집단을 형성했으며, 품팔이 집단의 노동방식 및 생활방식을 만들어 냈다. 동시에 왕개력 가족과 같은 삼대 사이의 거대한 차이를 가져오기도 했다.

왕개력 가족의 전체 상황

양연청의 남편은 아들에게 화가 난다는 이유로 십여 년 전 농약을 먹고 자살했다. 그녀에게는 5명의 아들과 1명의 딸이 있다. 큰아들 왕개력은 46세로, 외지로 품팔이 나가기 전에는 고향에서 석탄을 캤다. 10여 년간 이 일을 하다가 2004년 탄광이 도산하면서 외지로 나갔고, 양연청이 큰손자 왕도를 돌봐 줬다.

둘째 아들은 44세로, 광동에서 품팔이한 지 6~7년 됐다. 현재 그의 가족은 광동 혜주에서 품팔이를 한다. 둘째 아들이 막 외지로 나갔을 때 양연청이 손자를 돌봐 주기도 했다. 2년 전 손자도 공부를 그만두고 외지로 나가 품팔이를 한다.

셋째 아들은 세상을 떠났다. 그는 죽기 전 진에 집을 사 뒀다. 양연청은 그의 아이도 돌봐 줬다.

서른 넘은 막내아들도 광동에서 일한다. 다른 아들들은 모두 결혼했고, 막내만 아직 결혼 전이다. 양연청은 막내가 부쳐 주는 돈으로 생활한다. 이 돈으로 화학비료를 사는데, 지출액은 일정하지 않다. 1년에 600위안 정도의 화학비료를 사야 하는데, 종자 등에 들어가는 비용을 합치면 1년에 1000위안 이상 든다. 몸이라도 아프면 1년에 몇 백 위안이 더 든다. 집에 있는 텔레비전, 세탁기, 오토바이 등은 모두 막내가 산 것이다. 그는 매년 설날 집에 와서 집안 어른들을 찾아뵙는데, 보통 한 달 정도 머물다 간다.

딸은 결혼해 산동으로 갔고, 2년 전 한 번 집에 왔다. 가끔 집에 돈을 부쳐준다.

양연청의 상황

양연청은 현재 자신의 생활에 대해 다음과 같이 말했다.

지금은 약 1묘의 밭과 0.5묘의 논에 농사를 지어요. 제가 직접 다 하죠. 평소엔 사람을 구할 수가 없어서 화학비료를 써 품을 줄여요. 분뇨를 지고 밭에 다닐 필요가 없으니까요. 예전엔 화학비료 같은 건 필요 없었어요. 보통 돼지 분뇨를 이고 가서 밭에 뿌렸죠. 그런데 지금은 마을에 노인들밖에 없으니 사람을 구할 수가 없어요. 힘이 없으니 혼자 천천히 할 수밖에요. 한 달에 100~200위안으로 국수랑 쌀도 사고, 전기세도 내야 해요.

전 다른 곳으로 가고 싶지 않아요. 계속 여기에 있을 겁니다. 일생 동안 가장 멀리 가 본 곳이 진이에요. 예전에 남편 살아 있을 때 1년에 한 번 정도 진에 갔죠. 전 학교에 다닌 적도 없어요. 그때 여자는 공부시키지 않았거든요. 학교도 별로 없었고, 해방되고 나서 생활이 많이 바뀌었죠. 해방 이전에는 늘 배가 고팠고, 생활도 힘들었어요. 나무껍질을 먹고살 정도로요. 예전에 집체 생산을 크게 했었는데, 그때도 배고팠어요. 집에 아이들이 너무 많아서 늘 생활이 힘들었죠. 1970년대 말에 막내아들 낳고 나서 생활이 조금씩 나아졌어요. 지금이야 형편이 좋죠. 생활, 교통, 정책도 좋아졌고요. 지금 나라에서 농업세를 거두지 않고, 게다가 1년에 80위안을 되돌려줘요. 1년에 600위안의 기초생활보장도 있고요. 모택동이 모든 인민을 해방시켰다고 생각합니다(이 집 벽에는 모택동 초상화가 붙어 있다). 그래서 모두가 좋다고 느끼죠. 현재 생활도 아주 만족하고요. 지금 사는 이 집은 약 10년 전에 지은 거예요. 넷째 아들과 막내가 같이 지었는데, 돈은 막내가 냈죠. 3만 위안 정도 들었을 거예요. 넷째 아들은 이 집 인테리어 비용으로 한 2만 위안 썼죠. 총 6만 위안쯤 들었어요. 그런데 지금은 이 집 지은 걸 후회합니다. 그냥 진에 집을 샀어야 했어요. 여기 집은 팔리지 않아요. 사려는 사람이 있어도 잘 받아 봐야 절반 가격밖에 못 받을 걸요.

왕개력의 상황

왕개력은 매일 저녁 8시 반까지 초과 근무를 한다. 그가 자신의 이야기를 들려줬다.

저는 초등학교 4학년까지만 다니고 집에서 농사를 지었어요. 그리고 1994년부터 11년 가까이 집 부근의 탄광에서 일하다가 2004년에 탄광이 부도나 그만뒀어요. 당시엔 집에서 살았는데, 보통 아침 7시 30분에 출근해서 오후 4시에 퇴근했습니다. 임금은 생산량에 따라 계산됐어요. 1994년에는 한 달에 500위안 정도 됐고, 2004년에는 한 달에 2000위안을 벌었죠. 특별한 일이 생길 때를 빼곤 거의 매일 출근했어요. 원래 거기는 삼협三峽감옥에 속한 탄광이라 수형자들이 채굴을 했었죠. 나중에 사기업이 탄광을 운영했는데, 다 불법이었어요. 당시엔 이런 탄광이 아주 많았는데, 이 지역 사람들이 다 거기서 일했어요.

2007년부터는 아내와 함께 강소로 가 철거 일을 했어요. 집 사면서 빚을 져서 돈을 벌어야 했거든요. 그러다 지난 해(2009년) 동관으로 왔어요. 지금 월급은 1300~1400위안 정도 돼요. 공장에 먼지가 너무 많아서 매일 마스크와 귀마개를 하고 출근해요. 지금 다니는 공장은 기본급이 920위안이고, 초과 근무 수당이 시간당 7.93위안이에요. 주말에는 시간당 10위안이 좀 넘습니다. 지난해 장안의 공장에서 주말 초과 근무는 1.5배로 계산했고, 올해부터는 2배로 계산하죠.

지금 여기서도 오래 일하진 않을 거예요. 마땅한 데가 있음 옮기려고요. 어제 동향 친구가 다니는 공장에 가 봤어요. 한 달에 2000위안 정도 준답니다. 성과제고요. 그래서 기회가 되면 거기 가려고요. 구체적인 계획은 없어요. 노동조건도 봐야 하고, 온도나 공기 같은 환경도 따져 봐야죠. 그 공장에 가 보진 못했지만, 어제 놀러간 김에 물어봤더니 친구가 자세히 얘기해 주더군요. 친구는 지난달에 22일 일해서 2400위안을 받았답니다. 원래는 어제 사촌(플라스틱공장에서 조장을 맡고 있는 왕개령)이 일하는 공장에 가서 사람을 구하는지 알아보려고 했거든요. 그런데 휴대폰이 꺼져 있어서 만나지 못했어요. 요즘은 주말에 출근할 필요가 없어요. 비수기거든요. 초과 근무를 안 하니 돈도 못 벌어요. 그래서 주말에 여기저기 가 보고 있어요.

나중엔 동관에 살지 않을 거예요. 여기선 집을 살 수 없어요. 조만간 고향으로 돌아가야죠. 집세가 한 달에 100위안인데 방이 너무 좁아요. 침대 하나만 겨우 놓을 수 있거든요. 몸집이 크면 몸을 뒤척이기도 힘듭니다. 취사도 밖에서 하고요. 이보다 좀 더 큰 방은 집세가 비싸요. 외지에선 절약을 해야 해요. 한 달 가스비가 30위안쯤 되고, 수도세랑 전기세가 20여 위안 정도 나와요. 그리고 두 사람 생활비까지 하면 대략 1000위안 정도 듭니다. 점심은 공장에서 먹고, 저녁은 집에 와서 먹죠. 다른 지출은 거의 없어요.

염명염의 상황

염명염과 만나는 날, 그녀는 마침 동관의 좁은 셋방에서 재택 부업을 하고 있었다. 그녀가 사는 셋방은 너무 작아서 겨우 침대 하나만 놓을 수 있고, 집안이 매우 어두워 낮에도 불을 켜야 한다. 전기세를 줄이려면 부업 일을 집 밖에서 해야 한다.

전 몸이 계속 안 좋아요. 아이 낳고서 생긴 병이에요. 지금은 오래 앉아 있거나 서 있지도 못하고, 잠을 오래 자지도 못하죠. 그래서 공장에선 일을 못하고 집에서 부업을 해요. 식구들 밥도 해주고요. 얼마 벌진 못해요. 휴대폰 장식품을 만드는데, 하루에 2000개를 만들어야 겨우 14위안이에요. 한 달에 500~600위안 정도 벌어요.

2004년에 고향에 집을 사느라 2만 위안을 썼죠. 예전 집은 단칸방이었는데, 정말이지 계속 살진 못하겠더라고요. 새로 산 집은 지은지 얼마 안 된 거예요. 집을 판 사람도 집 지을 때 진 빚 때문에 우리한테 판 거죠. 그 집 인테리어하는 데 1만6000위안이 또 들었죠. 지금은 집 산 걸 후회해요. 거기에 아무도 살지 않아 그냥 자물쇠로 잠가 놓았거든요. 아직도 1~2만 위안의 빚이 남았어요. 저축해 둔 1만7000여 위안 가운데 아들 교육비에 7000위안이 들었고, 남은 1만 위안은 강소에서 제 수술비로 써 버렸죠.

나중엔 여기 남지 않을 거예요. 여기선 절대 집을 살 수 없거든요. 조만간 고향으로 돌아가야겠죠.

왕도의 상황

1991년생인 왕도를 만나 이야기를 나눴다.

고등학교 2학년까지 다니고 외지로 나와 품팔이를 했어요. 처음엔 혜주의 둘째 숙부가 일하는 철물공장에 갔는데, 기본급이 770위안이었어요. 거긴 토요일에 근무해도 초과 근무 수당을 주지 않았어요. 평일에도 초과 근무가 많은 편이었죠. 월급은 1500위안 정도 받았고요. 직원이 수십 명 정도 되는 작은 공장이었는데, 4개월 일하고는 동관으로 왔어요.

사촌형 소개로 지금 다니는 동관 미태美泰공장에 들어왔죠. 이 공장은 만족스러워요. 주로 바비인형을 생산하는데, 월급이 2000위안 정도 되죠. 2교대이고, 아침 7시 30분에 출근해 저녁 6시에 퇴근합니다. 예전엔 직원이 1만6000명이었는데, 지금은 주문량이 줄어 8000명만 남았어요. 매주 일요일은 쉬고, 토요일엔 근무하는데 초과 근무 수당도 나와요. 제가 만드는 바비인형은 미국으로 팔려가는데, 비싼 건 7000달러 넘게 받죠. 요즘은 기술이 좋아서 카메

라나 액정 화면이 달린 것도 있어요. 불공평하다곤 생각하지 않아요. 어쩔 수 없죠. 대부분의 공장이 다 비슷해요. 우리 공장에선 이런 최고급 바비인형을 하루에 4000~5000개 만들어요. 그것보다 좀 저렴한 인형도 만들고요. 이 공장은 미국과 홍콩이 합자해 만든 거예요.

부모님께 매달 돈을 보내드리진 못해요. 가끔 옷을 사드리거나 전화요금을 내드리죠. 전 옷 사는 데만 한 달에 500위안 쓸 때도 있어요. 인터넷이나 운동하는 데에는 얼마 안 써요. 전화요금은 한 달에 100위안 좀 넘게 나오고요. 공장에서 살면 수도세와 전기세로 80위안, 생활비 180위안을 공제하죠. 예전엔 생활비만 280위안을 공제했어요. 공장 식당이 형편없어서 요즘은 밖에서 점심을 먹는데, 직원의 80%가 그래요. 요즘은 물가가 너무 비싸서 몇 명이서 밥 먹고 술 좀 마시면 200위안 정도 나와요. 한 달 생활비로 700~800위안 정도 쓰는 거예요.

전 상해를 좋아해요. 그래서 그쪽으로 가고 싶어요. 중경은 날씨가 안 좋아요. 동관은 재미가 없고, 임금도 많지 않죠. 전 장사를 하고 싶은데, 지금은 밑천이 없어요. 상해로 가게 되면 거기서 슈퍼마켓을 하고 싶어요. 그쪽은 발전 가능성이 커요.

2. 같은 세계, 다른 현실

소득이 한 사람의 삶의 질을 대변하지는 않지만, 소득 수준이 삶의 질에 있어 중요한 부분을 차지하기도 한다. 아래는 서로 다른 경로를 통해 서로 다른 그룹의 소득 상황을 조사한 것이다. 여기서는 품팔이의 평균 소득을 1748위안으로 상정해 비교했다. 이 수치는 중화전국총공회 〈2010년 기업의 신세대 농민공 현황 및 대책 건의〉에서 공표한 통계에 근거했다.[106] 이를 통해 알 수 있는 결론은 다음과 같다.

  - 품팔이의 소득은 농민의 소득에 비해 매우 높다. 조사 그룹 중 최저 소득인 사천 농민 부부의 경우, 1인당 월평균 소득이 광동 품팔이 소득의 12%다. 또, 최고 소득인 하남성 농촌 여성의 경우, 1인당 월평균 소득이 광동 품팔이 소득의 27%다.
  - 심천 기업 관리직의 소득은 일반 품팔이 소득의 3~7배다.
  - 상해 외국계기업 관리직의 소득은 일반 품팔이 소득의 10~33배다.
  - 중앙관리기업 고위 관리직의 소득은 일반 품팔이 소득의 18~25배다.
  - 국유기업 금융 고위 관리직의 소득은 일반 품팔이 소득의 95~3154배다.

중국에서는 시장경제와의 경쟁이 필연적으로 소득 격차를 초래하므로 이러한 현실을 받아들여야 한다는 인식이 널리 퍼져 있다. 그러나 류식영(劉植榮, 류즈룽)의 분석을 통해 중국의 소득 격차가 선진 자본주의 국가보다 훨씬 심각하다는 것을 알 수 있다.[107]

---

106 "2010年企業新生代農民工狀況調查及對策建議", 中華全國總工會門戶網站
      (http://www.acftu.net/template/10004/file.jsp?aid=83875)

107 劉植榮,《85%的人應該漲工資》, 中國商業出版社, 2010

1) 농민의 소득

2010년 본 연구의 농가 조사 결과는 다음과 같다.

– 사천 인수현 감자진 반죽촌 농민인 구○○ 가구는 2009년부터 2010년까지 약 6묘의 농지를 경작했으며, 연간 순 소득은 540위안이다. 이는 부부 2인이 공동 노동한 결과다.

– 중경시 장수구 홍호진 평탄촌 농민인 여○○ 가구는 2009년부터 2010년까지 약 3묘의 농지를 경작했으며, 연간 순 소득은 810위안이다. 이 또한 부부 2인이 공동 노동한 결과다.

– 하남성 초작시 무릉현 북대단촌 농민인 이월청(李月淸, 리웨칭) 가구는 2009년부터 2010년까지 약 4묘의 농지를 경작했으며, 연간 순 소득은 5758위안이다. 농사는 이월청 혼자 지은 것이며, 그녀의 남편은 1년 내내 외지에서 품팔이를 했다.

2) 품팔이의 최저임금 표준

[표29] 2011년 각지 품팔이의 최저임금 표준

	월급(위안)	전년 동기 대비
강소	1140	+19%
상해	1280	+14%
중경	870	+28%
절강	1310	+19%
광동(심천 제외)	1300	+18%

출처 : 스탠다드차터스 은행, Shai Oster, "중국 임금 상승이 전 지구적 저 인플레이션 시대에 마침표를 찍었다", 《월스트리트 저널》 중문 인터넷 판, 2011년 5월 9일 자.

3) 심천 기업의 유형별 평균임금

2010년 11월, 기업 컨설팅 웹사이트 Job88은 심천 400개 기업의 임금 상황을 보여주는 〈2011 임금조사보고〉를 발표했다.[108]

- 임원 평균임금(월) : 11355위안
- 부장 평균임금(월) : 8675위안
- 과장 평균임금(월) : 5516위안
- 직원 평균임금(월) : 3404위안

4) 외국계기업 관리직 소득

〈매일경제신문망每日經濟新聞網〉은 2007년 5월 18일에 높은 인지도의 인력자원서비스 공급상 태화太和컨설팅이 공표한 '2006~2007 중국 임금 분석 보고'의 결과를 일부 공개했다. 여전히 상해의 전체 임금수준이 전국에서 가장 높게 나타났다.[109] 상해의 외국계기업 상황은 다음과 같다.

- 임원 평균 연봉 : 8~9만 달러(61만5000~69만2000위안, 월급 5만 1300~5만7700위안)
- 부장 평균 연봉 : 4만6000~5만4000달러(35만3000~41만5000위안, 월급 2만9400~3만4600위안)

---

108 〈2011薪酬調查報告〉, 百度文庫
 (http://wenku.baidu.com/view/ec9c3903de80d4d8d15a4fc8.html)
109 "上海薪酬水準全國最高 外企經理年收入超20萬", 新浪網頁
 (http://tech.sina.com.cn/it/2007-05-18/08331514097.shtml)

– 과장 평균 연봉 : 2만7000~3만3000달러(20만7500~24만7500위안, 월급 1만7300~2만600위안)

5) 중앙관리기업 고위 관리직 평균 연봉

국유자산감독관리위원회의 통계 자료에 따르면, 2004년부터 2007년까지 국유자산감독관리위원회에서 관리·감독하는 중앙관리기업 고위 관리직의 평균 연봉은 35만 위안, 43만 위안, 47만8000위안, 55만 위안으로 꾸준히 증가해 매년 약 14%의 증가폭을 보였다. 또, 2006년 국유자산감독관리위원회에 직속된 149개 중앙관리기업 주요 책임자의 평균 연봉은 53만1000위안(월 평균 3만2200위안)이다.[110] 2011년 5월 9일 자 〈경화일보京華時報〉의 보도에 따르면, 에너지 기업 가운데 중국해양석유 직원의 연봉은 38만6700위안(월 평균 3만2200위안), 고위직 관리자의 경우 460만5000위안(월 평균 38만3800위안)이다.[111]

6) 2008년 중국 상장기업 고위 관리직의 몸값

2008년 상해 영정榮正 투자컨설팅유한회사에서 발표한 '중국 상장기업 고위 관리직 몸값 순위'는 다음과 같다.[112]

---

110 "李榮融 : 央企高管年薪並不高 平均60萬元左右", 〈新華網〉
   (http://news.xinhuanet.com/fortune/2010-01/09/content_12782173.htm)

111 "央企薪酬的浮雲和真相 : 中海油員工均薪38.67萬", 〈人民網〉
   (http://finance.people.com.cn/GB/14580649.html)

112 "中國上市公司高管年薪排名公佈 馬明哲身價最高", 〈網易新聞〉
   (http://news.163.com/08/0529/08/4D3MP84K000120GU.html)

- 1위 : 중국 평안보험공사 이사장 연봉 6616만1000위안

- 2위 : 심천발전은행 이사장 연봉 2285만 위안

- 3위 : 민생은행 이사장 연봉 1748만6000위안

- 기타 국유기업 금융 고위 관리직의 연봉은 대부분 200만 위안 안팎임

7) 세계 임금 연구

류식영은 〈세계 임금 연구〉에서 중국과 세계의 임금수준을 비교했다.[113] 그는 "이 자료는 반드시 정부가 나서야 한다고 경고한다. 중국은 10여 년간 세계에서 가장 빈부격차가 큰 몇 나라 가운데 하나가 되었다"고 말한다. 이 보고서는 다음과 같은 사실을 보여준다.

- 중국 최저임금은 1인당 GDP의 25%, 세계 평균치는 58%

- 중국 최저임금은 평균임금의 21%, 세계 평균치는 50%

- 중국 공무원 임금은 최저임금의 6배, 세계 평균치는 2배

- 중국 국유기업 고위 관리직의 임금은 최저임금의 98배, 세계 평균치는 5배

- 중국 업종별 임금 격차는 최고 3000%, 세계 평균치는 70%

3. '지금 여기'에 의해 생활수준이 결정되어야 한다

한 사람의 생활수준은 어디에서 일하고 생활하는지에 따라 결정되어야 하지, 그 사람이 어디에서 왔고 고향이 어디인지에 따라 결정돼선 안

---

113 劉植榮, "世界工資研究: 非洲32個國家最低收入超中國", 《共識網》
  (http://www.21ccom.net/articles/qqsw/qqjj/article_201001206313.html)

된다. 사회가 이러한 원칙을 준수하지 않으면 이주 인구가 발전하는 데 곤란을 겪는다. 아래에서는 두 가지 예를 들어 한 사람의 생활수준이 시간 및 공간적으로 '지금 여기'에 의해 결정되어야 하는 이유를 설명하고자 한다.

속말리의 이야기

2010년 11월 11일 동관에서 속말리(粟茉莉, 쑤모리)를 만나 이야기를 나눴다. 1983년생인 그녀는 귀주 준의현 출신으로, 16세에 외지로 나와 품팔이를 시작했다. 그녀의 남편은 28세이고, 중등전문학교 졸업 후 동관의 전자공장에서 엔지니어로 일한다. 그의 임금은 약 2000위안이다. 부부에게는 다섯 살, 한 살의 두 아들이 있는데, 큰아들은 고향에서 할머니가 키우고 작은아들은 동관에서 함께 지낸다. 계속 품팔이를 하기 위해 작은아들이 좀 더 크면 고향으로 보낼 계획이다.

처음엔 부모님이 제가 외지로 나와 일하는 걸 반대하셨어요. 너무 어리다고요. 그래도 1998년 열여섯에 외지로 나와 동관의 완구공장에 들어갔어요. 그 공장에서 6년간 일하던 고모가 소개해 준 일자리였죠. 처음 들어갔을 땐 임금이 정말 적었어요. 초과 근무를 해도 고작 1시간에 1위안 정도였으니까요. 당시엔 초과 근무를 정말 많이 했어요. 쉴 틈이 없었죠. 점심도 15분 내에 먹어야 했고, 새벽 2시까지 일했어요. 그러고는 한 달에 700~800위안을 벌었죠. 그래도 많이 좋아진 거예요. 일요일에 쉴 수 있게 됐으니까요. 거기서 6년 일했는데, 그동안 임금도 차츰 올랐고요. 2002년엔 초과 근무 수당이 1시간에 2위안으로 올랐어요. 2004년 그 공장을 떠날 때 임금이 1000위안 정도 됐죠. 기본급도 540위안까지 올랐고요. 처음엔 기본급 규정도 없이 그냥 하루에 11위안이었거든요.

처음에 외지로 나왔을 때는 정말 절약하면서 살았어요. 공장에서 점심을 먹는 대신 0.5위안짜리 부침개를 먹었어요. 한 상자에 15위안 하는 라면을 사서 매일 그것만 먹기도 했고요. 얼굴이 부을 정도였죠. 처음 한 달간은 그렇게 살았어요. 나중엔 도저히 안 되겠더라고요. 한번은 일하는데 현기증이 나서 그 다음부턴 공장에서 점심을 먹었죠.

초과 근무를 하지 않으면 혼자 살기에도 벅차요. 초과 근무를 많이 해야 돈도 좀 생기죠. 안 그러면 하루에 몇 십 위안밖에 안 되거든요. 당시엔 매달 200위안만 남기고 다 집으로 부쳤어요. 주변의 언니 동생들도 처음 일 시작할 땐 다 그랬죠. 2003년 결혼할 때쯤부턴 집에 부치는 돈을 줄였어요. 그래도 남는 게 없었어요. 다 어디에 썼는지 모르겠어요.

지금 사는 곳의 월세는 280위안이에요. 가스레인지로 밥을 하는데, 보름 정도 쓸 수 있는 작은 가스통 하나에 47위안이에요. 지금보다 잘 먹으면 돈이 부족해요. 한번은 남편 월급 2000~3000위안을 금세 다 써 버려서 다음 월급 나올 때까지 버티느라 힘들었어요. 모아 놓은 돈은 하나도 없어요.

호청의 이야기

2010년 11월 26일 귀주성 준의현 상계진에 사는 호청의 가족을 만났다. 호청(胡淸, 후칭)은 1976년생(당시 33세)으로 학교는 3년만 다녔다. 그녀의 남편은 37세로, 예전에 동관에서 일하다 산재를 당해 그 보상금으로 진에 집을 샀다. 부부에게는 아홉 살 딸과 다섯 살 아들이 있다. 호청이 자신의 품팔이 생활을 들려줬다.

> 전 1996년부터 품팔이를 시작했어요. 외사촌 언니가 동관 부죽산 富竹山에서 일했는데, 절 그리로 데려갔죠. 일을 막 시작했을 때 임금이 500위안 정도였고, 나중엔 1200위안까지 올랐어요. 거기서 3년간 일했죠. 그 즈음 결혼을 했어요.
> 당시엔 임금 500위안이면 충분했어요. 고향에서는 반년 동안 돈 구경을 못하기도 했거든요. 처음엔 월급에서 몇 십 위안 빼고 다 아버지한테 부쳤어요. 그러다 1년쯤 지나니 집 나와 사는데 조금은 누리면서 살아야겠다는 생각이 들어 집에 부치는 돈을 줄였죠. 돈이 생기면 주로 옷 사는 데 썼어요. 처음엔 돈이 아까워서 못 쓰다가 점점 씀씀이가 커지더라고요. 남편이랑 둘이서 돈을 마구 썼어요. 즐거우면 그만이라고 생각했죠. 그래서 시부모님께만 좀 부치고, 친정 부모님껜 부치지 않았어요.

속말리는 막 외지로 나와 품팔이를 할 때 돈을 아끼려고 매일 라면을 먹어서 얼굴이 부을 정도였다. 요즘은 식구들끼리 좀 잘 먹는다 싶으면 남편 월급 3000위안을 금방 다 써 버린다. 호청도 막 품팔이를 시작했을 때 한 달에 500위안이면 충분했다. 손에 돈을 쥐고는 아까워서 쓰지도 못했다. 그러나 품팔이 생활 1년이 지난 후부터는 씀씀이가 커졌다. 이들은 자신의 임금수준과 생활수준을 고향에 있을 때와 비교해 판단했다. 호청의 말처럼 "그때 시골에서는 반년 동안 돈 구경을 못하기"도 했던 것이다. 품팔이 생활이 길어지면서 그들은 점차 현지의 생활수준과 소비수준으로 자신의 상황을 판단한다. 품팔이는 '지금 여기'의 임금수준과 생활수준으로 일과 생활의 만족도를 느끼게 된다. 따라서 사회와 기업이 품팔이의 대우를 고향의 생활수준에 맞춰 결정하면 결국 사회적 문제를 초래할 것이다.

4. 같은 세계, 같은 꿈

농촌의 노인들과 도시에서 길을 잃은 젊은 세대는 완전히 다르다. 특히 그들이 생활을 대하는 태도와 시각의 차이가 아주 크다. 노인들은 개인적인 경험의 종적 대비를 통해 시대와 자신의 변화를 감지한다. 앞의 '3세대, 3개의 세계'라는 절에서 삼대의 상황을 비교해 본 바 있다. 양연청 노인은 해방 전후, 그리고 대집체와 개혁개방을 비교했다. 그녀는 "지금은 전체적으로 생활과 교통, 정책이 매우 좋아졌다"고 했다. 농촌의 노인들이 이렇게 생각하는 이유는, 사회는 개방됐지만 그들은 여전히 상대적으로 격리된 사회에서 생활하며, 외부 세계를 직접 보거나 체험한 것이 아니라 언론이나 세간의 소문으로 접하고 이해하기 때문이다. 이러한 비체험적 정보가 사람에게 주는 충격은 그다지 크지 않다.

도시에서 품팔이하는 젊은 세대는 이와 다르다. 품팔이 노동이 그들에게 가져다주는 것은 임금뿐만이 아니라 전체적인 생활방식 및 사유방식의 변화다. 품팔이는 고도의 인구 유동을 가져왔고, 노동 과정 중에 각 계층과의 접촉 또한 매우 빈번하다. 인구 유동이 지속되는 사회에서 사람들은 '지금 여기'에서의 횡적 대비를 통해 사회 속에서 자신의 위치를 감지하며 만족과 불만족을 느낀다. 앞선 절에서는 서로 다른 집단과 계층의 소득 상황을 대조했는데, 문제는 이들의 수입과 생활은 현격한 차이를 보이지만 그들의 작업 공간은 교차하고 있으며, 일부는 생활공간조차 교차한다는 것이다. 이럴 때 품팔이는 농촌 고향집이 아닌 눈앞의 생활환경과의 대비를 통해 만족 또는 불만족을 느낀다.

아래는 북경시 조양구 피촌에 사는 두 품팔이의 이야기다. 한 사람은 목수이고, 그의 꿈은 공장 사장이 되는 것이다. 다른 한 명은 대학 졸업생으로, 고임금 일자리를 얻는 게 꿈이다. 사장이나 화이트칼라가 되는 것은 수많은 품팔이의 꿈이다. 같은 세계의 같은 꿈이다.

중○○의 이야기

2010년 9월 9일 '북경 노동자의 집'에서 실습을 하던 대학생 봉사자가 중□○○을 인터뷰했다. 20대인 그는 귀주 출신으로, 중학교를 졸업했다. 예전에 귀주의 아버지 공장에서 기술을 배운 적이 있어서 공장 운영도 함께 배울 수 있었다. 2010년 아버지를 따라 북경 피촌으로 왔고, 지금은 나무문을 만드는 공장에서 일한다. 하루에 8시간 일하고 쉬는 날은 없다. 월급은 4000위안 안팎이고, 월세 150위안의 셋방을 얻어 산다. 매달 식비와 월세를 제외하고 약간의 돈을 저축할 수 있다. 평소에는 퇴근후 동료들과 카드놀이를 하거나 피시방에 간다. 시간이 나면 '북경 노동자의 집'에서 운영하는 피촌 마을 도서관에서 책을 보기도 한다. 중○○은 자신의 미래에 대해 다음과 같이 말했다.

앞으로 품팔이만 하진 않을 거예요. 조건이 되면 직접 공장을 차릴 겁니다. 사실 자금보단 기술이 관건이죠. 제품만 좋으면 판로는 걱정 없어요. 천진에 제 공장을 하나 갖고 싶어요. 아직은 젊으니까 지금 일하는 직장에서 경험이나 인간관계를 쌓으려고요. 제 공장을 차리는 건 꽤 오래 걸리겠죠. 그날을 기대하고 있어요.

평○○의 이야기

2010년 9월 11일 '북경 노동자의 집'에서 실습을 하던 대학생 봉사자가 동심同心호혜공익상점에서 일하는 평萍○○을 인터뷰했다. 1986년생인 그녀는 대학 졸업생으로, 내몽고 통료通遼시 출신이다. 내몽고 민족학교에서 컴퓨터공학을 전공했으며, 2010년 7월에 졸업했다. 그녀는 자신의 짧은 품팔이 경험을 다음과 같이 이야기했다.

북경에 오기 전에는 내몽고에서 보험판매원과 유치원 교사를 했어요. 보험판매는 기본급이 없고, 500위안의 보증금을 내야 해요. 겨우 한 달 훈련받고는 그만뒀어요. 유치원 교사 월급은 800위안이었는데, 숙식은 제공되지 않았고요. 정식 직원이 되고 나서는 월급이 1200위안 정도 됐어요.

올해 8월에 북경에 왔으니 여기 온 지 대략 한 달 좀 넘었네요. 지금은 동심 호혜공익상점에서 일하고 있어요. 주로 대체 근무를 해요. 호혜상점은 6개 지점이 있는데, 각 점포 점원들이 돌아가면서 하루씩 쉬거든요. 그렇게 해야 일주일에 하루를 쉴 수 있어요. 월급은 1200위안이고, 잠자리만 제공되고 식사는 제공되지 않아요.

토요일에 쉴 때는 단체에서 밥을 먹을 수 있어요. 평소엔 다 사먹고요. 어서 돈 벌어서 생활이 좀 안정되면 학자금 대출 8000위안을 갚아야 해요.

사실 졸업 전에는 미래에 대한 아름다운 구상이 있었어요. 그런데 통료에서 직장을 다녀 보니 마음대로 되질 않더라고요. 주변에 고향이 다른 친구들이 많아요. 1500위안 정도 버는 친구도 있고요. 북경에서 온 몇몇은 한 달에 2200위안 정도 벌어요. 지금 바라는 건 임금이 높은 일자리를 얻는 거예요. 학교 다닐 때 초급 영양사 자격증도 땄어요. 시간이 나면 영양학 관련 책을 보기도 하는데, 나중에 그쪽 영역에서 일할 수 있음 좋겠어요.

고급 주택가에서 일하는 한 가정부는 다음과 같이 말한 적이 있다. "저도 당연히 양옥집에 살면서 자가용을 타고 싶죠." 작은 하청업체의 작업반장은 이렇게 말했다. "우리 사장은 최고급 중화中華담배를 피우는데, 그 모습이 참 멋집니다. 그가 제 롤모델이죠. 제 평생소원이 BMW 한 대 굴리는 겁니다." 2008년 10월 심천의 노동자들에게 미래 계획을 물었는데, 30명(그중 25명이 1980년 이후 출생) 중 절반이 사장이 되는 것이 꿈이라 했고, 그게 아니면 작은 장사라도 하고 싶다고 말했다. '같은 세계, 같은 꿈'은 매우 정상적인 것이나 현실은 '같은 세계, 다른 현실'이다.

제13장

성별관계에 대한 품팔이 노동의 영향

이번에는 54명의 노동자에 대한 특별한 조사를 진행했다. 이 중 30명이 남성, 24명이 여성인데, 이러한 성별 조사는 노동자의 이야기와 함께 남성과 여성의 상황을 반영한다. 이 장에서는 여성 문제와 사회적 성별 관계의 문제를 단독으로 다루고자 하는데, 이는 각 성별 시각에서의 토론을 바라기 때문이다. 성별 시각은 여성의 시각만이 아니라 남성의 시각을 지칭할 수도 있다. 두 성별 가운데 어떤 한 쪽의 변화가 일정하게 다른 한쪽에 영향을 미치기 때문이다. 품팔이 집단은 도시와 농촌 사이에서 길을 잃고 있는데, 여성으로 특정한다면 어떨까? 이러한 도시로의 이동에서 길을 잃는 경우가 더 많을까, 아니면 오히려 가능성을 얻을까? 그렇지 않다면 둘 다일까?

지금의 시대가 전보다 궁극적으로 좋아졌는지 아니면 더 나빠진 것인지는 바로 대답할 수 없다. 어떤 측면에서는 진보했지만, 또 어떤 측면에서는 아주 많은 문제가 있기 때문이다. 게다가 이 문제는 한 번도 경험하지 못한 것이기도 하다. 온철군 선생의 한 마디가 매우 인상 깊다. 그는

"이 시대는 가장 좋은 시대이면서 동시에 가장 나쁜 시대"라고 말했다. 현상을 전체적으로 보면, 우리는 아주 나쁜 상황을 목도하게 된다. 그러면 "가장 좋은 시대"는 무엇을 지칭할까? 그것은 아마 이 시대가 기회와 가능성으로 충만하다는 것을 의미할 것이다. 나는 여성 품팔이의 사회적 지위와 역할을 관찰하면서 특히 깊이 체감한 바 있다.

"여성의 진보가 사회 진보의 척도"라는 말이 있다. 아래 네 가지 측면에서 여성의 진보 여부를 측정할 수 있을 것이다.

첫째, 여성의 경제적 소득 수준이다. 여성에게 소득이 없다면 전적으로 남편의 소득에 기대 자신과 가족의 생활을 유지할 것이고, 그 안에서 여성은 독립적이지 않다. 여성에게 경제적 소득이 있다는 것이 일종의 진보일까? 마땅히 그렇다고 해야 한다. 하지만 이는 여성이 자신의 소득을 얼마나 지배하는가에 따라 결정된다.

둘째, 사회적 교류의 폭이다. 사회적 교류가 많아야 식견이 넓어지고 자신감을 높일 수 있기 때문이다.

셋째, 혼인의 자주권이다. 이 점은 남성과 여성 모두에게 적용된다.

넷째, 여성의 자아의식과 자주성은 여성이 최종적으로 진보하고 해방될 수 있는 조건이다.

1. 농촌에서 도시로의 이동이 남녀관계에 미치는 영향

1) 결혼관의 변화

남녀의 만남에 관한 중국 농촌의 오랜 전통은 중매를 통한 주선이다. 그런 다음 젊은 남녀가 '잠시' 함께 살아 보고 문제가 없으면 정혼을 한 후 결혼한다. 결혼은 '인생의 대사를 완성'하는 것이고, '대를 잇는 단위'

이자 '생산의 공동체'로 인식된다. 상대적으로 폐쇄적인 농촌 생활에서 가족과 혈연이 생산, 경제, 사회적 교류의 핵심일 때 이러한 전통은 상대적으로 안정적이다. 그러나 인구가 급속도로 유동하는 요즘 이러한 전통이 서서히 깨지고 있다.

왕영귀의 이야기

하북 출신인 왕영귀는 자신의 결혼 생활에 대해 다음과 같이 말했다.

> 결혼할 때 나이가 안 차서 결혼증서를 받지 못했어요. 저희 고향에선 스무 살이 넘으면 선을 보기가 어려웠어요. 스무 살이면 많은 나이가 아니잖아요. 그런데도 아가씨가 없어요. 그전에 다 결혼해 버리거든요. 이미 이게 익숙해졌어요. 어느 집 부모든 자식이 좋은 상대와 빨리 결혼하길 바라죠. 전 열아홉에 결혼했어요. 마을의 다른 동갑들보다 1년 빨랐죠. 결혼하고서는 스트레스가 없었어요. 아버지한테 얹혀살았거든요. 아이도 직접 키우지 않았고요. 부모님이 돌봐 줬죠. 저흰 아이 돌볼 시간이 없었어요.
>
> 전 행복이 뭔지 잘 모르겠어요. 저희 고향에선 정말 힘들어도 이혼하지 않는 게 풍습이에요. 농촌이 다 그렇죠. 이혼을 부끄럽게 여기거든요. 하지만 아내에 대한 불만은 120%예요. 북경이었으면 결혼한 사람들 10명 중 11명은 이혼할 거예요.

호항건의 이야기

호항건은 1988년생이며, 귀주 출신이다. 그의 부모님은 40대이고, 그는 집안의 외동아들이다. 그의 여동생은 아홉 살 때 병을 앓다가 손도 써보지 못하고 세상을 떠났다. 그는 준의에서 1년 가까이 일했고, 나중에는 줄곧 동관에서 품팔이를 했다. 2010년 11월 12일 동관 당하에서 그를 만났다.

> 지금은 여자 친구가 없어요. 어머니는 제가 전화할 때마다 벌써 스물둘이니 서두르라고 하시죠. 제 나이가 그리 많지도 않은데 말예요. 고향에선 저보다 어린 사람들도 결혼해 아이를 낳았거든요. 제 동창 아들은 벌써 많이 커서 저를 삼촌이라 불러요. 아마 이런 스트레스를 모르실 거예요. 되는 대로 짝을 찾았음 아마 열아홉에 결혼했을 거예요. 하지만 그런 게 무슨 의미가 있어요. 고향에서 짝을 찾고 싶어도 여자들이 외지로 나가고 없어요. 요즘은 열다섯, 열여섯이면 외지로 나가 품팔이를 하죠. 전 저와 비슷한 상대를 찾고 싶어요. 제 마음에 드는 사람이라기보다 서로 뜻이 통하는 사람이요. 그렇지 않으면 별 의미가 없어요.
>
> 설날에도 집에 가지 않으려는 사람들이 많아요. 교통비가 너무 비싸거든요. 사람이 많아서 불편하기도 하고요. 차를 타고 가면 500~600위안 정도 들고, 평상시 집에 갈 때도 400위안은 나와요. 기차를 타면 조금 싼데, 역마다 정차하는 완행이라 2~3일이 걸리죠.

왕영귀는 아내에 대한 불만이 많다. 그가 북경이 아니라 농촌 출신이어서 아직 이혼을 못했을 뿐이다. 농촌을 떠나 생활한 지 오래지만, 결혼 문제에 관해서는 고향의 전통을 지키기 때문이다. 이는 고향이 그에게 여전히 큰 의미가 있으며, 북경 생활에 영향을 끼친다는 것을 말해준다.

호항건은 결혼 문제로 스트레스를 받고 있다. 그는 결혼의 전제가 서로 간의 애정, 즉 서로 뜻이 통하는 것이라 여긴다. 정감 없는 결혼은 의미가 없다고 생각하기 때문이다.

2) 연애 방식의 변화

인구 유동과 도시 생활로 농촌의 전통적인 결혼관이 흔들리고 있다. 그렇더라도 농촌과 고향이 여전히 품팔이의 생활에 중요한 작용을 하기 때문에 결혼관이 한번에 바뀌지는 않을 테지만, 남녀의 연애 방식은 많이 변했다. 예전에는 남녀의 연애가 반드시 결혼을 전제로 했다. 하지만 품팔이의 생활 변화로 이러한 전통에 큰 변화가 생겨 이제 상당수가 결혼을 목적으로 연애를 하지 않는다.

진약수의 이야기

2010년 7월 1일 심천에서 일하는 진약수를 만나 이야기를 나눴다.

> 주변의 동료들이 보통 외지에서 여자친구를 사귀다가 고향으로 돌아가면서 헤어지더라고요. 몇 개월 정도 잘 지내다가 헤어지는 것도 아무렇지 않아 했어요. 그 사람들은 하루 이틀이면 연애관계로 발전해요. 헤어지는 것도 마찬가지로 금방이고요. 그걸 보니 남녀 간의 감정에 너무 진지할 필요가 없다는 걸 알게 됐어요. 저 스스

로도 많이 변했죠. 이젠 순진하지 않아요. 다른 사람 마음을 갖고 노는 것도 즐기게 됐고요. 예전엔 안 그랬는데, 좀 지나니 상대의 마음을 전혀 고려하지 않게 됐어요. 그런데 이렇게 되기까지 참 힘 들었어요. 나중엔 그곳을 혐오하게 돼서 일을 그만두고 떠났죠.

2. 전통과 현대라는 씨줄날줄에 얽힌 여성

아래에서는 여성 몇 명의 이야기를 소개한다.

- 황청(黃晴, 황칭)은 고향에만 가면 힘이 빠져서 가고 싶지 않다. 결혼하면 시댁에서 예단으로 돈을 줄 테니 저축할 필요가 없다고 생각한다.
- 왕염화(王艶華, 왕옌화)는 여성이 결혼하면 가정과 아이에 매여 부수적인 존재가 된다고 느낀다.
- 오吳○○의 아내는 힘들게 일해 봐야 겨우 1000위안 정도 번다. 시어머니가 아이를 돌보고 있어 본인은 매일 마작이나 하며 지낸다.
- 왕가는 남편과 다른 곳에서 산다. 결혼은 했지만, 혼자 사는 데 익숙하다. 고향으로 돌아가 아이를 돌보고 싶지만, 시어머니와 남편은 그녀가 돈을 벌어 집 짓는 데 보탰으면 한다.
- 정운은 고등학교를 졸업했고, 업무 능력이 탁월하다. 하지만 아이를 돌봐야 해서 교사 일을 할 수 없다. 마음은 고통스럽지만 스스로 현재 상황에 만족할 것을 강요한다.
- 왕개향(王開香, 왕카이샹)은 44세로, 이들 중 나이가 가장 많다. 그

녀는 자신이 무엇을 좋아하고 어떤 일을 하고 싶은지 잘 알고 있다. 그녀는 공장일에 만족하기 때문에 고향집으로 돌아가고 싶어 하지 않는다. 농촌에서 사는 건 힘들고, 날씨도 좋지 않다. 그녀는 품팔이로 돈을 모아 생활하면서 시골에서 소를 키우는 남편에게 돈을 보낸다. 나중에 늙어서 일을 못하게 되면 그때 고향으로 돌아갈 계획이다.

이들 사례에서 우리는 전통적인 여성의 역할을 알 수 있다. 황청의 경우, 비록 외지 생활에 큰 동경을 갖고 있지만, 전통적인 남녀 역할 때문에 스스로를 의존자로 위치 짓는다. 이런 상황이 지속되면 그녀의 위치는 그렇게 고정될 것이다. 한편, 정운은 일과 엄마, 아내 등 여러 역할의 충돌로 고통스러워하며 출구를 찾지 못한다. 왕가의 경우에서는 결혼 후 여성이 가계의 중요한 지주가 되는 것을 볼 수 있다. 그녀는 돈을 벌어 아이를 키워야 할 뿐 아니라 새집도 지어야 한다. 위 사례 중 가장 독립적인 여성이 왕개향이다. 그녀는 스스로 도시에서의 품팔이 생활을 선택했고, 돈을 벌어 고향에 있는 남편을 돕는다. 게다가 남편이 원해도 고향으로 돌아가지 않는다. 농촌을 떠나 도시에서 품팔이가 되는 것이 여성에게 독립의 가능성을 부여한다는 점은 부인할 수 없다. 그러나 경제적 독립은 독립의 필요조건이기는 하나 충분조건은 아니다. 예를 들어 왕가의 경우, 가계의 중요한 지주이지만 사고방식은 독립적이지 않다.

이것이 중국 사회의 현재 상황이다. 열악하거나 불가피한 상황이 매우 많아 어쩔 수 없는 선택을 하거나 때로는 선택의 여지마저 없다. 그러나 이 또한 일정한 개방성을 가지므로 사람들에게 가능성을 부여하기도 한다. 생물학적 성별과 사회적 성별의 역할 측면에서 보면, 중국 사회에서 보통 여성은 결혼 후 아이를 낳아야 한다. 이는 필연적으로 일이나 독립성에 영향을 줄 수밖에 없다. 그렇다면 남녀평등의 해법은 과연 무엇일까?

우선, 여성이 자신의 역할을 스스로 선택할 수 있어야 한다. 여성이 자신의 일과 가정 중 어느 쪽을 선택하는 경우가 더 많을까? 사회가 마땅히 아이 양육의 책임을 져야 한다. 동시에 여성의 취업을 지원하는 사회 정책을 제정해 여성이 경력 단절 없이 일할 수 있도록 보장해야 한다. 한편, 여성이 극단적인 선택을 하는 경우도 있다. 사회와 가정이 여성에게 충분한 지원을 해주지 못할 때, 여성은 결혼이나 출산을 거부하게 된다. 이 경우 여성은 자신에게 주어질 여러 역할 속에서 고뇌할 필요가 없다. 하지만 이러한 선택은 품팔이 노동자 집단에서 여전히 매우 드물다. 게다가 이러한 선택은 남녀평등에는 긍정적인 작용을 하지만, 사회의 건강한 발전에는 이롭지 않다.

1) 전통적 결혼관을 유지하는 여성

1989년생인 황청은 하남성 란고蘭考현 출신이다. 그녀의 부모는 고향에 있고, 오빠와 남동생은 외지에서 품팔이를 한다. 2010년 7월 2일 북경에서 일하는 황청을 만나 맞선에 대한 이야기를 나눴다.

> 이곳에 적응이 됐는지 이젠 고향에서 살고 싶지 않아요. 거기 있으면 힘이 쭉 빠지거든요. 도시에서도 힘이 나는 건 아니지만, 왠지 고향집엔 있고 싶지 않아요. 아버지는 제게 집으로 오라고 계속 재

촉하세요. 늦어도 내년(2011년) 12월까지는 오라고요. 해 넘기기 전
에 결혼시키려고 하시죠. 요즘 농촌에는 남자가 많고 여자는 적어
요. 중매할 때도 남자를 여자 집에 데려가 보여 주고, 여자가 마
음에 들어 하면 일을 진행시키죠. 마음에 안 들면 그냥 돌려보내
고요.

이제 아버지는 제가 번 돈이 필요없다지만, 그래도 돈을 부쳐 드려
요. 전 당장 돈 쓸 일도 없고, 모아 놓는다 해도 쓸 데가 없어요. 어
차피 나중에 결혼하면 시댁에서 돈을 많이 줄 거니까요. 그 돈으로
충분해요. 이게 딸의 장점이죠. 요즘 농촌에선 한 집에 딸 네다섯
명이 있으면 돈 벌었다고 생각해요. 예단을 많이 받거든요. 반대로
아들이 많으면 엄청 힘들어지죠.

1980년생 왕염화는 하남성 주구周口 출신으로, 이혼 경험이 있다. 그녀
의 다섯 살짜리 아들은 고향에서 지낸다. 그녀는 북경의 한 상점에서 영
업직으로 일한다. 지금은 마음에 드는 사람을 만나 새로운 가정을 꾸렸
다. 결혼과 가정에 대해 그녀와 이야기를 나눴다.

상대가 책임감이 있는 사람인지 봐야 해요. 아이에 대해, 가정에 대
해 책임감이 있는지 말이죠. 이혼 후 처음에는 짝을 찾지 않았어
요. 아이 문제가 걸려서요. 아이가 생기면 여성은 부차적인 존재가
되잖아요. 전 지금 아주 행복해요. 남편이랑 사이가 아주 좋아서
길을 걸을 때도 손잡고 다니죠.

2) 여성의 역할과 행위의 다양성

오○○의 이야기

1974년생인 오○○은 중경시 홍호진 보신蒲新촌 출신이다. 그는 1992년부터 외지에서 품팔이를 했다. 처음 4년 동안은 폐품을 주웠고, 나중에는 돈이 안 돼 그만뒀다. 지금은 운수업체에서 작은 트럭의 짐을 큰 트럭에 옮겨 싣는 적재일을 한다. 이 일을 한 지 벌써 14년째다. 그는 1999년에 결혼해 열 살짜리 아들이 하나 있다. 2010년 8월 말부터 9월 초 사이에 중경시 장수구 홍호진 평탄촌에서 그를 만났다. 이후 그의 장인인 평탄촌 4조 진○○ 소대장과 함께 중경시로 가 그 가족을 만났다. 그들은 낡은 고층 아파트에 살았는데, 두 세대가 방 세 칸에 거실 하나인 집을 함께 썼다. 그곳에 진 소대장의 아내, 아들 부부와 손자, 딸 부부와 외손자 등 일곱 식구가 산다. 우리가 도착했을 때 집엔 며느리와 손자만 있었고, 딸은 카드놀이를 하러 나갔다고 했다. 그녀는 밤 11시가 되도록 집에 돌아오지 않았는데, 오○○은 아내에 대해 다음과 같이 말했다.

> 아내는 카드놀이 하러 나갔어요. 매일 저녁 그렇게 놀죠. 예전엔 슈퍼마켓에서 일했는데, 임금이 너무 낮다고 그만두고 놀아요. 고작 1100~1200위안 정도 주면서 일이 너무 힘들다고 불평이 심했어요. 재미도 없어 했고요. 임금이 오르면 다시 일한대요. 일할 때는 아침 7시부터 밤 10시까지 13시간이나 일했죠. 아이는 저희 어머니가 돌봤고요.

왕가의 이야기

왕가는 2008년 10월에 결혼해 다음해 8월 아들을 낳았다. 1년간 출산휴가를 쓴 후 지금은 다시 일하러 다닌다. 현재 아들은 시부모님이 돌보고, 그녀의 남편은 현 중심에서 일하며 가끔 고향집에 가 아들을 본다. 2010년 11월 12일 동관에서 그녀를 만나 결혼과 가정에 대한 이야기를 나눴다.

> 전 도시에서 아주 잘 지내요. 아이랑 멀리 떨어져 있지만 시아버지가 잘 보살펴 줘서 걱정도 안 하고요. 외지에 있으면 제 소득이 있으니까 금전적으로 구속받진 않아요. 고향집에 있으면 힘들죠. 남편이 주는 생활비를 쪼개 써야 하잖아요. 지금 버는 돈은 거의 아이한테 써서 전 옷 한 벌도 못 사 입어요. 남편이 사 주지도 않고요. 뭐, 다른 것도 사준 적이 없어요. 결혼할 때 입은 옷도 제 돈으로 산 거예요.

왕가와는 지금도 연락하고 지낸다. 2011년 2월 17일 그녀와 인터넷 채팅으로 안부를 주고받았는데, 당시 그녀는 집으로 돌아가 아이와 지내고 싶다고 했다. 하지만 돌아가면 뭘 먹고살아야 할지 막막하다고 했다. 원래는 반년만 더 일하고 그만두려 했는데, 시어머니와 남편은 그녀가 2~3년 더 일하기를 바란다. 시내에 사 놓은 땅에 집을 지어야 하기 때문이다.

3) 다중적 역할 속에서 여성의 고뇌

정운은 준의에서 일한 적이 있고, 중경시와 곤명昆明에서는 교사로 일했다. 동관에서는 유치원 교사로 일하기도 했고, 공장에서 품팔이를 하기도 했다. 그녀의 남편은 공장에서 일하고, 그녀는 아이를 돌보면서 주택 관리를 해 약간의 돈을 번다. 2010년 11월 11일 동관에서 정운을 만나 가정생활에 대한 이야기를 나눴다.

2003년에 결혼하고 다음해 임신했죠. 당시 전 고향에서 교사로 일하고 있었어요. 아이가 4개월일 때 할머니에게 맡기고 동관으로 왔죠. 전자공장에 들어갔는데, 부품에 대해선 전혀 몰랐어요. 관리자가 하루 동안 부품 이름을 모조리 외우면 받아주겠다고 했어요. 새벽 2시까지 달달 외우고 다음날 채용됐죠. 그땐 아이가 옆에 없으니 저 하고 싶은 대로 할 수 있었어요. 그렇게 4개월을 일했는데, 아이가 병이 나는 바람에 고향으로 돌아가 아이를 돌보게 됐어요. 고향에서 유치원 교사로 일하고 싶어서 자격증은 없어도 아이들을 가르쳐 본 경험이 있다고 원장을 졸랐어요. 저를 잘 봤는지 받아주더라고요. 제가 음악엔 소질이 없어서 예비 초등학생반에서 어문이랑 수학을 가르쳤어요. 거기서 2년 가까이 일했죠.

2008년에 두 살 된 아이와 함께 동관으로 왔어요. 처음엔 부업거리를 가져와 집에서 일하다가 나중엔 학교에서 일했어요. 좀 큰 학교였는데, 유치원부터 중학교까지 다 있었어요. 전 그 학교 분교에서 일했죠. 제 아이 학비는 100위안 정도 할인받았어요. 그때 일하랴, 아이 돌보랴, 남편 저녁 챙기랴, 너무 힘들었어요. 나이가 들어

체력도 예전 같지 않았고요. 머리를 좀 쓰는 날엔 잠을 설쳐서 다음날 일하는 데에도 영향이 있었어요. 유치원에서 일하려면 새로운 걸 배워야 해요. 피아노 같은 거요. 그런데 예전처럼 쉽지 않더라고요. 아이가 자주 아파서 일할 때 데리고 다녔는데, 동료들이 싫어하기도 했어요. 그렇다고 휴가라도 쓰면 60~70위안씩 벌금을 내야 해서 수지가 안 맞는 거예요. 그래서 반 학기 일하고 그만뒀죠.

요즘은 공장에서 일감을 얻어 와 집에서 일해요. 그리고 올해(2010년) 5월경에 예전에 살던 집주인을 만났어요. 그 집 관리하는 사람이 그만두면 제가 하겠다고 했었는데, 할 생각이 있냐고 묻더라고요. 지금 그것도 같이 하는데, 500위안 정도 받아요.

그날 그 집에 사는 우울증 걸린 여자를 우연히 봤는데, 남 일 같지 않더라고요. 그래도 요즘은 아주 즐거워요. 아들만 보면 근심 걱정을 잊으니까요.

4) 여성 독립의 가능성으로서의 품팔이

왕개향은 아이를 돌보다가 품팔이를 한 지 8년째다. 지금은 동관의 한 공장에서 일하며, 그녀의 아들도 동관에서 품팔이를 한다. 2010년 11월 14일 동관에서 그녀와 이야기를 나눴다.

이젠 공장일에 적응했어요. 뭐, 일이 다 그렇죠. 오늘은 50위안어치 일을 했고, 내일은 더 노력해서 100위안어치를 하려고 해요. 제가 번 돈은 남편이 가져가요. 1년에 2만 위안을 부치는데, 다 소 키우는 데 쓰죠. 남편은 고향에서 정말 열심히 일해요. 혼자서 5명 몫의 땅을 경작하거든요. 3명 몫의 우리 집 땅이랑 다른 사람들 땅까지 같이 해요. 돼지 2마리에 소 20마리를 키워요. 전 외지에서 계속 일할 생각이에요. 늙어서 못 움직이게 되면 그때 고향에 돌아가려고요. 아들이 결혼해서 아이를 낳으면, 손주 돌보며 살아야죠. 여긴 아이 키우는 데 돈이 너무 많이 들어요. 전 외지에서 10여 년간 일했는데, 이젠 시골 생활이 잘 안 맞아요. 고향집에 갈 때마다 적응이 안 돼서 빨리 나오고 싶거든요. 남편은 제가 고향으로 내려와 함께 소를 키웠음 하죠. 하지만 전 그럴 마음이 전혀 없어요. 예전에 고향에 있을 때는 1년 내내 쪼들렸어요. 지금 소 키우는 밑천도 다 제가 일해서 번 돈이에요. 그래서 남편에게 분명히 얘기했어요. 매년 생활비를 부쳐줄 테니 날 집에 가두려 하지 말라고. 난 고향에서 당신과 소를 키울 생각이 없다고 말이죠.

제14장
구인난과 신노동자 형성

　기업, 정부, 품팔이는 구인난으로 서로 각축을 벌인다. 어떤 지역에서는 구인난이 심각하지만, 어떤 지역에서는 이런 문제가 존재하지 않는다. 기업은 정부에 구인난의 심각성을 강조하며 일정한 혜택을 얻으려한다. 또, 언론을 통해 구인난의 심각성을 선전하기도 하는데, 이는 품팔이를 끌어모으기 위한 것이다. 품팔이는 기업과의 각축에서 열세지만, 품팔이의 힘은 '발로 하는 투표'에서 나온다. 이것은 어느 정도 기업의 고용 환경 개선을 촉진한다. 구인난과 취업의 불안정성은 직접적으로 관련된다. 품팔이는 취업이 어렵고 일자리가 부단히 바뀌더라도 도시에서의 품팔이 노동을 지속한다. 구인난 현상은 취업은 불안정하지만 꾸준히 증가하는 노동자 집단이 이미 형성됐다는 것을 알려준다. 품팔이에게 더 좋은 선택지란 없지만, 그들은 일자리를 떠나는 선택을 할 수 있다. 이는 약자의 무기다. 그러나 이러한 무기를 운용하는 과정에서 품팔이는 노동자 집단으로서의 인식을 심화한다. 이 또한 새로운 노동자 집단이 형성되는 과정이다.

1. 구인난은 존재하는가?

언론은 중국의 구인난이 심각하다고 보도한다. 하지만 노동자들과의 인터뷰를 통해 동관과 소주의 상황이 매우 다르다는 것을 발견했다. 동관의 공장들은 오랫동안 일손이 부족한 상태다. 소주에서는 구직이 쉬운 편인데, 노동자들은 이 지역에 구인난이 없다고 말한다. 그렇다면 구인난은 정말 존재하는 걸까? 이는 어떤 시각에서 보는지에 따라 다를 것이다.

1) 기업의 시각

2003년 구인난에 관한 언론 보도가 시작되면서 이는 매해 신문에 오르내린다. 광주시 인력자원센터의 통계에 따르면,[114] 2010년 현재 광주의 총 고용인원은 683만 명으로 15만 명 이상의 노동력이 부족하며, 심천시의 경우 20만 명 이상의 노동력이 부족하다. 불산시는 노동력이 28만3000명이나 부족한데, 이는 지난해에 비해 60% 이상 증가한 것이다. 즉, 노동력의 공급과 수요 비율이 1:3으로, 노동자 1명이 3개의 일자리를 맡아야 한다는 뜻이다.

현재 중부와 서부도 구인난에 처하기 시작했다. 안휘성의 인력자원 및 사회보장청은 "2010년 말까지 안휘성에서 인력이 50명 이상 부족한 기업이 2300여 개에 달하며, 부족한 인력은 총 25만 명에 달한다. 올해 설 이후로 성 전체의 기업이 25만 여 명을 채용할 계획"이라고 밝혔다.[115]

---

114 "求解民工荒的真相", 〈新浪網〉(http://finance.sina.com.cn/g/20100315/15127567237.shtml)

115 "'用工荒'蔓延國內各大城市 吹響產業轉型升級號角", 〈新華網〉
(http://news.xinhuanet.com/fortune/2011-02/25/c_121121905.htm)

이러한 현상은 노동자들과의 인터뷰에서도 확인된다. 2010년 11월 동관에서 품팔이를 하던 유해도와 만났는데, 그는 현지에서 처우가 좋기로 소문난 광덕공장에서 일하고 있었다. 그는 "제가 알기론 현재 광동의 90% 기업에 일손이 부족해요. 광덕공장도 마찬가지예요. 그래서 관리직들이 노동자들을 함부로 질책하지도 못해요. 떠나지 않게 잡아둬야 하니까요"라고 말했다.

2) 기업은 일손이 부족하지만, 중국은 노동자가 부족하지 않다

관련 정보와 보도를 분석해 보면, 다음과 같은 결론을 얻을 수 있다. 수많은 기업에 구인난은 분명히 존재한다. 그러나 이는 노동력 공급이 감소해서가 아니다. 다시 말해 구인난은 존재하지만, 노동자가 부족한 것은 아니라는 것이다.

2011년 3월 20일 인력자원 및 사회보장부 윤울민(尹蔚民, 인웨이민) 부장은 중국의 '12차 5개년 계획' 기간 취업 시장은 전체적으로 여전히 '수요 대비 공급 과잉'이라 발표했다.[116] 그는 현재 중국은 여전히 1억 명의 농민이 이동을 통한 취업이 필요한 상황이기 때문에 상당 기간 동안 중국의 인구 보너스Demographic Bonus[117] 기간이 지속될 것이라고 보았다. 2009년 국가통계국의 수치를 볼 때, 농촌의 외지 품팔이 인구는 증가하고 있다. 그렇다면 일부 지역이나 기업에서 구인난에 시달리는 것은 노동자가 다른 지방이나 기업으로 이동했기 때문이다. 즉, 노동자가 유동하

---

116 "尹蔚民: 勞動力供大於求 中國人口紅利期長期仍存", 〈中國網路電視臺網站〉
(http://news.cntv.cn/20110322/101507.shtml)
117 [역주] 전체 인구 중 생산 연령 인구 증가로 노동력과 소비가 늘어나 경제가 성장한다는 개념.

고 있는 것이다. 전국적인 상황을 보면, 품팔이가 동부에 취업하는 경우가 여전히 다수를 차지하지만, 품팔이가 동부에서 중부와 서부로 유동하는 추세 또한 분명하다.

3) 품팔이의 눈으로 본 구인난은 '일손 사기'다

품팔이가 구인난을 '일손 사기'라고 보는 주요한 이유는, 임금에 대한 노동자들의 불만 때문이다. 만약 정말 구인난이 존재한다면, 기업은 반드시 임금을 올리는 등의 수단으로 노동자들을 끌어들여야 한다. 하지만 실제로 대다수 기업이 그렇게 하지 않고 있다. 그렇기에 노동자들은 이를 '일손 사기'라 볼 수밖에 없다.

태화컨설팅은 〈2011년 구인난 현황 조사〉에서[118] 270여 개 기업(외자, 국유 및 민영 등 포함) 대상 설문조사를 진행했다. 그 결과 2011년 기업 채용에서 60%에 가까운 기업이 임금을 소폭 인상했고, 25%의 기업은 임금 변화가 없었으며, 소수의 기업(14.8%)만이 20% 이상의 비교적 큰 폭의 임금 인상을 단행했다.

하지만 노동자들은 임금이 어느 정도 오르긴 했으나 물가 상승폭이 임금 상승폭을 크게 앞질렀기 때문에 실제로 소득 수준은 나아지지 않았다고 토로한다.

---

118 〈2011年度"用工慌調查報告"〉, 百度文庫
(http://wenku.baidu.com/view/93b1c30b581b6bd97f19ea5b.html)

4) 구인난은 기업의 정부 압박용이다

각종 언론 보도에서 볼 수 있듯이, 각 지방 정부는 폭스콘을 유치하기 위해 한바탕 쟁탈전을 벌인 바 있다. 이는 폭스콘과 같은 대기업 유치가 현지 경제발전의 견인차가 될 수 있기 때문이다. 〈대하보大河報〉는 2010년 8월 11일 자 "폭스콘 정식 유치 경로 폭로, 각지 정부의 유치 전쟁"이라는 제하에 "무한시를 예로 들면, 2007년 4월에 폭스콘 무한 과기공업원이 정식으로 초석을 다졌다. 겨우 3년 만인 2010년 상반기에 무한시 폭스콘의 수출은 7억7300만 달러에 달했고, 무한시 수출 총액의 5분의 1을 점유했다"고 보도했다.[119] 각지 정부는 폭스콘을 유치하려고 쟁탈전을 벌이고, 폭스콘은 각지 관료들과 협상하며 더 많은 주도권을 확보했다. 또, 지방정부는 이에 따라 더 많은 우대 정책을 제공한다. 이를 통해 폭스콘은 경영비를 더욱 낮출 수 있게 된다.

각지 정부가 폭스콘 유치를 위해 경쟁하는 방식, 그리고 폭스콘 유치 후 정부가 기업을 도와 채용하는 수법을 통해 기업이 정부를 압박하고 있음을 알 수 있다. 기업들이 구인난을 크게 외치면, 정부는 기업 이전을 막고 기업의 생존을 위해 더욱 '이익을 양보'하게 된다. 그리고 정부가 양보하는 이익은 바로 노동자의 이익이다.

기업의 사유와 논리는 다음과 같다. 어찌됐든 품팔이들은 외지로 나와 품팔이 노동을 할 것이기 때문에 기업이 노동자를 채용하지 못할 걱정은 할 필요가 없다. 이러한 논리는 노동자의 유동을 더욱 심화하고 촉진한다. 그래서 '지속적인 구인난'이 출현하게 된다. 품팔이들은 지속적

119 "揭秘富士康入鄭路線圖", 〈新浪網〉
  (http://henan.sina.com.cn/finance/y/2010-08-11/15408845.html)

인 유동을 통해 더 나은 미래를 모색하기 때문이다.

2. 구인난의 양상과 원인

구인난에는 '돌발적 구인난', '설 전후 구인난', 그리고 '지속적 구인난'의 세 종류가 있다. 이러한 구인난을 초래한 원인은 각기 다르다. 가장 주목해야 할 것은 '지속적 구인난'인데, 중국의 전체적인 고용 환경 문제를 반영하기 때문이다.

돌발적 구인난

주로 폭스콘과 같은 대기업의 확장이 초래한 구인난이다. 대기업이 확장하면서 단시간에 노동력 수요가 급증하게 되어 노동 시장에 충격을 주면서 '돌발적 구인난'을 불러온다. 〈신화망新華網〉은 2010년 8월 29일 자 "폭스콘, 정주에서 대규모 채용… 현지 기업, 임금 인상으로 노동자를 붙잡아"라는 기사에서, 폭스콘 정주 공장이 2011년 말에 생산을 시작한 후로 고용 규모가 15만 명 이상이며, 하남성 전체에서 성 밖으로 유출된 노동력은 약 1000만 명이라고 보도했다.[120]

설 전후 구인난

언론에 관심을 기울여 보면, 구인난에 관한 보도가 설 전후에 집중되는 것을 알 수 있다. 즉, 설 전후로 과도기적 구인난이 존재한다는 것이다. 이는 품팔이가 도시에서 장기간 일하고 생활하지만, 그곳에서 안정

---

120 "富士康在鄭州大規模招工致當地企業加薪留人", 〈新浪網〉
  (http://news.sina.com.cn/c/sd/2010-08-29/113820996395.shtml)

된 삶을 살지 못하고 고향으로 돌아간다는 것을 의미한다. 게다가 수많은 품팔이 자녀가 고향에 머물고 있어 설 연휴 동안 귀향이 집중된다.

〈중국청년보中國靑年報〉는 2011년 3월 30일 자 "루이스 전환점[121]인가, 중국의 전환점인가? 중국 경제를 곤란케 하는 전환론"이라는 사설에서 다음과 같이 보도했다.

> 학자 하설봉(賀雪峰, 허쉐펑)은 1년 내내 기층에서 향촌 건설을 하고 있는데, 이처럼 '농민 입장에서 연구'하는 학자는 표면적으로는 농민공이 '해마다 부족'하지만, 사실은 설날에만 '부족'하다고 본다. 농민의 품팔이 임금은 호봉에 따라 증가하지 않고, 심지어 연령이 높아지면 하락하기도 한다. 이때 농민공은 고향으로 돌아가 설날을 보내면서 장소를 옮겨 더 좋은 직장을 얻을 수 있는 가능성을 점치게 된다. 고향에서 농민공이 고민하고 있을 때 공장은 생산을 개시하려 하고, 따라서 구인난이라는 볼멘소리가 크게 울린다. 어디를 가나 일손이 부족한 것 같아 보이지만, 사실은 명절 이후 대규모의 농민이 외지로 이동하면서 구인난에 처한 기업은 이내 필요한 노동력을 채용하고, 급속하게 '농민공을 다시 기계처럼' 대한다.[122]

---

121 [역주] 노벨 경제학상을 받은 아더 루이스Arthur Lewis의 이름을 딴 개도국 경제발전 단계이론이다. 농촌의 값싼 잉여 인력이 도시의 산업 분야로 진출하면서 제조업이 저임금 인력으로 발전을 지속하다가 값싼 노동력이 고갈되면서 전체적으로 임금이 올라 고성장이 둔화하는 현상을 말한다.

122 "是刘易斯拐點還是中國拐點 "拐點論"困擾中國經濟", 〈新華網〉
   (http://news.xinhuanet.com/2011-03/30/c_121245671.htm)

지속적 구인난

구인난은 이제 보편적 현상이 되어 거의 모든 업종과 기업에 존재한다. 물론 심각성에는 차이가 있다. 이러한 현상의 원인은 기업의 노동조건이 노동자를 잡아두지 못하고, 동시에 노동자가 마땅히 얻어야 할 이익이 보장되지 않기 때문이다. 따라서 구인난을 '대우 부족'과 '권익 부족'으로 부르는 사람도 많다.

이 책의 제1부 제1장에서 도시에서의 품팔이 노동의 불안정한 상황과 그 원인을 서술한 바 있다. 품팔이가 스스로 일자리를 떠나는 주요한 원인은 노동의 불안정성 때문이다. 사장에 의해 해고된 경우도 있지만, 이는 소수에 불과하다. 품팔이가 이직하는 이유는 다양한데, 기업의 조건과 노동 성격에 의한 강제 이직(열악한 작업환경과 노동조건, 단조로운 업무), 더 나은 발전을 위한 이직(기술력 향상, 더 나은 대우), 도덕적 선택(비양심적 노동 내용) 등이다.

무한에 있을 때, 한 친구가 무한 폭스콘 공장의 몇 가지 특징을 들려줬다. 첫째, 공장 정문에서 여행 가방을 들고 공장 밖으로 나가는 수많은 사람과 여행 가방을 들고 공장으로 들어오는 수많은 사람을 볼 수 있다. 둘째, 공장 지역에는 심리상담실, 운동시설, 병원, 훈련센터, 마트 등 모든 생활환경이 갖춰져 있다. 셋째, 투신자살을 막기 위해 기숙사 아래에 모두 그물을 쳐놓았다. 폭스콘은 노동조건이 다른 기업보다 좋은데 왜 수많은 노동자가 부단히 떠나고, 여전히 투신하는 걸까? 근본적인 원인은 품팔이들이 단순한 노동자가 아니라 동시에 남성, 여성, 아버지, 어머니, 아들, 딸이라는 것, 즉 이들은 하나의 완전한 인간으로서 여러 가지 요구를 가지고 있다는 것이다. 공장 내부 환경이 아무리 좋아 봐야

공장일 뿐이고, 공장은 노동자 생활의 전체가 될 수 없다. 따라서 '전체로서의 인간적 생활 추구'가 지속적 구인난을 낳는 근본 원인이다. 제1부 제1장에서 묘사한 것처럼 '만족스러운 일이 만족스러운 생활과 같은 것은 아니다'는 것 또한 이 같은 이치를 표현한다.

3. 구인난의 영향

품팔이들이 비록 노동조건에 큰 불만을 갖고 있지만, 지속되는 구인난의 영향으로 약간의 긍정적 변화가 나타났다.

예전보다 일자리 구하기가 쉬워졌어요

2010년 11월 13일 동관 광덕공장에서 일하는 유해도를 만나 이야기를 나눴다.

> 2000년 3월경에 광주로 왔어요. 당시 일자리를 구하는 데 보름이 걸렸어요. 자전거를 타고 여기저기를 다녔죠. 구인광고를 찾아보기도 하고, 공장에 들어가 사람들에게 직접 물어보기도 했어요. 임금은 얼마나 되는지 근무 시간은 어떤지요. 일반적으로 기술이 없으면 남자들은 힘든 일을 하죠. 임금도 아주 낮고, 노동 시간도 아주 길어요. 지금과는 많이 달랐어요. 지금은 어디서나 일자리 구하는 게 쉽죠. 어느 공장이든 비슷해요.
> 그러다 2007년에 동관으로 와 광덕공장(광덕운동기자재용품공장)에서 일하기 시작했어요. 이 공장은 운동 기자재를 만드는데, 화남 공업 지역에서는 큰 편에 속해요. 여기서 일한 지 3년 다 되어 가

고, 지금 월급은 2500위안이에요. 거의 엔지니어급이지만, 관리직에 속하지는 않아요. 여기 관리직은 쉽지 않아요. 월급은 저와 같은데 스트레스가 심하거든요. 요즘은 직원 관리하기가 어렵잖아요. 사람이 부족해서 통제가 심하면 그만둬 버리거든요. 해고도 마음대로 못 하고요. 때론 직원들끼리 다투기도 해요. 하긴 관리직도, 직원도 나름대로 좋은 점이 있으니까. 뭐, 전체적으로 임금만 괜찮으면 되죠.

우리 공장은 일손이 부족해요. 현재 광동 지역 공장들 90% 이상이 구인난에 처해 있어요. 인력 유동이 너무 커서요. 1990년 이후 출생한 젊은 세대는 더 자유롭고 싶어 해요. 공장에 들어갔는데 임금이 낮거나 통제가 심하면 하루 이틀 만에 떠나버리죠.

고용 연령의 폭이 크게 확대되다

10여 년 전 여공들, 젊은 품팔이 여성은 '공순이打工妹'라 불렸다. 하지만 지금은 이 호칭이 이 집단을 대표할 수 없게 되었다. 여공의 연령폭이 상당히 넓어졌기 때문이다. 수많은 여공이 30대이고, 심지어 40대도 있다. 내가 만난 사람 중 가장 나이가 많은 여공은 43세였다.

폭스콘의 채용 상황에서도 연령 폭의 확대를 알 수 있다. 예를 들어, 2010년 강소 회안淮安의 폭스콘 채용 연령 기준은 22~28세였는데, 2011년에는 17~32세였다. 2010년 태원太原 폭스콘의 채용 연령 기준은 17세~28세였는데, 2011년에는 17~35세였다.[123]

채용 시 남성에 대한 성차별이 완화되다

유해도는 2000년 막 광주에 왔을 때 남성을 채용하지 않는 공장이 아주 많았다고 회상했다. 당시 일반 공장들은 남성 채용을 원하지 않았다. 지금도 채용 시 남성에 대한 성차별은 여전히 존재한다. 예를 들어, 수많은 취업 알선 중개업자가 여성에게는 받지 않는 수수료를 남성에게는 받는다.

직원에 대한 관리직의 태도

2010년 11월 10일 동관에서 일하는 류진란을 만났다. 그녀는 2001년부터 동관의 유성裕成 신발공장에서 일했고, 그곳에서 몇 번의 퇴직과 복직을 거듭했다.

> 2001년에 동관시 황강진 북안촌으로 왔는데, 그땐 주변이 다 황무지였어요. 우리 공장에선 주로 뉴발란스 신발을 생산했죠. 그때 제 사번이 8000번 정도였는데, 2010년 3월에 복직했을 때 사번이 107583번이었어요. 2007년부터 공장 관리직이 직원들에게 욕하는 일이 아주 적어졌어요. 2009년부터는 임금 체불도 없어지고, 사직할 때 사표 수리가 미뤄지지도 않았고요. 그때부터 공장은 줄곧 구인난에 시달렸죠. 지금은 그만둔다고 하면 공장에서 적극적으로 말려요.

---

123 "2010年太原富士康招暑", 〈易登網〉(http://taiyuan,edeng,cn/xinxi/33403731,html)

그녀가 말한 사번은 공장이 채용해 온 총 직원 수를 의미하는 것으로 보인다. 즉, 직원이 새로 들어오면 숫자가 커지는 것이다. 이는 노동자의 유동이 아주 빈번했음을 방증하는 것이기도 하다.

중국의 폭스콘 확장에 대한 고찰

폭스콘의 급속한 확장은 중국의 행운일까 아니면 불행일까? 또는 품팔이의 행운일까 아니면 불행일까? 폭스콘이 연해에서 내륙으로 확장한 것은 내륙의 호재일까 아니면 악재일까? 폭스콘이 내륙으로 확장한 것은 품팔이들의 귀향의 꿈을 실현해줄 기회일까? 중국의 구인난 현상의 실질적 의미를 분석하기 위해 먼저 폭스콘 현상 속에서 그 단서를 찾을 수 있을 것이다. 또한, 폭스콘 현상에 대한 분석으로부터 중국 산업 이전의 영향을 분석할 수 있다.

언론은 중국의 구인난을 앞다퉈 보도했다. 이러한 상황에서 중국의 품팔이 노동자 상황을 이야기하기 위해서는 폭스콘을 피해갈 수 없다. 폭스콘은 규모가 매우 방대해서 시간과 공간 두 가지 측면에서 이해해야 한다. 하지만 폭스콘의 전체적인 상황을 조사하면서 폭스콘을 제대로 이해하기란 불가능하다는 것을 알게 됐는데, 그 이유는 정보가 너무 산재해 있고 단편적이기 때문이다. 이에 열흘 동안 많은 자료를 수집해 최종적인 표로 정리했다. 이 분석을 통해 다음과 같은 몇 가지 초보적 결론을 얻을 수 있었다.

첫째, 폭스콘의 고용 규모는 매년 증가했고, 앞으로 수년간 여전히 큰 폭으로 증가할 것이다. [표30]은 이와 같은 추세를 잘 보여준다. 한편, 〈신랑망新浪網〉의 신랑 과학기술은 2010년 12월 10일 자에서 "대륙에서의 폭스콘 직원 100만 명 돌파"라는 제목으로 다음과 같이 보도한 바 있다.

> 12월 10일 금요일 저녁 소식에 따르면, 폭스콘 과기집단의 개척사업 이사장 및 홍해鴻海정밀 이사장 곽대명郭台銘의 특별비서 호국휘胡國輝가 폭스콘의 대륙 직원 규모가 이미 100만 명을 넘어섰다고 밝혔다. 호국휘는 올해(2010년) 8월부터 내년(2011년) 말까지 폭스콘 직원 규모가 130만 명까지 증가할 가능성이 있으며, 당시(2010년 8월) 직원은 92만 명이었다고 말했다.[124]

둘째, 폭스콘 고용 인원의 증가는 내륙 성 지역으로의 산업 확장으로 인한 것이다. 강소와 심천 지역의 공장 고용 인원이 감소하지 않았으나 내륙 투자와 고용 규모는 대폭 상승하고 있다. 성도와 정주의 투자와 고용 상황을 보면, 올해 말 폭스콘은 44만 명을 더 채용할 계획이다. 〈중국경제시보中國經濟時報〉의 2010년 7월 26일 자 "폭스콘 6400만 달러를 정주와 성도에 투자, 내지 유치전 막을 내리다"라는 기사에 의하면, "홍해그룹은 앞으로 부태화 정밀전자(성도)에 1200만 달러를 투자하고, 홍부금 정밀전자(정주)에 1200만 달러를 투자할 것"[125]이라 밝혔다. 또 다른

---

124 "富士康大陸員工數量突破100萬", 〈新浪網〉
　　(http://tech.sina.com.cn/it/2010-12-10/21084969686.shtml)

보도에 따르면, 2011년 6월경 폭스콘 성도공장이 25만 명의 채용 목표를 달성할 것이고, 폭스콘 정주공장은 2011년 말 생산을 시작한 후 고용 규모가 15만 명 이상이 될 것이다.[126]

셋째, 폭스콘의 채용 정보를 살펴보면, 노동자의 임금수준이 대체로 인상됐다.

넷째, 채용 조건 변화라는 측면에서 보면, 폭스콘은 확실히 구인난에 직면해 있다. 채용 연령의 상한선이 상향 조정된 것은 기업이 채용 기준을 완화했음을 의미한다.

[표30] 중국 폭스콘 확장 현황 – 공장 건설, 고용 및 채용 자료

심천	
1988년	대륙 진입
2006년	-종업원 수: 10만 명 이상 -채용 공고 연령: 1985~1989년 출생 기본급: 400~500위안 추가근무수당: 시간당 5위안[127]
2007년	종업원 수: 30만 명 근접[128]

125 "富士康6400萬美元投資鄭州成都 內遷之爭終落幕", 〈搜狐新聞〉
　　(http://news.sohu.com/20100726/n273752561.shtml)
126 "富士康成都招工25萬人 薪酬不敵外省一半難留人", 〈鳳凰網〉
　　(http://tech.ifeng.com/it/special/fushikangzhangxin/detail_2011_02/12/4638876_0.shtml)
127 "富士康深圳工廠: 員工收入主要靠加班", 〈騰訊網站〉
　　(http://tech.qq.com/a/20060622/000032_1.htm)
128 "2006年富士康(武漢)科技產業園奠基", 〈荊楚網〉
　　(http://www.cnhubei.com/200703/ca1307645.htm)

2009년	채용 상황 보도: 폭스콘은 설날 이후 긴급히 3000명을 채용했으나 최근에는 더 이상 새로운 직원을 채용하지 않는다.[129] 2009년 심천시에 납부한 세액은 3억 위안을 초과한다.[130]
2010년	−종업원 수: 45만 명[131] −채용 상황 보도: 설날 이후 부족 인력은 5만 명이었고, 2월 24일 하루에만 만 명 가까운 구직자가 몰렸다. 회사는 음력 1월 2일부터 채용을 시작했고, 이틀간 정점을 찍어 매일 4000~5000명의 채용을 결정했다.[132] 8월 중순에 5만여 명을 채용할 계획이고, 118회의 채용박람회를 계속해서 열 계획이다. 연초의 폭발적인 반응에 비해 이번 채용 현장은 비교적 냉랭한 편이다. −기본급은 월 1200위안 이상이고, 3개월의 수습 기간을 거친 후 2000위안 이상을 받는다.
2011년	−채용 공고 월급여: 2000~3000위안 연령: 17~30세 채용 인원: 100명 시간당 추가근무수당: 평시 10.7위안, 주말 14.28위안, 공휴일 21.42위안 학력: 중학교 졸업 이상[133]

하북 랑방廊坊	
2006년	공장 건설을 위한 투자 시작
2009년	−채용 공고 연령: 만16.5~24.5세 신장: 남성 165cm이상, 여성 155cm 이상 시력: 0.8이상 학력: 중학교 졸업 이상 대우: 기본급 840위안, 총 임금 1400~2200위안, 숙식(3식) 포함

129 "富士康急招3000人後掛出不再招工橫幅", 〈新浪網〉
(http://tech.sina.com.cn/it/2009-02-19/11492839311.shtml)

130 "富士康6400萬美元投資鄭州成都 內遷之爭落幕", 〈滕訊網〉
(http://news.qq.com/a/20100726/000107.htm)

131 "富士康深圳招工遇冷 招聘人數規模令人疑惑", 〈金羊網〉
(http://news.sina.com.cn/c/p/2010-09-03/173021034105.shtml)

132 "深圳富士康招工場面火爆 一萬人"(2010년 2월 24일), 〈深圳生活網〉
(http://www.updayday.com/2010/02/022421402010.php)

133 "[招工資訊]北京富士康精密件有限公司操作", 〈中勞網〉
(http://zhaogong.chinalao.com/f39/38444/)

2010년 2월	–종업원 수: 3만 명[134] –2006년 폭스콘은 1분기 랑방 투자 이전에 이미 의견일치를 보았다. 폭스콘은 3번에 걸쳐 37억 달러를 랑방에 투자하는데, 올해까지 제1기 투자 8억 달러가 집행됐다.[135]
2011년	–채용 공고 연령: 만16.5세 이상 학력: 제한없음 성별: 남녀불문 호적: 불문 신장: 남성 168cm, 여성 155cm 이상 월 소득: 1740∼3200위안(표준임금+추가근무 등)[136]

북경	
2010년	종업원 수: 2만여 명[137]
2011년	–채용 공고 호적 및 남녀 불문 연령: 만18∼34세 기본급: 1800위안, 정직원 전환 시 2500위안 총임금: 3500∼5000위안 이상[138]

천진天津	
1988년	휴대폰 배터리 생산을 위한 소공장 건설
2007년	종업원 수: 1000여 명[139]

---

134 "深圳富士康十連跳、廊坊富士康猝死、北京富士康群毆", 〈南方報網〉
(http://nf.nfdaily.cn/huati/content/2010–05/21/content_12147409.htm)

135 "廊坊回應富士康"北遷之爭", 〈中國新聞網〉
(http://www.chinanews.com/it/2010/07–22/2419151.shtml)

136 "富士康招工", 〈北京清單網〉 (http://beijing.liebiao.com/gongrenjigong/16966504.html)

137 "北京晚報記者探訪亦莊富士康", 〈中國經濟網〉
(http://www.ce.cn/xwzx/gnsz/gdxw/201005/24/t20100524_21438452.shtml)

138 "北京富士康招工"(2011년 3월 27일), 〈易登網〉 (http://beijing.edeng.cn/xinxi/46269557.html)

2008년	천진경제기술개발구에 휴대폰 케이스 생산 소공장 건설
2011년	–채용 공고 연령: 남성 만16~30세, 여성 16~35세 학력: 중학교 졸업 이상 기본급: 월 1200위안 월평균임금: 1800~2300위안[140]

산동 연대煙臺	
1988년	폭스콘(연대) 과기공업원은 산동성이 추진한 중점 사업으로 2004년 1월 산동 연태 경제기술개발구에 건설됨[141]
2006년	7월 정식으로 생산 시작[142]
2007년	종업원 수: 1만6000명[143]
2008년	종업원 수: 5만 명[144]
2010년 2월	–종업원 수: 8만 명[145] –산동 수출액이 1000억 달러를 넘어 1042.9억 달러 달성. 이 가운데 연대 폭스콘 기업의 비중이 90억8000만 달러로, 성 전체 수출액의 10%에 가까운 비중을 차지[146]

139 "2006年富士康(武漢)科技產業園專案奠基"(2007년 4월 2일), 〈荊楚網–湖北日報〉
   (http://www.cnhubei.com/200703/ca1307645.htm)

140 "天津富士康招聘", 〈數位英才網〉(http://job.01hr.com/j/h-4391170.html)

141 "煙臺富士康集團招工招聘資訊"(2008년 6월 28일), 〈青島勞派網〉
   (http://gqgmzhang.blog.bokee.net/bloggermodule/blog_viewblog.do?total=563&totalcount=563&id=1941369&pagerow=20&pagenum=23)

142 "煙臺富士康拒為8萬員工繳公積金", 〈中國金融網〉
   (http://news.zgjrw.com/News/201064/home/448871754201.shtml)

143 "2006年富士康(武漢)科技產業園專案奠基", 〈荊楚網〉
   (http://www.cnhubei.com/200703/ca1307645.htm)

144 "煙臺富士康集團招工招聘資訊", 〈青島勞派網〉
   (http://christenson.blog.bokee.net/bloggermodule/blog_viewblog.do?id=1941369&totalcount=562&total=562&pagerow=20&pagenum=5)

2011년	−최근 물밑 협상으로 세계에서 가장 큰 액정 텔레비전 기지를 연대에 건설하고자 한다. 소니와 합작해 기지를 건설하고, 3000만 대 규모의 생산 능력을 갖추려 하며, 900억 위안의 생산액 및 5만 명의 고용 효과가 있을 것이다. 이는 '연대 폭스콘' 하나를 더 짓는 것과 마찬가지의 규모다.[147] −채용 공고 기본급: 월 1200위안 총 임금: 월 1800∼3500위안 채용 인원: 제한 없음 연령: 16∼35세

하북 진황도秦皇島	
2007년	진황도 시정부는 3월 31일 폭스콘 과기집단과 협약을 체결했다고 공표했다. 폭스콘의 곽대명은 앞으로 3년간 적어도 10억 달러를 투자하고, 고용 인원이 3만5000명을 넘을 것이라고 약속했다.[148]
2010년 2월	2010년 말 고용 인원은 6000명[149]
2011년	−채용 공고 남녀 연령 : 만18∼30세 기본급 : 1407위안, 총임금 2500∼3000위안 안팎[150]

요녕遼寧 영구營口	
2008년	폭스콘(영구) 과기원은 요녕성 중점 사업으로 2008년 요녕 영구에서 정식으로 생산을 시작[151]

145 "煙臺富士康拒為8萬員工繳公積金", 〈中國金融網〉
(http://news.zgjrw.com/News/201064/home/448871754201.shtml)

146 "煙臺富士康加薪搶人招工5萬欲再造一個"富士康", 〈中國煙臺政府門戶網站〉
(http://www.yantai.gov.cn/cn/html/text/jryt/2011-02-16/536292.html)

147 위와 같음.

148 "富士康與秦皇島市政府簽署合作協定", 〈中國PCB技術網〉
(http://globalsmt.net.cn/index2.php?option=com_content&task=view&id=773&pop=1)

149 "秦皇島富士康招聘", 〈時代人才網〉 (http://www.107job.com/IKArticle.jsp?ID=28)

150 "秦皇島富士康招聘", 〈秦皇島OK網〉 (http://www.qhdok.com/thread-346-1-1.html)

151 "富士康科技集團招工簡章", 〈營口人力資源網〉 (http://www.ykrlzy.com/newsinfo.asp?id=438)

2009년	–채용 공고 모집 인원 : 200～300명/월 연령 : 만16.5～23세 남녀불문 대우 : 실습 기간 580위안(영구 지역 최저 생활보장임금)+장려금 120위안+특수업무 보조금 30～100위안, 월 임금(추가근무 포함) 1300～1500위안
2010년 2월	–종업원 수: 1300여 명[152] –실습 기간: 최저임금 700위안/월+추가근무(회사 규정), 월 소득 약1000～1500위안 –실습 만료: 최저임금 1000위안/월+추가근무(회사 규정), 월 소득 약1200～1800위안[153]

광서 남녕南寧	
2009년	9월 10일, 폭스콘 과기집단은 남녕에 설립신고를 했다. 폭스콘 집단은 광서 남녕시에 30억 달러를 투자하기로 결정했고, 올해부터 5년간 전자정보산업의 연간 생산액이 500억 위안에 달할 것이다.[154]
2010년	중신사中新社 남녕은 12월 23일 대만 폭스콘 집단 유한공사가 광서 장족자치구 남녕시에 50억 위안을 투자하여 생산기지 및 3C 매장 등을 건립하고, 2015년 실제 매출액 300억 위안 이상, 직접 고용 인원 4만 명 예상을 보도했다.

호남 장사長沙와 형양衡陽	
2010년	신화망新華網 장사는 12월 8일에 호남성 정부가 폭스콘집단과 합작기조협정을 체결했다고 보도했다. 쌍방의 협정에 따르면, 폭스콘은 장사와 형양 2곳에 생산연구개발기지를 건설할 예정이다.

152 "富士康科技集團營口科技工業園", 〈黑龍江資訊技術職業學院網站〉
(http://www.hljitpc.com/news/disyplayxw.asp?Uid=2196)

153 위와 같음.

154 "富士康在南寧投資30億美元 4大領域重點合作", 〈廣西房地產資訊網〉
(http://news.gxfdc.cn/news/News0_31665.shtml)

강소江蘇 곤산昆山	
1988년	1993년 공장 건설
2006년	종업원 4만여 명[155]
2011년	–폭스콘 집단 곤산 3구 총 투자액은 2억4000만 달러, 점유 토지는 1400묘다. 종업원 수는 8만 명이다.[156] –채용 공고 연령: 17∼28세 학력무관, 남녀불문 대우: 기본급 1500위안+추가근무+개근수당+특수업무보조=2800위안 안팎. 정직원 전환 후 1700위안+추가근무+개근수당+특수업무보조=3600위안 안팎. 규정에 따라 회사는 사회보험, 상업, 의료보험에 가입한다(양로, 의료, 실업, 상해, 양육보험 및 주택기금)[157]

강소江蘇 회안淮安	
2006년	강소 회안 경제개발구는 성공적으로 대만홍해그룹의 30억 달러 이상의 폭스콘 회안 과기성 투자안을 유치했다.[158]
2007년	–종업원 수: 3만6000명[159] –연말까지 폭스콘 회안 과기성은 1만여 명의 고용 창출이 있을 것이다. 주로 만 16∼22세의 여성과 만17∼22세의 남성이 대상이며, 기본급은 660위안이고, 총임금은 1000위안 안팎이다.[160]

155 "江蘇昆山富士康有多少員工", 〈百度知道〉 (http://zhidao.baidu.com/question/88829098.html)

156 "昆山富士康企業最新招聘/招工資訊", 〈易登網〉
(http://suzhou.edeng.cn/jiedaoxinxi/45505073.html)

157 "2011年昆山富士康最新招聘招工資訊", 〈專業服務網〉
(http://www.99inf.com/zyfw/jjzj/234830.html)

158 "江蘇淮安: 借力台資促自身轉型", 〈江蘇與臺灣網站〉
(http://www.huaxia.com/js-tw/stjl/2011/04/2372344.html)

159 "淮安富士康科技集團", 〈數位英才網〉 (http://www.01hr.com/company/a-206034003967.html)

160 "富士康淮安科技城開始大規模招工", 〈漣水網〉
(http://bbs.0517w.com/forum.php?mod=viewthread&tid=33451)

2009년	회안시 노동취업관리처의 인력중개파견조는 하남성, 산둥, 안휘 등지에서 폭스콘 채용을 진행했다.[161]
2010년	−채용 공고 연령: 22~28세 기본급: 1400위안 소득 범위: 월 1500~3500위안[162]
2011년	−종업원 수: 3만6000명[163] −채용 공고 학력: 중학교 졸업 이상 연령: 17~32세 대우: 기본급 월 1500위안, 월 평균수입 2300~2800위안 안팎. 입사 3개월 후 심사 통과 시 기본급 월 1740위안, 월 평균수입 2600~3200위안 안팎

절강 가산嘉善	
2007년	12월 10일, 폭스콘 과기집단과 가산 특별 협약 체결[164]
2010년 2월	채용 보도: 9월 6일, 서당西塘진의 폭스콘 특별사업 부정富鼎 전자과기(가산)유한공사가 채용을 시작했다. 올해 말까지 5000~7000명의 직원을 채용할 예정이다. 기본급은 월 1100위안이고, 추가근무수당 등이 추가된다. 월 총액 2000~3000위안, 숙식 제공, 세탁, 사회보험 등 복지 혜택.[165]

사천 성도成都	
2010년 2월	홍해그룹이 부태화 정밀전자(성도)에 1200만 달러, 홍부금 정밀전자에 2000만 달러를 투자할 계획

■

161 "淮安市群策群力保富士康用工需求", 〈人民網〉 (http://unn.people.com.cn/GB/10265512.html)

162 "[招工資訊]富士康人事專員", 〈中勞網〉 (http://info.chinalao.com/f78/77692)

163 "[江蘇]富士康(淮安)基礎人力(實習生)2011招聘", 〈鯉魚網〉
(http://www.iliyu.com/job/html/job-812207.html)

164 "爭奪富士康", 〈浙商網〉
(http://www.zjol.com.cn/05zjman/system/2008/06/11/009608453_01.shtml)

165 "富士康嘉善工廠開始招工", 〈嘉善新聞網〉
(http://jsxww.zjol.com.cn/jsnews/system/2010/09/07/012609452.shtml)

2011년	채용 보도: 6월경 폭스콘 성도 프로젝트에 25만 명 채용 목표를 완성할 것이다. 사천성의 모든 시와 주는 지난 해 8월경부터 사천성의 요구에 따라 모든 주의 지방정부가 나서서 폭스콘 성도 사업 채용 업무를 대신할 것이다.

하남 정주	
2010년 2월	−홍해그룹은 홍부금 정밀전자(정주)에 2000만 달러, 부태화 정밀전자(정주)에 1200만 달러를 투자할 것이다.[166] −8월 2일 폭스콘 과기 부태화 정밀전자(정주)유한공사의 첫 번째 생산라인 건설이 시작되었다. 8월 14일 특별 채용박람회에 만 명 넘게 응모했고, 채용기간 경쟁률은 30대 1에 달했다. 일반적으로 정주에서 노동자를 1명 고용하면 숙식에만 800위안이 든다. 폭스콘은 1200위안에서 출발한다. 관리직은 현재 1600위안 이상으로 인상해야 한다. 엔지니어는 기본급을 2000위안으로 올려도 구하기 힘들 것이다. 폭스콘 정주공장은 내년에 생산을 시작한 이후, 고용 규모가 15만 명 이상이 될 것이다.[167]
2011년	−3월 6일 하남성 위원회 부서기, 성장 곽경무郭庚茂는 폭스콘을 대신한 정부의 채용에 대해 핵심적인 기업 서비스가 정부의 책무라 답한 바 있다.[168] −채용 공고 학력: 중학교 졸업 이상 대우: 입사 후 기본급 월 1200위안 이상, 월 평균임금 1600∼2300위안 이상 입사 3개월 후 심사 통과 시 월 평균임금 2500∼3000위안 이상, 심천에서 3∼6개월 근무 후 정주 폭스콘으로 전환 배치[169]

■

166 "富士康6400萬美元投資鄭州成都 內遷之爭落幕", 〈滕訊網〉
(http://news.qq.com/a/20100726/000107.htm)

167 "富士康在鄭州大規模招工致當地企業加薪留人", 〈新華網〉
(http://news.sina.com.cn/c/sd/2010−08−29/113820996395.shtml)

168 "河南省長：為富士康招工是政府職責所在", 〈新聞中心−中國網 news.china.com.cn〉
(http://www.china.com.cn/2011/2011−03/07/content_22072008.htm)

169 [招工資訊]鄭州富士康招聘直留鄭州", 〈中勞網〉 (http://info.chinalao.com/f187/186992)

태원太原	
1988년	폭스콘(태원) 과기공업원은 2003년 10월 17일 생산기지를 건설했고, 2004년 12월 생산을 시작했다.[170]
2008년	공업원구 전체 투자액은 15억 달러이고, 올해 건설 완료해 생산을 시작할 것이다.[171]
2009년	−채용 공고 연령: 만17~24세 대우: 기본급 750위안+보조금+추가근무+각종 장려금=1000~2000위안 이상[172]
2010년 2월	−채용 공고 연령: 만17~28세 신장: 남 165cm, 여 155cm 학력무관 대우: 기본급 1200위안, 보조금, 추가근무, 각종 장려금을 합해 2000~3000위안(종합임금)[173]
2011년	−종업원 수: 6만여 명[174] −채용 공고 학력 무관 연령: 만16.5~40세 신장: 남 165cm, 여 155cm 기본급 1350위안+개근수당+장려금=월 2200~3000위안(숙식 제공)[175]

■

170 "[山西]富士康科技集團, 太原園區2011招聘", 〈應屆生求職網〉
(http://www.yingjiesheng.com/job-001-047-453.html)

171 "爭奪富士康", 〈浙商網〉
(http://www.zjol.com.cn/05zjman/system/2008/06/11/009608453_01.shtml)

172 "太原富士康招工資訊(長期招聘大量普通工人)", 〈清單網〉
(http://taiyuan.liebiao.com/gongrenjigong/12372903.html)

173 "太原富士康招流水線作業員", 〈網路114〉
(http://ty.net114.com/zpshengchankaifa/1001917i.html)

174 위와 같음.

175 "太原富士康2011最新招聘資訊", 〈百姓網〉(http://taiyuan.baixing.com/gongren)

176 "記者探秘富士康重慶產業基地", 〈新浪網〉

중경	
2009년	〈중경만보重慶晚報〉 8월 5일 자 보도에 따르면, 중경에 자리 잡은 휴렛팩커드 프로젝트를 중경 폭스콘이 담당하게 된다. 두 프로젝트가 생산에 들어가면, 2012년부터 연간 2000만 대의 수출 생산능력을 가지게 될 것이고, 동시에 본체와 부속품 생산총액이 2000억 위안에 달할 것이다. 이는 현재 중경 공업 생산액의 3분의 1에 달하는 규모다.
2010년 2월	종업원 수: 2800여 명, 연말이면 1만 명에 달할 것으로 예상, 최종적으로 10만 명의 일자리를 창출할 것[176]
2011년	-채용 공고 연령: 만18~30세 대우: 기본급 월 1300위안, 9개월 후 심사 통과 시 기본급 1600위안, 총액 2100~2800위안[177]

무한	
2007년	-2007년 4월 2일 폭스콘(무한) 과기산업원 프로젝트가 생산 기반을 구축했다. -폭스콘의 동호東湖 고신구高新區 분기 투자액은 10억 달러. -알려진 바에 따르면, 폭스콘 프로젝트가 최종적으로 건설되면 15~20만 명의 일자리를 제공할 것이다. 이는 세계에서 가장 큰 디지털 카메라 제조기지다.
2010년 2월	-종업원 수: 2만 명 -채용 보도: 6월 11일 무한시 인력자원시장 및 기타 인력시장이 폭스콘 신규 채용 박람회를 진행했다. 폭스콘(무한) 과기공업원은 신규 사업의 생산 가동으로 2.8만 명의 노동자를 긴급 채용해야 한다.[178]

(http://tech.sina.com.cn/it/2010-05-20/12004211761.shtml)

177 "富士康科技集團(重慶廠區)招工簡章", 〈重慶人才公共資訊網〉
   (http://www.cqrc.net/cqrc2009/showxw2009.aspx?xwid=12025)

178 "武漢富士康急招工2.8萬", 〈財經網〉
   (http://www.caijing.com.cn/2010-06-12/110458354_3.html)

2011년	무한 폭스콘이 지난 연말 낸 공고에 따르면, 올해 노동자 3만 명이 필요할 것으로 예상된다. 올해 봄 무한의 채용 규모는 24만 명 정도고, 수량으로 보면 무한 폭스콘 한 기업이 약 10%를 차지한다. 기자는 이 회사가 올해 최신 채용 규정에 직원 임금을 인상했음을 확인했는데, 수습 기간 중 1700~2100위안, 심사 통과 시 1900~2200위안이었다. 이 수준은 올해 봄 무한 노동자 평균임금 1700위안보다 훨씬 높은 것이다.[179]

언론 보도에 따르면, 폭스콘이 그리는 중국의 판도는 명확하며, 3대 생산 클러스터를 형성하고 있다. 북경, 정주, 랑방은 휴대폰 생산에 집중하고, 중경과 성도는 노트북, 컴퓨터, 셋톱박스를 생산하며, 생산 조건 요구가 비교적 많은 애플은 계속해서 심천에서 생산한다. 이 밖에도 일부 중형 사업군이 점차 내륙으로 이동하게 될 것이다. 인쇄회로기판PCB은 진황도秦皇島로 이전할 것이고, 광학전자설비는 보성晉城으로, 게임기는 연태烟台로 이전할 것이다.[180]

179 "武漢富士康今年招工計畫3萬 衝擊人才市場", 〈荊楚網〉
    (http://news.cnhubei.com/ctdsb/ctdsbsgk/ctdsb11/201102/t1622823.shtml)
180 "富士康6400萬美元投資鄭州成都 內遷之爭落幕", 〈騰訊網〉
    (http://news.qq.com/a/20100726/000107.htm)

제15장
산업 이전과 신노동자의 출구

연해 지역의 개혁개방은 중국에 전대미문의 경제적 발전을 가져왔고, 농촌으로부터 도시로의 유례없는 이동을 초래했다. 경제발전과 공업발전은 농촌 사람들에게 도시로의 이주 기회를 가져다줬지만, 신노동자가 도시에서 안정적으로 거주하며 생활하기에 충분한 제도적 장치는 없었다.

연해 지역의 개혁개방이 30년간 진행된 이후 중국은 산업 이전의 발걸음을 떼었다. 산업 이전의 목적지는 대부분 노동력을 송출하는 큰 성들이다. 절대 다수의 품팔이는 언젠가 고향으로 돌아가 살며 발전하고 싶은 꿈이 있다. 따라서 표면적으로 보면, 산업 이전은 품팔이들의 꿈을 실현하는 데 도움이 된다. 그러나 현실의 발전이 정말 그러한 결과를 만들어낼 수 있을까?

산업 이전에 관한 수많은 글과 자료를 본 결과, 다음의 몇 가지가 인상적이었다. 첫째, 모든 자료가 산업 이전은 좋은 것, 필연적인 것이라 말한다. 둘째, 산업 이전은 국가 정책의 적극적 지지를 얻고 있다. 셋째, 산업 이전이 품팔이에게 미치는 영향을 다룬 글이나 분석은 찾아볼 수 없다.

산업 이전은 자본의 논리다. 나는 이에 반대하지는 않지만, 사회가 자본의 논리로만 운영될 수 없다고 생각한다. 자본의 논리는 공업, 공장, 노동자를 형성하지만, 사회 발전과 인민의 행복을 가져오지는 않을 것이기 때문이다. 다시 말해, 제3차 산업 이전은 중국이 세계 자본에 이익을 양보하는 것이며, 이번의 국내 산업 이전은 내륙이 세계와 연해 자본에 이익을 양보하는 것이다.

이 책에서 산업 이전과 신노동자의 출구를 연계시키는 이유는 품팔이들이 모두 고향으로 돌아갈 생각을 하고는 있지만, 농촌에서 농사를 짓기 위해서가 아니라 공업, 상업, 서비스업에 종사하고자 하는 것이기 때문이다. 산업 이전은 품팔이에게 고향으로 돌아가 꿈을 실현할 기회를 제공할 것이다. 그러나 이 꿈의 실현은 결정적으로 산업 이전의 목표가 품팔이의 귀향 목표와 일치하는가에 의해 좌우된다.

1. 산업 이전이 농촌과 품팔이에 미치는 영향

1) 산업 이전의 큰 배경

결과적으로 보면, '2차 대전' 이후부터 지금까지의 60년 동안 세계는 세 차례의 산업 이전을 경험했다. 1차는 일본이라는 시장을 만들었고, 2차는 '아시아의 네 마리 용'을 만들어냈으며, 3차는 중국을 세계의 가공 공장으로 만들었다. 그리고 현재 중국이 진행하는 연해에서 내륙으로의 산업 이전을 세계적인 제4차 전환이라 말하는 사람도 있다.

길수빈(吉守斌, 지서우빈)의 예측에 따르면, 중국 연해 10개 성과 시에 전국 가공무역의 97.4%가 집중되어 있고, 2010년에 광동, 상해, 절강, 복건 4개의 성에서 이전되어야 할 생산총액이 1만4000억 위안에 달한다. 현재 중국의 30만 개 외자기업의 70%가 가공무역에 종사하고 있고, 국내 전자기계 생산 수출액의 75%와 하이테크 제품 수출의 90%가 가공무역의 방식을 취하고 있다.[181]

산업 이전은 자본이 적은 비용으로 높은 이윤을 추구한 데 따른 필연적 추세다. 곡건(曲建, 취젠)의 분석에 따르면, 중국의 평균임금을 1로 설정할 경우 중국 동부 지역의 평균임금은 1.31이고, 서부 지역은 0.91이다. 내륙 지역의 평균임금은 1000위안 안팎이고, 연해 지역은 1400위안 안팎이다.[182] 물론 임금은 비용의 중요한 한 부분이지만, 기업은 투자와 이전을 할 때 다른 비용도 고려해야 한다.

산업 이전을 촉진하기 위해 2007년부터 지금까지 상무부는 연달아 세 그룹의 '가공무역 단계별 이전 중점 승계지'를 선정했다. 또, 2007년 11월 22일에 상무부와 국가개발은행은 〈중서부 지역 가공무역 단계적 이전을 지지하는 공작에 관한 의견〉이라는 통지문을 발표한 바 있다. 이를 통해 국가개발은행이 비준을 얻은 가공무역 단계적 이전 중점 승계지에 중장기 대출, 단기 대출 및 기술원조 대출 등을 제공하고, 승계지에 진입한 중점 사업에 대해서는 10% 이내에서 대출 우대 이율을 제공할 것이라고 밝혔다.[183]

181 吉守斌, "加工貿易産業向内地轉移的趨勢與機遇", 2009년 2월, 《中國發展觀察》

182 曲建, "如何促進内地承接沿海産業轉移", 2008년 9월 10일, 〈第一財經日報〉

183 "商務部發佈支持中西部承接加貿移新政策", 〈金融界網站〉
    (http://roll.jrj.com.cn/news/2007-12-21/000003087819.html)

2) 하남성 초작시의 상황

중점적으로 조사했던 5개 마을 가운데 국가 산업 이전 지지 정책에서 이익을 얻은 경우는 거의 없었다. 북대단촌은 하남성 초작시에 있다. 초작시는 2007년 4월에 상무부의 산업 이전 중점 승계지 가운데 하나로 확정됐다.[184] 초작시에서 진행한 인터뷰 내용을 보면, 현지 공업 지역의 주변 마을은 개발 지역의 취업 기회 확대로 혜택을 입었다. 많은 사람이 가까운 곳에 취업하면서 연해 지역으로 품팔이를 갈 필요가 없게 되었다. 막 연해에서 품팔이를 하고 돌아온 오吳○○은 연해 지역의 절반밖에 안 되는 임금에도 불구하고 집에서 가까운 곳에서 일할 용의가 있다고 말했다.

2010년 8월에 초작시 수무현 환봉진 소문안촌과 초작시 무척현 사기영진 북대단촌을 방문했다. 이 두 진은 비록 서로 다른 현에 속하지만, 지리적으로 맞붙어 있었다. 그래서 소문안 촌과 북대단촌의 거리는 약 20km 정도로 그다지 멀지 않다. 농가에서 인터뷰를 하면서 두 마을의 발전 상황과 외지로 나간 품팔이의 상황이 매우 다르다는 점을 알 수 있었다. 북대단촌에는 400가구 1800명이 살고, 노동 인구는 800명 정도 된다. 외지 품팔이가 300여 명이고, 부근에서 품팔이를 하는 사람이 300여 명이다. 수많은 사람이 먼 곳까지 가서 품팔이를 하는데, 동북 지역에서 건설노동을 하는 경우도 있다. 소문안촌은 약 1000가구 4300여 명이 산다. 최근 3~5년 사이에 비로소 외지로 품팔이를 나가는 경우가 생겼으며, 그 전에는 없었다. 2009년에는 90여 명이 외지로 품팔이를 나갔

---

184 "9城市成為加工貿易轉移重點承接地我省新鄉,焦作榜上有名",〈河南政府官網〉
　　(http://www.henan.gov.cn/jrhn/system/2007/04/12/010027507.shtml)

다. 2010년에는 130여 명 정도가 외지로 나갔으며, 대다수가 근처에서 품팔이를 한다. 하남성의 초작시 지역은 사천이나 귀주 등과 같은 중국의 기타 성과 달리 근거리 취업 비율이 아주 높았다.

소문안촌은 진 안에 공업개발구를 만들고 있는데, 아직 건설 중이지만 이미 일부 기업이 경영을 시작했다. 대용大用회사와 주정酒精공장 하나가 4년 전에 이미 유치됐다. 촌장은 다음과 같이 말했다.

> 마을사람 중 적어도 150명 정도가 대용회사에서 근무하고, 주정공장에서 일하는 사람도 백 기십 명 됩니다. 개발구에 방적회사도 세워지고 있는데, 아시아에서 두 번째 규모가 될 것이라 하더군요. 이 사업은 이미 시작됐습니다. 지금은 농지 수용 작업을 하고 있죠.

이 개발구는 소문안촌으로부터 1㎞ 거리에 있다. 이를 통해 이 마을의 외지 품팔이가 적은 이유를 알 수 있다. 하지만 북대단촌은 개발구로부터 20㎞ 정도의 거리인데도 근거리 취업이라는 이유로 혜택을 받지 못하고 있다.

소문안촌 거리에서 오○○을 만났다. 이곳에 온 목적을 이야기하자 그는 열정적으로 나를 집안으로 들였다. 우리는 2시간 넘게 이야기를 나눴고, 그의 아내와 아들 부부도 만났다. 아들은 26세, 며느리는 27세이며, 모두 중학교를 졸업했다. 그의 아들이 말했다.

> 결혼 전 아내와 저는 집 근처에서 일했어요. 아내는 가구점에서 1년간 일했고, 옆 마을의 라면공장에서도 3~4년 일했죠. 집 근처

에서 일하면 퇴근하고 집으로 올 수 있어요. 아내는 결혼 후 일이 없었어요. 2년 동안 아이 낳고 돌보느라 집에 있었거든요. 결혼 전에 저도 옆 마을의 라면공장에서 4~5년간 일했죠. 다른 곳에서도 일했는데, 돈을 얼마 못 벌었어요. 2006년엔 천진으로 가서 공사장에서 일했고, 2007년 여름엔 한 달 정도 신강에서 철근 설치하는 일을 했어요. 2007년 겨울엔 하남성 정주에서 에어컨 설치 일을 했는데, 한 달 정도 하고 나니 일이 없었어요. 2008년에는 설 쇠고 나서 산서로 갔어요. 그런데 일을 찾지 못해 다시 돌아왔죠. 그러고는 집 근처의 대용회사에서 일했어요. 닭 가공하는 곳이었는데, 1년 좀 안되게 일했죠. 그런 다음 아내와 함께 동관으로 갔어요. 동창이 소개해준 공장에서 2년 가까이 일하다가 최근 그만두고 돌아왔어요. 이제 집 근처에서 일자리를 찾으려고요. 외지 임금도 그다지 높지 않아서 이제 여기랑 외지가 별 차이가 없어요. 전에 일했던 라면공장 월급이 400~500위안이었는데, 지금은 여기서도 1000위안에서 3000위안까지 되는 일을 찾을 수 있어요. 일의 종류에 따라 다르죠. 고향에서 800위안을 벌면 외지에서는 1500위안을 버는데, 그래도 고향에 있는 것만 못해요. 집에서도 가깝고 물가도 싸거든요. 농사일도 도울 수 있고요. 요즘 진에 공업구가 만들어졌는데 집에서도 아주 가까워요. 1㎞밖에 안 되죠. 우리 마을에도 공장이 있어요. 동관에서 막 일을 시작했을 때 기본급이 770위안이었는데, 요즘은 920위안으로 올랐죠. 초과 근무를 하면 1달에 2000위안 남짓 됩니다.

그 후 인터넷으로 대용회사에 대해 알아보았다. 하남 대용(그룹)실업 유한공사는 1984년에 창립됐고, 등록지는 하남성 학벽鶴壁시 기淇현 고高촌 공업구다. 최근에는 하남 대용·실업공사(학벽), 초작 대용·실업유한공사, 하남 대용방걸식품발전유한공사(주구), 하남 대용투자발전유한공사(정주), 복양濮陽 홍천위泓天威약업藥業유한공사, 북경 대풍大風종금種禽유한공사 등 12개 지사와 자회사, 지주회사를 가지고 있다. 하남 대용·실업유한공사는 대용그룹의 모기업으로서 농업산업화 국가 중점 선두기업이다. 2006년 매출액이 11억3000만 위안이고, 법인세가 3530만 위안, 수출 외화수입이 1507만 달러에 달한다.[185]

3) 귀주성 준의현 상계진의 상황

귀주성 준의현은 정부가 지지하는 산업 이전 승계지 목록에 들어 있지는 않지만, 전국적인 공업화와 산업화의 파고가 미친 수많은 변경 지역 가운데 하나다.

2010년 11월에 귀주성 준의현 상계진을 방문했다. 이곳에서의 주요한 인상은 다음과 같다. 첫째, 진의 소비 수준이 아주 높다. 예를 들어, 면 요리 1그릇에 5위안, 작은 여관의 1일 숙박비가 100위안이다. 이곳의 임금수준은, 집 짓는 인부의 경우 하루에 80~200위안 정도다. 둘째, 곳곳에서 대형 토목공사가 진행되고 있었고, 도로 건설이 짜임새 있지 않았다. 하루는 진에서 촌으로 갈 일이 있었는데, 비포장도로 때문에 길이 막혀 3번이나 멈추고 결국 좁은 길로 방향을 바꿔야 했다. 셋째, 이 지역

---

185 大用集團網站 (http://www.doyoo.cn/introduce.asp)

의 가장 큰 산업이 알루미늄 산업인데, 공장도 계속 늘고 있었지만 현지인에게 취업 기회를 주지는 않았다.

귀주성에는 상무부 산업 이전 중점 승계지로 포함된 도시가 없었지만, 마찬가지로 공업화와 도시화 건설이 급속히 진행 중이었다. 2006년 4월 22일에 중국 알루미늄㈜의 준의 지역 산화알루미늄 사업이 준의현 상계진 대파大壩촌을 부지로 삼아 공사를 시작했다. 건설 규모는 연간 80만 톤, 총 투자액 47억 위안으로, 공기는 3년이었다. 2010년 9월 15일 '준의 온라인'은 다음과 같이 보도했다.

> 준의현 상계진 대파촌의 산중턱에 올라 마을을 둘러보니 은빛 알루미늄 도시가 눈에 들어왔다. 대파촌의 4000여 묘 토지를 개발하여 공장이 들어섰는데 기세가 대단했다. 투자액 47억 위안, 연간 생산량 80만 톤의 준의 산화알루미늄공장은 2010년 6월에 단일 생산라인으로 시험 생산함으로써 중국 알루미늄㈜이 준의에서 계획한 80만 톤 산화알루미늄 사업이 공식 가동하게 되었다.[186]

2010년 11월 26일 신민진 차산茶山촌으로 귀향한 노동자 두명명(杜名明, 두밍밍)을 만났다. 신민진과 상계진은 인접해 있고, 차산촌은 알루미늄공장 소재지에서도 가까워 겨우 3㎞ 거리다. 두명명은 1분기 공정은 차산촌의 토지를 수용하지 않는데, 2분기 공정은 수용할 것이라며 다음과 같이 말했다.

---

186 "遵義八十萬噸氧化鋁項目奠基",〈遵義線上〉
(http://www.zyol.gz.cn/wenzhang1.php?id=50612)

지금은 마을사람 중 알루미늄공장에서 일하는 사람은 없어요. 토지 수용을 당하는 가구마다 1명씩 할당인원을 갖게 되겠죠. 토지를 수용당하지 않으면 거기서 일하고 싶어도 못해요. 임금이 적다고 안 가려는 사람도 있어요. 월 1200위안이거든요. 마을사람 중에는 알루미늄공장 공사장에서 허드렛일 하는 사람도 있어요. 적어도 하루에 80~100위안은 벌죠. 이 근처 공사장 일은 다 그 정도 받아요. 시골에서 집 짓는 일을 하면 담배나 술 같은 것도 챙겨줘요. 외지에서는 알아서 먹고살지만요. 그러니 인건비가 20위안은 더 비싸죠.

이후 현지인을 통해 알게 된 바로는, 알루미늄공장의 노동자는 광서지역 출신이나 강소 지역 출신인데, 이들은 모두 학생노동자였다.

2. 귀향은 농촌으로의 회귀가 아니다

'귀향'이라는 용어는 상당히 혼동되는 개념이다. 그래서 전후 맥락을 봐야만 어떤 의미인지 알 수 있다. 설날 전후로 귀향에 관한 수많은 언론 보도가 쏟아진다. 이때의 '귀향'은 품팔이가 고향에 돌아가 명절을 지내고 친지들을 만나는 것을 의미하는데, 그래서 이러한 '귀향'은 '일시적 귀향'이라 할 수 있다. 그러나 '귀향 창업'에서의 '귀향'은 '장기적이고 안정적으로 고향에서 일하고 생활하는 것'을 의미한다. 물론 상당수 품팔이가 귀향 후 창업 실패로 다시 외지 품팔이 대열에 합류한다. 그러나 맥락상 '설 귀향'과 '귀향 창업'에서 '귀향'의 의미는 매우 다르다. 금융 위기 동안 품팔이의 '귀향열'에 관한 많은 보도에서 이 개념은 모호하고 혼란스러웠다.

여기에서 강조하려 하는 것은 품팔이들이 장기적이고 안정적으로 귀향할 때의 '귀향'은 농촌으로의 회귀가 아니라는 것이다. 즉, 이때의 귀향은 고향의 진, 현, 시로의 회귀다. 더 분명하게 말하자면, 이때의 귀향은 농촌으로 돌아가 농사짓는 게 아니라는 것이다.

여기에서 또 어휘 선택의 난처함을 만나게 된다. 도대체 '향鄉'은 '향촌鄉村'인가 '고향故鄉'인가? 중국어에서 고향은 도시일 수도 있고, 농촌일 수도 있다. 고향은 곧 우리가 태어나 성장한 곳을 말한다. 따라서 '귀향'이라고 할 때 '고향으로의 회귀'와 '향촌으로의 회귀'에는 아주 큰 차이가 있다.

한편, 우리가 '고향'과 '본가'를 이야기할 때에도 개념 혼동이 있다. 예를 들어 '우리는 동북 지방의 동향 사람'이라는 말을 들을 수 있는데, 이는 곧 3개 성의 도시와 농촌을 모두 포괄한다. 또, '우리는 귀주의 동향 사람'이라는 말도 듣는데, 이것은 귀주성의 도시와 농촌 사람을 포괄한다. 그리고 '우리는 같은 마을의 고향 사람'이라고 말하는 경우도 있다. 이때 두 표현의 지리적 구획이 아주 크거나 작을 수 있지만, 이 두 표현은 농촌을 차별하지 않으며, 대부분 큰 지역적 범위를 의미한다. 따라서 우리는 노동자들이 '고향으로 돌아가거나' '본가로 돌아가고' 싶다고 말할 때, 그 의미가 대체로 '본가의 시내'를 의미하는 것이지 '본가의 향촌'을 의미하지 않는다는 것을 알아야 한다.

고향으로의 회귀는 수많은 품팔이의 바람이다. 앞에서 초작시 환봉진 소문안촌에 귀향한 오○○을 소개한 바 있다. 그들은 고향집 옆의 대용회사에 취업하려 한다. 수많은 품팔이가 여전히 고향집에서 아주 먼 곳에서 일하고 있다. 하지만 이들은 대체로 고향으로 돌아가고 싶어 한다.

2010년 7월 2일 북경에서 일하는 황청을 만났다. 그녀는 하남성 란고현 출신인데, 이 마을은 현 시내에서 1㎞밖에 떨어져 있지 않다. 그녀는 다음과 같이 말했다.

> 고향엔 최근 2년 동안 엄청난 변화가 있었어요. 우리 마을은 현 시내에서 가까워 다들 일자리를 찾을 수 있어요. 여성들은 아이가 어린이집에 갈 나이가 되면 일자리를 찾아요. 슈퍼마켓에서도 일할 수 있고, 호텔에서도 일하죠. 마을엔 이제 공장이 아주 많이 생겼어요. 식품공장, 의류공장, 가구공장, 방적공장 등 다 있죠. 많은 여성이 거기서 일해요. 요즘은 1달에 700~900위안을 벌 수 있어요. 집에서 가까워 매일 집에 갈 수 있으니 얼마나 편해요.

2010년 11월 14일 동관에서 일하는 하옥청을 만났다.

> 지난 해(2009년) 청룡진에 집을 샀어요. 인테리어가 끝나면 혼자 그 집에 들어가 아이를 돌볼 생각이죠. 진에 있는 초등학교에 보내려고요. 아이를 동관으로 데려와 학교에 보낼까도 생각했는데, 여기는 돈이 정말 많이 들어요. 앞으로 상황을 봐서 돈이 생기면 바로 돌아가려고요. 밑천이라도 좀 있어야 고향에서 장사를 할 수 있어요. 고향집 1층은 상점이고, 위층이 주택이죠. 청룡진은 작은 마을인데, 주로 농사를 지어요. 공업은 없고, 현 시내로 가려면 3시간

정도 걸려요. 그러니 거기서 장사를 한다고 해도 돈을 벌기는 쉽지 않죠.

산업 이전의 목표는 품팔이의 귀향 가능 여부를 결정한다. 하지만 산업 이전이 계속해서 자본의 논리를 따른다면 품팔이의 희생이라는 대가를 치를 것이다. 일부 품팔이의 귀향은 불가피하거나 수동적인 선택일 뿐이다. 그런 상황에서 품팔이와 중국 전체의 발전은 여러 문제에 봉착하게 된다. 많은 노동자를 만나면서 그들이 생각하는 귀향의 꿈을 들었다. 이 문제에 관심있는 노동자들과 학자들이 산업 이전이 품팔이에 미치는 영향을 주목해 주길 바란다. 동시에 중국의 산업 이전과 전체적인 발전이 인간 중심으로 이뤄지기를 희망한다.

제16장
토론

1. 근거 없는 '안정감'

요즘 사람들은 '자신의 집을 갖는 것'과 '안정감 획득'을 동일한 것으로 여기는 듯하다. 내 명의의 주택을 소유하는 것이 비로소 자신의 집을 가지는 것이고, 따라서 도시와 농촌 모두 결혼의 첫째 조건은 남자가 집을 가지고 있는지 여부다. 하지만 고향에 있는 품팔이들의 집은 그들에게 '안정감'이라는 위로를 줄 뿐 진정한 안정을 제공하는 것은 아니다. 품팔이들은 집을 짓거나 사기 위해 평생 번 돈을 쓴다. 그러나 그 결과는 '안정감'이 사실은 하나의 상상일 뿐이라는 것이다.

품팔이는 농촌으로 돌아갈 수도 없거나 돌아가고 싶어 하지도 않지만, 도시에서 몸과 마음을 편히 쉴 수 없기 때문에 결국 고향에 '물질적 집(주택)'을 마련한다. 또는, 고향에서 가까운 진이나 현에 집을 사기도 한다. 주택 대출을 상환하고, 가족의 생활을 유지하기 위해 품팔이는 자기 집에서 살지 못하고 외지에서 계속 품을 팔아야 한다. 즉, 품팔이가 자신이 지은 '집'(양로원)에 돌아갈 수 있을 때는 노동력을 완전히 상실한 다음일 수밖에 없다. 그러나 누군가의 보살핌이 필요할 그때 과연 누가 이들을 보살필 것인가? 현재 1980년 이후 출생자들의 부모는 손주를 보살필 수 있는 노동력이 있지만, 멀지 않은 미래에 노동력을 상실할 이 부모들은 누가 돌볼 것인가? 마찬가지로 1980년 이후 출생자들이 노동력을 상실할 때가 되면 과연 그들은 농촌으로 돌아올 것인가? 만약 그렇다면 누가 그들을 돌볼 것인가? 일생의 피땀으로 얻고자 했던 근거 없는 안정감은 '생활이 지금 여기에 있지 않다'는 정신적 문제뿐만 아니라 거대한 자원 낭비를 초래했다. 수많은 품팔이가 평생의 피땀으로 자신을 위해 지은 것이 돌아갈 수 없는 '양로원'이기 때문이다.

2. 파열된 사회가 분열된 사람을 만들어낸다

2002년 손립평 선생은 '파열된 사회'라는 개념을 제기한 바 있다.[187] 사람들은 이 파열된 사회에서 같은 시대를 살고 있지만, 서로 다른 지역 사람들의 물질생활 수준과 생존 환경은 서로 다른 시대에 처해 있다. 북경과 상해는 고도로 도시화되고 정보화된 사회이며, 심천과 동관은 공업화된 사회다. 그러나 많은 지방의 농촌은 여전히 낙후된 농경시대에 머물러 있다.

파열된 사회에서 사람들은 같은 곳에 있지만, 물질과 문화 수준 및 생존 환경은 천양지차다. 북경 중심은 즐비한 오피스텔, 금융센터, 쇼핑몰, 고급 아파트로 가득 차 있다. 도시의 중산계급 아파트 지하실에는 청소노동자, 경비원, 파트타임 노동자들이 살고 있다. 그리고 5환과 6환 밖에는 여러 업종에 종사하는 품팔이들이 살고 있다.

---

187 孫立平, "我們在開始面對一個斷裂的社會?", 〈360doc個人圖書館網站〉
(http://www.360doc.com/content/07/0104/14/16099_318139.shtml)

이렇게 파열된 사회에서 우위에 있는 사람들은 기층민의 삶을 알지도 못하고, 알려 하지도 않는다. 또한, 이들은 의도적으로 혹은 의식하지 못하는 척 가장하며 사회의 불공정을 유지하고 있다. 그래야만 권력자에게 우월한 삶의 조건과 편리한 서비스를 제공받을 수 있기 때문이다.

교통과 정보통신의 한계로 인해 과거의 농촌 사람들은 평생 농촌에서 살면서 외부 세계에 대한 인식과 체감이 매우 적었다. 그 시대의 사회는 격리된 상태였다. 그래서 사회적 차이가 있더라도 그것이 직접적으로 파열된 사회와 인격 분열을 초래하지 않았다. 지금은 2억여 명의 품팔이가 농촌에서 도시로 진입해 직접적으로 현대화된 생활방식을 체험하고, 우월한 생활이 어떤 것인지 볼 수 있다. 그러나 그들은 이러한 생활과 무관하다. 이러한 상황에서 중국 사회는 생활과 인격이 분열된 사람들을 양산해내고 있다. 실패감, 사회 불만, 막막함, 초조함으로 가득한 사람들이 무수히 생긴다. 품팔이는 퇴근 후에도 '집으로 돌아가지' 못한다. 품팔이의 자녀는 농촌에 남겨진 잔류 아동이 되거나 도시에서 유동 아동이 된다. 품팔이는 평생 피땀 흘려 번 돈을 미리 쏟아 부으며 돌아갈 수 없는 '집'을 짓는다. 좁고 낡은 셋방이 가득한 도시 변두리에서 가장 많이 보이는 광고는 '인터넷과 케이블 텔레비전'이다. 시멘트벽과 즐비한 공장 속에서 생활하는 품팔이들은 명품, 유행, 휴대폰, 웨딩사진에 열중하고 있다.

파열된 사회는 분열된 인간을 양산한다. 품팔이들은 신분적으로 분열되어 있다. 그들은 농촌에서 왔고, 호적은 농촌에 있다. 우리는 농촌에 호적을 둔 사람들을 그들이 무슨 일을 하는지와 상관없이 그저 일률적으로 '농민공'이라 부른다. 그 사람이 농업과 다른 직업을 겸할 경우 이러한 호칭은 참작의 여지가 있다. 그러나 그들을 '농민공'이라 부르는 주요한 이유는 신분을 일종의 낙인으로 보기 때문이다. 이 경우 농촌에서 온 사람은 무조건 농민이고, 이들은 다른 일에 종사하더라도 여전히 농민이다. 왜냐하면 사회가 이들에게 농민으로서의 대우만 해주고 싶어 하기 때문이다. 이러한 호칭은 품팔이 집단의 신분 분열을 초래한다. 사회적 차별, 물질만능주의 그리고 냉혹함이 이러한 분열을 유지한다.

품팔이와 토지의 관계도 분열되어 있다. 모든 품팔이가 농촌에 토지를 가지고 있는 것은 아니지만, 수많은 품팔이가 농촌에 집을 짓는다. 농민이 될 수 없고, 토지도 없으며, 일자리도 없지만, 피땀으로 번 돈 전부를 집 짓는 데 쓴다. 이것이 바로 품팔이와 토지의 '사랑'과 '원한'의 애증 관계다. 품팔이들은 명목상으로는 토지를 포기하지 않았지만, 실제로는 이미 농업을 포기했다. 그들은 1인당 1묘도 안 되는 소규모의 땅만을 가지고 있는데, 소규모 농가가 토지를 포기하지 않는다면 어떤 출구가 있을까? 따라서 국가가 장기적인 계획을 세우지 않는다면 토지는 자본에 약탈당할 것이고, 최후에는 품팔이들이 고향으로 돌아가서도 여전히 농장에서 품을 팔지도 모른다.

품팔이의 '집' 또한 분열되어 있다. 그들이 오랜 시간 생활한 곳은 자신의 '집'이 아니다. 자신의 '집'으로 불리는 곳은 늙어서나 돌아갈 수 있는 곳(양로원)이다. 처음에 노동자들과 이야기하면서 무심코 "집까지 얼마나 걸려요?"라고 물은 적이 있다. 그러면 그들은 "기차 타고 20여 시간을 가야 해요"라고 대답했다. 그제야 그들의 이야기가 무슨 뜻인지 알게 됐다. 그들이 이해하는 '집'은 고향에 있는 집이었다. 또, 그들에게 "퇴근 후 집에 언제 가나요?"라고 물으면, 그들은 놀라며 "네? 퇴근 시간이요? 보통 저녁 9시에요. 퇴근하면 셋방으로 돌아가죠"라고 답했다. 그들은 셋방을 '집'으로 생각하지 않는다. 하지만 자녀와 함께 사는 사람들은 아이들에게 "학교 끝나면 집으로 바로 와"라고 말한다. 이를 통해 가족이 함께 살면 셋방이라도 '집'이라 부를 수 있으며, 아이들에게는 부모가 '집'이 됨을 알 수 있다.

3. 파열된 사회와 구인난

방대한 품팔이 집단이 분열되고 초조한 상태에 놓여 있다. 그들은 많은 가능성을 가진 것처럼 보이지만 다른 선택지가 없는 사회에 살고 있다. 따라서 그들이 '떠나거나' '유동'하는 것은 불가피한 선택이다. 하지만 어디론가 떠난다 하더라도 그것은 일자리를 바꾸는 것일 뿐이고, 유동한다 하더라도 귀향 후 다시 도시로 돌아오는 식이다. 이것이 현재 중국의 노동력이 부족하지 않음에도 구인난을 겪는 원인이 된다. 구인난 자체는 걱정할 것이 없지만, 파열된 사회와 막연한 기대에 따른 생활은 두려울 수밖에 없다.

앞서 구인난의 세 가지 종류를 분석한 바 있다. '설 전후 구인난'은 주로 파열된 사회가 초래한 것이고, '지속적 구인난'은 파열된 사회와 막연한 기대감이 초래한 것이다. 품팔이는 도시에서 귀속감을 가질 수 없으며, 몸과 마음을 편히 쉴 수도 없다. 또, 농촌으로 돌아갈 수도 없고, 돌아가고 싶어 하지도 않는다. 그래서 막막하고 초조한 가운데 그저 유동하거나 그 안에서 가능성을 찾거나 아니면 지겨운 마음에 환경을 바꿀 뿐이다.

4. 신노동자의 도시 정착 방안

수많은 품팔이가 적은 월급을 평생 모아 10~20만 위안을 들여 집을 사고 짓는다. 사회와 자본이 건강하게 운용될 수 있다면, 품팔이들이 다른 사람의 자비에 기댈 필요 없이 도시에서 새로운 생활을 할 수 있을 것이다. 그러나 권력과 자본이 결합하고 이익의 극대화만 추구되는 사회는 건강한 궤도로 발전하지 못한다. 인류의 물질생활은 대부분 의식주를 위한 것이다. 하지만, 지극히 단순한 이 조건이 자본의 움직임 아래 중국인의 악몽이 되어 버렸다.

관료들은 현지의 산업 이전 유치를 위해 분주하게 움직인다. 전문가와 학자들은 산업 이전의 추세와 장애 등을 논증한다. 그러나 이 과정에서 품팔이의 목소리를 듣기란 매우 어렵다. 권력과 자본의 공모로 중대형 도시의 집값만 폭등한 것이 아니라 작은 진의 집값도 큰 폭으로 상승했다. 집을 가질 수만 있다면, 그것이 억지스럽고 그저 기호에 불과하더라도 품팔이들은 자신의 노동으로 얻은 소득을 다 쓰거나 미리 당겨쓴다.

이창평의 글[188]을 참고하면, 품팔이들이 도시에 살면서 맞닥뜨리는 문제 해결의 출구를 찾을 수 있다.

> '농민공'은 사실 '신노동자'다. 1억7000만 명이 이미 도시에 와 있지만 그들은 정착하지 못한다. 앞으로 매해 1000만 명이 '신노동자'가 될 것이다. '신노동자'는 모두 기본적으로 주거권을 가진다. 하지만 시장을 통해 해결될 거라 기대하기 어렵다. 이러한 기본적인 인권

---

188 李昌平, 《大氣候》, 西安: 陝西人民出版社, 2009, 68-69쪽.

의 실현은 정부의 우선적인 책임 가운데 하나다.

이를 해결할 주요한 방법은 정부가 도시에서 가장 교통이 편리한 곳에 '신노동자' 주거지, 즉 '신노동자 공사新工人公社'를 건설하는 것이다. '신노동자 공사' 한 곳당 3만 명을 상한선으로 하여 주택마다 기준 면적 40~50㎡, 가격 800~1000위안/㎡(현·시급 시장가격에 준함)로 정한다. '신노동자 공사'의 회원은 스스로 건설단을 조직해 직접 주택을 지을 수도 있다.

'신노동자 공사'의 가격을 800~1000위안/㎡로 제한하는 것은 충분히 현실적이다. 토지 가격 15만 위안/묘, 용적률=5로 계산하면, ㎡당 지가는 46위안이 된다. 건축비 650위안/㎡, 기타 보조비는 105위안/㎡로 계산한다. 중소 도시에서는 가격이 좀 더 내려갈 것이다. '신노동자' 부부는 임금이 약 1600위안인데, 매월 400~500위안씩 주택비로 지불하면, 대략 6~8년이면 3만2000~4만 위안의 주택 대출을 상환할 수 있다. 그렇게 되면 '신노동자'는 도시에 정착할 수 있다. 6~8년 후에 주택 대출을 상환한 '신노동자'가 더 큰 집을 필요로 하면, 원가에 40~50㎡의 주택을 '신노동자 공사'에 반환하고, '신노동자 고급 공사'의 표준 주택을 신청할 수 있다. 표준 주택은 70~80㎡를 기준으로 하고, 가격은 1000위안/㎡를 초과하지 않는다. 표준 주택 대출을 상환한 '신노동자'가 더 좋은 주택을 필요로 하면, 원가에 표준 주택을 '신노동자 고급 공사'에 반환하고, 정부 주택(노동 경력에 따라 계산) 보조를 신청해 시장에서 주택을 구입할 수 있다.

정부는 '신노동자 공사' 및 '신노동자 고급 공사'가 '소비협동조합'으로 발전할 수 있도록 지원하고, 농촌의 '농민생산협동조합'과 도시의 '신노동자 소비협동조합'을 연계하여 '신노동자'가 생활비를 경감할 수 있도록 해야 한다. 정부는 또한 '신노동자 공사'가 지역협동조합 의료제도, 의무교육제도, 문화체육시설 등을 건설할 수 있도록 도와야 한다.

도시에 '신노동자 공사'를 건설하면, 정부가 자원을 집중하여 '신노동자'의 여러 곤란을 해결하는 데 도움이 되고, '신노동자'가 단결해 도시 생활에 대처하는 데도 도움이 되며, 나아가 도시 관리비를 절약하므로 효과적이다.

'신노동자'가 도시에서 정착하려면 농촌 농업 정책이 함께 추진되어야 한다. 점진적으로 농민과 농촌을 공공 재정의 범위로 포함시켜야 한다. 이렇게 해서 농민과 농촌은 도시민과 동등한 대우를 받게 한다. 헌법이 규정하는 '농민의 집체적 토지 소유'제도를 실현하려면, 촌민 집체에 토지 재산권 증명을 발급해야 한다. 이러한 기초 위에서 국가의 토지은행 및 촌민공동체 토지신용협동조합을 주체로 한 토지 금융 체계를 건설하고, 농민이 토지 재산권을 충분히 실현할 수 있도록 도우며, 토지 재산권의 '증권화'를 통한 자본 수익을 획득할 수 있다.

왜[189]

작사 : 쑨항

편곡 : 섬북陝北 민요곡

고층빌딩은 갈수록 높아지는데

왜 빌딩 짓는 사람은 평생 집도 살 수 없나?

의료 수준은 갈수록 높아지는데

왜 돈 없어 병원 못 가는 사람은 점점 많아지나?

아이고, 왜? 아이야, 왜?

왜냐고, 왜? 왜, 왜냐고?

교육은 세계화됐다는데

왜 아이들 학교 보내는 건 갈수록 어렵나?

과학기술은 갈수록 발달하는데

왜 사람 관계는 더 안 좋아지나?

아이고, 왜? 아이야, 왜?

왜냐고, 왜? 왜, 왜냐고?

물가는 끊임없이 오르는데

---

189 신노동자 예술단의 5집 앨범 〈그래! 이렇게〉(2011) 수록곡. 사회 현상에 대한 생각과 질문을 표현했
다.

왜 불쌍한 우리네 월급은 영원히 못 따라가나?
경제는 급속도로 성장하는데
왜 빈부격차는 갈수록 커져만 가나?

아이고, 왜? 아이야, 왜?
왜냐고, 왜? 왜, 왜냐고?

왜 가난한 사람은 계속 가난해지고
돈 있는 사람, 여유로운 사람은 갈수록 무감각해지나?
왜 물질생활은 점점 더 좋아지는데
우리네 정신과 마음은 갈수록 공허해지나?

아이고, 왜? 아이야, 왜?
왜냐고, 왜? 왜, 왜냐고?

제4부

신노동자 주체의식의 형성

경제 개혁의 심화와 국민 경제의 발전에 따라 중국 정부와 인민은 정치 개혁의 필요성을 인식하고 있다. 그러나 현실이 매우 복잡해 개혁 방안에 관해서는 의견이 분분하며, 심지어 명확한 견해마저 없다. 현실이 아무리 복잡하고 우리가 미숙하더라도 자신의 견해를 확립하는 것은 중요하며, 이것이 미래 건설의 기초다. 견해는 언어로 표현되어야 한다. 그러나 정치를 논할 때 가장 곤란한 점이 적당한 용어를 찾을 수 없다는 것이다. 오늘날의 문제가 바로 여기에 있다. 대다수가 예전에 사용한 많은 용어에 큰 반감이 있으며, 특히 '계급성'을 보이는 용어는 받아들이기 어렵다고 생각한다. 오늘날 품팔이 계층은 자본으로부터 엄혹하게 착취당하고 있지만, 많은 사람이 '착취'라는 용어를 거슬려 한다.

한 개인은 우선 자신과 사회를 인식할 필요가 있고, 그런 후에야 비로소 자신과 사회의 관계를 사고할 수 있으며, 나아가 스스로를 창조하고 사회를 바꿀 수 있다. 또한, 한 집단은 자신들의 사회적 지위를 명확하게 이해해야만 비로소 사회적 지위 향상을 모색할 수 있다. 동시에 우리는 적당한 어휘를 찾아 자신이 누구인지, 자신의 견해가 무엇인지를 밝히고, 이를 통해 사회를 분석해야 한다. 이것이 바로 주체의식이다. 신노동자 주체의식 형성은 신노동자의 진정한 굴기를 위한 필요조건이다.

　노동자들과 이야기하다 보면 그 과정에서 서로를 일깨워준다는 것을 느낄 수 있다. 그들의 이야기 속에서 자신은 물론 사회에 대한 견해가 변했다는 것을 깨닫는다. 그들 또한 자신의 이야기를 들려주면서 자신을 돌아봄과 동시에 사회에 대해 사유한다. 이 책의 제4부에서는 노동자들과의 대화를 분석하고 총정리했는데, 이것이 이들 견해에 대한 또 다른 측면의 반영이었기를 바란다. 이들의 견해를 직시하고 사고하는 것이 바로 신노동자 주체의식 형성의 과정이다.

　제4부는 "나와 우리 앞에 놓인 모든 것이 '문제'라면, 우리에게 희망은 없는 걸까?"라는 질문에서 시작됐다. 이 질문에 대한 내 대답은 그렇지 않다는 것이다. 희망은 분명히 존재한다. 그럼 희망은 어디에 있는 걸까? 사회가 공평하지 않다면 인민에게 행복한 날은 오지 않을 것이다. 그렇다면 공평은 무엇인가? 노동자는 공평에 대해 어떻게 생각하나? 우리에게 공평을 추구할 기회가 얼마나 있나? 어디서부터 시작해야 하나? 이러한 질문들에 대해 철학적이거나 공허한 논쟁이 아닌 노동자의 시각에서 현실적인 답을 찾고 싶었다. 그래서 노동자들과의 100여 차례 인터뷰 내용을 토대로 소주와 무한을 다시 방문해 10여 명의 노동자를 만났고, 20여 명의 노동자들과 좌담회를 진행했다. 여기서는 세 개념(공평, 자유, 도덕)과 한 가지 문제(집은 어디에 있는가)를 선택해 분석했으며, 이는 앞선 세 편의 토론 내용과도 서로 호응한다.

제17장
공평

　'공평'이라는 개념을 선택한 이유는 다음과 같다. 첫째, 공평이 우리 사회가 지향할 가치가 아니라면, 품팔이의 문제는 거론할 이유조차 사라지게 된다. 다시 말해, 우리 사회가 공평에 대한 가치를 상실하지 않았기 때문에 품팔이의 문제가 사회의 주목을 받을 수 있는 것이다. 둘째, 노동자들과의 교류에서 내 가설 중 하나가 틀렸음을 발견했다. 그것은 품팔이가 사회에서 불공평한 대우를 받으면, 자신이 속한 사회가 매우 불공평하다고 여길 것이라는 가설이다. 하지만 그들은 사회가 불공평한 것이 정상이라 생각하며, 심지어 일부 노동자는 사회가 마땅히 그래야 한다고 여겼다. 노동자가 사회의 불공평을 비정상이라 생각하지 않으면, 사회 공평을 추구하는 길은 매우 더딜 것이며 그들의 사회경제적 지위 향상도 어려워질 것이다. 따라서 공평에 대한 노동자의 견해가 어떠한지, 왜 그런 견해가 생겼는지를 밝히는 것이 중요하다. 공평과 정의를 추구하는 중국 전통에는 '대중이 역사를 창조한다'는 말이 있다. 품팔이 집단이 공평에 관해 자본의 논리대로 생각한다면, 그들이 원하는 지위 향상과 사회 변혁은 불가능할 수밖에 없다.

1. 평등 추구는 공평으로부터

'공평'에 대해 토론할 때 보통 '평등'이나 '공정'이라는 개념을 연결짓는다. '공평'과 '평등'의 차이를 살펴보자. 〈여우와 두루미〉라는 이솝우화를 보면, 여우는 접시에 담긴 음식을 먹을 수 있지만 부리가 긴 두루미는 먹을 수가 없다. 여우와 두루미가 '평등'하게 음식을 먹을 수 있게 하려면 각각 다른 식사 도구를 '공평'하게 제공(여우에게는 접시, 두루미에게는 목이 긴 병)해야 한다. 즉, 공평한 수단을 통해 비로소 평등이라는 목표에 도달할 수 있는 것이다.

가가경(賈可卿, 자커칭)은 '공평변증公平辯證'[190]이라는 글에서 공평과 공정에 관해 분석한다. 이 글은 "공평과 공정은 기본적으로 같은 차원의 개념이다. 그러나 좀 더 상세히 연구해보면 공평과 공정에는 미세한 차이가 있으며, 양자가 지향하는 대상이 약간 다르다. 법률 재판을 예로 들면, 공평은 주로 당사자들의 이익득실에 관한 것이다. 그러나 공정은 주로 법관(즉, 제삼자) 행위의 합리성 평가에 치중하는 것으로, 그 행위가 독립적이고 간섭받지 않으며 불편부당한 것인지에 관한 것이다"라고 논증한다. 다시 말해, '공평'과 '평등'의 실현은 '공정'을 통해 보장되어야 하는데, '공정'의 역할은 당사자가 아닌 오직 제삼자만이 충당할 수 있다.

이를 토대로 '공평'이라는 개념을 통해 품팔이들의 사회 문제를 사고해보자. 사회 현실의 측면에서 보면, 품팔이와 다른 계층 간의 격차는 매

---

190 賈可卿, "公平辯證", 《雲南社會科學》, 2006年 第6期.

우 크고 불평등하다. 그러나 이것은 하나의 결과일 뿐이다. 즉, 공평이라는 기점에서부터 문제를 토론하고 해결해 나가야 한다.

개혁개방 이후 30년간 중국 경제는 부단히 발전해 빈부격차도 확대됐다. 이를 어떻게 인식하고 판단할 것인가? 바로 이 지점이 노동자의 입과 눈을 통해 공평의 문제를 분석해야 하는 이유다.

2. 노동자가 체득한 사회적 불공평

여기서는 교육과 소득, 소비라는 세 가지 측면에서 사회적 불공평에 대해 살펴보자. 불공평은 사회 여러 측면에서 나타나지만, 노동자들이 가장 많이 언급한 것이 이 세 가지다.

2011년 6월 14일 소주에서 20명의 노동자와 공평에 관해 토론했는데, 이들이 생각하는 사회적 불공평을 요약하면 다음과 같다.

－ 현지인과 외지인의 대우가 불공평하다. 동관 지역 공장의 평균임금은 현지인이 3000위안, 외지인은 1000위안 정도다. 소주에서는 현지인은 모두 주택공적금住房公積金[191]을 받고, 외지인은 개인마다 다르다. 직원 채용 시 현지인에게 우선권이 있다.
－ 노동조건이 불공평하다. 기층 노동자의 임금이 가장 낮다. 파견 노동자와 정식으로 고용된 노동자의 처우가 다르며, 파견 노동자들은 임금부터 복지까지 모두 정식으로 고용된 노동자에 비해 낮은 수준이다. 노동하지 않고 투기를 일삼는 자들이 이득을 취한다.

---

191 [역주] 중국 사회보장체제는 크게 5대 보험과 주택공적금으로 되어 있으며, 이를 '5험1금五險一金'이라 부른다.

– 400위안짜리 신발 1켤레를 생산했을 때 노동자들에게 돌아오는 건 고작 4마오(0.4위안)다.

– 같은 학력의 대학생 2명 중 인맥이 있는 학생은 정부기관에서 일하고, 인맥이 없는 학생은 알아서 직장을 구해야 한다.

– 노동자에게 자유로운 직업 선택권이 있다고 하지만, 대부분의 경우 공장이 노동자를 선택한다.

– 일반 직공과 관리자에 대한 공장의 태도 및 요구가 매우 불공평하다. 예컨대, 관리자는 작업복을 입지 않아도 된다.

– 구직을 위해 필요한 소개비도 불공평한데, 파견회사와 계약을 맺기 때문이다.

– 이전에는 주택공적금을 받을 수 있었지만, 지금은 받을 수 없다.

– 임금이 물가 상승을 따라가지 못한다.

– 농민의 토지를 징수해 집을 짓지만, 농민은 그것을 구입할 능력이 없다.

– 자녀의 입학 조건이 불공평하다.

– 도시와 농촌의 기반 시설 구축이 불공평하다.

– 농촌의 노인들은 70~80세가 되어도 생계를 위해 밭에 나가 육체노동을 해야 한다.

1) 교육 기회의 불공평

중국에는 교육을 중시하는 전통이 있다. 내가 만난 모든 품팔이가 자신의 힘든 상황과 상관없이 자녀를 학교에 보내는 것이 가장 중요한 고려 사항이었다. 중국의 정규 교육 체계는 큰 폐단이 있지만, 그럼에도 정규

교육 과정은 아이들과 젊은 세대가 지식을 습득하고 생존 능력을 획득하는 중요한 수단이다. 아래에서 교육의 불공평한 상황을 살펴보자.

농촌에서의 교육 불공평

많은 지역에서 촌 단위의 초등학교와 교육 시설이 해체되어 모든 아이가 진에 있는 학교에 다녀야 한다. 이러한 상황에서 일부 가정은 자녀 교육을 위해 부득이하게 진에 셋방을 얻거나 매일 조부모가 걸어서 아이들을 등하교시킨다. 하지만 중심초등학교나 진의 중학교도 도시 학교의 교육 조건과 비교하면 상당한 차이가 있다.

많은 아이가 농촌에 '잔류 아동'으로 남아 장기간 기숙학교에 살며, 부모의 보살핌을 받지 못한다. 기숙사와 학교 식당도 열악한 수준이다.

도시에서의 교육 불공평

도시민과 품팔이의 가장 큰 불공평은 자녀가 누리는 의무교육이다. 통계에 따르면, 부모가 일하는 곳으로 함께 이주해 온 아이들이 전국적으로 2000만 명에 달한다. 2011년 9월 〈봉황망〉의 보도에 따르면,[192] 북경에는 품팔이 부모를 따라온 자녀가 43만3700명인데, 그중 70%는 공립학교에 다니고, 나머지 약 10만 명은 자체 설립 학교에 다닌다. 자체 설립 학교(품팔이 자녀 학교라고도 불린다) 중 62곳이 설립 허가증을 받은 곳이고, 112곳은 무허가 학교인데 이곳 학생이 약 4만 명에 달한다.

무허가로 설립된 학교들은 언제든 폐교될 위기에 처해 있다. 이는 곧 4

---

192 "北京關停24所打工子弟學校", 〈鳳凰網〉
　　(http://news.ifeng.com/gundong/detail_2011_08/17/8459337_0.shtml)

만 명의 학생이 언제든 이주, 전학, 학업 중단의 위기에 있다는 것이다. 2011년 8월에 북경의 24개 품팔이 자녀 학교가 폐교됐는데, 이곳에 약 1만4000명이 다니고 있었다. 북경 피촌의 동심실험학교는 폐교되지 않았지만, 피촌 철거가 임박함에 따라 머지않아 철거될 것이다. 이 학교의 심금화(沈金花, 선진화) 교장은 "우리 학교에는 500여 명의 아이들이 다닌다. 우리도 이 아이들이 공립학교에 들어가 공부하기를 바란다. 그러나 입학 조건이 지나치게 까다롭고, 학비가 너무 비싸거나 집에서 멀어 갈 수가 없다. 이러한 상황에서 품팔이 자녀 학교의 존재는 객관적으로 다뤄질 필요가 있다"고 말했다.

또, 도시로 이주한 아이들은 도시의 고등학교나 대학교의 입학시험을 볼 수 없다. 그래3서 북경에 남아 있을 형편이 되더라도 진학을 위해 어쩔 수 없이 고향으로 돌아가야 한다.

중등전문학교 및 직업 교육에서의 불공평

북경의 중등전문학교는 모두 공립이며, 산업별·업종별로 관리되거나 구나 현에서 주관한다. 현지 인구가 감소하고 있는 데다 현지 학생에게만 입학을 허용하기 때문에 이 학교들은 모두 정원 미달에 시달린다.

북경 이외의 지역에도 다양한 직업기술학교가 있지만, 일부 학교는 교육 수준이 매우 낮은 데다 비윤리적이다. 내가 만난 54명의 노동자 가운데 11명이 기술학교에 다닌 적이 있었는데, 그중 8명이 학교에 사기를 당했고, 나머지 3명은 배운 게 쓸모없다는 반응을 보였다.

가난해서 학교에 다니지 못한다

요즘 중국에서 유행하는 '수부심리仇富心理[193]라는 말이 있다. 이제 중국은 세계에서 빈부격차가 가장 큰 나라가 됐다. 그러나 이러한 현실에 비해 중국 빈민들의 '수부심리'는 그리 크지 않다. 노동자들은 빈부격차에 대해 분노하는 것이 아니라 오히려 그들이 어떻게 부자가 됐는지 궁금해 한다.

아래에서는 삼삼(杉杉, 산산)과 나눈 대화를 통해 노동자들이 빈부격차를 어떻게 생각하는지 살펴볼 것이다. 그는 부자는 자본과 학력, 수단을 가지고 있는데, 이 가운데 빈민이 그나마 희망을 품을 수 있는 것이 학력이라고 했다. 따라서 그는 학력 획득 기회를 상실한 것을 가장 불공평하게 느낀다.

1990년생인 삼삼은 호북성 출신으로, 하남성 제원濟源시의 중등전문학교에서 컴퓨터를 전공했다. 하지만 수업은 1년만 하고 곧바로 실습을 나가 학교에서 배운 게 하나도 없다. 그는 2007년부터 소주에서 품팔이 노동을 하고 있다. 2011년 6월 9일 그와 사회적 공평에 대해 이야기를 나눴다.

> 이 사회는 어떤 부분에선 공평하고, 또 어떤 부분에선 불공평해요. 빈부격차에 대해 말해 볼게요. 부자가 될 수 있었던 건 고생을 견디며 돈을 잘 모았기 때문이에요. 자본이 있으니 의지할 곳도 있고, 학력이나 사회경험이 어떻든 수단을 얻을 수도 있겠죠. 그때부

---

193 [역주] 부자를 원수처럼 적대시하는 심리

턴 돈 모으는 게 더 쉬워질 테고요. 그런데 빈민은 오직 두 손과 노동에 의지할 수밖에 없어요. 이건 공평하지 않아요. 빈민은 교육 측면에서 매우 결핍되어 있는데, 그게 다 가난하기 때문이에요. 그러니 불공평하죠.

부자에겐 자본이 있고, 그들은 그 자본에 의지해 돈을 모아요. 부자들끼리는 같은 차원에서 경쟁하니 공평하지만, 부자와 빈민은 차원이 다르니까요.

2) 임금 및 소득의 불공평

제3부 제12장의 '같은 세계, 다른 현실'에서 중국 사회의 소득 격차를 살펴본 바 있다. 그중 2개의 통계를 통해 좀 더 자세히 알아보자. 중국 공무원의 임금은 최저임금의 6배이고, 국유기업의 고위 관리자 임금은 최저임금의 98배다.[194] 이는 세계적 평균이 각각 2배, 5배인 것과 크게 대비된다. 이 같은 임금 격차는 공평한가? 어떤 기준과 가치관으로, 누가 공평과 불공평을 판단하는가? 불공평한 위치에 있는 사람은 현실을 변화시킬 능력이 있는가?

임금 문제를 사고할 때 두 가지 어려움이 있다. 첫째, 빈민의 임금과 수입은 비교적 쉽게 알 수 있지만, 부자와 관료의 수입이나 재산은 자세히 알기 어렵다. 둘째, 임금이 어떻게 산출되는지 알 수 없다. 각 산업의 이윤은 모두 산업 기밀이라 정보를 모으기 힘들다. 노동자들은 이러한 '블랙홀黑洞'에서 자신의 노동 가치를 알 수 있는 방법이 없다.

---

194 劉植榮, "世界工資研究: 非洲32個國家最低收入超中國", 《共識網》

동시에 사회적 불공평은 역사적 단계에 따라 다르게 발생해 변화된 것이다. 예컨대, 신중국 성립(1949년 중화인민공화국 성립) 후의 30년 동안 중국 인민은 평등한 의료와 교육 등의 사회서비스와 사회보장체계를 향유했다. 그러나 사회적 평등이 보장되면서 동시에 극단적 평균주의가 생산과 노동 의욕 저하를 불러왔다. 따라서 이 시기에 사람들은 절대적 평균주의를 불공평한 것으로 생각했다. 한편, 개혁개방 30년 후 중국은 세계에서 빈부격차가 가장 큰 나라가 되었다. 과연 사회적 불공평을 전제(대다수의 복지를 희생함으로써 소수의 부와 GDP 증가를 추구하는)로 한 발전은 지속가능한지 살펴보자.

삼삼의 이야기

다음은 2011년 6월 9일 삼삼과 나눈 사회적 공평에 대한 이야기다.

어떤 사람이 학력이 높은 건 그가 어릴 때부터 그런 교육을 받을 수 있었기 때문이고, 돈을 벌 수 있었던 건 그가 돈 버는 수단을 갖고 있었기 때문이에요. 하지만 우린 어릴 때부터 그럴 기회가 없었죠. 죄다 노동과 관련한 것만 접할 수 있었어요. 그래서 품팔이 노동자가 된 게 개인의 탓이라는 건 틀린 말이에요. 모두에게 평등한 기회를 줘야 해요. 최소한 노동자와 관리자의 노동조건은 평등해야죠. 부자들에게 여기 와서 한번 일해보라고 해요. 부자들이 어떻게 살든 저랑은 상관없어요. 중요한 건 제 삶이죠. 오늘 출근하지 않으면 바로 땡전 한 푼 없게 돼요. 당장 다음 달 생활도 문제가 될 테고요. 매일 죽도록 일하는 게 다 이 쥐꼬리만한 월급 때문이죠. 전 그냥 물건 살 때마다 돈 몇 푼에 벌벌 떨지 않기를 바랄 뿐이에요. 옷 한 벌도 잘 못 사요. 집에서 지낼 때 돈을 다 써버렸어요. 1년 내내 한 푼도 못 모았죠. 외지에서 품팔이한 게 벌써 4년째인데 여전히 이 꼴이에요. 설인데 집에 선물 하나 못 사가는 형편이죠.

삼삼은 소득 격차가 큰 것이 불공평하다고 생각했는데, 그 이유는 다음과 같다.

– 학력 차이로 발생하는 소득 격차는 불공평하다. 고학력인 사람 대부분은 가정 환경이 좋은데, 이는 출발점부터 불공평한 것이다.
– 노동자와 관리자의 임금 격차가 큰 것도 불공평하다. 노동자의 노동은 매우 고되지만, 그 가치가 저평가되어 있다.
– 그의 불공평에 대한 체득은 부자들과 비교해 얻어진 것이 아니라 자신의 생활에 대한 불만에서 비롯된 것이다. 부자가 부를 갖는 것은 차치하더라도, 빈민이 하루 일을 못 했다고 당장 먹을 것도 잘 곳도 없을 만큼 가난해서는 안 되며, 4년이나 일했는데 저축한 게 하나도 없을 만큼 가난해서도 안 된다는 것이다.

송지호의 이야기

자본의 논리는 참혹하고 파괴적이며 비인간적이다. 따라서 노동자 건강이나 환경에 관심을 두지 않는다. 자본이 가장 용납하지 않는 것이 바로 '민주'다. 그래서 노동자들은 임금의 비밀을 알 수 없다. 또 한편으로 자본이 가장 허구적이고 기만적으로 이야기하는 것도 '민주'다. 자본은 각종 수단을 써서 몇 푼의 임금을 위해 즉각 자신의 노동력을 팔게 만든다. 노동자가 임금의 구조적 비밀을 알 수는 없겠지만, 생산량과 노동량에 비해 임금이 불공평하다는 것은 알고 있다.

1990년생인 송지호(宋志浩, 쑹즈하오)는 감숙甘肅성 주천酒泉시 과주瓜州 출신이다. 현청 소재지에서 중등전문학교를 다녔으며, 광물선별공학을 전공했다. 이후 고향의 광산에서 1년간 일했으며, 세상 물정을 알고 싶어 2010년 3월 소주로 와 공장에서 일한다. 2011년 6월 1일 소주에서 송지호를 만나 이야기를 나눴다.

2010년 10월에 이 공장에 들어왔으니 여기서 일한 지 벌써 8~9개월 정도 됐네요. 여기보다 더 좋은 일자리가 없으니 어쩔 수 없죠. 디지털카메라와 휴대폰의 터치스크린을 생산하는 곳이에요. 거기에 주로 은 성분이 쓰이는데, 은에는 독성이 있어요. 벤젠이나 에탄올 같은 게 함유된 액체도 쓰고요. 장갑을 끼긴 하지만, 너무 얇아서 금속 만질 때 조심하지 않으면 금방 찢어져요. 그래서 약품이 손에 묻는 건 흔한 일이죠. 저처럼 특별한 기술이 없는 사람은 뾰족한 수가 없어요. 여기서 한 달 일하면 2000위안 정도 받아요. 젊은 사람들은 일을 빨리 해치우면 좀 쉴 수 있을 거라 생각해요. 하지만 빨리 일해서 생산량이 늘어도 월급은 그대로예요. 몸이 더 피곤할 뿐이죠. 예를 들어, 원래 평소엔 12개를 생산하는데 어떤 날은 담당자가 15개 생산하라고 지시해요. 그러면서 원래 3시 퇴근인데 1시 30분에 12개 모두 생산했으니 몇 개 더 만드는 건 아무 문제없다는 거예요.

자본은 노동자의 건강 비용을 고려하지 않는다. 송지호는 작업 중 유해물질을 다루고 있지만 보호시설은 미비했다. 하지만 그는 이 상황에 대해 자신이 특별한 기술을 갖지 못한 탓으로 돌리며 이런 일을 할 수밖에 없다고 여긴다. 또한, 자본은 생산량과 노동자 임금을 연결해 생각하지 않는다.

3) 소비의 불공평

소득의 불공평과 소비의 불공평은 서로 연결되어 있다. 그러나 문제를 분석하는 시각과 해결의 수단이라는 측면에서 양자는 서로 다르다. 소비에는 두 가지 차원의 목적이 있다. 하나는 '필요'에 대한 만족이고, 또 다른 하나는 '욕구'에 대한 만족이다. '필요'는 사람들이 사회생활을 하기 위해 있어야 할 의식주 등의 필수적인 것들이고, '욕구'는 인간의 욕망에 의해 발생한 요구다. 예컨대, 사람은 집이 필요하다. 그러나 우리가 바라는 것은 아름다운 집이지 허름한 집이 아니다. 따라서 소비의 불공평을 논할 때는 '필요'와 '욕구'라는 두 차원의 불공평을 모두 포괄한다. 어떤 사람들은 "돈을 많이 모으지 못했으면 그렇게 높은 욕구를 가져선 안 된다"고 말할 수도 있다. 그러나 사회가 발전해 오면서 오늘날 평등과 공평이라는 개념은 이미 사람들 마음속에 깊숙이 자리 잡았다. 사람들은 더 이상 고대 사회에서처럼 자신의 '지위'와 '운명'을 그대로 받아들이지 않는다. 더구나 인민은 불공평의 배후에 어떤 원인이 있는지 분석할 수 있는 능력을 점점 더 배양하고 있다.

2011년 8월 초 영국 런던에서 폭동이 일어나 젊은이들이 자동차를 불태우고 상점을 약탈했다. 영국의 한 청년은 "약탈에 참여하는 것은 자신의 '화폐적 가치'를 되찾아 오려는 것"이라고 말했다. 또, 영국 리즈대학교와 폴란드 바르샤바대학교의 명예교수인 지그문트 바우만Zygmunt Bauman은 "이것은 굶주림이나 빵의 폭동이 아니라 실업 등으로 소비의 즐거움으로부터 추방당해 좌절한 소비자들의 반란"이라고 평가했다. 또한, 뉴욕시립대학교 대학원 교수 데이비드 하비David Harvey는 다음과 같이 평가한다.

> 현 영국 수상의 난폭한 본능은 점점 물대포와 최루가스, 고무탄 사용 등으로 대변되는 것처럼 보인다. 이와 동시에 그럴듯한 말로 도덕 상실과 문명 쇠락, 잘못된 길에 들어선 사람들을 비탄에 잠기게 하는 타락을 강조한다. 그러나 문제는 우리가 살고 있는 이 사회의 자본주의 자체가 매우 난폭하다는 것이다. 난폭한 정치가들이 자신의 지출 규모를 속이고, 난폭한 은행가들이 대중의 지갑을 갈취하며, CEO와 헤지펀드 딜러, 사모펀드 인재들이 세계의 부를 모조리 약탈한다. 이동통신 회사와 신용카드 회사가 청구서에 이런저런 비용을 추가하고, 상점 주인들은 정가를 사기치고 있다. 이처럼 백주대낮에 벌어지는 약탈의 사례를 수도 없이 열거할 수 있다. 더구나 빈민과 약자, 성실한 사람, 그리고 법률의 보호를 받지 못하는 사람들을 대상으로 한 이러한 약탈이 일종의 정치경제학으로서 오늘날의 '질서'가 되었다.[195]

---

195 "英國敎授: 倫敦暴亂是不合格消費者的暴亂", 〈騰訊新聞網〉
   (http://news.qq.com/a/20110815/001067.htm)

즉, 소비의 불공평은 반드시 사회 문제를 일으키며, 소비의 불공평의 배후에는 반드시 불합리한 사회경제적 제도가 함께 작용한다.

엽자의 이야기

2011년 6월 1일 소주에서 엽자(葉子, 예쯔)를 만나 사회 공평에 대한 이야기를 나눴다. 1990년생인 엽자는 섬서성 안강시 한빈구 출신으로, 2006년 중학교 졸업 후 외지로 나와 품팔이 노동을 시작했다. 그는 광동성 동관에서 5년간 일했고, 2010년부터 소주에서 일하고 있다. 그는 말솜씨가 좋고 생각이 많은 사람이다.

지금의 세계엔 공평한 것이라곤 하나도 없어요. 제가 일하는 공장만 보더라도, 사무실이 작업장보다 크고 작업장에서 임금이 인상되면 사무실에 앉아 있는 사람들 임금도 같이 올라요. 사장은 끊임없이 노동자들을 착취하고요. 하지만 노동자들은 어떤가요? 월세는 300위안이 넘고, 먹고 입고 마시는 데도 돈이 필요해요. 우리도 장기적인 계획을 세워야 해요. 전 돈을 모아 안정적으로 거주할 곳을 찾고 싶어요. 하지만 노동자에게 필요한 이 모든 게 고려되지 않는 것들이죠. 노동자에겐 목숨만 부지할 최소한의 돈이 주어질 뿐이에요.

제 월급이 1900위안인데, 10㎡ 크기의 아무런 시설이 없는 방 월세가 약 370위안이고, 식비가 500~600위안이죠. 야근이라도 하면 세끼 모두 알아서 해결해야 하고요. 의류비와 잡비 합쳐 400~500위안 정도 쓰는데, 가장 싼 바지 한 벌 가격이 80~90위안 정도 됩니다. 제 옷 중에는 10년 이상 입은 것도 있어요. 가끔 친구들과 밥도 사먹고요. 전화비로는 약 100위안 정도 들어요. 그러니 월급 받으면 남는 게 거의 없죠. 아마 머지않아 1900위안으로는 살 수 없을 거예요. 예전에 광동성에서 일할 때는 월급이 적어도 약간이라도 저축할 수가 있었는데, 지금은 못 하죠. 한 달에 200위안 정도는 저축해야 할 텐데 그러지 못하니 스트레스가 커요.

현재의 주류 사회와 엘리트들은 열심히 노력하기만 하면 원하는 생활을 할 수 있다고 말하죠. 하지만 개인이 분투하는 데도 일정한 기초나 자원이 있어야 해요. 예컨대, 성적이 좋은 2명의 학생 중 하나는 돈 있는 집에서 태어났고, 또 하나는 가난한 집에서 태어났다고 해봅시다. 돈 있는 집 아이는 좋은 학교에 진학할 수 있지만, 가난한 집에선 그렇게 못 해요. 따라서 이것은 공평하다고 할 수 없는 겁니다.

우리가 떳떳하게 살기 위해선 최소한 먹고 입을 게 있어야 하고, 장기적인 보장도 어느 정돈 되어야 해요. 언젠가 노동법 교육을 들은 적이 있는데, 한 노동자가 "내가 바라는 건 아주 작다. 다른 건 다 견딜 수 있으니 그저 살 수 있는 방 하나만 제공됐으면 좋겠다"고 말한 적이 있어요. 우리에게는 살 수 있는 곳조차 없는 게 현실이죠. 저도 안정적으로 거주할 공간이 있었으면 좋겠어요. 어떤 게 안정적인 공간이냐고 물으면 사실 애매해요. 그냥 계속해서 그런 공간을 찾고 있는데, 지난 5년간 찾아봤지만 없었어요. 이제야 그런 건 근본적으로 없다는 걸 깨달았죠. 정말 오랫동안 다른 사람의 것이 아닌 나만의 방을 이 도시 안에서 갖기를 바랐어요.

최근에는 공장에서 본 것들을 글로 써서 블로그에 올리면 어떨까 하는 생각도 해요. 한 명이 보더라도 최소한 그 한 명에겐 영향을 주는 거잖아요. 사회를 변화시키는 과정은 아주 오래 걸리고 어렵겠죠. 전 공익기구를 동경하지만, 염려도 있어요. 지금은 이상적인 활동을 할지 몰라도 시간이 지나면 너무 사업 중심적이거나 그런 쪽으로 변질되고 말죠. 그렇게 되느니 차라리 지금 이대로 공장 안에 있는 게 나을지도 몰라요.

엽자의 월급 1900위안으로는 그저 '생존'을 유지할 수 있을 정도의 기본적인 소비만 할 수 있다. 그에게는 거주할 수 있는 공간 하나를 갖고 싶은 최소한의 요구가 있으며, 이는 존엄한 생활을 위한 기본적인 욕구다. 가진 사람과 못 가진 사람의 출발점이 다른 이 사회에서 사회 공평을 위한 노력은 계속되어야 한다.

환환의 이야기

2011년 6월 5일 소주에서 환환(歡歡, 환환)을 만났다. 그녀는 현재 생활과 앞으로의 계획, 사회에 대한 견해를 들려줬다. 1988년생인 그는 안휘성 안경安慶시 출신으로, 중학교 2학년을 다니던 도중 외지로 나와 품팔이 노동을 시작했다. 2008년부터 소주에서 일하고 있으며, 현재 월급은 약 2500위안이다.

전 우리 스스로 현실을 변화시킬 수 있다고 생각해요. 부자가 되진 못해도 조금이나마 더 나은 삶을 살 수 있어요. 안정적으로 살 수 있는 집이 있고, 먹을 걱정 안 하고, 아이들을 학교에 보낼 수 있을 정도면 충분하겠죠. 하지만 현재 소주에서는 집을 살 수 없어요. 그러니 이런 꿈은 다 불가능한 거예요. 노력한 만큼 그에 합당한 보상을 받는다면 그걸로 만족해요. 제 고향인 합비合肥시에 집을 사게 되면, 꼭 그리로 이사할 거예요. 거긴 남자친구 집이랑 저희 집과도 가깝거든요. 하지만 고향에 집만 사놓고 일은 소주에서 한다면 안 사는 게 낫잖아요. 그러니 제 꿈을 언제 실현할 수 있을지 지금으로선 잘 모르겠어요. 아마 서른 살 이후에나 가능할 거예요. 남자친구와 잘되면 결혼하고, 같이 돈을 모아 미래를 준비해야죠.

월급이 오르면 다른 것들도 모두 올라요. 그래서 임금이 올라도 별 차이가 없어요. 요즘은 외지에서 돈을 많이 벌기 힘들어요. 그래서 돈을 좀 모으면 고향으로 돌아갈 생각을 하죠. 소주 현지인들은 우리가 얼마나 힘들게 일하는지 몰라요. 임금이 조금만 올라도 월세는 반드시 두 배로 오르죠. 2009년에 여기 막 왔을 때 다락방에 살았었는데, 그때 월세가 100위안이었어요. 이후 제 월급이 960위안으로 오르니까 집주인이 곧바로 월세를 40위안이나 올리더라고요. 소문을 듣자니 제가 살던 그 다락방이 지금은 월 200위안이래요. 요즘 대부분 월세가 260위안 정도 해요.

게다가 전기요금도 올려요. 지금 1kW당 8마오를 내는데, 거기서 집주인이 약간을 챙기는 거예요. 어떤 집주인은 1위안을 요구하기도 해요. 좋은 집주인은 남기는 거 없이 1kW당 6~7마오만 받고요.

작년(2010년) 초에는 옷 한 벌 드라이클리닝하는 데 10위안이었는데, 설 쇠고 가니까 15위안으로 올랐어요. 그새 5위안이나 오른 거죠. 정말 감당할 수 없을 정도에요.

물가 상승이 정말 살인적이에요. 채소와 육류 가격도 올랐어요. 한 근에 2위안 조금 넘던 계란이 작년엔 3.6~3.8위안으로 올랐고, 지금(2011년 6월)은 4.5위안이에요. 국수도 예전엔 한 개 1위안이었는데, 지금은 2.3~2.4위안으로 두 배 넘게 올랐어요. 한 근에 1위안 하던 쌀은 지금 2위안 넘고요. 식용유도 5리터짜리가 10위안 정도였는데, 지금은 20~30위안이나 해요.

월급은 100위안 정도 오르는데 물가도 따라 오르니 차라리 월급이 안 오르는 게 낫겠다고 남자친구한테 말했더니, "그렇지 않아. 기본급이 오르면 거기에 맞춰서 특근수당도 오르는 거야"라고 하더군요. 하지만 그걸로도 물가 상승을 감당할 수 없으니 다 소용없죠.

환환은 미래에 대해 낙관적이다. 그녀는 자신도 앞으로 좀 더 나은 생활을 누릴 수 있을 것이라 생각한다. 하지만 집 이야기가 나오자 그녀는 곧바로 자신의 처지를 비관했다. 소주에서는 분명히 집을 살 수 없을 것이고, 고향에 집을 사더라도 지금 당장 돌아갈 수가 없기 때문에 결국 자신의 집을 가질 수가 없다. 또, 그녀는 임금이 물가 상승을 따라가지 못하는 현실에 큰 불만이 있다. 이것은 소비자 입장에서 가장 큰 불공평이기 때문이다.

3. 사회 불공평에 관한 견해

노동자들의 사회 공평에 대한 견해를 적극적인 것부터 소극적인 것까지 순서대로 종합해보면 다음과 같다.

– 사회는 매우 불공평하다. 노동자와 사장은 계급모순 관계며, 투쟁을 통해서만 공평을 실현할 수 있다.

– 사회는 불공평하다. 그러나 오늘날의 사회는 과거보다 진보했다. 따라서 급격한 사회 진보를 요구해서는 안 된다.

– 사회는 불공평하다. 그러나 이것은 매우 정상이다. 따라서 마음가짐을 잘 조절하면 불공평을 느끼지 않을 것이다.

– 사회는 불공평하다. 그러나 불공평 그 자체가 공평이다. 사회 진보는 불공평에 의지해 실현될 것이기 때문이다.

한 강좌에서 이창평은 "어떤 인민이 있는지가 어떤 정부인가를 결정한다"고 했다. 인민의 인식 수준이 국가의 현재와 발전 방향을 결정한다는 것이다. 대다수 노동자가 현실을 인정하거나 아무것도 하지 않으려 한다면, 품팔이들의 사회경제적 지위는 향상되지 않거나 매우 느리게 변화할 것이다. 하지만 노동자가 현실을 바꾸려 한다면, 상황은 달라질 것이다. 인간과 사회의 복잡성으로 인해 비록 사회 변화가 돌발적으로 일어나기도 하지만, 사회는 점진적으로 바뀌고 있다.

2011년 6월 14일 20명의 노동자와 사회적 공평에 관한 좌담회를 진행했다. 노동자들은 '사회가 공평한가, 불공평한가'에 대해 논쟁을 벌였는데, 절반의 노동자가 사회는 불공평하지만, 이것이 정상이라는 관점을 갖고 있었다. 또 다른 5명은 사회는 불공평하지 않으며, 불공평하더라도 그것이 합리적이며 마땅히 그래야 한다는 의견이었다. 5명의 노동자만이 사회는 불공평하며 이는 매우 불합리한 것이라 생각했다.

아래는 '사회 불공평은 정상적이며 합리적인 것'이라 생각하는 노동자들의 담론이다.

- 일하지 않으면 먹지도 말아야 한다. 일해야 먹을 수 있고, 더 많이 일하면 더 많이 먹어야 한다.
- 경쟁이 있으므로 빈부격차가 발생한다. 경쟁이 커져야 사회가 더욱 빠르게 발전한다. 격차가 있다고 해서 불공평하다고 원망해선 안 된다. 사회는 공평하다.
- 사회가 곧 사람이고, 사람이 곧 사회다. 사회는 불공평의 과정에서 생산하고, 역동적으로 경쟁한다. 불공평은 일종의 원동력이며, 자연법칙의 하나다. 불공평한 사회는 지속할 것이며, 천대 만대 이어질 것이다. 변화에 대한 망상을 갖지 마라.
- 자신이 번 돈은 자신이 지배하는 것이다.
- 누구나 같은 가격을 지불하고 버스를 타는 것과 같다.
- 현재의 사회는 일부 오갈 곳 없는 아이들에게 집을 주고, 일부 장애인에게 보조금을 지급한다.
- 마음가짐이 좋으면 모든 것이 좋아진다. 공평은 하사품이 아니며, 독촉할 수 있는 것이 아니다. 모든 공평은 자신에게서 비롯된다. 내가 공평하다고 생각하면 사회도 공평한 것이다.
- 사회는 공평하다. 불공평하다고 생각하지 마라.

1) 빈부격차는 경쟁이 야기한 것

비교와 경쟁은 자연스럽고 정상적인 인간의 심리다. 우리는 다른 사람보다 예쁘고, 잘생기고, 좋은 옷을 입고, 좋은 곳에 살고, 공부를 더 잘

하고 싶어 한다. 그러나 지나친 경쟁과 불공평한 경쟁은 좋지 않으며, 우리가 강자의 논리나 정글의 법칙을 신봉한다면 더 이상 토론할 필요가 없어진다. 오늘날의 세계와 중국의 빈부격차는 과연 합리적인 것인가? 과연 공평한 경쟁에 의한 것인가?

사영도의 이야기

2011년 6월 5일 소주에서 사영도(謝永濤, 셰융타오)와 사회 공평에 관해 이야기를 나눴다. 1986년생인 사영도는 호남성 소양邵陽시 출신으로, 중학교도 못 마치고 외지로 나왔다. 현재는 기술공이고, 월급은 약 3000위안이다.

> 이 사회에는 공평한 것이라곤 없어요. 전 공평을 느껴본 적도 없을뿐더러 공평이란 건 존재하지 않아요. 전 태어날 때부터 불행했어요. 어떤 점에선 제 탓이기도 하죠. 책을 읽어본 적도 없고, 가정 형편도 안 좋아요. 돈은 사람의 자신감을 높일 수 있어요. 자신감이 있는 사람은 대체 어떤 사람들이겠어요? 얼굴이 못생겼는데도 왜 그렇게 자신감이 있을까요? 그건 그 사람의 집안 환경이 자신감을 주기 때문이죠. 집안이 좋지 못하거나 집에 돈이 없다면 그렇게까지 자신감이 있진 못할 거예요.
>
> 중국은 현재 자본주의 국가보다 더 자본주의적이에요. 제 생각에 빈부격차는 정상적인 거예요. 국가의 발전을 위해 마땅히 그래야 하죠. 빈부격차는 경쟁이 야기한 건데, 경쟁이 있어야 발전할 수 있어요.

당연히 정부도 빈민의 상황을 조금이나마 개선하려고 해요. 하지만 단시간에 큰 변화를 기대하는 건 불가능한 일이에요. 자본주의는 쉽게 변하지 않아요. 우리에게 자본을 분배한다는 것도 불가능하고요. 그럼 나라가 망하지 않겠어요? 돈 있는 사람은 점점 더 많은 돈을 갖고, 돈 없는 사람은 자신의 노력에 의지해야 하죠. 그리고 적당한 때에 가난한 사람들에게 약간의 보조금을 지급하면 돼요. 국가가 발전하려면 소수의 빈민을 위해 희생할 순 없잖아요?

제가 가난을 이야기하긴 했지만, 이런 상황이 잘못된 거라 느끼진 않아요. 모든 나라엔 빈민이 있으니까요. 결국 우린 희생양犧牲品일 뿐이지만, 원망하진 않아요. 더 노력해서 지금보다 나은 삶을 살길 바랄 뿐이죠.

2) 관료의 부정부패

부패는 뿌리 뽑기 힘든 고질적 사회 문제다. 그러나 사회에서 부패가 만연하고 용인된다면 치유할 수 없는 골병에 든 사회라 할 수 있다.

손립평 북경 청화대학교 교수는 현재 중국 사회의 궤멸이 가속화되고 있다고 지적하면서 다음과 같이 논술한다.[196]

최근 몇 년간 사회 궤멸의 징조가 명백하게 나타나기 시작했다. 가장 핵심은 권력의 통제력 상실이다. … 부패는 이것의 외적인 징후

196 "孫立平: 中國社會正在加速走向潰敗", 〈鳳凰網〉,
   (http://news.ifeng.com/history/zhongguoxiandaishi/special/daodededixian/
   detail_2011_02/27/4877743_0.shtml)

에 불과하다. 여기서 말하는 권력의 통제력 상실이란, 권력이 외적 규제력도 없을뿐더러 내적 규제력도 없어졌다는 것이다. … 이미 권력은 위로부터의 제약도, 아래로부터의 감독도 없게 되었으며, 동시에 좌우의 균형을 잡을 역량도 결여됐다. 바로 이것이 국가 권력의 파편화를 의미하는 것이다. 관료들은 업무에 무책임하고, 관직 유지와 승진을 위해 체제의 이익을 희생하는 것을 서슴지 않는다(사회의 이익은 말할 것도 없다). 이러한 배경에서 부패는 통제와 관리가 불가능한 상태에 이르렀다. 이처럼 사회 궤멸은 사회생활의 각 영역에 만연해 있다. 부패라는 '암묵적 규칙潛規則'이 성행하고, 심지어 이것이 관료와 인간의 기본 도리가 되었다. 이에 대해 오사(吳思, 우쓰)[197]는 《암묵적 규칙》에서 다음과 같은 훌륭한 분석을 내놓았다. "사회의 최저선이 붕괴되고 도덕은 상실됐다. 세력이 강한 이익집단이 거리낌 없이 행세하며, 도시는 각종 마피아의 천국이 되었다. 이익집단의 오만방자함은 사회 공평과 정의를 심각하게 침해한다. 직업윤리와 도덕의 상실은 매우 보편적인 현상이 되었다."

통제력을 상실한 권력을 누가 바로잡을 수 있을까? 과연 누가 그 답을 갖고 있을까? 한 가지는 분명하다. 모두가 자신은 탐관이 아니라며 이를 유감스러워한다면, 이 사회는 계속해서 궤멸을 향할 수밖에 없을

197 [역주] 작가 겸 언론인. 1957년 북경에서 태어났으며, 1982년 중국인민대학교 중문학과를 졸업했다. 졸업 후 〈농민일보農民日報〉 등에서 기자로 활동했고, 1993년 전국언론인협회 잡지 《다리橋》의 부사장 겸 중문판 편집주간을 지냈다. 1996년에는 잡지 《염황춘추炎黃春秋》 편집장, 2009년에는 《염황춘추》의 법인대표를 맡았다. 2013년에 《암묵적 규칙》이라는 책으로 제8회 '중국작가 순위 최고 경전 베스트셀러상'을 수상했다.

것이다.

최영원(崔永元, 추이융위안)은 웨이보에 다음과 같은 말을 남겼다.

> 우리는 탐관을 미워하면서도 필사적으로 공무원 시험에 응시한다. 우리는 부의 독점을 욕하면서도 연봉이 높은 직장에 들어가려 온갖 방법을 쓴다. 우리는 부패를 조롱하면서도 일 처리할 땐 연줄을 찾기 바쁘다. 즉, 우리가 분노하는 이유는 불공평이 아닌 자신의 불리한 위치 때문이다. 우리는 불공평 자체를 없애고 싶은 것이 아니라 불공평한 상황에서 자신을 유리한 위치에 두고 싶어 한다.

사영도의 이야기

2011년 6월 5일 소주에서 사영도를 만나 이야기를 나눴다.

> 우린 '관료 되면 부자 된다卡官發財'는 말을 자주 해요. 이건 일종의 문화예요. 관료가 되기 위해 노력하면 돈이 따라오기 마련이란 생각이 사람들 마음속에 깊숙이 박혀 있기 때문이에요. 품팔이도 사장도 관료도, 모두 관료가 곧 부자라고 생각해요. 그냥 부패하게 내버려 둬라, 부패하더라도 사람들에게 뭔가 해주면 된다, 그런 자리에 올랐으면 콩고물이라도 있어야 하는 거 아니냐고 말하죠. 아무것도 하지 않는 게 더 문제라는 거예요. 많은 사람이 그렇게 생각해요.
>
> 관료가 횡령이나 부정부패를 저지르지 못하게 하는 건 가능해요. 대만처럼 서로를 감시하면 돼요. 하지만 모두가 한통속이면 서로

비판하는 게 불가능하죠. 그래서 모든 사람이 다당제를 생각하지만, 한편으론 국가의 혼란이나 외국에 장악되는 걸 두려워해요. 차라리 내가 부정부패를 할지언정 다른 사람은 안 된다고 생각해요. 중국인들은 왜 굳이 외국인을 불러 가르치게 하냐고 하겠죠.

전 불만이 없어요. 다 참을 수 있죠. 사람들은 어느 지방 정부든 다 횡령이 있다는 걸 알고 있어요. 하지만 그 위치에 앉는 게 어디 쉽나요? 요 몇 년간은 드러난 부패가 없었지만, 앞으로도 그걸 어떻게 단속하겠어요. 사촌형이 하나 있는데, 공부도 못하는 쓰레기 같은 인간이었어요. 고등학교도 재수해서 겨우 붙었죠. 그런데 군인이었던 친척이 광동 기차역에 호구 할당 지표가 있어서 그걸 사촌형에게 줬어요. 그러고 나서 그 형은 아내와 사이도 좋아지고 지금은 잘 살아요. 전 정말 모르겠어요. 국가 간부가 어떻게 그리 돈이 많아요? 심지어 작년엔 50만 위안이 넘는 집도 샀어요. 우리 같은 사람은 꿈도 꿀 수 없는 돈이죠.

불합리하지만 방법이 없어요. 모두들 그렇게 하니까 전 이게 정상이라 생각해요. 희망이 없어요. 다른 사람보다 많이 벌고 더 나은 생활을 하려면 뭐라도 더 배워야 해요. 전 아무 불평 안 해요. 그저 열심히 일할 뿐이죠. 언젠가 정부가 절 도와줄 거라 생각하는 건 헛된 망상에 불과해요.

사영도는 관료들의 횡령을 이해한다. 입장을 바꿔 관료의 시각에서 이 문제를 생각하기 때문이다. 그는 횡령을 다스리는 유일한 수단은 민중의 감시뿐이라 생각한다. 이는 머지않아 '공리公理'가 될 것이다. 하지만 문제는 과연 관료들이 민중의 감시를 충분히 받아들일 수 있는가이다.

3) 불공평한, 그러나 매우 정상적인

모든 불공평은 정상이 아니다. 이 불공평을 변화시키려면 과정이 필요하다. 인간 간의 교류가 있고, 집단 간의 교류가 있으면 곧 사회적 관계가 생겨난다. 이러한 사회관계의 공평 여부는 일방이 아닌 쌍방의 판단으로 결정된다. 지구화와 정보화, 유동과 이주가 보편적인 오늘날, 일부 사람과 집단은 불공평을 다른 이들에게 강압적으로 전가한다. 하지만 공평을 추구하는 가치관을 인간의 사상에서 지워버릴 수는 없다. 권력이나 폭력, 자본에 의해 유지되어 온 불공평은 지속적이고 다양한 형식의 저항에 직면할 것이다.

농촌에서 도시로 온 품팔이 중 일부는 위축되어 있다. 그들은 불공평을 합리적이라 생각한다. 즉, 농민이 가난해서 당연히 불평등한 지위에 놓여 있다는 것이다. 하지만 도시발전은 농촌과 떼어놓을 수 없고, 공업화는 농촌에서 온 노동력과 분리될 수 없는 상호의존적 관계다. 이 관계는 오직 평등의 방향으로 발전해야만 합리적이고 지속가능하다. 인류의 역사도 이렇게 진행돼 왔다.

사회 공평을 이야기할 때 모택동 주석을 빼놓을 수 없다. 또, 일찍이 우리에게 있었던 평등의 역사를 잊을 수 없다(물론 그 가운데 과도한 교정과 극단의 방식도 기억해야 한다). 신중국은 성립 초기에 계급과 성별 억압의 현실을 타파했다. 이전의 신분 체제하에서는 사람이 태어나면 신분이 일생 동안 낙인이 되어 운명을 변화시키기 어려웠다. 그러나 신중국 성립 초기에는 이러한 것들이 모두 사라졌다. 이는 진정한 천지개벽이었다. 오늘날 계급 차별이 다시 출현하고 있지만, 신중국 전반기 30년이 남겨준 유산과 세계적인 민주의 추세 속에 중국은 반드시 서방의 민주와는 다른, 이전의 출로와는 다른 방식으로 이 위기를 헤쳐 나갈 것이다.

장의립의 이야기

2011년 6월 2일 소주에서 장의립(張毅立, 장이리)과 사회 공평에 대한 이야기를 나눴다. 1983년생인 그는 하남성 영보靈寶현 출신으로, 2002년에 고등학교를 졸업했다. 그는 현실에 만족하지 않으며, 아직 미혼이다.

> 사회 발전 속도가 빨라지려면 경쟁이 더 격렬해져야 해요. 경쟁력이 커져야 사회 발전이 빨라지니까요. 물론 불공평한 부분이 있겠죠. 모든 걸 공평하게 처리한다는 건 불가능하거든요. 그래서 불공평은 정상적이란 거예요. 저처럼 품팔이 노동을 하고 적은 월급을 받으며 사는 건 불공평하지만, 그래도 정상이에요. 다시 말해, 불공평하지만 합리적이란 거예요. 차이가 있으니 빈부가 있는 거죠. 이건 상식이에요. 원래 우리가 말하는 공평은 상대적인 거죠. 절대적인 공평이란 없어요.
>
> 물론, 사회가 매우 정상적이란 건 아니에요. 여전히 우린 어떻게 해야 격차를 조금이라도 줄일지 고민하죠. 반드시 그래야 하고요. 불공평은 분명히 존재해요. 우리 같은 농민공에게 가장 고된 조건이 바로 불공평이니까요. 월급만으론 최저생활을 할 뿐이고, 다른 건 꿈도 못 꿔요. 왜 월급이 이렇게 적을까요? 중국엔 노동력이 많기 때문이죠. 고향에서 외지로 나와 일하면 한 달에 2000위안을 벌

수 있어요. 고향에 있었다면 그 돈도 못 벌었겠죠. 이게 사람들을 도시로 내몰아 계속 일하도록 만들어요. 직장에서 사장과 우리의 관계는 착취하고 착취당하는 관계에요. 결국 모두 그렇게 되죠. 이런 관계에서 많은 사람이 원망하고 불평하는 건 아주 정상이에요. 그런데 그러다가 때론 격렬해지기도 하잖아요. 그러니까 불공평은 좋은 것이라 할 수 없어요.

해결할 방법이 없어요. 그래서 정상이라는 겁니다. 하지만 원망도 하죠. 격차를 몰랐다면 원망도 안 했을 거예요. 세상 모든 사람의 월급이 2000위안이면 좋았겠죠. 좋은 거 먹고 집도 있다면 더 높은 목표가 없었을 거예요. 그럼 합리적이라 생각했을 테고, 원망도 없겠죠. 하지만 전 불공평을 이미 겪었어요. 이건 길 가다가도 쉽게 볼 수 있어요. 누구는 자전거를 타고 누구는 BMW를 타죠. 전 이게 정상이라 생각해요. 하지만 이런 차별을 만들어낸 게 뭔지 고민도 하죠. 왜 어떤 이는 BMW를 타는데, 난 자전거를 타나. 원인이 있으면 반드시 결과가 있고, 결과가 있으면 반드시 원인이 있어요. 그 원인은 스스로 깨달아야죠. 분명히 우리 자신 때문에 이런 현상이 만들어진 거예요. 우린 아주 많은 불공평을 보고, 그런 후 자신을 다른 사람과 비교하면서 여러 부분에서 격차를 보죠. 소득, 거주 조건, 근무환경, 임금 등 아주 많아요. 전 혼자서 260위안짜리 월세방에 사는데, 방 크기가 대략 7㎡에요. 이건 매우 불공평해요. 하지만 정상적이죠. 제 생각엔 정상과 변화는 아무런 관계가 없어요. 정상이라 생각해도 변화는 시킬 수 있어요. 우리도 노력하면 BMW를 탈 수 있죠. 전 가능하다고 생각해요. 말로 표현하긴 어렵지만, 누구나 할 수 있어요.

장의립은 줄곧 '불공평은 정상'이라 말한다. 그러나 그가 이렇게 말하는 것은 사유의 논리일 뿐이지 결코 감정의 논리가 아니다. 그는 마음속으로 이러한 사회가 불공평하다고 생각한다. 이는 "몰랐다면 원망도 없었을 것"이라는 그의 말에서 잘 드러난다. 즉, 격차를 봤기 때문에 불공평이라고 생각하고, 원망도 있다는 것이다. 자신은 자전거를 타는데 다른 사람이 BMW를 타는 것을 봤을 때, 그는 내심 불공평하다고 생각했다. 공평은 '마음'으로 판단되는 것이다. 그가 '마음의 판단'을 포기하는 경향이 있는 것은 "어쨌든 변화시킬 방법이 없다"고 생각하기 때문이다.

사회 문제를 사유할 때 '많은 사람이 그렇다' 혹은 '어디나 마찬가지다'를 '정상'과 동일시하거나 환원해서는 안 된다. 전자는 현상일 뿐이다. "존재하는 모든 것은 합리적"이라는 말은 사람을 기만하는 궤변이다. 존재하는 모든 것에는 원인이 있다고 말할 수는 있지만, 모든 것이 합리적이라고 말할 수는 없다.

또한, "방법이 없다"는 생각과 '합리' 혹은 '정상'을 동일시하거나 환원해서도 안 된다. 장의립은 어떤 일이 분명히 불공평하다고 생각하지만, 자신은 무력해서 변화시킬 수 없다고 생각하기 때문에 이를 정상이라고 생각하게 된 것이다.

송지호의 이야기

2011년 6월 1일 소주에서 송지호와 이야기를 나눴다.

제가 뭘 하면 좋을지 모르겠어요. 벌써 스무 살이 넘었는데 아직 방향을 못 잡겠어요. 어떨 땐 밤새 이런 생각을 하다 잠을 설쳐요. 이틀 동안 못 잔 적도 있죠. 지금은 공장에 다니지만 그 다음엔 어떻게 할 건지, 나이 들면 또 어떻게 할 건지 그런 생각을 주로 해요. 어떤 사람은 공장에서 9년간 일했는데, 손발이 느려지니까 사장이 곧바로 계약을 해지했대요. 그래서 그저 떠날 수밖에 없었다는 거예요. 딸린 식구도 있는데 말이죠. 사장은 젊은 사람을 쓰려고 해요. 젊어야 일이 빠르니까요. 사장들은 나이 들면 곧바로 밥줄을 끊어버리죠. 그게 사장의 소관이니까 아무리 제가 잘못됐다고 말해도 소용없어요. 아마 제가 사장이라도 그랬을 거예요.

사장은 그게 옳은지 아닌지를 생각해본 적 없을 거예요. 돈 벌 생각만 하니까요. 하지만 기업이 잘되려면 직원 복지를 잘 해 줘야 해요. 특히 심리적으로 안정되게 해 주고, 숙식 문제도 개선해 줘야죠. 가장 중요한 문제가 거주 문제에요. 임금은 좀 적어도 상관없어요. 거주 문제만 해결되면요. 공장 안에도 합숙소 같은 기숙사가 있는데, 방 한 칸에 8명이 살아요. 음, 어떻게 말해야 하나. 품팔이 노동자는 어쩔 도리가 없어요. 그저 운명이에요.

9년간 일하던 노동자가 나이 들어 해고당한 건 사장 입장에선 좋은 거고, 노동자에겐 나쁜 일이에요. 하지만 저와는 아무 상관없는 다른 사람들 일일 뿐이죠. 그래도 제삼자가 봤을 때도 이건 당연히 노동자에게 아주 불공평해요. 그러니 불공평은 어떤 시각에서 보는가의 문제인 거예요.

4. 사회 공평의 추구

공평을 말로만 추구해서는 안 된다. 그러나 때로 말과 글쓰기도 사고의 과정이 되며, 다른 사람들에게 깨우침을 주기도 한다.

1) 사회 불공평을 지지하는 담론에 빠져서는 안 된다

겉으로는 합리적으로 보이지만 실제로는 황당무계한 담론을 일상생활과 노동의 공간에서 자주 듣게 된다. 이러한 담론은 겉으로는 일리가 있어 보이므로 사람들은 이를 깊이 파헤쳐 사고하지 않는다. 심지어 이러한 담론을 마치 '공리'(진리)로 여기기도 한다. 여기서는 이 중 몇 가지를 분석해본다. 이러한 담론의 함정에서 벗어나야만, 비로소 진실을 깨달을 수 있다.

─담론1. 개혁을 위해 노동자와 농민의 희생이 필요하다

모든 나라의 국민은 국가가 강성하기를 바란다. 중국인도 마찬가지다. 그러나 '노동자와 농민의 희생'이 정말 국가의 강성함을 가져다 줄 것인지 생각해 봐야 한다. 간단하게 말해 보자. 중국 인구의 대다수를 차지하는 노동자와 농민이 매우 빈곤하다면, 중국의 경제총량(GDP)이 세계 2위라 해도 진정으로 강성해졌다고 할 수 없다.

비록 경제학자가 아니더라도 다음과 같은 이치는 명백히 알 수 있다. 현재 중국 내수가 충분하지 않기 때문에 수출에 의존해 투자와 성장을 촉진할 필요가 있었고, 그 결과 중국은 세계 경제의 통제와 영향을 받게 되었다. 무역은 달러로 결제되는 체계이므로, 그 결과 중국은 거액의 미국 국채를 보유할 수밖에 없게 되었다. 채무자가 채권자에게 적은 빚을 지고 있으면 채무자가 긴장한다. 하지만 채무자가 채권자에게 큰 빚을 지고 있으면 오히려 채권자가 긴장하게 된다. 게다가 미국이 화폐를 발행해 달러 가치를 평가절하하면, 결국 중국이 미국에 돈을 줘 쓰게 하는 꼴이다. 국가가 국민을 부유하게 하고, 내수와 수출을 균형 있게 해야만 국가 경제를 안정적으로 발전시킬 수 있다.

현재 노동자와 농민의 이익은 이미 상당히 희생되었다. 그렇다면 국가는 강대해졌는가? 물론 유럽이나 미국에 필적할 만한 정도가 되었고, 아프리카에 투자도 할 수 있게 되었다. 그러나 우리는 성찰해야 한다. 우리가 희생한 것은 한 세대만이 아니다. 30년이 지나는 동안 2세대와 3세대도 희생되고 있다. 노동자와 농민의 이익은 앞으로도 계속 희생되어야 하는가?

많은 사람이 미국에 환상을 품고 있다. 중국 경제가 미국처럼 강대해지면 '아메리칸 드림'을 실현할 수 있다고 여기는 것 같다. 아래는 이와 관련한 미국의 상황을 정리한 것이다.

– 미국의 저명한 조사 기구인 '퓨 리서치센터Pew Research Center'의 최신 보고서에 따르면, 현재 미국의 성인 인구 중 1%가 넘는 사람이 수감되어 있는데, 이 수치는 미국 역사상 최대치다. 또, 미국은 재소자 수와 이들이 전체 인구에서 차지하는 비율 모두 세계 1위다.[198]

– '미국 인구조사국United States Census Bureau'의 최신 자료에 따르면, 현재 미국의 빈곤 인구는 4620만 명으로, 전체 인구의 15.1%에 달한다. 이

---

198 "在監人數230萬成世界第一 美國監獄爲何人滿爲患", 〈網易新聞〉
    (http://news.163.com/08/0317/19/478SGE5K000120GU.html)

러한 빈곤 인구 비율은 세계 주요 공업화 국가 중 가장 높다.[199]

– 요식업에 종사하는 노동자 중 0.01%만이 노동조합의 조합원이다.[200] 즉, 절대다수의 노동자가 보호받지 못한다. 한 여성 노동자는 식당에서 반년을 일했는데, 평균시급이 겨우 2달러라고 말했다.[201]

– 미국의 대학생 중 3분의 2가 대출을 받아 학교에 다니며, 이들의 부채는 졸업할 때까지 계속 쌓인다. 일부는 무거운 부담을 견디지 못해 부득이하게 자퇴하기도 한다. 미국 대학생의 1인당 평균부채는 2만 3000달러.[202]

–담론2. 누가 무능력하래?

사람의 능력에는 차이가 있지만, 이것으로 구조적인 빈부격차를 설명할 수는 없다. 도시와 농촌의 격차가 크다고 해서 농촌 사람이 도시 사람보다 능력이 떨어진다고 할 수 있을까? 농촌 사람이 도시 사람보다 학력은 낮지만, 그렇다고 해서 반드시 능력이 떨어지는 것은 아니다. 또한, 유사한 자질을 갖춘 사람들이 사업이나 일, 그리고 재산에서 차이가 나는 것은 대부분 '가정 환경' 때문이다.

미국의 몇 가지 사례는 생각해볼 만한데, 미국식 '개인능력주의'와 '성공학成功學'이 중국에서도 매우 유행하기 때문이다. 사회구조적 문제로 형

---

199 "美國人口普查局公布: 15.1%美國人活在貧困線下"(2011.9.19), 〈雅虎資訊〉
    (http://news.cn.yahoo.com/ypen/20110919/596421.html)

200 2011년 7월 15일 뉴욕에서 '뉴욕 요식업 종사자 센터Restaurant Opportunities Center Of New York'의 활동가와 면담한 내용이다.

201 2011년 7월 17일 뉴욕에서 만난 여성 노동자의 이야기다.

202 "美國2/3大學生靠貸款讀書人均負債2.3萬美元", 〈維普資訊〉
    (http://oldweb.cqvip.com/ndoasp/webdetail.asp?ID=31797844)

성된 빈곤을 개인의 능력 문제로 전가하는 것은 일종의 음모다. 미국도 그렇고, 중국도 이러한 음모가 성행하기 시작했다. 뉴욕에서 과중한 학자금 대출을 감당할 수 없어 자퇴한 한 여학생을 만나 이야기를 나눈 적이 있다. 그녀는 자신의 처지를 이야기하며, "전 너무 무능해요. 이런 말을 하게 돼서 너무 부끄럽네요. 당신이 왜 제 생활에 관심을 갖는지 모르겠어요"라고 했다. 학자금 대출에 허덕이는 학생이 많다는 이야기에 충격과 슬픔을 금할 수 없었다. 그녀는 고등학교 졸업 성적이 우수해 명문대학의 장학금도 받았지만, 등록금 인상과 대출 부담을 감당하지 못해 자퇴할 수밖에 없었다. 또, 정부의 식량보조표(정부가 빈민에게 주는 보조금, 한 달에 200달러의 식품권을 발급한다)에 의지해 생활하는 젊은이들도 많다. 미국의 대통령 선거는 이제껏 한 번도 주말이나 휴일에 시행된 적이 없다. 노동자들은 투표하고 싶어도 휴가를 내기가 어렵다. 미국의 해고 노동자들은 고용주를 고소할 권리가 없다. 그녀는 자신이 언젠가는 반드시 부자가 될 거라 생각했다. 이처럼 엄혹한 현실에서도 영향력을 발휘하는 '아메리칸 드림'의 힘이 얼마나 강한지 새삼 느낄 수 있었다.

품팔이 노동자 자녀가 도시에서 평등한 교육을 누리지 못하고, 품팔이 청년들이 공평한 직업 훈련 기회를 얻지 못하며, 공공자원이 권력과 자본에 의해 분할되는 상황에서도 여전히 자신의 무능함만 탓한다면 이는 단지 열등감의 문제가 아니다. 옳고 그름을 명확히 인식하지 못하는 것이고, 사회에 무책임한 것이다.

2) 품팔이는 당당하게 사회 공평을 쟁취해야 한다

품팔이들의 견해는 서로 다를 수 있다. 어떤 사람들은 "농촌에서는

2000위안을 벌 수 없었는데, 도시에 와서 이런 돈을 벌 충분한 기회를 얻었어요. 정말 감격스럽고 감사하게 생각해요. 세상에 절대적인 공평은 없어요"라고 생각할 것이다. 하지만 또 다른 사람들은 "우리는 도시와 공업의 발전을 위해 큰 공헌을 했어요. 그런데 이에 상응하는 보상을 받지 못했어요. 매우 불공평해요"라고 생각할 것이다. 판단의 절대적 기준은 인성에 부합하는 기준, 즉 도덕의 기준이어야 한다. 또한, 구체적인 기준은 구체적인 상황에 따라 구체적으로 분석되어야 한다. 즉, 품팔이들이 도시에서 '2등 시민'으로 취급받는 상황은 도덕적 기준에 부합하지 않으며, 사회적·경제적 도덕에도 부합하지 않는다.

노동자들과의 대화를 통해 얻은 깨달음은 많은 노동자에게 공평의 여부는 직접적으로 결론내릴 수 있는 솔직담백한 판단이 아니라는 것이다. 그들은 현실에서 느낀 감정에 근거하지 않고 판단하며, 종종 입장을 바꿔 사장의 입장에서 생각한다. 한 노동자 친구는 "전 불공평하다고 생각해요. 그러나 사장은 그렇게 생각하지 않아요. 제가 사장이라도 노동자들을 그렇게 대할 거예요"라고 말했다. 그들이 이렇게 생각하는 이유는 무엇일까? 인간은 모두 이기적이고 이익 중심적이라 생각해서 현실을 그냥 받아들이는 걸까? 아니면 자신이 사장이 됐을 때 지금의 사장처럼 하기 위해 저항하지 않는 걸까?

농촌의 노인과 도시의 젊은 세대는 완전히 다르다. 노인은 직접 경험한 종적 대비를 통해 시대와 자신의 변화를 체감한다. 다시 말해, 상대적으로 단절된 사회에서 사람들은 종적으로 사물을 대하고 평가하는 경향이 있다. 도시에서 품팔이 노동을 하는 젊은 세대는 이와 다르다. 품팔이 노동이 그들에게 가져다준 것은 임금만이 아니다. 생활방식과 사유방식의 전반적인 변화도 가져왔다. 인구가 고도로, 지속적으로 유동하는 사회에서 사람들은 즉각적이고 순간적인 횡적 대비를 통해 사회에서의 자신의 위치를 체감하고, 이를 통해 만족하거나 불만족한다. 개개인의 생활수준은 그 사람의 출신이 아니라 어디에서 일하고 생활하는지에 따라 결정되어야 한다.

3) 기회의 공평과 교육 공평의 추구

사회 공평의 추구는 장기적이고 막중한 임무다. 이는 결코 단숨에 성공할 수 없으며, 한 세대나 몇 세대 심지어 영원한 노력이 필요하다. 또한, 사회 공평을 쟁취하기 위해서는 출발점이 필요하다. 기회의 공평이 바로 그 기점이고, 교육의 공평이 곧 기회 공평의 기점이다.

사회 공평과 교육 공평의 추구는 중국이 매우 중시하는 것이다. 2008년 3월 '양회'의 기자회견 자리에서 온가보 총리는 "진리는 사상이 추구해야 할 가장 중요한 가치이며, 공평과 정의는 사회주의가 추구해야 할 가장 중요한 가치"라고 지적했다.[203] 또한, 2010년 7월 13일부터 14일까지 북경에서 열린 중공중앙 국무원 전국교육공작회의에서 온 총리는 "교육 공평은 사회 공평의 기초이자, 가장 기본적이고 중요한 공평이다. 또, 사회 공평을 실현하기 위한 가장 위대한 수단"이라고 밝혔다.[204]

제17장 전반부에서는 교육 불공평의 구체적인 현상을 분석했다. 품팔

---

203 "溫家寶: 公平正義是社會主義國家制度的首要價值", 〈中國網〉,
　　　〈http://www.china.com.cn/2008lianghui/2008-03/18/content_12946346.htm〉
204 "溫總理眼裏實現社會公平"最偉大的工具"是什麼?", 〈中國共產黨新聞網〉,
　　　〈http://cpc.people.com.cn/GB/64093/64103/12608642.html〉

이들이 직면한 구체적인 문제를 살펴보고, 그들 자녀의 교육 불공평을 해결하기 위해 아래의 몇 가지 핵심 사항을 고려할 필요가 있다.

- 품팔이들의 자녀도 도시에서 평등한 교육 기회를 누려야 한다.
- 공장과 기업의 근무 시간은 보다 인간적이어야 하고, 부모가 자녀를 돌볼 시간을 갖도록 설계되어야 한다.
- 정부와 사회는 품팔이들이 도시에 정착할 수 있도록 저소득 임대주택이나 저렴한 주택을 제공해야 한다.
- 품팔이 집단이 도시 생활에 적응하기까지는 긴 시간과 여러 과정이 필요하다. 따라서 '잔류 아동'이 집중되어 있는 농촌의 학교와 지역 사회가 그들을 위한 사회적 서비스를 동시에 지원해야 한다.

4) 소비 공평의 추구

류상희(劉尚希, 류샹시) 재정부 재정과학연구소 부소장은 〈인민일보〉 해외판의 '소비 공평이 사회 공평을 결정한다'는 글에서 다음과 같이 말한다.

> '순환'이라는 관점에서 분석해 보면, 무엇보다 기점이 중요하다. 경제 순환의 기점, 즉 시장에서 플레이어들의 능력이 공평한지 아닌지는 소비의 공평으로 결정된다. 또한, 기점으로서의 소비의 공평은 두 가지 요소로 결정된다. 첫째는, 앞선 순환의 결과인 소득과 재산의 격차다. 이것은 다음 경제 순환의 역사적 조건이며, 선택할 수 없는 것이다. 둘째는, 정부의 기점에 대한 간섭이다. 정부는 '집

합적 소비'의 제공을 통해 소비의 격차를 개선하고, 소득의 결핍으로 기본적인 소비를 할 수 없는 집단도 최소한의 생존 능력을 획득할 수 있도록 한다. 그리고 이를 통해 '돈이 없으면 소비도 없다'는 논리가 만들어낸 능력의 격차를 철저하게 변화시킨다. 정부가 매 차례 경제 순환의 기점에서 제공하는 '집합적 소비'(예컨대 교육, 의료, 위생, 직업훈련, 최저생활보장제도, 공적부조, 사회보장제도 등)는 다음 세대의 소비 능력을 포함한 주민들의 소비 능력을 효과적으로 개선할 수 있다. 이러한 소비 능력 개선이 축적되어 장기적인 영향을 만들어낼 수 있으며, 매 차례 경제 순환의 기점을 더욱 공평하게 할 수 있다. 또, 다음 번 경제 순환에서 공평의 결과를 교정하기 위한 기초를 다질 수 있다. 이렇게 되면 시장경제의 순환 과정에서 빈부격차가 빠르게 확대될 수 없을 것이고, 신속한 발전 과정에서도 빈부격차를 잘 통제할 수 있을 것이다.[205]

덧붙여, 공평한 사회에서는 마땅히 지불과 대가가 부합해야 하며, 개인의 이익과 책임이 공존한다. 우리가 마땅히 져야 할 사회적 책임을 감당했다면, 사회도 그 책임을 감당해야 한다. 따라서 공평한 교육과 의료, 사회보장제도의 획득은 사회에 손을 벌리는 것이 아니라, 인민과 사회의 건강한 관계에서 이루어져야 한다.

---

205 "劉尚希: 消費公司決定社會公平", 〈人民日報海外版〉(2011.4.16), 5면.

5) 공평한 임금의 추구

앞서 살펴본 것처럼, 류식영은 〈세계 임금 연구〉에서 중국과 세계의 임금수준을 비교해 다음과 같이 결론한다.

> 중국의 최저임금은 1인당 평균 GDP의 25%이며, 세계 평균은 58%다. 중국 최저임금은 평균임금의 21%이며, 세계 평균은 50% 이다. 중국 공무원의 임금은 최저임금의 6배이며, 세계 평균은 2배 다. 중국 국유기업 고위 관리직의 임금은 최저임금의 98배이며, 세계 평균은 5배다. 중국의 업종별 임금 격차는 3000%에 달하며, 세계 평균은 70%다. 이러한 통계는 정부가 반드시 행동에 나서야 한다는 것을 경고하는 것이다.[206]

현재 상당수 품팔이가 노동계약을 체결하지 않고 있다. 노동계약을 체결했다고 하더라도 대부분 기업 주도의 계약일 뿐이며, 노동자들은 협상의 지위에 있지 않다. 이러한 상황에서 공평한 임금이나 다른 이익들에 대한 보장은 근본적으로 불가능하다. 〈단체협상제도 연구集團談判制度研究〉에서 강준록(姜俊祿, 장쥔루)은 "노동법의 핵심은 단체협상과 단체협약이지, 사회에서 의견이 분분한 노동계약이 아니다"라고 말했다.[207] 독일의 경우 약 20%의 노동자가 노동조합의 조합원이다. 그러나 업종별로 단체협약을 맺으며, 이는 비조합원을 포함한 업종 내 모든 직공에게 영향을

---

206 劉植榮, "世界工資研究: 非洲32個國家最低收入超中國", 〈共識網〉
207 "集體談判制度研究"(2011.7), 〈中國集體談判論壇〉

미친다. 또한, 독일 노동조합의 전체 운영비는 조합원 회비로 충당하며, 이것이 노동조합의 독립성을 일정 정도 보장한다. 노동자의 조직이 없으면 단체협상도 단체협약도 없으며, 공평한 임금도 없다.

언젠가는[208]

작사 : 손원(孫元, 쑨위안)

작곡 : 반지웅(潘志雄, 판즈슝)

언젠가는 산천 하류가 우리의 것

언젠가는 토지 자원이 우리의 것

언젠가는 삼림 공기가 우리의 것

언젠가는, 언젠가는

언젠가는, 언젠가는

언젠가는 우리가 만든 옷이 우리의 것

언젠가는 우리가 구운 빵이 우리의 것

언젠가는 잃어버린 손가락이 우리의 것

언젠가는, 언젠가는

언젠가는, 언젠가는

산천 하류 대지 들판

삼림 공기 의복 빵

언젠가는

우리의 것

208 신노동자 예술단의 5집 앨범 〈그래! 이렇게〉(2011) 수록곡.

제18장

자유

민주와 자유는 현대 문명사회의 표지다. 자유의 개념을 분명히 이해하지 못하는 사람도 자신이 자유로운지 아닌지 몸으로 느낀다. 노동자와의 대화를 통해 자유에 대한 그들의 이해가 매우 구체적이며, 자유의 핵심 의미를 올바로 지니고 있음을 발견했다. 자유에 관한 노동자와의 토론은 다음과 같이 진행됐다. 첫째, 자유와 현실 생활을 직접적으로 연계시켰다. 둘째, 자유라는 순수한 개념에 대해 품팔이의 시각으로부터 출발한다. 그들의 시각은 다른 집단이 사고하는 자유와는 다르다. 이는 개념의 구체화가 중요한 이유와 서로 다른 이익집단에서 대립과 투쟁이 발생하는 이유를 설명해준다.

온라인 〈신화 사전〉에서는 '자유'를 다음과 같이 정의한다.[209]

① 정치적으로 공민이 법에 근거하여 향유하는 일련의 행위에 대해 간

---

209 "自由", 〈在線新華詞典〉(http://xh.5156edu.com/html5/2775.html)

섭받지 않을 권리를 가리킨다. 예컨대, 언론, 출판, 집회, 결사, 행진, 시위의 자유와 종교 및 신앙의 자유, 인신의 자유, 통신의 자유 등을 말한다. 공민은 이러한 권리를 행사할 때 국가나 사회, 집단의 이익과 다른 공민들의 합법적인 자유와 권리를 침해해서는 안 된다. 자유와 규율은 불가분의 관계이며, 어느 하나라도 없어서는 안 된다.

② '필연과 자유'의 관계. 필연은 사물 발전의 객관적 법칙성, 즉 사물의 본질이 규정하는 연계와 추세다. 자유는 필연에 대한 인식과 객관적 세계에 대한 개조다. 필연과 자유는 서로 연결되어 있고 상호제약하며, 또한 일정한 조건하에서 서로 전화轉化한다. 필연은 자유의 기초이며, 자유는 필연을 떠나서 존재할 수 없다. 자유는 필연을 배제하지 않으며, 필연을 포함한다. 객관적 법칙을 파악하고, 그 법칙에 따라 일정한 목적에 도달할 때 필연은 자유로 전화한다. 필연과 자유는 오직 창조적인 실천과정 중에서만 비로소 부단히 전화하고 발전할 수 있다.

③ 속박당하지 않는다. 자유롭게 활동하고 자유롭게 발언한다.

④ 자기 마음대로 하다. "내가 오랫동안 분을 참아왔는데, 너는 어찌 마음대로 하느냐吾意久懷忿，汝豈得自由"[210]

자유에 대한 정의는 세 가지 유형으로 나뉘어 있다. ①은 정치적 함의의 자유, ②는 철학적 함의의 자유, 정의 ③과 ④는 일상생활에서 느끼는 자유다.

정치적 측면에서 보면, 자유는 일종의 권리다. 그리고 자연과 사회에

---

210 [역주] 중국 육조시대에 제작된 장편 서사시 〈공작동남비孔雀東南飛〉에 나오는 시구로, 고부간의 불화로 빚어지는 가정 비극을 다룬 내용이다.

서의 인간의 생존 논리 및 세계관이라는 측면에서 보면, 자유는 규율에 대한 발견과 존중 이후의 결과다. 마지막으로 살아 있는 한 개체의 측면에서 보면, 우리는 자유로운지 아닌지를 느낄 수 있는 감각을 가지고 있다. 여기서는 자유의 마지막 범주에 대해서만 다뤄보려 한다. 자유를 일종의 개체적 느낌이라고 할 때, 어떤 느낌들은 절대적이다. 예컨대, 다리를 못 쓰게 되어 보행의 자유가 제한되었을 때, 자유의 상실에 대한 느낌은 절대적이며 직접적인 것이다. 그러나 자유에 관한 대부분의 느낌은 대비를 통해 얻어진 것이거나 이를 통해 분명하고 명확해진 것이다. 이처럼 자유를 일종의 느낌이라고 한다면, 다음의 두 가지 문제를 제기해 볼 수 있다. 첫째는 우리가 논의하는 것이 누구의 느낌인가이고, 둘째는 우리의 참조 체계나 지표는 무엇인가 하는 문제다.

중국 인민을 포함한 세계 인민은 정보 기술의 발전과 보급에 따라 역사상 유례없이 개방적이고 자유로운 경제, 정치, 문화생활을 하고 있다. 그러나 이러한 정보와 사고가 가져다준 것은 단지 가능성일 뿐이다. 가능성과 가용성의 격차가 커질수록 사람들은 점점 자유롭지 못하게 된다.

이하의 몇몇 이야기는 노동자들의 대화 속에서 도출해낸 것으로, 부분으로 전체를 개괄한 혐의가 있다. 하지만 이 과정에서 소박한 깨달음을 얻을 수 있기를 희망한다.

1. 자유에 대한 인식

1) 시간조차 내 것이 아니니 자유란 없다

엽자의 이야기는 공장 노동자의 체험을 반영하며, 엽자의 삶은 매우 감동적이었다. 공장에서 일해보지 않은 이에게 자유에 대한 이해를 묻는다면 가장 먼저 생각나는 것이 사상과 언론의 자유일 것이다. 하지만 엽자가 생각하는 자유와 같이 수많은 노동자는 자신의 시간을 가질 수 있고 신체에 대한 통제와 감시를 받지 않는 자유를 원했다. 아래는 엽자가 들려준 이야기다.

―근무 시간

광동 지역에서는 자유롭지 않다고 생각하지 않았어요. 출근해서 4시간 정도 일하면 월세방에 돌아가 식사를 하거나 잠깐 쉴 수 있었거든요. 그러고 나서 다시 출근했죠. 그런데 소주에 오고 나서는 자유가 없다고 느껴지더라고요. 종일 공장에 묶여 있어요. 새벽 5시에 일어나 공장에 가서 아침 7시부터 저녁 7시까지 일하는데, 거의 공장 밖으로 나오지 않아요. 온종일 공장 안에 있다 보면, 뭔가 매우 어그러졌단 느낌이 들어요. 그렇다고 공장에 안 가면 할 수 있는 일도 없죠. 회사는 그리 많은 인력이 필요하지 않지만, 우린 먹고살기 위해 공장에서 일해야만 해요. 확실히 자유가 없죠.

―4일 출근, 2일 휴무

전 현재 소니SONY 공장에 다니는데, 여긴 4일 근무에 2일 휴무에요. 1년에 거의 두 달 정도 쉬는 거니까 표면적으로는 휴가가 아주 많은 것처럼 보이지만, 실상은 그렇지 않아요. 사실 1년에 30일 정도만 오로지 제 시간이고, 나머지는 업무 준비 시간이라고 할 수 있어요. 예컨대, 1일과 2일에 주간근무를 하면 3일 정오부터는 야간근무를 하기 위해 잠을 자야만 해요. 안 그러면 야간근무를 버틸 수가 없거든요. 이런 식으로 반나절이 날아가는 거죠. 또, 3일과 4일에 야간근무를 하면 5일 낮 동안은 잠을 자야 해요. 이렇게 또 한나절이 날아가고요. 그러니 엿새 동안 오직 6일 하루만 진정한 휴일인 거죠. 사실상 5일 근무에 1일 휴무에요.

이 공장의 하루 근무 시간은 총 12시간인데, 초과 근무 시간은 식사 시간을 제외하고 2~3시간으로만 계산된다. 또, 초과 근무 시간은 2일 휴무 기간에 속하며, 4일간의 초과 근무 수당은 1.5배다.

─반복

자유가 없다고 느끼는지 물었죠? 똑같은 동작을 끊임없이 반복해야 한다는 점에서 구체적으로 그런 것 같아요.

─화장실

화장실에 갈 때 허가증을 받아야 해요. 만약 허가증 없이 화장실에 갔다가 적발되면 벌금을 물어요. 분명 자유롭지 못한 거죠.

─사장이 원하는 것

지난주에는 기계 고장으로 제때 퇴근을 못 했어요. 수리도 해야 하고 생산량도 맞춰야 하니 공장에 있으라고 하더라고요. 그냥 가만히 있어도 초과 근무 수당을 줘요. 회사 입장에선 노동자 월급이 중요한 게 아니에요. 하지만 우리가 반드시 작업장 안에 있어야 하는 거죠. 사장이 원하는 건 우리의 시간이니까요.

시간이 곧 생명이에요. 생명을 다른 사람에게 파는데도 돈을 못 버는 거죠. 그런데 어떤 노동자들은 이게 좋다고 해요. 명절에 사장이 생색을 내면서 절인 오리알이나 수건 같은 걸 나눠줄 때가 있어요. 때론 밥을 사주거나 노래방에도 데려가죠. 그러면 사람들은 "우리 사장은 너무 인간적이야. 월요일에도 사장이 네 안부를 묻던데 넌 뭐가 그리 불만이야?"라고 하죠. 참 아이러니해요. 사장은 사람들에게 생명을 요구하는데, 언제까지 고마워할 건가요!

-감시

분명한 건 늘 다른 사람이 지켜본다는 거예요. 어떤 일을 하든 어떤 동작을 하든 모두 지켜보고 있어요.

-스트레스

우리 작업장은 클린룸이라 얼굴을 다 감싸고 두 눈만 내 놓고 일해요. 마치 우주복 입은 것 같죠. 제품의 불량을 줄이기 위해서인데, 간혹 불량품이 하나라도 나오면 바로 욕을 먹거나 벌금을 내야 해요. 정신적으로 엄청난 스트레스죠.

-시장경제와 자유

사람들은 시장경제에선 누구나 하고 싶은 걸 하고 자유롭다고 말하지만, 전 그렇게 생각하지 않아요. 돈 있는 사람은 자유롭지만, 노동자는 자유롭지 않거든요. 노동자는 근본적으로 자유로울 수가 없어요. 돈 있는 사람들이 모든 정보를 독점하고 있으니 우리가 뭘 할 수 있겠어요? 작은 잡화점이라도 하나 열면 대단한 거죠. 그런데 이런 작은 잡화점은 언제 문 닫을지 몰라요. 결국 또 노동력을 팔 수밖에 없죠. 그러니 시장경제하에선 자유롭지 못하다는 거예요.

시장경제에 거부감을 느끼는 게 곧 무능력한 거라는 이데올로기는 학교를 포함해 많은 곳에 침투해 있어요. 사회복지를 전공한 학생들이 왜 그 일을 하지 않고 공장에 가거나 사장이 되려 할까요? '나는 돈을 벌 거야', '나는 사장이 될 거야'라는 가치관이 사람들 머릿속에 자리 잡았기 때문이죠.

2) 부자유의 수용 혹은 승인

2011년 10월 25일 중경시의 서영西永 개방구역을 찾았다. 그곳 홍보 게시판에는 폭스콘 인력 충원 계획이 총 10만 명이며, 2010년 말 5만 명을 달성했다는 소식이 붙어 있었다. 그곳에서 몇 명의 폭스콘 노동자를 만났다. 그들에 따르면, 이곳 노동자 중 현지인(사천과 중경시 출신) 비율은 85% 이상이며, 이직률이 매우 높다. 이 공장은 운영된 지 2년째인데, 2년간 일한 노동자는 극소수이며, 1년간 일한 노동자도 그리 많지 않다.

1994년생인 용容○○은 중경시 봉절현 출신이다. 이곳에서 일한 지 6개월째이고, 한 생산라인의 소조장을 맡고 있다. 한 달에 하루도 쉬지 않고 일하면 월급으로 3000위안 가량 받는다. 그녀는 이곳의 업무 스트레스가 너무 심해 설날 전에 그만두고 집에 돌아가 간호조무사 공부를 할 계획이라고 했다. 또, "나중에 어느 지방에 가더라도 폭스콘에선 일하지 않을 것"이라고 말했다.

1987년생인 표飇○○은 중경시 봉절현 출신으로, 폭스콘 총무부에서 일한 지 거의 2년이 다 되어 간다. 그는 자신의 임금에 대해 다음과 같이 말했다.

> 저희 회사에는 서로 월급에 대해 이야기하면 안 된다는 규정이 있
> 어요. 직원의 사생활을 보호하기 위해서죠. 월급 비밀 규정이 회사
> 에 유리한지, 직원에게 유리한지는 생각 안 해봤어요. 뭐, 어쨌든
> 회사는 그렇게 규정하고 있죠. 생각해보니 이런 규정은 직원들에게
> 불리한 것 같네요.

평균임금의 측면에서 폭스콘의 임금은 다른 기업들보다 약간 높은 편이다. 그러나 폭스콘의 이직률은 매우 높다. 주된 원인은, 작업환경의 스트레스가 매우 크고 자유가 없어서다. 앞서 살펴본 표○○과 용○○의 업무 성격은 서로 다르다. 표○○은 생산라인이 아닌 총무부에서 일하며, 업무 내용이나 시간이 상대적으로 수월하고 유연하다. 그래서 그는 2년 가까이 그곳에서 일할 수 있었다. 그의 이야기에서도 알 수 있듯이, 그는 무의식중에 자유로운 정보 소통에 대한 회사의 제약을 수용하고 있었다.

3) 인민공사人民公社[211] 시대와 현재

이번 조사 과정에서 나이가 많은 사람들은 종적 비교, 즉 과거와의 비교를 통해 현재를 평가하며, 젊은 사람들은 횡적 비교를 통해 현재를 평가하는 경향이 있음을 발견했다. 종적 비교는 과거를 총결해 역사의 교훈을 얻도록 한다. 반면, 횡적 비교는 현재와 미래를 어떻게 대면할 것인지를 제시해준다.

다음은 2010년 8월 하남성 초작시 무척현 북대단촌에서 만난 마을사람들의 이야기다.

-전기 기술자

인민공사 시절과 지금을 비교하면, 지금이 훨씬 좋아요. 인민공사 시절엔 농민이 먹고살기 위해 밭에 나가 일해야 했어요. 그리고 공동 식사, 공동 분배를 했죠. 지금은 외지에 나가 일하고 싶으면 그렇게 하고, 뭐든 마음대로 할 수 있잖아요. 그땐 물가가 낮아서 채소 1kg에 0.08~0.1위안 조금 넘었지만, 지금은 몇 위안이나 받아요. 사회는 진보했고, 현재의 생활이 과거보다는 훨씬 낫죠.

-전 초등학교 물리교사

현재의 주식회사제도는 완전 엉망진창이죠. 사회적 재산이 증가한

---

211 [역주] 1958년 중화인민공화국이 농업 집단화를 위해 만든 대규모 집단농장으로, 행정·경제·사회·군사 조직이 일체화된 중국 농촌의 사회생활 및 행정 조직의 기초 단위였다. 인민공사 설치는 기존의 농업협동화가 소규모 공동노동에 기반하고 있어 대규모 공사 등을 하기 위해서는 더욱 큰 규모의 공동노동 조직이 필요하다는 이유로 제기됐다. 인민공사의 규모는 지역 및 시기에 따라 상당한 격차가 있었다. 20~30호로 이루어지는 생산대生産隊, 10개 내외의 생산대로 이루어지는 생산대대生産大隊, 8~10여 개의 생산대대로 이루어지는 인민공사의 3단계 조직으로 구성됐다.

게 아니에요. 빈부격차가 커진 거죠. 앞으로 더 커질 거예요.

-주민

요즘은 집 지을 때 너도나도 높게 지어요. 그래서 지반이 높아지고 물이 빠지질 않죠. 옆집이 파손되기도 하고요. 다들 그렇게 지으니 방법이 없어요. 저도 새로 지을 거예요. 마을엔 이에 대해 관여하는 사람이 없어요.

-물리교사

토지 매매를 허용해선 절대 안돼요. 그러면 어떤 사람들은 빈털터리가 될 거고, 거지가 생길 거예요. 땅 판 돈을 다 쓰고 나면 그땐 어떻게 합니까? 돈이 없으면 사회가 동요하고 사람들은 약탈이나 도둑질을 할지도 몰라요.

위의 이야기를 보면, 각자의 관심이 다르기 때문에 평가 또한 다름을 알 수 있다.

전기 기술자는 인민공사 시절에는 공동 식사를 하는 등 자유롭지 못했다고 여겼으며, 현재는 자유롭게 외지에 나가 일할 수 있다고 생각한다. 어느 마을 주민은 마을에 적절한 관리 체계가 없어 사람들이 이웃에 피해를 준다고 했다. 임의로 지반을 높여 집을 짓는 사람들은 관리 없는 '자유'를 누리는 것이며, 다른 사람들은 이 자유로 인해 피해를 입는다. 물리교사는 토지를 자유롭게 매매할 수 있게 되면 큰 사회 문제가 생길 것이므로 토지 매매를 허용해선 안 된다고 생각한다.

2. 자유를 찾아서

1) 공장에 남아 있는 이유는 자유롭기 때문

조사 과정에서 많은 노동자가 매우 빈번하게 직장을 바꾸고 있음을 발견할 수 있었다. 어떤 사람들은 1년에 몇 번씩이나 이직하기도 한다. 그러나 간혹 한 공장에서 오랫동안 일하는 노동자를 만나는 경우도 있었는데, 그 이유는 공장에서의 생활이 비교적 자유로워서였다. 구체적 사례를 통해 노동자들의 생각을 알아보자.

진만현은 1996년에 외지로 나와 품팔이를 시작했다. 그녀는 지금 다니는 공장의 월급이 많지는 않지만, 자유롭고 즐겁게 생활할 수 있어서 2년간 다니고 있다고 했다.

> 이곳은 주로 커튼 봉을 생산하는 금속공장이에요. 임금은 적은 편인데, 기본급이 1100위안 정도고, 특근은 노동법에 따라 계산돼요. 예전엔 한 달에 60시간 정도 특근을 할 수 있었는데, 법대로 36시간만 하라고 해서 전체 노동자가 파업을 했죠. 지금은 일주일에 15시간 특근을 할 수 있게 합의했어요.
>
> 공장에는 100여 명 정도가 일하는데, 여성이 좀 더 많아요. 대부분 30대 초중반이고, 젊은 사람들은 금세 나가버려요. 월급도 낮고, 작업 환경도 힘들다고요. 전 이곳에서 일하는 게 꽤 재밌어요. 예전에 2년 넘게 의류공장에서 일한 적이 있는데, 화장실 갈 시간도 없었거든요. 그래서 다시는 의류공장에서 일하고 싶지 않아요. 게다가 거기는 일이 없을 땐 서로 일거리를 빼앗으려고 치열하게 싸우고, 때론 연줄도 동원해야 해요. 지금 다니는 공장이 훨씬 편해

요. 우리 사장이 미국인인데, 중국인보다 더 좋아요. 모든 걸 노동법에 따라 처리하고 다른 공장들처럼 불법을 저지르지도 않아요. 일할 때도 마음대로 왔다 갔다 할 수 있고, 직무 전환도 가능하고, 서로 대화하거나 전화도 할 수 있어요.

2) 창업해도 자유롭기는 힘들다

어떤 노동자는 속박이 싫어 자기 가게를 차리고 싶어 하고, 또 어떤 노동자는 근심걱정이 덜 해 공장에 다니는 것이 더 낫다고 생각한다. 2009년 심천과 북경에서 만난 100여 명의 노동자에게 미래 계획을 물었다. 절반의 노동자가 미래에 가게를 열거나 회사를 차리고 싶다고 응답했다. 이 중 더 많은 자본과 기술이 필요한 회사보다 가게를 차린다는 응답이 더 많았다. 이들이 창업을 원하는 이유는 첫째, 현재보다 더 높은 수입을 바라고, 둘째, 비교적 자유롭게 일할 수 있다고 생각하기 때문이다. 하지만 자기 가게를 차리면 그들이 상상하는 자유를 얻을 수 있을까? 자신이 고용주라면 윗사람의 통제를 받지 않아도 될 것이다. 그러나 시장 경쟁과 원가 부담을 감당해야 한다. 또한, 많은 경우 부정부패의 비용과 부담도 고려해야 한다. 〈품팔이 주거 현황과 미래 발전 조사〉에 의하면, 품팔이 가운데 창업한 이들은 매일 12~18시간 일해야 하고 쉬는 날이 없다. 왕복란의 사례는 창업한 노동자들의 구체적인 상황을 반영한다.

2010년 11월 15일 동관에서 분식점을 개업한 왕복란을 만났다. 그녀는 1993년부터 외지로 나와 공장에서 일했다. 2년 전 딸을 낳은 이후 공장 취직이 어려워져 남편과 함께 분식점을 차렸다. 그녀는 다음과 같이 말했다.

이 가게 열 때 2만 위안 정도 들었어요. 임대료는 월 1300위안이고, 수도세 전기세를 합치면 한 달에 1500위안 넘게 들어가요. 장사는 그럭저럭 되는 편인데, 요즘 물가가 너무 비싸서 돈을 많이 벌진 못해요. 한 달에 우리 부부가 버는 순이익이 4000~5000위안 정도죠. 일은 정말 힘들어요. 아침 7시에 일어나고 새벽 1시가 되어야 잘 수 있어서 잠이 부족해요. 그래도 장사하는 게 공장에 다닐 때보다 자유롭고 좋아요. 어쨌든 제 사업이니까요. 남편은 벌써부터 힘들다고 그만두고 싶어 해요. 확실히 힘들기는 하죠. 저도 장사 시작하고 나서 몸무게가 10kg도 넘게 빠졌거든요. 그래도 장사는 계속 하려고요. 남편은 다른 일을 천천히 찾아보자고 하는데, 지금은 고향에서 장사도 못 해요. 예전에 고향 읍내에서 옷 장사를 한 적이 있는데 정말 한 푼도 못 벌었거든요. 똑같은 장사를 하는 사람이 너무 많아서요. 밑천이 있어야 장사도 잘되죠. 물가는 너무 오르는데, 비싸게 팔면 아무도 안 사먹고, 그렇다고 싸게 팔면 이윤이 안 남아요.

3) 인간적 고용

현대의 많은 기업이 규범화된 관리를 시행한다. 하지만 기업과 생산이 중심인 이러한 관리에는 인간적인 관리 방식이 결핍돼 있다.

사천성 금당현은 전국에서 가장 먼저 농민들이 외지로 품팔이 노동을 나갈 수 있도록 조직된 곳이며, 노동력 유출이 가장 큰 지역 중 하나다. 또한, 외지로 나간 사람들이 고향에 돌아와 창업할 수 있도록 여건을 마련한 최초의 지역이기도 하다. 금당현은 1998년에 첫 번째 '귀향 창업 시

범단지'를 건설했다. 2011년 10월 금당현을 방문해 외지에서 귀향해 창업한 한 여성 기업가를 만났다. 그녀는 약 2시간 동안 품팔이 경험과 창업 이야기를 들려줬다. 그녀가 창업한 기업의 '인간적 고용' 모델은 매우 인상적이었지만, 이러한 관리 모델은 대도시와 대공장에서는 비규범적이고 낙후된 것으로 간주된다. 또, 향진기업 중에서도 널리 장려되는 모델은 아니지만, 그녀의 기업 이념에서 중요한 것은 관리 모델을 사람들의 필요에 적응시킨다는 것이다. 이러한 모델은 노동자 자유 획득의 전제다.

전 1970년생이고, 고향은 금당현 조秦진이에요. 가정형편이 안 좋아 1998년에 고등학교 졸업 후 금당현에 있는 국토국에서 3년간 일했는데, 그때 월급이 70위안이었어요. 월급도 너무 적고, 사람들이 외지로 나가는 게 더 낫다고 해서 다른 일자리를 알아봤어요. 1991년 초에 금당현 노동국에서 어느 중외합자회사 사원을 모집했는데, 모기장을 만드는 미국 합자 회사였어요. 전 40여 명의 여성들과 함께 곧바로 그곳으로 갔죠. 그때 월급은 400위안이나 됐어요. 예전보다 몇 배나 많은 거죠. 1992년에는 고향 사람 소개로 주해珠海시에 있는 한 방직공장에 들어갔어요. 거기선 월급이 단번에 2배나 올라서 800위안 넘게 받았어요. 어떤 때는 1000위안이 넘은 적도 있었죠. 그 이후엔 고향 사람들이 많이 다니는 동관의 한 신발공장에도 다녔고요. 그러다 1994년 하반기부터 동관에서 채소를 팔기 시작했어요. 노점 가판대 하나로 시작해 몇 개로 늘어나고, 가장 커졌을 땐 6개까지 있었어요. 사람을 고용해 1998년까지 계속 장사를 했어요. 장사가 잘 될 때는 한 달에 1만 위안 넘게 벌었고, 잘 안될 때는 한 달에 2000~3000위안 정도 벌었죠. 어쨌든 손해 보진 않았어요.

이렇게 1998년까지 일을 계속했는데, 당시 제게 11~12만 위안 정도 목돈이 있었어요. 그때 엄마가 집으로 돌아오라고 해서 외숙부 도움을 받아 공장을 차렸어요. 그 돼지털 가공 공장을 지금까지 하고 있어요. 그리고 지난 10여 년간 우리 지방 사람들이 돼지털 가공 공장을 설립하는 데 10곳 정도 지원했고요.

지금 우리 공장엔 80여 명의 노동자가 있어요. 지난달 평균임금은 1800위안이었고요. 우리 공장은 성과급제여서 어떤 이는 한 달에 3000위안 넘게 벌 수 있고, 가장 적게는 몇 백 위안 정도 벌어요.

공장 관리제도는 외지랑은 달라요. 대부분 여성 노동자이고, 그들 남편들은 거의 외지에서 일해요. 다들 도급으로 넘겨줘서 토지는 없는데, 보살펴야 할 노인과 아이들이 있죠. 그래서 여성 노동자들이 일과 가정 모두 챙길 수 있도록 제도를 만들었어요. 다른 공장들은 오전 8시나 오후 2시에 출근하는데, 우린 오전 10시나 오후 5시에 나와도 괜찮아요. 근무 시간이 자유롭죠. 집에 일이 생겨서 하루 이틀 못 나와도 상관하지 않아요. 열흘이나 보름 정도 못 나오게 되면 급한 생산에 차질이 없도록 반드시 저와 상의해야 하고요. 어쨌든 매우 인간적으로 관리하고 있어요.

공장 옆에 식품공장이 몇 개 있는데, 거긴 노동자를 엄격하게 관리해요. 아침 출근 시간을 반드시 지켜야 하고, 화장실에 갈 시간도 몇 분 정도밖에 없어요. 우리 공장 노동자들은 다른 곳에서 아무리 불러도 안 가는데, 식품공장들 노동자는 제가 원하기만 하면 바로 우리 공장으로 오죠. 거긴 월급도 적어요. 한 달에 1000위안 조금 넘는 정도거든요.

3. 어쩔 수 없는 선택

'어쩔 수 없는 선택'이란 자발적인 선택이 불가능한 상황에서 부득이하게 한 선택을 뜻한다. 이 책에 나오는 품팔이 집단이 직면한 상황을 보면, 그들은 도처에서 어쩔 수 없는 선택을 해야만 한다.

품팔이들의 귀속 문제와 관련해 지난 30년간 유동의 역사는 이전에는 예상할 수 없었던 상황을 초래했다. 10년 혹은 20년 전에는 품팔이들이 도시에서 일하다 나중에는 고향으로 돌아간다는 하나의 결론을 받아들였다. 그러나 30년이 흐른 지금은 예전과 다르다. 이는 제1부 제6장 '능동적 선택과 어쩔 수 없는 선택'에서 살펴본 바 있다. 〈품팔이 주거 현황과 미래 발전 조사〉는 '능동적 선택'과 '수동적 선택'이라는 개념을 제기하며, 152명의 노동자를 인터뷰했다. "만약 도시에서 일을 못 구하게 된다면 어떻게 할 것인가?"라는 질문에 대해 대다수(65%) 노동자가 "고향으로 돌아갈 것"이라 답했다. 그런데, "당신의 이후 계획은 무엇인가?"라는 질문에 대해서는 오직 9%의 노동자만이 "고향으로 돌아갈 것"이라 답했다. 첫 번째 질문에 대한 대답은 노동자들의 어쩔 수 없는 선택을 분명히 보여준다. 즉, 선택지 없는 선택인 것이다. 두 번째 질문에 대한 대답은 노동자들의 능동적 선택이다. 품팔이들은 도시에서 일하고 생활하므로 마땅히 도시에 귀속되는 것을 선택할 수 있어야 한다. 이는 결코 무리한 요구가 아니다. 그들의 생존과 발전을 위한 선택이며, 동시에 도덕적 선택이다.

제3부 제14장에서는 구인난에 대해 자세히 논의한 바 있다. 품팔이들은 기업과의 각축에서 약세지만, 품팔이의 역량은 '발로 하는 투표', 즉 이직 가능성에서 나온다. 노동자들이 언제든 떠날 수 있다는 것은 약자의 무기다. 이러한 무기의 사용은 품팔이의 삶을 불안정하게 만든다. 그러나 떠나는 것과 이직은 품팔이들의 어쩔 수 없는 선택이다. 마치 기계처럼 생산라인에서 일하는 것도 어쩔 수 없는 선택이고, 무미건조하고 전망 없는 일을 떠나는 것도 어쩔 수 없는 선택이며, 반드시 품팔이 생활을 지속해야 하는 것도 어쩔 수 없는 선택이다. 노동은 마땅히 부와 행복을 창조하는 수단이어야 하며, 노동 자체는 응당 즐거워야 한다. 그러나 오늘날 노동은 어쩔 수 없는 선택으로 변질했고, 이것이 노동과 자유에 마땅히 있어야 할 논리적 연결고리를 상실하게 했다.

인간의 부자유는 영혼의 '길 잃음'에서도 체현된다. 만약 어떤 사람이 전망은 있지만 그것을 실현하지 못했다고 해보자. 그는 자유롭지 못하다고 생각하겠지만, 여전히 지속적으로 노력할 수는 있다. 하지만 또 누군가는 전망도 없고 방향도 없다. 그는 자유롭지 못하다는 감정조차 느낄 수 없으며, 나아가 자유의 감정도 알 수 없다. 앞서 언급한 송지호는 "제가 뭘 하면 좋을지 모르겠어요. 벌써 스무 살이 넘었는데 아직 방향을 못 잡겠어요. 어떨 땐 밤새 이런 생각을 하다 잠을 설쳐요. 이틀 동안 못 잔 적도 있죠. 지금은 공장에 다니지만 그 다음엔 어떻게 할 건지, 나이 들면 또 어떻게 할 건지 그런 생각을 주로 해요"라고 말했다. 또한, 장의립도 "많은 일에 대해 제 생각이 뚜렷하지 않아요. 요즘은 20년 후엔 어떻게 해야 할지 고민하죠. 계속 불명확한 게 하나 있는데, 지금 제 목표를 미래에 더 행복하게 사는 것에 둬야 할지 부자가 되는 것에 둬야 할지 모르겠어요. 도저히 풀리지 않는 문제죠. 정말 어떻게 살아야 할지 모르겠어요"라고 토로했다.

자유와 전망은 각자가 찾아나가는 것이며, 민족과 국가의 발전도 비틀거리며 나아가는 것이다. 그러나 한 가지만은 분명하다. '부유함'만으로는 결코 진정한 자유를 누릴 수 없다는 것이다. 〈금융시보金融時報〉는 2011년 4월 26일 자에서, "중국에서 가장 부유한 사람들 가운데 절반 정도가 이민을 고려한 적이 있으며 … 억만장자 가운데 약 27%가 이민 계획을 끝냈다. … 오늘날 평범한 인민대중이든, 투기자산의 거품으로 폭리를 취득한 상인이든, 비즈니스 마인드가 있는 기업가든, 심지어 높은 지위와 권력을 가진 관료든 상관없이 모든 사람이 직장생활의 고달픔과 열악한 생존 환경에 대해 불만이 있다"라고 했다.[212] 중국 정부가 돈이 부족한 것이 아니라 중국 인민이 방향을 잃었으며, 더욱이 안정감을 상실했다. 중국인은 중국을 떠나야만 자유를 찾을 수 있는 걸까? 가난한 사람은 국외로 나갈 여력조차 없는데, 그럼 이들은 영원히 자유를 찾지 못하는 걸까?

---

212 "找出中國新富移民的根源", 〈金融時報中文版〉 (http://www.ftchinese.com/story/001038267)

미래시대[213]

작사 : 전계영

작곡 : 강국량

우리는 이런 시대에 살고 있어

돈의 올가미 안에서 난도질당해 팔려나가고

우리는 이 별의 주인이지만

자신이 만든 정원에서 미쳐가고 있어

권세의 시체더미 위에 썩어 문드러져

피고름이 뒤섞여 밖으로 흘러나가고

파리와 모기는 불룩 배를 내밀고 비명을 질러

복수자의 이빨도 하나로 모으자

추악한 현실에서는 이상이 보이지 않아

희망도 안 보이고, 미래도 안 보여

누가 우리의 머리를 장악했는가

더 이상 소박한 진리로 열렬한 갈채를 보내지 마

자신을 잃어버린 현실에는 이상이 없어

희망도 없고, 미래도 없어

213 신노동자 예술단의 5집 앨범 〈그래! 이렇게〉(2011) 수록곡.

누가 우리의 머리를 장악했는가
더 이상 소박한 진리로 열렬한 갈채를 보내지 마

우리의 청춘의 땀을 쏟아 부어
역량과 신념을 손 안에 넣고
손과 손을 움켜쥐고 마음을 모아
우리의 미래를 개척하러 가자

우리의 들끓는 뜨거운 피를 분출해
이상과 생명을 손 안에 넣고
손과 손을 움켜쥐고 마음을 모아
정의와 공리의 시대를 개척하러 가자

제19장
도덕

여기서 도덕이라는 개념을 선택한 배경은 다음과 같다. 첫째, 사회의 도덕 수준이 하락하면 공평과 정의도 신장될 수 없다. 오늘날 품팔이의 사회경제적 지위가 낮은 것은 사회의 도덕 수준이 하락한 것과 직접적인 연관이 있다. 사회의 도덕 수준을 제고하고, 나아가 품팔이 집단의 공평하고 합리적인 지위를 모색하기 위해서는 품팔이 자신들의 힘에 의지할 필요가 있다. 따라서 품팔이들의 도덕 수준에 대해 이해하는 것이 매우 중요하다. 둘째, 모든 도덕을 법률로 규범화할 수 있는 것은 아니지만, 도덕 수준의 제고는 사회 진보에 도움이 된다. 인류 사회의 진보 과정은 곧, 인간화되고 민중화되는 과정이었으며, 인민의 도덕이 법률에 의해 보호받은 과정이었다. 또, 사람들이 도덕을 기준으로 타인을 평가할 뿐 아니라 주동적으로 자신에게도 도덕을 요구하는 과정이었다. 따라서 도덕의 문제를 토론하는 것은 이와 관련된 많은 문제의 토론을 촉진할 수 있다. 그리고 여기에는 앞서 논의한 공평과 자유의 문제도 포함된다. 셋째, 일부 도덕적 선전이 과도하게 계몽적이고 비현실적이라 사회적으로(특히 젊은이들 가운데) '도덕적 용어'에 대한 반감이 있다. 그러나 젊은이들이 진정으로 도덕을 중시하지 않는다는 의미는 아니다. 따라서 새로운 시대에는 계몽하지 않는 방식으로 도덕 문제를 토론할 필요가 있다. 위키피디아Wikipedia에서는 도덕을 다음과 같이 정의한다.

> (도덕이란) 행위의 정당성 여부를 평가하는 관념적 표준을 지칭한다. 한 사회에는 일반적으로 사회적으로 공인된 도덕규범이 있다. 개인이나 개인 간, 가정 등의 사적관계와 관련된 도덕은 '사적 도덕'이라 부르고, 사회의 공공부분과 관련된 도덕은 사회 공중도덕이라 부른다. 도덕과 문화는 밀접한 관계가 있으며, 일부 시대에는 이데올로기적 낙인을 찍기도 했다. 인류의 도덕은 공통성이 있다. 그러나 시대와 사회에 따라 종종 서로 다른 도덕관념이 존재한다. 서로 다른 문화에서 중시되는 도덕적 요소 및 우선성은 차이가 있고, 지켜야 할 도덕적 표준도 많은 경우 차이가 있다.[214]

여기서는 문제를 보다 분명하게 분석하기 위해 도덕을 다음의 세 가지 차원으로 구분한다.

제1도덕 : 모든 사람은 생존하고 노동할 권리가 있다. 이것 자체가 일종의 도덕이다.
제2도덕 : 개인의 발전과 요구를 실현하기 위해 타인과 사회의 이익을

214 "道德", 〈維基百科〉 (http://zh.wikipedia.org/wiki/道德)

훼손해서는 안 된다.

제3도덕 : 사회적 책임을 져야 한다.

이러한 세 가지 차원의 도덕으로 품팔이 집단의 상황을 분석할 수 있다. 먼저 제1도덕의 측면에서 보면, 품팔이들이 도시에서 일하고 생활하는 것은 그들의 생존권이며, 마땅히 존중받고 보호받아야 한다. 제2도덕의 측면에서 보면, 품팔이들이 도시에서 일하고 생활하는 것은 사회에 공헌하는 것이며, 생존을 위한 노력이다. 따라서 기득권 계층은 자신의 이익을 모색하기 위해 품팔이의 이익을 침해해서는 안 된다. 제3도덕의 측면에서 보면, 빈부격차를 축소하고 사회의 조화로운 발전을 촉진하는 것은 국가와 정부, 전체 인민의 사회적 책임이다.

또한, 도덕의 제창은 중국 당과 정부의 주장이기도 하다. 온가보 총리는 2011년에 네티즌과 집값 문제를 논의하며 다음과 같이 말했다. "이 자리에서 부동산 업자들에게 한 마디 하고 싶다. 나는 그들의 이윤에 대해 조사해본 적은 없다. 그러나 그들도 사회의 한 구성원으로서 마땅히 합당한 책임을 다해야 한다고 생각한다. 당신들의 몸에도 마땅히 도덕의 피가 흘러야 한다는 뜻이다."[215] 또한, 온 총리는 2009년 2월 영국 케임브리지대학 강연에서 "도덕은 세계에서 가장 위대한 것이며, 그 빛은 태양보다 더 찬란한 것이다. 진정한 경제학 이론은 최고의 윤리 도덕 준칙과 절대로 충돌하지 않는다. 경제 학설은 반드시 공정과 신의성실을 대표해야 하며, 가장 소외된 집단을 포함한 모든 사람의 복지를 평등하게 촉진

---

215 "溫家寶與網民對話就抑制房價說: 我還有信心", 〈人民網〉
　　(http://house.people.com.cn/GB/14016030.html)

해야 한다"고 지적했다.[216]

　노동자들과 교류하는 과정에서 나는 '도덕'이라는 용어보다 '양심'이라는 용어를 자주 사용했다. '양심'이 좀 더 대중적이고 구어적인 표현이기 때문이다. 양심은 마음속 깊은 곳에서의 옳고 그름에 대한 본능적 판단이다. 우리가 자주 쓰는 '내 양심이 내게 말한다'라는 말도 바로 이러한 의미다. 양심과 도덕은 중첩되는 점이 많지만, 서로 다른 점도 있다. 도덕은 사회화와 더 많이 결합할 수 있는 반면, 양심은 좀 더 본능적인 것이다. 하지만 여기서는 개념적인 문제에 관해 깊이 있게 논의하지는 않을 것이다.

1. 노동자의 도덕과 양심

1) 양심이란 무엇인가

　아래는 2011년 6월 1일 소주에서 엽자와 나눈 대화다.

－당신은 중국의 사장이나 노동자가 모두 양심에 따라 행동한다고 생각하나요?

　　　　이런 시대에 어떻게 양심을 이야기할 수 있겠어요. 시장경제가 현대인의 사고방식을 지배하니 모두 큰돈을 벌 생각만 하죠. 어떻게 대답해야 할지 모르겠어요.

－당신은 양심이 있나요?

---

216 "溫家寶總理在英國劍橋大學發表演講",〈人民網〉
　　(http://politics.people.com.cn/GB/1024/8740639.html)

양심이 뭔데요? 전 정말 모르겠어요. 하지만 전 분명히 양심이 있다고 생각해요.

-맞아요. 그럼 왜 다른 사람들은 양심이 없다고 말하나요?

그들에게 양심이 있다고 느껴본 적이 없거든요. 정말로요. 그저 미친 듯이 큰돈을 벌 생각만 해요. 그러니 피임약을 발라 키운 오이도 나오는 거죠.

-하지만 당신 주변의 노동자들은 어쩔 수 없이 양심을 저버리며 돈 버는 것 아닐까요?

그들은 종일 인터넷을 하거나 출근해서 일하느라 바빠요. 그 외엔 여자친구를 만나거나 어떻게 사장이 될지 공상하죠. 그런 사람들에게 무슨 양심이 있겠어요?

-제 생각엔 그런 것들로 양심이 있는지 없는지 판단할 순 없을 것 같아요.

맞아요. 제 생각에 이 도시에선 모두가 경솔해요. 양심에 대해선 정말 어떻게 봐야 할지 모르겠어요. 이제껏 한 번도 그런 생각을 해본 적도 없고요. 어떨 땐 제 자신이 아무짝에도 쓸모없는 산송장이라 생각할 때도 있죠. 그럼 당신은 양심이 도대체 뭐라고 생각하나요?

-제 생각도 반드시 옳다고 할 순 없어요. 전 양심이란 다른 사람이 당신에게 알려줄 필요도, 대의를 설명할 필요도 없는, 그저 사람들이 마음에 비

추어 옳고 그름을 판단하는 거라 생각해요. 양심이란 건 사람이고, 인간적인 마음이 있다면 알 수 있는 거죠. 피임약을 바른 오이를 파는 건 당연히 비양심적이죠. 그건 누구나 그렇게 생각해요. 이 사회에 양심이 없다면, 아무도 그런 행위를 욕하지 않을 거예요. 다들 양심이 뭔지 알고 있죠. 그러나 양심에 따라 행동할 수 있는가 아닌가는 별개의 문제에요. 양심에 위배된다는 걸 분명히 알면서도 그런 행동을 하는 건 또 다른 이유가 있기 때문이죠. 이를 테면, 어떤 욕망이 그의 양심을 뒤덮은 거예요.

사회의 많은 현상이 표면적으로는 양심과 직접적인 관련이 없다. 예컨대, 젊은이들이 인터넷을 하는 것이나 많은 사람이 경솔한 것 등은 양심과 상관없다. 만약 어떤 이가 진취적이지 못하고 사회에 관심이 없다면, 이는 그가 제3도덕(개인의 사회적 책임)을 갖추지 못했을 뿐이지, 양심을 중시하지 않는다고 할 수는 없다.

큰돈을 버는 것 자체는 문제가 아니다. 어떻게 큰돈을 벌었는지가 문제다. 피임약을 바른 오이 사건은 모두가 격분하고 처벌을 요구하는 일이다. 양심적으로 용납할 수 없는 일이기 때문이다. 그러나 품팔이들의 염가 노동력으로 큰돈을 버는 것은 사람들의 격분을 일으키지 않는다. 앞에서 한 노동자가 "만약 내가 사장이라도 노동자들을 그렇게 대할 것이다"라는 말과 같다. 이러한 도덕관의 이중적 기준(노동자로서는 불공평하다고 생각하면서도 사장이라면 공평하다고 생각하는) 때문에 사회 공평 추구와 품팔이 권익 보호는 매우 험난한 여정이다.

2) 이윤을 얻으려면 노동자를 착취할 수밖에 없다

-최근에 어느 교수의 책을 읽었는데, 무엇이 '적대적 모순'이고 무엇이 '인민 내부의 모순'인지를 논의하는 내용이었어요. 저자는 이익 분쟁은 인민 내부의 모순이며, 이를 이데올로기화해선 안 된다고 주장해요. 예를 들어, 노동자와 경영자 간에 이익 분쟁이 있다고 해 봅시다. 저자는 이익 분쟁이 인민 내부의 모순이므로 노동자들이 의견을 제기할 수 있고, 경영자와 득실을 따져볼 수 있다는 겁니다. 그렇기에 이러한 이익 분쟁을 적대적 모순이나 계급 모순으로 볼 필요가 없다는 거죠. 당신은 이러한 견해를 어떻게 생각하나요?

　　제 생각에 그건 헛소리에요. 그게 그렇게 쉬운 일이라면 정부가 하는 일은 뭐죠? 그럼 정부는 문을 닫아도 돼요. 노동자와 경영자는 그 자체로 대립적인 계급이에요. 경영자가 이윤을 얻기 위해선 노동자를 착취할 방법을 생각해야만 해요.

-가령, 당신이 경영자가 된다면 다른 계급으로 변할 거란 말인가요?

　　확실히 그래요. 경영자는 이윤을 얻기 위해서라면 양심이 있다 하더라도 노동자를 착취하죠.

-전 우리가 또 다른 극단으로 가선 안 된다고 생각해요. 시장도 필요 없고, 경영자도 필요 없다는 식으로 말이에요. 그런데 당신은 기업과 시장이 있으면, 반드시 착취와 억압과 모순이 존재한다고 생각하는 건가요?

　　그건 확실한 겁니다. 물론, 국유기업은 사정이 좀 낫긴 하지만, 사영기업은 계급 문제가 특히 심각해요. 예전엔 모든 국유기업에서 노동자가 민주적으로 참여할 수 있었지만, 지금은 그렇지 않아요. 현재 이런 공장들은 국가가 일정한 통제권을 갖는다기보다 오히려 사유私有에 속하죠.

엽자와의 대화는 현재 중국 사회에서 회피하는 한 가지 주제, 즉 계급 투쟁이라는 문제를 제기한다. 이에 대해 다음과 같은 생각을 해봤다.

① 경영자·자본가는 모두 도덕을 중시하지 않는 것 아닌가?
② 현재의 사회적 상황에서 도덕을 중시하면 경영자가 될 수 없는 것 아닌가?
③ 자본가와 노동자는 서로 다른 도덕적 표준이 있는 것 아닌가? 다시 말해, 서로 다른 계급적 지위가 서로 다른 도덕적 표준을 결정하는가?

3) 다른 사람들의 권리는 나와 상관없다

2011년 6월 9일 삼삼을 만나 이야기를 나눴다. 그녀는 친척이 운영하는 작은 공장에서 일한 경험에 대해 들려줬다.

-당신은 사장들이 양심을 중시한다고 생각하나요?

예전에 친척이 운영하는 공장에서 일한 적이 있어요. 사장이 제가 할아버지라 부르는 분의 아들이니 비교적 가까운 친척이죠. 그런데 그 사장은 저를 전혀 친척으로 대하지 않았어요. 일을 잘 못하면 욕을 하기도 했고, 월급도 제대로 정산해 주지 않았죠. 사회보험도 없고, 매일 노동 시간이 10시간이나 됐어요. 주 6일 출근에 하루 휴가도 거의 지켜지지 않았으니 제 권리는 이미 침해당한 거죠.

-당신뿐만이 아니라 모든 사람에게 그랬다는 거죠?

　네. 공장 사람들은 저를 황제의 친척, 즉 사장의 친척이라 불렀지만, 실제로 사장은 절 친척이라 생각하지 않았죠. 친척에게 그렇게 독하게 굴 필요는 없잖아요?

-다른 사람에게 어떻게 하는지는 상관없는 건가요?

　다른 사람이요? 그런 생각은 해본 적이 없어요. 그저 사장이 친척이고 집안 어른이니 절 잘 보살펴 줘야 한다고 생각했죠. 그런데 그 사장은 임금체불까지 하더라고요. 그래서 바로 그만뒀죠. 친척들 얼굴 봐서 그를 고소하지는 않았어요. 그냥 제가 그만두면 그만이라고 생각했어요. 그가 다른 사람들 권리를 침해하든 말든 저와 상관없는 일이에요.

　삼삼이 친척인 사장을 원망하게 된 원인은 매우 인상 깊었다. 그녀의 원망은 사장의 행위 그 자체 때문이 아니라 친척인 자신을 특별대우하지 않았기 때문이다. 이렇게 생각해볼 수도 있다. 만약 사장이 그녀를 다른 노동자에게 하는 것과 달리 욕도 안 하고 임금체불도 안 했다면, 그럼에도 그녀는 사장을 원망했을까?

　우리는 주로 자신이 불공평한 대우를 받을 때만 그것이 문제라 생각한다. 다시 말해, 불공평하거나 위법적인 상황을 마주하더라도 자기와 상관없는 일이면 전혀 개의치 않는다. 이러한 도덕 수준이 많은 사람에게 손해를 입히고, 결국 자신에게도 손해를 미친다. 삼삼은 이후 다른 공장에 갔을 때도 지속적으로 불공평한 대우를 받았다고 했다. 그녀는 자신의 미래에 대해 매우 막막해 했다. 노동자의 도덕 수준은 경영자의 도덕 수준을 결정한다. 만일, 우리가 제1도덕에만 관심을 기울이고 제2도덕이나 제3도덕에 관심이 없다면, 결국 제1도덕도 보장할 수 없을 것이다.

2. 노동자의 도덕적 선택

1) 양심을 파는 일 – 조항평의 이야기

앞선 조항평의 이야기에서 우리는 무엇이 양심이 없는 일인지 명확하게 알 수 있었다(제1부 제1장 '불안정한 일자리' 참조). 그는 고객에게 사기를 치는 것이 양심을 파는 일이라 생각한다. 하나의 개념을 정의하는 것은 매우 어렵지만, 실제 사례를 통해 쉽게 이해할 수 있다. 2010년 6월 24일 북경에서 만난 조항평의 이야기에서 생각해볼 지점은 다음과 같다.

조항평은 보험을 파는 일이 사람이 할 짓이 아니라고 말한다. 사실상 전문가가 비전문가를 속이는 일이기 때문이다. '고객을 속이는 것'을 전체 업계의 '암묵적 규칙'으로 만든 원인은 무엇일까?

남을 속여 보험을 파는 사람들은 앞에서 언급한 '제2도덕'을 위반한 것이다. 어떤 사람이 굶어 죽을 것 같아서 다른 사람의 것을 훔쳤다면, 그를 무작정 비난할 수는 없을 것이다. 그러나 자신의 부를 위해 다른 사람을 속이는 것은 도덕을 위반한 것이다. 오늘날의 문제는 개인과 사회가 이러한 부도덕을 비난할 수 있는가이다.

결국, 조항평은 사람을 속이는 일을 계속할 수 없어 퇴사를 선택했다. 그의 선택은 사회의 요구에 따른 것이 아니라 자신의 양심에 따른 것이다.

2) 상인은 이익 극대화만 추구한다 - 진약수의 이야기

사람을 현혹시키는 담론의 함정에 빠져서는 안 된다. 개혁·개방은 중국 사회에 물질적 풍요를 가져왔고, 많은 업종에 상업적 기회를 제공했다. 이는 분명 좋은 일이다. 그러나 이와 동시에 개혁·개방으로 많은 사회 문제가 초래됐다. 여기에는 상인이 사적 이익을 위해 수단과 방법을 가리지 않게 된 것도 포함되며, 사람들은 '상인은 돈만 밝힌다'며 탄식하게 되었다. 하지만 문제는 상인이나 상업 활동 자체에 있는 것이 아니라 상업 규범과 상업 도덕에 있다.

2010년 7월 1일 당시 심천에서 일하던 진약수를 만났다. 10여 년간 광주, 심천, 동관 등지에서 품팔이를 한 그는 콩나물 장사를 한 경험을 들려줬다.

> 1998년에 고모 내외분께 콩나물 재배하는 걸 배웠어요. 당시 고모와 고모부는 광동성 번우의 한 채소시장에서 직접 재배한 콩나물을 도매로 팔았거든요. 그래서 제가 직접 콩나물 장사를 해볼까 하고 고모 영업에 방해되지 않는 심천으로 가 자리를 알아봤죠. 그런데 적당한 곳이 없더라고요. 낯설기도 했고요. 그러다 2003년에 큰 외삼촌과 동업으로 콩나물 장사를 시작했어요. 그땐 부자가 되겠단 생각만 했죠. 돈이 있어야 뭐든 할 수 있다고 생각했었으니까요. 다른 건 할 줄도 모르니 콩나물을 팔아 돈 버는 게 제일 빠를 거라 생각했죠.

그런데, 콩나물 재배는 비용이 너무 많이 들어요. 용수량이 엄청나서 우물을 깊게 파야만 했죠. 천막도 쳐야 하고, 재료도 사야 했어요. 그리고 시내 중심에선 콩나물을 키울 수 없고, 외진 곳에서 해야 해요. 물도 깨끗해야 하고요. 그렇지 않으면 콩나물이 쉽게 썩고 색이 변하거든요.

콩나물 재배는 꽤 힘든 일이에요. 매일 3시간마다 1번씩 물을 줘야 하고, 도매시장에 내다 팔려면 가장 꿀잠을 잘 시간인 새벽 3시에 콩나물을 배달해야 하죠. 콩나물은 박리다매예요. 약 1000근의 콩나물을 삼륜자전거로 실어 나르는데, 한 번에 800근 정도 실어요. 그래서 새벽 3시부터 5시까지 나르고, 그때부터 시장에서 장사를 시작하죠. 2시간 안에 그 많은 콩나물을 다 팔아요. 간혹 큰 손님을 만나면 더 빨리 팔고요.

가장 큰 고객은 공장이에요. 콩나물이 워낙 싸서 공장 식당에선 최소 1주일에 두 번은 콩나물 요리를 하거든요. 많으면 4번까지도 하고요. 요리하기도 편해요. 솥에 콩나물을 넣고 조미료만 조금 넣으면 바로 먹을 수 있죠. 그런데 공장 노동자들은 콩나물만 보면 구역질부터 해요. 양이 너무 많아서 볶을 방법이 없기 때문에 약간의 물에 기름이나 소금 같은 것만 넣고 삶아 건져 올리니까요. 수백 수천 명이 다니는 공장 식당 음식은 대부분 삶은 요리에요. 돼지 먹이 줄 때도 큰 솥에 삶아 주잖아요.

이렇게 대량으로 재배하는 콩나물은 집에서 키우는 것과 달라요. 콩을 키워서 5일이면 팔 수 있죠. 그래서 표백제나 콩나물을 통통하게 만드는 호르몬제를 써요. 적은 양의 디클로르보스DDVP와 같은 살충제를 사용하기도 하고요.

2003년은 '사스'[217]로 한참 떠들썩할 때라 장사가 잘 안됐어요. 그리고 당시 콩나물 재배하던 위치도 썩 좋지 않아서 콩나물 모양이 예쁘지 않았거든요. 수원이 좋지 않아 색도 까맸죠. 판로도 안 좋았고요. 그래서 그땐 돈을 얼마 못 벌었어요. 반년 정도 하고는 관두고 싶더라고요. 한 가지 이유가 더 있었는데, 간사하지 않으면 상인이 될 수 없거든요. 어떨 땐 썩은 콩나물이라도 사려는 사람만 있다면 팔아치워야 해요. 이익을 극대화해야죠. 사람들이 이런 걸 먹으면 건강에 해롭다는 걸 알고는 있지만, 또 한편으론 이윤을 남기는 쪽을 택한 거죠. 그렇게 시간이 흐르자 마음이 불편해져서 그만두고 싶더라고요.

진약수는 콩나물을 빨리 기르기 위해 디클로르보스를 비롯한 많은 호르몬을 사용했다고 했다. 이것이 상인들 사이에서 보편적인 행위인지는 모르겠지만, 어쨌든 그는 반년 동안 이 일을 하다 그만뒀다. 사스를 만나 장사가 잘 안됐거니와 양심을 속이는 일이 오래되면서 마음이 불편해졌기 때문이다. 이후 그는 건강에 유해한 콩나물 장사를 하지 않았다. 하지만 시장에서 파는 콩나물의 대부분은 그가 했던 것과 마찬가지로 재배될 테고, 사람들은 여전히 그것을 먹는다. 또, 모든 상인이 진약수처럼 양심의 가책을 느껴 유해한 콩나물을 재배하는 일을 멈추지는 않는

217 [역주] 사스(급성 호흡기 증후군)는 사스-코로나 바이러스(SARS coronavirus, SARS-CoV)가 인간의 호흡기를 침범하여 발생하는 질병이다. 2002년 11월부터 2003년 7월까지 유행하여 세계에서 8096명의 감염자가 발생, 774명이 사망했다.

다. 즉, 양심과 도덕은 사회에 중요한 영향을 미친다고는 할 수 없다.

사회가 도덕적으로 해이해진 것은 양심에 따라 일하는 사람은 개인의 자각에 따를 뿐 사회제도의 지원을 받지는 못하기 때문이다. 또한, 양심을 팔며 일하는 사람이 처벌받지 않을 뿐 아니라 오히려 이익을 얻기 때문이다.

진약수는 "상인이란 이익 극대화를 추구하는 사람"이라고 했다. 그의 생각에는 동의하지만, 상인이 도덕적 해이를 초래했다고 믿지는 않는다. 상인이 도덕적으로 해이해진 것은 그들의 이익 추구 행위가 적절하게 규범화되지 않았기 때문이다.

3. 목숨 값 협상에서 경영자의 선택

일의 특성상 기업이나 공장의 사장과 접촉할 기회가 많지 않다. 기회가 온다 하더라도 그들은 대부분 인터뷰를 허락하지 않는다. 아래는 공익기구에서 일하는 친구의 경험담이다.

하루는 친척이 찾아와 2009년 1월에 제 고향인 중경시 봉절현 사람이 동관의 한 공장에서 사고로 죽었다고 말해줬어요. 공장 측은 사회보험이 이미 지급됐으니 다른 배상금을 줄 수 없다고 했대요. 변호사도 공장이랑 말다툼만 할 뿐 문제를 해결하지 못했고요. 그래서 할 수 없이 제가 휴가를 내고 동관으로 왔어요. 죽은 사람 이름이 왕개달(王開達, 왕카이다)인데, 당시 나이가 34세였어요. 그는 동관시 당하(塘厦)의 한 기계가공 공장에서 애프터서비스 기술자로 일했죠. 거기서 일한지 6년쯤 됐을 때 사고가 난 거예요. 그에겐 부모님과 아내, 그리고 아들이 하나 있죠. 당시 그의 아내도 당하의 한 전자공장에 다니고 있었어요. 아들은 고향집에서 그의 부모님이 키우고 있었고요. 우린 사고 발생 과정을 구체적으로 알 수가 없었어요. 공장 측이 그날 왕개달과 함께 일했던 기술자들을 우리와 만나지 못하도록 숨겼거든요. 사고 후 공장 측에서 그의 부모님과 삼촌, 여동생, 사촌형, 아들을 불러 모았죠. 동관에서 일하던 몇몇 사촌동생도 불렀고요.

−첫째 날

제가 이곳에 왔을 때 마침 부서 책임자가 호텔에서 왕개달 가족과 이 일에 대해 이야기를 나누고 있었어요. 책임자는 배상금으로 5만 위안이면 아주 괜찮은 거라고 말했죠. 저는 5만 위안은 너무 적고 불합리하다, 사람의 생명을 값으로 매길 수 없다, 당신들은 그 돈으로 사건을 무마하려 하는데 그건 불가능하다고 반박했어요. 그날 저녁 우린 배상 요구안을 만들었어요. 다 써놓고 계산해보니, 약 80만 위안쯤 되더군요.

① 왕개달의 아들은 11세로 아직 7년이나 학교를 더 다녀야 한다. 또한, 18세 이후에는 대학에 다닐 돈이 필요하며, 이것도 계산에 넣어야 한다.

② 그의 아버지는 59세, 어머니는 54세다. 두 분 모두 사회보험 혜택을 받지 못한다. 우리는 그의 부모님이 75세까지 살 수 있을 것으로 상정한 생활비를 요구한다.

③ 그의 아내에게도 위로금을 지급해야 한다. 물론 〈공상조례〉에는

노동 능력을 상실하지 않은 아내에 대한 보상금 규정이 없으나, 최소한의 정신적 피해 보상금은 지급해야 한다.

─둘째 날

다음날 우린 공장으로 찾아갔어요. 공장 측 법률고문이 와서는 "당신들은 이 사건의 구체적 상황을 이해하지 못하는 것 같다. 구체적으로 알려줄 순 없으나 고인 왕개달은 업무 중 작업 규정을 어겼다"라고 말했어요. 그래서 저는 "법은 잘 모르지만, 〈공상조례〉에 따르면 그가 규정을 어겼든 아니든 간에 기계가 고장 난 경우 회사에 무과실책임이 있다"고 대답했죠. 그러자 법률고문은 "〈공상조례〉에는 한 가지 중요한 내용이 더 있다. 우리 회사는 사회보험을 들었으므로 더 이상 다른 배상은 할 필요가 없다"고 하더군요. 저는 "〈공상조례〉에는 회사 측이 배상할 필요가 없다는 말이 없다. 또, 회사가 책임을 더 부담할 필요가 없다고 명시되어 있지 않다. 어쨌든 왕개달이 이 공장에서 그토록 오래 일했는데, 그가 당신들 회사에 공헌한 것이 겨우 이 정도 푼돈의 가치밖에 안 되느냐, 이제 그는 죽고 여기 없는데 일말의 책임도 못 느끼느냐?"고 반박했죠.

─셋째 날

셋째 날에도 회사의 주요 인물은 아무도 안 나타났어요. 그저 경제고문이라는 사람이 우리와 몇 마디 나눴죠. 그는 "난 경제학을 공부했다. 공장들은 모두 비용을 중시한다. 공장이 파산하면 모두 실업자가 된다. 당신들은 한 개인에게 그토록 많은 배상금을 지급

하라고 회사에 요구하는데, 만약 사고가 또 발생한다면 회사는 이
걸 어떻게 감당하느냐"라고 했어요. 그래서 저는 "난 경제를 잘 모
른다. 그러나 당신들이 사고가 난 이후에 배상을 어떻게 할 건지만
걱정해선 안 된다고 생각한다. 당신들은 마땅히 산업재해 예방을
어떻게 강화할지 계산해야 하고, 좀 더 적절히 예방해야 한다. 그러
면 배상금으로 큰돈을 지출할 필요가 없다. 더구나 생명의 가치는
값으로 매길 수 없다. 사람이 죽고 없어진 마당에 무슨 경제적 효
율을 따지느냐"고 말했어요.

-넷째~여섯째 날

그러고 나서 하루 이틀이 지났는데도 아무 소식이 없더라고요. 그
저 협의 중이라고만 했어요. 회사 측이 밥값도 안 주는데, 우린 매
일 호텔에서 기다렸죠. 회사 측에서 지불한 호텔비도 바닥났는데,
더 이상 지불하지도 않는 거예요. 3일 정도 지나자 부서 책임자가
와서는 "10만 위안을 주겠다. 더 이상은 안 되고, 이것이 최대 한도
다"라고 통보했어요.

-일곱째 날

음력 12월도 지났고, 새해가 되면 우리에게 불리해지는 거죠. 평소
왕개달은 매우 성실했고, 동료들과도 관계가 좋았어요. 그래서 동
료들이 자발적으로 100~200위안씩 모아 2만 위안 정도를 냈어요.
한 노동자가 왕개달의 아내에게 '내일 제품을 출고하고, 모레 전 공
장이 설날 회식을 한다'는 문자를 보내줬어요. 명절 회식을 한다는

건 곧 명절 휴업이 시작된다는 의미에요. 그래서 우린 곧바로 대책 회의를 했죠.

–여덟째 날

그날은 전체 공장구역 상황을 조사했어요. 공장은 3개의 전동식 철문으로 봉쇄되어 있었죠. 우린 왕개달 부모님께 문 하나씩 지켜 달라고 하고, 그의 아내와 아들에게는 정문을 지키게 했어요. 거길 막고 서서 상품 출하를 못하게 한 거죠. 고인의 아들은 아버지 영정을 안고 거기서 무릎 꿇고 앉아 있었고요. 그러자 회사 측은 바로 경찰에 신고했어요. 곧, 수많은 경찰과 연합방위대가 왔죠. 하지만 영정을 든 아들을 보더니 아무것도 못 했어요. 조금 후에 한 경찰이 저를 찾아와 이건 선을 넘은 행동이라고 하더군요. 그래서 저는 "이게 선을 넘은 행동인지 아닌지 잘 모르겠다. 한 가정에서 사람이 죽었는데, 그에 상응하는 보상도 받지 못했다. 누구에게 물어도 납득하지 못할 것이다. 왕개달의 부모님은 보상을 받지 못한다면 자신들의 목숨을 부지하지 않겠다고 했다"고 말했죠. 결국, 노동참勞動站²¹⁸ 참장이 "공장의 출하를 방해하지 마라. 그러면 내가 회사 측이 고인의 가족에게 만족할 만한 회답을 하도록 보장하겠다"라고 권고했어요. 그의 말이 있고 나서야 우리는 농성을 풀었죠.

---

218 [역주] 노동국勞動局의 파견 단위로, 행정 업무를 원활하게 하기 위해 설립된 기구다. 노동국이 관할하는 구나 현의 규모가 크기 때문에 그 아래의 진이나 가도街道에 노동참을 설립해 관리한다.

-아홉째 날

하지만 여전히 회사 측은 회답을 주지 않았어요. 그래서 고인의 아들에게 노동참 참장을 계속 따라다니게 했죠. 결국, 참장이 견디지 못해 홍콩에 있는 회사 사장에게 전화를 걸었어요. 사장이 여자였는데, 계속 홍콩에 있었거든요. 회사의 임직원들도 대부분 홍콩 사람이었죠.

-열째 날

노동참 참장의 전화가 영향력이 있었던 것 같아요. 회사 측에서 우릴 찾아와 대화도 하고, 태도도 변했거든요. 회사 측 대표가 "우리는 지금 성심성의껏 이야기하는 것이니 더 이상 80만 위안을 지급하라고 요구하지 마라. 우리도 10만 위안을 주겠다고 고집하지 않겠다. 얼마를 배상하면 되는지 우리에게 알려 달라"고 했어요. 그래서 우리는 "아이에게는 반드시 12만 위안을 지급해야 한다. 이는 더 논의할 지점이 없다. 그리고 부모님 생활비는 좀 깎아서 총 26만 위안을 지급하라"고 요구했어요. 결국, 회사와 사회보험에서 배상한 8만 위안을 제외한 총 18만 8000위안으로 합의했죠.

고인과 그 가족의 슬픔을 달래기 위해, 그리고 다치거나 죽어도 합당한 보상을 받지 못한 수많은 노동자를 위해 분투한 그들의 투쟁에 깊은 감명을 받았다. 그들이 〈공상조례〉의 '무과실책임' 규정을 몰랐더라면, 이 회사의 법률고문이 주장한 고인의 작업 규정 위반이라는 근거 없는 비난에 심리적으로 위축됐을 것이다. 이를 통해 회사의 법률고문 역할

이 법의 공정성을 수호하는 것이 아니라 법을 잘 모르는 노동자와 그 가족을 기만하는 것임을 알 수 있다. 또, 그들이 생명은 돈으로 매길 수 없다는 것을 몰랐다면, 그리고 노동 안전을 위한 투자가 회사의 필수 의무임을 몰랐다면, 노동자의 생명을 파리 목숨처럼 여기는 회사 경제고문의 논리에 제대로 반박할 수 없었을 것이다. 가장 중요한 깨달음은, 이 회사 사장의 선택이 도덕적 선택에 의한 것이 아니라는 점이다. 단지 다른 압력에 의한 어쩔 수 없는 선택이었을 뿐이다. 이러한 압력은 도덕으로 굳건히 뒷받침된 것이며, 세 가지 차원의 도덕이 실현된 것이다. 각계의 도움이 없었다면, 왕개달의 가족은 그 정도의 보상금을 받을 수 없었을 것이다. 이는 개인이 도덕적 무기를 제대로 갖추지 못하면, 자신을 위한 공평을 쟁취할 수 없음을 말해준다. 문제는, 도덕적 무기 보유의 전제가 개개인의 사상과 가치관이라는 것이다. 앞선 회사 측 법률고문이나 경제고문의 주장을 반박할 수 없다면, 자신의 권리를 수호할 수 있는 도덕관념을 갖추지 못한 것이다. 바로 이러한 도덕관념의 지도하에 비로소 도덕적 무기를 가질 수 있다.

노동자 찬가[219]

작곡 : 한국 민중가요(임을 위한 행진곡)

작사 : 손항

가족과 친구를 떠나

전쟁의 여정에 올라

생존을 위해 몸부림치고

이상을 위해 분투하네

우리는 빈털터리가 아니야

우리에겐 지혜와 두 손이 있어

우리의 지혜와 두 손으로

큰 길과 다리, 고층빌딩을 건설했어

비바람이 몰아쳐 와도

잠시도 멈추지 않고

땀과 눈물이 쏟아져도

고개 들고 앞으로 나아가자

우리의 행복과 권리는

우리의 힘으로 쟁취해야 한다

■

219 신노동자 예술단의 2집 앨범 〈노동자를 위한 노래〉(2007) 수록곡.

노동이 이 세계를 창조했으니

노동자가 가장 영광!

어제부터 오늘까지, 그리고 영원히—

노동자가 가장 영광!

제20장
집은 어디에

'집이 어디인가'는 '영혼이 돌아갈 곳이 어디인가'를 말하는 것이다. '집'이라는 개념은 몇 가지 의미를 포괄한다. 첫째는, 물질적 의미로서의 집이다. 이는 거주 공간, 즉 주택을 의미한다. 이 책에서는 주택과 거주 조건에 관해 살펴본 바 있다. 둘째, 감정귀속情感歸屬으로서의 집이다. 이는 다시 두 가지 측면으로 나눌 수 있다. 하나는, 고향과 부모에 대한 염려와 그리움이다. 또 다른 하나는, 핵가족 구성원의 감정과 가족이 모여 사는 상태다. 셋째, 정신적 요구로서의 집이다. 누군가는 집이 있어도 막막하다고 생각할 수 있다. 생명의 의미나 가치, 혹은 자신의 존재에 대해 답이 없기 때문이다. 품팔이 집단, 특히 신세대 품팔이 집단의 이 같은 물질적, 감정적, 정신적인 결함은 매우 크다. 이처럼 심각한 사회 현상 때문에 이 연구를 진행했으며, 이 책의 집필도 시작됐다.

'집이 어디인가'는 모두가 직면한 문제다. 사람마다 능력과 특성이 다르기 때문에 '집'에 대한 능동적 선택과 피동적 선택 또한 모두 다를 수 있다. 그러나 거대한 집단이 동시에 '길 잃음'과 '돌아갈 곳 없음'의 참상을 겪고 있다면, '집은 어디인가'의 문제는 더 이상 개인의 선택 문제가 아니라 사회적 문제라 할 수 있다. 현재 중국의 가장 큰 사회 문제가 바로 거대한 품팔이 집단이 '도시에서 머물 수도, 농촌으로 돌아갈 수도 없는', 즉 '길 잃음' 상태에 있다는 것이다. 핵심은, 품팔이 집단이 이를 주체적으로 선택한 뒤에 사회와 정부가 공평과 도덕의 원칙에 따라 조화로운 사회를 건설해야 한다는 것이다. 이주란, 개인의 생존과 발전을 위해 '분리'되는 것이다. 농촌에서 도시로 이주해 온 노동자들에게는 이러한 분리가 주로 아래의 두 측면으로 체현되어 있다.

① 온 가족이 함께 모여 생활할 수 없다.
② 생존과 발전을 위해 의지하는 공간이 이주자에게 안정감을 줄 수 없으며, 이로 인해 물리적 단절이 발생한다. 동시에 이주자의 '왜곡된 정체성'을 야기한다.

이 책 제1부 제3장 1절의 [표7]에 반영된 상황을 회고해 보자. [표7]은 심천의 모 공장에 다니는 노동자 가족구성원의 공동생활 상황을 보여준다. 이에 따르면, 부부와 자녀가 함께 사는 비율은 21%밖에 안 된다. 다른 가정들은 모두 다른 방식으로 분열된 상태며, 주로 부모와 자녀가 분리되어 있다.

또, 이 책 제1부 제2장 1절 [표2]의 상황도 회고해 보자. [표2]는 동관의 모 공장에 다니는 노동자들의 주택 구입 및 주택 건축 상황을 보여준다. 이에 따르면, 34명의 노동자 중에서 20명이 주택을 소유하고 있다(59%). 하지만 이들 가운데 단지 1명만이 현재 일하고 있는 심천에 집을 샀고, 나머지는 고향의 읍내 혹은 시내에 주택을 짓거나 샀다. 이러한 현상이 바로 '생존과 발전, 안전한 공간의 물리적 단절'이다. 품팔이 집단이 농촌에서 도시로 와 노동한 지 30여 년째다. 그래서 1세대 품팔이와 신세대 품팔이의 노동 동기와 목적에도 변화가 생겼다. 한 가지 공통점이 있다면, 농촌과 농업이 사람들에게 생존과 발전을 위한 공간을 제공할 수 없다는 것이다. 품팔이는 도시에서 생활하고 일하지만, 높은 집값과 물가, 교육 차별 등의 이유로 도시에서 안정적인 생활을 할 수 없어 안정감과 귀속감이 없다. 이 때문에 품팔이의 생활공간이 아닌 고향에 집을 짓거나 사는 '왜곡된 정체성'을 초래한 것이다. 고향에 주택을 소유함으로써 찾는 안정감은 단지 상상에 불과할 것이다. 품팔이가 고향에 짓거나 산 집은 정말 그들의 노후를 보장해 줄까? 이는 매우 불확실하다. 농촌과 농업이 더욱 쇠퇴하고 소도시 발전이 진전되지 못한다면 고향에 살 집은 있어도 생계를 유지하기는 어렵기 때문이다. 또, 가족의 도움이 필요한 나이가 되어도 외지로 나간 자녀 중 그들을 보살필 수 있는 이가 없을 것이기 때문이다.

대다수가 물질적 집을 짓는 것을 우선 고려할 것이다. 정신은 물질의 기초 위에 자라난다. 따라서 물질적 집을 지을 수 있다면, 정신적 집도 이와 함께 자라날 것이다. 하지만 한 사람의 물질적 집이 분열된 상태라면, 그 사람의 정신도 반드시 불안정해질 것이다.

1. 고향에 돌아가고 싶지 않아요 - 사영도의 이야기

2011년 6월 5일 소주에서 사영도를 만나 '집은 어디인가'에 대한 이야기를 나눴다.

저는 여기서 일하고 싶지, 고향집에 돌아가고 싶진 않아요. 전 농촌에서 태어나고 자랐어요. 우리 집 식구는 7명인데, 겨우 1묘 5푼의 밭밖에 없어요. 한 명 먹여 살리기도 부족한 땅에서 이렇게 많은 식구가 어떻게 살아요. 저와 동생은 아직 결혼을 안 했는데, 결혼하게 되면 더 걱정이에요. 어디서 어떻게 먹고살지 막막해요. 전 이미 약혼을 했는데, 아이가 생기면 어쩌나 싶어요. 어릴 때야 제 부모님이 데리고 있을 수 있지만, 학교 다닐 나이가 되면 도시로 데려와야죠. 전 아이를 위해 반드시 여기서 일해야 해요. 좀 고생스럽더라도 아이들은 도시에서 자랐으면 좋겠거든요. 목표를 너무 길게 잡는 건 아무 소용없어요. 지금 단계에서 한 걸음씩 나아가야죠. 물론 저도 소주에 집을 사 정착하고 싶어요. 하지만 그렇게 할 수가 없죠. 제일 싼 집이 30~40만 위안이고, 그것보다 나은 집이 70~80만 위안이거든요. 평생 품팔이를 해도 그리 많은 돈을 모을 순 없어요.

생존의 관점에서 보면, 사영도의 가족은 겨우 1묘 5푼의 땅만 갖고 있어서 고향에서는 생존이 불가능하다. 이것이 바로 '돌아갈 수 없는 농촌'의 상황이다.

안전의 각도에서 보면, 그는 한평생 품팔이를 해도 소주에 집을 살 수 없다. 이것이 바로 '살 수 없는 도시'의 상황이다.

발전의 각도에서 보면, 그는 고생스럽더라도 다음 세대의 발전을 더 많이 생각한다. 이것이 바로 '도시와 농촌 사이에서의 길 잃음'의 상황이다.

2. 떳떳한 삶의 첫걸음 – 엽자의 이야기

2011년 6월 1일 소주에서 엽자를 만나 '집은 어디인가'에 대한 이야기를 나눴다.

> 우리가 떳떳하게 살기 위해선 최소한 먹고 입는 게 충족되어야 해요. 우리 같은 젊은이에겐 최저생활보장도 먼 얘기죠. 한 친구는 이렇게 말하더군요. "내가 바라는 건 아주 작아. 그저 내가 거주할 방만 있었음 좋겠어. 다른 건 다 참을 수 있어. 하지만 지금 난 살 곳조차 없어." 저도 안정적으로 살 수 있는 공간이 있었으면 좋겠어요. 어떤 게 안정적인 공간이냐고 물으면 사실 모호하죠. 그냥 계속해서 그런 공간을 찾고 있을 뿐이에요. 하지만 지난 5년간 아무리 찾아봐도 그런 공간은 없더라고요. 이제야 그런 공간은 존재하지 않는다는 걸 알게 됐죠. 전 아주 오랫동안 다른 사람의 것이 아닌, 제 방을 이 도시 안에서 갖고 싶었어요. 전 농촌으로 돌아가진 않을 거예요. 우린 농촌에도 도시에도 속할 수가 없어. 때때로 도시 외곽에 작은 집을 찾아봐야겠다는 생각도 하지만 이것도 환상이죠. 세상이 바뀌어야 해요. 그렇지 않으면, 살아갈 수가 없죠. 정말이지 이 세상은 사람을 살 수 없도록 몰아붙이고 있어요.

자기만의 안정적인 거주공간은 집의 기본이며, 떳떳한 삶의 기초다. 이는 대다수 품팔이가 고향에서라도 자기 집을 소유하려는 이유를 설명해준다.

'농촌에도 도시에도 속하지 않음'을 인식하고, 수년간 품팔이를 했어도 자신만의 거주공간을 찾을 수 없음을 발견한 엽자의 결론은 세상을 바꿔야 한다는 것이다. 이는 매우 건설적인 것이다.

3. 안정된 집에 대한 정당한 요구 – 양춘명의 이야기

1990년생인 양춘명(楊春明, 양춘밍)은 하남성 상구商丘 출신이다. 그는 대학 입시 성적이 매우 좋았지만, 제1지망에 합격하지 못해 진학을 포기했다. 아래는 2011년 6월 16일 무한에서 그와 나눈 대화다.

–당신은 성공을 향한 기회를 기다리는 중이라고 했는데, 어떤 기회인가요?

저도 잘 몰라요. 그저 기다리고만 있죠. 예전엔 그저 일만 잘하면 더 높이 올라갈 수 있을 거라 생각했는데, 시간이 지나면서 그게 아니란 걸 알게 됐어요. 사회는 아주 복잡해요. 쓸데없는 짓이죠.

–그럼 당신이 생각하는 성공이란 무엇인가요?

지금 제가 하는 일에서 사장의 인정을 받는 것, 이것이 현재 제가 생각하는 성공이에요. 나중엔 또 어떻게 생각하게 될지는 잘 모르겠어요. 지금 작업반장이 되긴 했지만, 그건 아직 성공한 게 아니죠. 꼭 경영자가 되어야 성공한 거라 생각하진 않아요. 기업에 참여할 수만 있으면 충분해요. 제 생각이 그들의 인정을 받을 수 있으면 된다는 뜻이에요. 육체노동을 하더라도 전 그렇게 됐음 좋겠어요.

–당신이 기업의 운영과 정책 결정에 참여할 수 있는 것을 말하는 건가요?

맞아요. 설령 제일 밑바닥에 있더라도 제 생각이 반영될 수 있다면 기꺼이 그렇게 할 거예요. 관료가 되는 건 싫어요. 지루하고 성가셔 보이거든요. 그들처럼 사무실에 앉아 수다나 떨면서 인터넷만 하면 어떨까 생각해 봤죠. 그런데, 전 아직 한참 젊어요. 그 사람들처럼 게으르게 살고 싶진 않아요.

–현재 당신의 집이 어디라고 생각하나요?

제 고향이죠. 그곳이 제 근본이기 때문이에요. 어떤 곳에 잠시 머문다고 해서 그곳이 집이라곤 할 수 없어요. 진정한 집은 오직 하나죠. 나의 뿌리, 즉 고향이죠.

–그럼 당신은 미래에 고향으로 돌아갈 생각인가요?

아뇨. 돌아가지 않을 거예요. 나중엔 어디에 있을지 불확실하죠. 무한시에 살 수도 있고, 좀 더 일하다가 다른 곳으로 갈 수도 있어요. 모든 게 다 불확실하죠.

–당신이 보기에 집과 뿌리는 현실적이고 물질적인 게 아닌가요?

물질적으로는 모든 곳이 다 집이에요. 그러나 감정의 측면에서 보면, 진정한 집은 오직 하나죠. 사랑으로 비유해 볼게요. 일생 동안 많은 사람을 사랑할 순 있지만, 진정으로 사랑하는 사람은 오직 한 사람뿐이에요. 집도 그래요. 어디를 가든 모든 곳이 집일 수 있어요. 그러나 진정한 집은 오직 하나죠.

물질적인 집을 만드는 건 매우 어려운 일이에요. 만일 제가 떳떳한 노동자라면, 제 수입으로 가족을 위해 안정된 물질적 집을 만들 수 있어야 해요. 이건 반드시 쟁취해야 하는 것이죠.

양춘명의 이야기는 노동자의 정신적 본질에 관한 깨달음을 준다. 그는 관료가 되는 것을 바라지 않으며, 가장 밑바닥에서 육체적 노동만 할 수도 있다고 했다. 그러나 현재 그가 생각하는 성공의 기준은 자신이 기업의 인정을 받는 것, 즉 기업의 발전을 위해 계획과 정책을 제시할 수 있는 것이다. 이 점에서 노동자의 노동가치관을 체득할 수 있었다.

'집은 어디인가'에 대해 양춘명은 "물질적인 집을 만드는 건 매우 어려운 일이에요. 만일 제가 적격한 노동자라면, 제 수입으로 가족을 위해 안정된 물질적 집을 만들 수 있어야 해요. 이건 반드시 쟁취해야 하는 것이죠"라고 말했다. 이는 노동자의 요구를 대표하는 것이다.

2010년 8월 '전지구화, 중국의 전환점, 중국의 길과 중국 노동자의 사명'에 관한 이창평의 강좌를 들은 적이 있다. 특히, 다음의 이야기는 내게 깊은 감명을 주었다.

> 미래의 30년에 중국은 어떠한 길을 갈 것인가? 여전히 이전의 30년과 똑같은 길을 걸을 것인가? 중국의 노동계급은 전망이 있는가? 중국 노동계급의 운명이 어떠한지는 중국이 걸어야 할 길과 관련이 있다. 중국이 정확한 발전의 길을 걸을 수 있을 것인지는 노동계급의 선진성에 의해 결정된다. … 오직 노동계급 자신에게 의지해야만 한다. 어떠한 노동계급이 있는지가 어떠한 정치인지를 결정한다. 따라서 노동계급의 선진성이 중국 미래의 운명을 결정한다.

품팔이의 전망과 운명에 관해 나는 많은 관찰을 통해 사고해 왔고, 수많은 동료와 학자도 이에 대해 많은 연구를 하고 있다. 그러나 품팔이들의 운명을 결정하는 것은 그들 자신이다. 품팔이 한 개인이 자신의 운명을 변화할 수 있을지의 문제가 아니라, 품팔이 집단이 그들 집단의 운명을 변화할 수 있을지의 문제다. 하지만 아무리 큰 집단도 개체로 구성되어 있다. 따라서 품팔이 개체의 사상과 인식이 자신과 집단의 운명을 결정하고, 또한 중국의 미래를 결정한다.

　우리의 집은 어디인가? 물질적 집, 감정적 집, 정신적 집은 모두 어디에 있는가? '길 잃음'의 상태는 분명 고통스럽다. 하지만 이러한 고통이 우리에게 사유와 각성을 가져오기를, 또 이러한 사유를 통해 자신의 주체성을 찾을 수 있기를 희망한다. 따라서 우리는 '우리가 누구인지'를 안 다음에야 우리의 집을 찾을 수 있을 것이다.

집으로 돌아가자[220]

작사·작곡: 강국량

외롭고 피곤한 밤마다
등잔불 하나가 항상 널 위해 켜져 있어
이 콘크리트 도시에서
문 한 짝이 항상 널 기다리고 있어

무수히 많은 속절없는 탄식을 들었으므로
우리는 더 이상 다른 이의 노래를 부르지 않아
무수히 많은 흐르는 눈물을 보았으므로
우리는 더 이상 번영의 꿈을 좇지 않아

손에 손을 맞잡고, 함께 앞으로 걸어가자
손에 손을 맞잡고, 함께 집으로 돌아가자
손에 손을 맞잡고, 고난의 길을 함께 헤쳐 나가자
손에 손을 맞잡고, 함께 집으로 돌아가자

220 신노동자 예술단의 5집 앨범 〈그래! 이렇게〉(2011) 수록곡.

후기

처음 구상한 이 책의 제목은 《신노동자: 집은 어디인가?》였지만, 중국 출판사 편집자가 의문형 제목이 관점과 방향이 없는 것처럼 느껴질 수 있다고 조언했다. 나는 그 말에 일리가 있다고 생각했다. 품팔이 집단은 거대한 사회적 전환 속에서 길을 잃었다. 하지만 신세대 품팔이의 요구는 매우 명확하다. 이러한 요구가 실현되기 어려운 상황에서는 길을 잃은 것처럼 느껴지기도 하지만, 이 과정을 통해 주체의식의 굴기가 이루어진다. 우리는 최종적으로 이 책의 중국어판 제목을 《중국 신노동자: 길 잃음과 굴기》로 정했다. '길 잃음'은 품팔이 집단의 생존 상태를 반영하며, 또한 굴기의 기초다. 굴기는 품팔이 집단의 미래이며, 또한 중국의 미래다.

다년간 연구 활동을 하면서 출판사에서 나를 먼저 찾아온 건 이번이 처음이다. 정확히 말해, 그가 찾은 것은 북경 피촌에 있는 '품팔이 문화예술 박물관'(이하 '박물관'), 그리고 우리가 관심을 기울이는 품팔이 집단이었다. 그는 "만약 이 책을 출판할 수 있다면, 이 집단에 조금이나마 기여가 될 겁니다"라고 말했다.

이 책의 출판은 '박물관' 연구 활동의 일부분이다. '박물관'은 '북경 노동자의 집 문화발전센터'가 2008년 5월에 창립했다. 품팔이 집단의 역사를 기록하고, 나아가 품팔이들의 사회경제적 지위 제고를 추동하며, 중국 노동자 집단의 건강한 발전을 촉진하기 위해 만들어졌다. 우리는 품팔이들의 이야기를 기록함으로써 그들의 역사를 기록할 뿐만 아니라, 역사 서술과 해석을 통해 역사를 창조하기도 한다. 이 책의 연구 성과를 중심으로 '박물관'은 2012년 1월 1일에 '신노동자: 집은 어디인가?'라는 주제의 문예전시회를 열었다. 이 전시회는 그해 지속적으로 열렸으며, 이 주제를 중심으로 각종 지역공동체 활동을 전개했다.

나는 2011년 10월 이 책의 초고를 완성하고, 초판본 200권을 인쇄해 내부적으로 의견을 나눴다. 2011년 11월에는 동관으로 가 몇몇 노동자에게 초고를 보여줬다. 그들은 자신들의 이야기가 책으로 나온 것에 매우 기뻐했다. 특히, 자신이나 친척, 친구의 사진을 보고 더 친근해했다. 다음은 왕복련과 나눈 대화다.

–이 책이 쓸모가 있다고 생각하나요?

그럭저럭 괜찮아요. 아주 진실돼 보이네요. 제게도 한 권 줄 수 있나요? 돌아가서 찬찬히 보려고요.

–전 이 책을 아무도 안 볼까봐 걱정했어요. 이 책을 쓰려고 엄청 노력했는데, 드디어 출간되네요. 당신이 읽어보고 싶다니 정말 기뻐요. 과연 사람들이 이 책을 유용하게 느낄지 걱정했거든요. 이 책이 어떤 작용을 할 거라

생각하나요?

　　잘 모르겠어요. 저도 이 책이 어떤 작용을 할 수 있을지 생각하고 있어요. 작년에 당신이 절 취재하러 왔을 땐 이렇게 인터뷰 한 번 해서 뭐가 달라질까 싶었죠.

-제 인터뷰 요청을 받아들인 건 당신이 우릴 지지한다는 거죠?

　　당신들을 지지하는 사람은 분명히 많을 거예요. 많은 사람이 이를 좋은 일이라 생각할 거예요.

　더욱 기쁘고 위안이 된 것은 처음 노동자들을 만났을 때와 분위기가 많이 달라졌다는 점이다. 마치 오랜 시간 헤어져 있던 친구와 재회하는 기분이었다. 내가 다시 찾아올 것이라곤 그들도 전혀 예상치 못했고, 이 때문에 그들의 나에 대한 신뢰도 더 깊어졌다. 그들은 내가 자신의 일생에 다시 나타날 일 없는 과객이 아니었음을 어렴풋이나마 느낀 듯했다. 또 하나 두드러지게 느낀 점은, 비록 1년이라는 시간밖에 지나지 않았음에도 많은 노동자의 일과 삶에 적지 않은 변화가 생겼다는 것이다. 이는 추적 인터뷰의 중요성을 더 깨닫게 했는데, 이에 대해서는 이후 출간될 《중국 신노동자: 문화와 운명》[221]에서 자세히 공유할 것이다.

2012년 4월

려도

221　[역주] 이 책은 2015년 중국 법률출판사에서 출간됐으며, 한국어판은 나름북스에서 출간될 예정이다.

옮긴이의 글

중국 신노동자:
사회주의 시기와 개혁개방 이후 중국의 변화를 읽는 창[恋]

이 책의 원서인 려도의 《中国新工人: 迷失与崛起》는 출간 당시부터 중국의 학계 및 노동계의 큰 주목을 받았다. 그 이유는 무엇보다 방대한 양의 인터뷰와 추적 조사를 통해 중국 신노동자의 일과 생활을 생생하게 들려주기 때문이다. 또한, 인터뷰 자료를 분석해 신노동자가 처한 사회구조적 상황을 거시적인 차원에서 고찰하며, 나아가 신노동자의 운명과 중국 사회의 미래를 연결해 사고함으로써 중국에서 '노동'이라는 문제가 갖는 중요성과 복잡성을 충실히 드러낸다. 예컨대, 려도는 중국 내외에서 흔히 사용되는 표현인 '농민공' 대신 '신노동자'라는 개념으로 현재 중국 노동자의 정체성을 규정한다. 또한, 이를 과거 사회주의 시기의 노동계급과도 구별해 '신노동자 집단'의 형성과 발전 가능성에 더욱 주목하고 있다. 얼핏 단순한 용어 사용의 차이에 불과해 보이지만, '신노동자의 형성'이라는 측면에서 중국의 노동자와 노동 문제를 고찰한다는 것은 훨씬 긴 시간의 틀 속에서 중국 사회의 변화와 이행 과정을 바라볼 필요성을 제기하는 것이다. 이러한 측면에서 중국 '신노동자'에 관한 이해는 사회주의 시기와 개혁개방 이후 중국의 변화를 읽는 하나의 창이 될 수 있다. 왕휘 교수도 이 책의 추천사에서 이러한 문제의 중요성을 부분적으로 언급하고 있지만, 이는 중국 독자를 대상으로 한 것이기에 중국의 상황을 잘 모르는 한국 독자에게는 그 맥락이 쉽게 전달되지 않을 수 있다. 따라서 오늘날 중국에서 '노동'이라는 문제가 갖는 위치와 함의를 중국 노동체제의 특성과 노동자 정체성의 변화를 중심으로 간략히 정리해 독자들의 이해를 돕고자 한다.[222]

사회주의 시기 30년과 개혁개방 이후 39년의 시기를 경과한 중국에는 오늘날 두 가지 현실이 조합되어 모순으로 나타나고 있다. 하나는, 놀라운 속도의 경제성장을 바탕으로 세계 정치와 경제에서 차지하는 중국의 영향력이 급속도로 증대한 것이고, 또 다른 하나는 경제성장 이면에 존재하는 사회적 양극화의 심화다.[223] 그리고 이러한 모순의 원인과 전망을 해석하는 다양한 관점이 '중국에 대한 환상과 환멸'이라는 중심축을 따라 각축하고 있다. 특히 2007~2008년의 세계 금융위기를 지나면서 한편에서는 중국의 부상을 서구 문명을 대체할 '새로운 문명'의 창출로 인식하려는 시도가 나타났다. 그러나 다른 한편에서는 중국의 성장 모델

---

222 이에 대한 더욱 자세한 내용은 역자의 박사학위 논문인 〈중국 노동체제의 제도적 특성과 노동자 저항의 정치적 동학〉과 서울시립대학교 도시인문학연구소의 〈도시인문학 용어사전〉에 게재한 '농민공과 신노동자', '호적제도', '단위제도'를 참조.

223 중국의 지난 10년간 평균 GDP(국내총생산) 성장률은 두 자릿수(10.3%)로, 이는 미국의 6배에 해당한다. 1980년대 중국의 GDP는 2020억 달러에 불과했으나, 2010년에는 무려 30배 증가한 5조8000억 달러를 기록하면서 세계 2위 경제대국으로 부상했다. 그리고 이러한 경제성장을 바탕으로 전 세계의 각종 현안에 중요한 영향력을 행사하고 있으며, 세계 체제 속 중국의 위상 변화는 'G2'나 '차이메리카', 혹은 '베이징컨센서스'라는 표현에서 집약적으로 드러난다. 한편, 경제성장의 이면에 극심한 소득 불평등이 존재하는데, 개혁개방 정책이 시작되던 시점인 1978년 0.15에 불과했던 지니계수가 2013년 중국 국가통계국의 공식 발표에 의하면 0.473으로 집계되어 개혁개방 35년 만에 세계에서 소득 불평등이 가장 심각한 국가로 변화했다.

은 동아시아 '발전국가 모델'의 극단적 형태일 뿐이라는 시각과 심지어 저임금과 노동착취, 노동유연화에 기반한 신자유주의적 경제체제의 하나일 뿐이라는 비판도 제기되었다. 하지만 무엇보다 중요한 사실은 모순적 현실에 대한 논쟁이 단순히 이론적인 차원의 문제로 끝나지 않고, '노동'이라는 쟁점을 둘러싼 현실 문제로 격화되고 있다는 것이다. 더구나 중국의 노동 문제는 협소한 의미의 '노동' 문제가 아니라 중국의 통치 전략 전반에 걸친 광범위한 문제이며, 사회주의 시기와 개혁개방 시기를 잇는 중요한 가교라 할 수 있다. 실제로 사회주의 시기의 유산과 개혁개방 이후 변화된 '노동-자본'의 관계가 현재 중국의 사회구조를 상당 부분 규정하고 있으며, 이후의 변화를 추동하는 구조적 배경으로 작용한다. 이데올로기적으로 '노동자 국가'를 표방한 혁명 이후의 중국은 선진 자본주의 국가와의 경쟁 속에서 생산력의 급진적 증대를 지향했다. 즉, 중국은 '산업주의 혹은 발전주의'와 '사회주의 국가 건설'이라는 이중적 과제에 직면했다. 이러한 이중 과제를 수행하는 과정에서 중국의 노동자계급과 노동 정책은 무수한 굴절과 변용을 겪어왔으며, 이렇게 형성된 중국 노동체제가 바로 오늘날 발생하는 다양한 중국 노동 문제의 기원이라고 할 수 있다. 사회주의 시기와 개혁개방을 거쳐 형성된 중국 노동체제의 특성과 사회구조의 변화를 이해하기 위해서는 좀 더 넓은 맥락에서 '호적제도戶籍制度의 변형 및 지속', '단위체제單位体制의 해체', 그리고 '농민공에서 신노동자로의 노동자 정체성 변화'라는 세 가지 차원에서의 고찰이 필요하다. 특히 호적제도와 단위체제는 중국 신노동자가 처한 곤경, 즉 도시와 농촌에서의 진퇴양난이라는 상황을 초래한 구조적 요인이며, 이러한 제도의 변형과 해체 과정이 노동자 정체성의 변화와 밀접하게 관련되어 있기에 더욱 중요한 의미를 갖는다.

호적제도를 통한 도시-농촌 이원분할 정책의 변형 및 지속

먼저 중국의 노동 시장은 호적제도를 통한 도시-농촌 간 이원적 고용 구조와 도시 내부의 분절적 노동 시장이라는 특성을 갖고 있다. 그리고 이원적 노동 시장을 구조화하기 위한 여러 가지 노동 정책이 사회주의 계획경제 시기부터 개혁개방 이후의 체제 전환을 거쳐 현재까지 변용되어 지속되고 있다. 중국에서 현대적인 의미의 '호적제도'는 1949년 국가 성립 이후 실시된 가장 기본적인 행정관리제도다. 즉, 국가가 전체 국민을 대상으로 출생, 사망, 친족 관계, 법적 지위 등 기본적인 인적 정보를 관리하고, 또 이를 바탕으로 취업, 교육, 사회복지 등을 차별적으로 배분했다. 중국 호적제도의 가장 큰 특징은 전체 국민을 출생 지역에 따라 농촌호구農業戶口와 도시호구非農業戶口로 구분하고, 타 지역 호구의 소지자가 다른 지역으로 이동·이주하는 것을 엄격히 제한했다는 것이다. 또한, 호구는 기본적으로 모계를 통해 계승되었으며, 특수한 상황을 제외하고는 호구 변경이 철저히 제한되었다. 호적제도를 실시한 배경에는 당시 추진된 경제성장 전략이 있다. 1950년대부터 중국 정부는 도시 지역을 기반으로 중화학공업 위주의 성장 전략을 추진했으며, 도시 지역의 노동자들에게만 비교적 높은 수준의 사회·경제적 서비스를 제공했다. 따라서 당시 인구의 대다수를 차지했던 농민이 도시로 이주하면, 사회경제적 비용 증가로 인해 이러한 성장 전략을 제대로 시행할 수 없다는 위기감이 있었다. 따라서 호적관리제도의 가장 중요한 목표는 도시로의 비합법적인 인구 유입을 규제하여, 도시 인구 증가로 발생하는 정부의 사회경제적 비용 부담의 증가를 억제하는 것이었다. 이러한 호적제도의 시행에 따라 중국에서는 도농 간의 노동력 이동이 제한됨으로써 '이원적 노동관계dual labor relation'가 형성되었다. 그리고 호적제도는 계획경제 시기에 도입된 사회주의적 유산이지만, 시장경제로의 개혁 과정에서도 완전히 사라지지 않고 지속적으로 영향력을 발휘했다.

도농분할적인 고용 정책을 기준으로 호적제도의 변천 과정을 살펴보면 크게 세 단계로 구분된다. 1단계는 1949~1957년까지로 거주 이전의 자유가 법률적으로 허락되었으며, 농민의 도시 이입을 엄격하게 통제하지 않았던 시기다. 즉, 1954년 9월 20일 제1기 전국인민대표대회 1차 회의에서 통과된 〈중화인민공화국 헌법〉 제90조 2항은 "중화인민공화국 공민은 거주와 이주의 자유가 있다"고 명확하게 규정했다. 따라서 당시 일부 청장년은 농촌을 떠나 도시에 들어와 일했고, 도시의 유입 인구가 급증했다. 이에 따라 도시에서 일자리와 식량부족 사태가 발생했고, 1956년 12월에 국무원은 '농민의 맹목적인 유출을 방지하는 것에 관한 통지'를 발표해 농민의 도시 유입을 어느 정도 통제할 수 있었다. 그러나 이때까지만 해도 정부는 주민 이주의 자유를 완전히 제한하지 않았고, 치안과 사회 관리 차원에서 주민의 거주와 이동에 대한 관리만을 강화했다. 그러나 이 시기에도 도시 주민과 농촌에서 이주해온 농민공을 차별하는 이원적 고용제도가 초보적인 형태로 존재했다. 즉, 오직 도시호구를 가진 주민만이 공식 부문의 일자리에 배정될 수 있었고, 농민공은 임시공을 모집할 때만 정식 부문에 진입할 수 있었다.

2단계는 1958~1978년까지의 엄격한 거주 이전 통제 시기다. 이 시기에 중국은 사회주의로의 개조가 기본적으로 완성되었고, 계획경제 체제가 점차 확립됨에 따라 정부 분배와 시장의 자유로운 분배가 결합되어 있었던 원래의 고용 정책이 점차 정부가 완전히 직장을 분배하는 형식으로 대체되었다. 이러한 정책에 부응하여 1958년 1월 9일에 〈중화인민공화국 호구등기 조례〉가 반포되었고, 도시 인구를 제한하기 위한 도농분할 정책이 보다 철저하게 실시되었다. 이 조례의 제10조는 "공민이 농촌에서 도시로 이주할 때는 반드시 도시 노동 관련 기관의 채용 증명서, 학교의 입학 증명서, 혹은 도시호구 등기 기관이 비준한 전입 허가서를 소지하고 있어야 하며, 상주하던 호구등기 기관에 전출 수속 처리를 신청해야 한다"고 규정하고 있다. 그리고 1975년에는 헌법에서 이주 자유에 대한 서술이 정식으로 삭제됨으로써, 법률적인 측면에서 도농 간 이주의 가능성이 근본적으로 부정되었다. 따라서 대학 진학이나 군 입대를 제외하고, 농촌 주민이 도시로 이주해 취업 기회를 획득할 가능성은 거의 존재하지 않았다. 또한, 국가가 도시의 주택 분배와 식량 배급을 통제했기 때문에 불법으로 이주해온 농촌 주민은 도시에 거주할 수 있는 여건이 마련되지 않았다. 즉, 국가는 도시호구를 가진 사람에게만 직장을 배정하여 완전 고용과 식량 배급을 보장했고, 도시의 취업자에게만 공유 주택을 분배함으로써 도시-농촌 분할의 이원적 사회경제 구조를 고착화했다.

3단계는 1978년 이후의 시장화 개혁 시기다. 1978년 중국 공산당 제11기 3차 중앙위원회에서 시장화 개혁으로의 체제 전환이 본격적으로 시작되면서 노동력 시장의 운영 기제에도 상당한 변화가 발생했다. 물론 이러한 변화가 단번에 이루어진 것은 아니었으며, 기본적으로 여전히 개혁 이전의 도농 분할구조가 지속되었다. 도시 주민은 여전히 정부의 통합적인 고용 분배 방식에 속해 있었고, 정부 기관과 사업 단위, 국유기업 혹은 집체기업에 취업할 수 있었다. 또한, 해고를 비롯한 실업 걱정을 할 필요가 없었고, 안정적인 임금을 받을 수 있었다. 그리고 도시호구 신분에 상응하는 사회복지 서비스와 사회보장 서비스(주택, 공공의료, 무상교육 등)를 제공받았다. 이에 따라 도농 간에 현격한 소득 격차가 발생했으며, 더구나 농촌의 주민에게는 사회복지와 사회보장 서비스가 제대로 제공되지 않았다. 이후 1984년부터 중앙정부는 도시 경제에 대한 개혁을 진행했고, 이에 따라 점차 기업에 대한 관리와 통제가 완화되었다. 1986년에 국무원은 〈국영기업 노동계약제 실행 잠정시행 규정〉을 반포하여 기업의 고용 자주권 확대를 시도했다. 이를 통해 국영기업에서 대량의 계약제 노동자를 고용하기 시작했으며, 방직, 건축 등의 업종에 많은 농촌 노동력이 유입됐다. 하지만 도시에서 함께 일하더라도 도시 주민과 농촌에서 이주해온 농민공 사이에는 여전히 사회적 차별이 존재했다. 즉, 도시 주민은 고용안정, 상대적 고임금, 사회복지 서비스를 향유했고, 농민공은 불안정한 일자리, 상대적 저임금, 사회복지 서비스 배제 상태에 처해 있었다.

1990년대 들어 중국 사회에는 새로운 변화가 나타나기 시작했다. 농민공에 대한 차별적인 '노동시장 이원화'와 사회적 불평등 문제가 심각하게 제기되면서 호적제도를 개혁하려는 시도가 나타나기 시작한 것이다. 호적제도 개혁의 필요성은 1990년대부터 급격히 증가하기 시작한 사영私營경제의 성장과도 관련이 있다. 즉, 외자기업을 비롯한 사영기업이 급성장하면서 신흥공업도시와 몇몇 대도시에서 노동력 수요가 급증했고, 이를 해결하기 위해 농촌에서 대량의 과잉 노동력을 유입할 필요가 있었던 것이다. 또한, 사회정치적 안정을 위해서도 호적제도를 개혁해 농민공을 정부의 사회 관리 통제권 안으로 흡수할 필요가 있었다. 왜냐하면 경제 개혁 이후 더욱 극심해진 불평등과 사회적 배제로 농민공의 불만이 폭증하고 있었고, 이는 중국 사회의 안정을 위협하는 심각한 사회 문제로 비화될 수 있었기 때문이다. 이에 따라 2000년대부터 중국 정부는 중점 개혁 임무 중의 하나로 호적제도 개혁을 지속적으로 추진하고 있다. 특히 2013년에는 호적제도 개혁이 중앙정부에 의해 중점 사업의 하나로 선정되었으며, 도시와 농촌의 균형적인 경제·사회 발전이 강조되었다. 호적제도의 개혁을 강조하는 최근의 변화는 '농민공의 시민화' 전략과도 밀접한 관련이 있다. 농민공의 도시 이주와 정착에 관한 국가 정책이 기존의 엄격한 금지나 제한적인 허용을 넘어 다양한 형태의 포용 정책으로 전환되고 있는 것이다. '농민공의 시민화' 전략은 농민공에 대한 '점수 적립 호구 부여积分入户'라는 정책을 통해 지방정부 차원에서 구체적으로 시행되고 있다. 관할 구역 내 취업 인구 중 해당 지역 비도시 호구 주민을 대상으로 하는 '점수 적립 호구 부여' 정책은 호구 변경 신청의 각종 자질 및 실적을 점수로 환산하고, 그 총점에 따라 도시호구로 변경해 주는 제도다.

정부의 호적제도 정책은 도농 및 지역 간의 경제적 격차를 줄이기 위해 도시 주민과 농민의 통일된 노동시장을 구축하고, 사회 안정을 유지하기 위해 농민공의 사회적 차별을 해소하는 방향으로 변화하고 있다. 그러나 이러한 개혁 조치는 지방정부의 이해관계와 연결되기 때문에 중앙정부에서 추진하는 정책 그대로 실현되기에는 어려움이 많다. 특히 농민공에 대한 사회보장 및 공공서비스 부담은 기업의 투자뿐만 아니라,

지방 재정에 악영향을 미칠 수 있다는 우려 때문에 중앙정부의 정책이 지방정부에서의 실천으로 제대로 연결되지 않고 있다. 예컨대, 한 실태조사에 따르면 광동성에서 사회보험 미가입 노동자가 717만 명에 달하고, 이들의 90%가 소규모 기업에서 일하는 농민공이다. 또, 이로 인한 노동쟁의가 전체 노동쟁의에서 차지하는 비중이 상당히 큰 것으로 나타났다. 따라서 호적제도 개혁과 '농민공 시민화' 정책의 성공 여부는 농민공에 대한 차별적인 노동 정책의 시정 및 평등한 사회보장 정책 실현과 밀접하게 연결되어 있다.

단위체제의 해체와 노동관계의 재구성

앞서 보았듯이 중국은 사회주의 시기 계획경제하에서 도시와 농촌에 서로 다른 정책을 적용해 사회적 통제를 진행함으로써 도시를 기반으로 하는 중공업 위주의 경제성장과 사회의 기본적인 안정을 실현하고자 했다. 따라서 도시에서의 경제생활과 사회복지 및 정치적 통제는 모두 '단위체제' 안에서 이루어졌다. 단위체제는 다층적인 목표와 역할을 가지고 있었다. '단위單位'는 기본적으로 노동자가 생산활동에 종사하는 장소를 의미하는 것이지만, 정치적 영역에서는 국가와 노동자를 중개하는 역할을 수행했다. 또한, 중국의 단위체제는 노동력 관리뿐만 아니라 노동자의 주거와 교육, 일상생활을 통한 노동력 재생산 등을 비교적 안정적으로 보장하려는 일종의 복지 시스템이었다. 임금제도, 기업관리제도, 복지제도 등이 단위체제에 기초해 시행되었다. 그리고 단위체제를 통한 노동력 관리 및 노동 통제는 '국가의 통일적 관리와 규제'에 기반한 고용제도와 '평균적 저임금과 전면적 복지'를 특징으로 하는 분배제도에 의해 구체적으로 실현되었다.

먼저 계획경제 체제하에서 노동력은 개인 소유의 상품이 아니라 국가 자원이었으며, 국가 계획의 한 요소였다. 따라서 이 시기 고용제도의 특징은 국가가 통합적으로 노동력을 관리하고 배분하는(統包統配) 방식이었다. 국가가 통합적으로 고용 계획을 수립했으며, 노동자들은 직업 단위를 자주적으로 선택할 권리가 없었다. 단위체제하에서는 '종신 고용제'가 시행되었기 때문에 기업도 국가가 통합적으로 배분한 노동자들을 마음대로 해고할 권리가 없었다. 따라서 단위체제하에서 '국가-기업-노동'의 관계는 국가의 고용 계획을 통해 정립되었다. 정부가 위에서 아래로 행정 등급에 따라 채용 정원을 분배한 것이다. 이처럼 국가가 통일적으로 노동력을 관리하려는 일차적 목표는 도시에서 가능한 한 '완전 고용'의 상태를 유지하려는 것이었다. 그리고 이는 국가가 직업을 일괄적으로 배분하는 것과 함께 '호적제도'를 통해 거주지의 이동과 직업 이동을 엄격하게 통제함으로써 달성되었다.

다음으로, 중국의 계획경제 시기에 시행된 분배제도의 주요 특징은 완전 고용에 기초한 '평균적 저임금과 전면적 복지'다. 이는 중국 사회주의 건립 초기의 사회경제적 상황에 부응하는 것이었고, 사회주의에는 실업이 없다는 이데올로기의 영향을 강하게 받았다. 그러나 임금 인상이 극도로 제한되어 있었기 때문에 저임금 상황이 지속되었고, 이에 대한 노동자의 불만이 점차 가중되었다. 따라서 이를 해결하기 위한 대책으로 두 가지 정책이 추진되었다. 하나는 단위를 통해 비화폐적 형태의 사회보장 혜택을 배분하는 것이었고, 다른 하나는 각종 장려금이나 수당 및 보조금을 지급해 노동력의 재생산을 보장하는 것이었다. 특히 단위가 수행하는 복지 기능이 중시되었는데, 단위의 복지체제는 개인이 아니라 가족을 대상으로 제공되었다. 계획경제 시기에 노동력은 비非상품적 속성을 갖는 것으로 인식되었기에 임금은 노동력의 가치를 반영하는 것이 아니었고, 오히려 '정치성'이 분배를 결정하는 중요한 요소로 작용했다.

계획경제 시기에는 단위체제의 제도적 특성이 시대적 요구에 부합하는 것이었다. 그러나 경제개혁에 따른 기업 내부 관리제도와 노동력 고용방식, 그리고 분배제도 및 사회복지제도의 변화에 따라 단위체제의 구속력도 점차 약화되어갔다. 특히 단위체제는 1990년대에 시장화로의 개혁이 본격화되면서 약화되기 시작했는데, '노동계약제도의 전면화'와 '사회복지의 사회화'(사회복지의 관리 주체가 단위로부터 사회나 정부기관으로 이전되고, 사회복지가 상품화된 것을 의미함)로 인해 단위체제의 해체가 가속화되었다. 먼저 시장화 개혁이 보다 적극적으로 추진되면서 노동계약제도가 공식적으로 확립되기 시작했고, 점차 전면 시행되었다. 그리고 1995년부터 실시된 〈노동법〉은 노동계약을 기초로 한 새로운 고용제도를 더욱 규범화했다. 노동계약제도의 전면적인 실시가 갖는 중대한 의의는 단위체제를 기초로 한 국가의 통일적인 노동력 고용관리 체제 및 노동자의 종신고용제도가 부정되었다는 것이다. 국가가 더 이상 노동자의 종신고용을 책임지지 않게 되었으며, 노동자는 자신의 노동력을 자유롭게 판매할 수 있게 되었다. 그리고 '자유로운 노동자'를 바탕으로 한 노동력 시장의 형성은 중국 정부가 노동력의 상품적 성격을 인정한다는 실질적인 증거로 인식되었다. 이에 따라 노동력 상품을 소유한 노동자와 '국가의 주인으로서의 노동자' 사이에 사회·경제적 지위의 괴리가 나타나 지속적인 문제가 되었다. 특히 노동계약제는 사회주의 체제의 중요한 기반인 국가와 노동자 사이 일종의 '사회 계약'의 근간을 흔드는 것이었으며, 완전고용이라는 목표를 위협하는 것이었기 때문에 정치적으로도 매우 민감한 문제였다. 그리고 노동계약 실시에 따른 노동시장의 유연화는 '노동력의 상품화'를 초래함으로써 국유기업 개혁 과정에서 퇴출된 노동자들의 불만 폭증 계기가 되었으며, 이로 인한 집단적 저항이 점차 사회적 문제로 대두되었다.

단위체제하에서 사회복지 서비스는 주로 지방정부 및 중앙정부의 각 부서에서 단위 내의 노동자 가족을 대상으로 제공되었다. 그러나 이러한 사회복지제도는 개혁 과정에서 시장경제의 발전을 가로막는 장애로 인식되었고, 시장화 개혁이 전면적으로 추진되면서 이에 상응하는 '사회복지의 사회화'가 추동되었다. 구체적으로 1992년 상반기에는 기업 내부의 '철밥통'(铁饭碗, 종신고용), '철의자'(铁椅子, 고정된 직무), '철임금'(铁工资, 고정된 임금)을 타도하기 위한 운동이 전국적으로 전개되었다. 또한, 1993년에는 〈사회주의 시장경제 체제 건립 문제에 관한 결정〉을 통해 다층적인 사회보장 체계의 건설이 강조되었다. 이로써 국가 차원의 단일한 보장 체계가 종식되어 사회보험 비용을 '국가-단위(기업)-개인'이 함께 분담하는 방식으로 바뀌었으며, 특히 개인 부담의 비중이 점차 증가했다. 그러나 국유기업의 개혁 과정에서 수천만 명의 퇴출 노동자들이 발생하면서, 이들에 대한 사회복지 제공이 중요한 사회 문제가 되었다. 사회복지제도 개혁으로 기업 단위는 점차 사회복지에서 분리되었고, 원래 기업 단위에 속했던 유치원, 학교, 이발소, 식당 등의 사회복지 서비스가 상품화되었다. 동시에 의료, 산재, 실업, 양로 등의 사회보험도 점차 상품화되었다. 이러한 '사회복지의 사회화'는 기존 단위체제하에서 유지되었던 '국가-기업-노동자'의 통치 구조를 근본적으로 뒤흔드는 결과를 초래했다. 계획 경제 체제에서는 노동자와 국가 사이에 발생하는 모순이 국유 단위 내부에서 은폐되거나 자체적으로 해결될 수 있었다. 그러나 경제체제 개혁을 거치면서 이제 노동자들은 시장경제체제 안에서 국가와 기업에 저항하며 스스로의 이익을 보호할 수밖에 없게 된 것이다. 이처럼 계획경제 시기에 도시 사회를 관리하기 위한 중요한 제도적 기반이었던 단위체제는 시장화로의 개혁을 거치면서 서서히 해체되기 시작했으며, 1990년대 후반부터는 더욱 급격하게 소멸되어 갔다.

중국 노동자의 정체성 변화 : 농민공에서 신노동자로

중국에서 '농민공農民工'이라는 용어는 농촌 호적을 가지고 있으면서 농업에 종사하지 않고, 도시로 이주하여 노동하는 사람을 지칭한다. 농민공은 개혁개방 이후 소유제의 다원화, 기업 형태의 다양화가 진행되면서 새롭게 출현한 집단으로서 이제까지 민공民工, 품팔이打工者, 공돌이打工仔, 공순이打工妹, 맹목적 유동 인구盲流, 외래공外來工 등 다양한 호칭으로 불려 왔다. 최근까지도 농민공들은 농촌 호적 소유자라는 신분적 특수성으로 인해 농민도 아니고, 노동자도 아닌 모호한 집단으로 규정되어 왔다. 그러나 2000년대에 접어들면서 농민공의 규모가 급성장하고, 농민공에 대한 사회적 차별이 심각한 사회 문제로 등장했다. 이에 따라 2006년 3월 27일에 중국 국무원은 〈농민공 문제의 해결에 관한 의견〉을 발표하여 농민공이 중국의 '새로운 노동대군'이며, '이미 산업노동자의 중요한 구성 부분이 되었다'고 규정했다. 농민공의 전체 규모는 2016년 현재 대략 2억8000만 명 정도인 것으로 파악된다.

이 책에서도 나오듯이 농민공의 형성 과정은 크게 세 단계로 구분된다. 제1단계는 1978~1988년까지의 '험난한 유동'의 시기다. 이 시기에는 농민들의 이주노동에 정부의 엄격한 통제가 시행되었고, 도시에 와서 노동하는 사람들은 '맹목적인 유동 인구'로 불렸다. 또한, 1980년대부터 농촌에서 집체생산조직이었던 인민공사가 해체되고, 가족 단위의 농업 경영체제가 확립되면서 거대한 규모의 잉여 노동력이 발생했다. 이에 따라 정부의 지원하에 농촌 공업기업인 향진기업鄕鎭企業이 육성되어 농촌의 잉여 노동력을 대규모로 고용하기 시작했다. 이후 향진기업에 고용된 농민공은 1980년대 중엽부터 계속 급증하여 1992년에는 1억 명을 돌파했으며, 농가 안에 농업 종사와 비농업 종사의 가정 내 분업이 이루어졌고, 겸업·재택·통근 등의 노동 형태가 나타나게 되었다. 두 번째 단계는 1989년부터 2002년에 이르는 '품팔이 열풍'의 시기로, 2002년 농민공의 규모는 1억2000만 명에 달했다. 이 시기에 농민의 도시 이주에 대한 정부의 통제는 더 이상 없었으며, 도시와 공업의 발전을 위해 대량의 노동력이 필요했기 때문에 농민들에게 도시로 와서 일할 수 있는 기회가 제공되었다. 그러나 이렇게 이주해온 품팔이들은 도시에서 '임시 거주자'의 신분일 뿐이었으며, 언제든 다시 본적지로 송환될 수 있는 위험에 노출되어 있었다. 세 번째 단계는 2003년부터 2008년에 이르는 '신공민新公民/신노동자新工人'의 시기이며, 2008년 초에 농민공의 수는 이미 2억1000만 명에 달했다. 특히 정책적 변화의 측면에서 이 시기엔 중요한 역사적 의미가 있다. 왜냐하면 2003년에 농민공에 대한 '수용송환제도'가 폐지되었고, 2008년부터는 '노동계약법'이 시행되어 법률적으로는 농민공과 도시 호적의 노동자들이 단일한 노동체제로 편입되었기 때문이다.

그러나 여전히 중국 사회에서 농민공 신분의 이중성, 주변성, 모순성은 곳곳에서 명확하게 나타나고 있다. 무엇보다 농민공은 시민 혹은 공민 신분을 갖춘 존재로 간주되지 않기에 이등시민 혹은 비非시민으로 취급되었으며, 도시생활에서 제도적으로 기본적 권익을 보장받지 못한다. 또한, 취업차별, 고용불안, 저임금 및 고강도의 노동조건을 감내하고 있으며, 사회보장제도로부터의 배제, 도시로 이주한 농민공 자녀들에 대한 학교 교육제도의 결여, 농촌에 남겨진 아동의 양육 문제 등 농민공과 관련된 사회적 문제들이 산적해 있다. 려도가 지적하듯이 이러한 현실적 상황은 노동자 개인의 문제가 아니라 전환기의 사회 문제다. 도시의 발전은 대규모의 노동력을 필요로 했지만, 농촌으로부터 이주해 온 노동자들이 도시발전과 경제발전의 성과를 공평하게 향유하지 못하면서 사회적 파열이 발생하게 되었고, 농민공 집단은 이 속에서 방황하고 있는 것이다.

　　그러나 2000년대에 접어들면서 농민공의 세대 구성이 전환되기 시작했다. 즉, 1980년대 이후에 출생한 '신세대 농민공'이 점차 농민공의 주력이 되고, 노동운동의 주체로 자리 잡는 것과 함께 이들의 새로운 특성이 주목받게 되었다(2015년을 기준으로 신세대 농민공이 전체 농민공에서 차지하는 비율은 60%에 육박한다). 신세대 노동자의 주요 특징은 다음과 같다. 첫째, 대부분 농사 경험이 없기에 귀향 정책을 통해 농촌으로 되돌아가기 어려운 집단으로 도시에 정착해 생활을 영위하고자 한다. 둘째, 이전 세대에 비해 학력 수준과 직업훈련 수준이 높고, 인터넷 공간에서의 의사소통이 자유로우며, 인터넷을 통해 입수한 정보와 지식을 기반으로 권리의식이 높은 편이다. 셋째, 급속한 경제성장 시기에 성장했기에 비교적 물질적으로 풍부한 생활을 경험했고, 따라서 소비에 대한 욕구와 발전에 대한 기대가 높다. 넷째, 이전 세대에 비해 노동자로서의 정체성이 강하다. 이러한 신세대 노동자가 최근 중국 노동시장 및 노사관계 그리고 노동 분쟁의 중심 세력으로 부상하면서, 이들의 강한 계급의식과 단체행동의 배경, 그리고 저항의 동력에 관한 이해의 중요성이 갈수록 커지고 있다.

이러한 측면에서 이제 '농민공'이라는 용어는 더 이상 시대적 상황에 맞지 않으며, 폐기되어야 할 구시대의 산물이라고 주장하면서 이들을 '신노동자'로 규정하려는 시도들이 나타나게 되었다. 특히 려도에 의하면, 신노동자 집단은 개혁개방 과정의 산물이자, 중국이 '세계의 공장'으로 변모하는 과정에서 만들어낸 새로운 정책과 법률, 윤리규범 및 도농관계와 사회관계의 산물이다. 중국의 개혁 과정에서 산업의 주역으로 등장한 신노동자들은 과거 사회주의 시기에는 하나의 분명한 정체성을 갖는 사회적 주체가 아닌 호적제도라는 제도적 차별 속에서 농촌과 도시를 오가며 어느 쪽에도 속하지 못하는 불안정한 집단으로 간주되었다. 그러나 최근 신세대 농민공을 주축으로 한 신노동자는 자신들이 개혁개방의 과정에서 새롭게 형성된 노동자임을 자각하고 있으며, 기존의 농민공이라는 '이중적 신분 정체성'을 거부하고 스스로를 '신노동자'로 호명하며 정체성을 확립해 나가고 있다. 이제 더 이상 유동적이고 불안정한 사회집단이 아닌, 새로운 변혁의 주체로 중국 정치 과정의 핵심으로 떠오르고 있는 것이다. 따라서 려도의 말처럼 '신노동자'라는 호명은 일종의 요구가 담긴 개념이다. 신노동자라는 개념에는 노동자를 비롯한 모든 노동하는 사람들이 가지고 있는 사회·경제·정치적 지위 향상에 대한 요구가 내포되어 있다. 즉, 이 개념에는 새로운 노동자계급을 중심으로 새로운 사회와 문화를 창조하려는 갈망이 반영되어 있다.

2010년에 발생한 폭스콘 공장 노동자의 연쇄 투신자살과 남해혼다 자동차 파업 등 노동자들의 저항이 확산되기 전까지만 해도 일반적으로 중국 농민공은 집단적 저항의식과 권리의식이 매우 낮은 것으로 인식되었다. 이러한 측면에서 일부 연구자들은 농민공을 '계급 실어증'에 빠진 존재로 분석하기도 했으며, 농민이며 노동자인 농민공의 '유동적 정체성'이 오히려 중국 사회의 안정성을 창출하는 구조적 기능을 담지한다고 보는 시각도 존재했다. 그러나 지속적으로 발생하고 있는 파업과 노동분쟁 사건에서 드러났듯이 기존의 노동 관련 정책과 제도로는 노동자들의 높아진 권리의식과 평등의식에 부응할 수 없다는 것이 점점 분명해지고 있다. 특히 신세대 농민공의 계급의식에 대한 자각은 독립적인 노동자 조직의 형성을 촉구하고 있으며, 공회(公會, 중국 노동조합)와 정부에게도 노동제도 개혁을 촉구하고 있다. 따라서 '남아 있을 수 없는 도시'와 '돌아갈 수 없는 농촌' 사이에서 진퇴양난에 처한 중국 신노동자들이 도시에서의 기본적 권리 박탈과 차별적인 이등시민 신분에 대해 어떠한 '저항의 정치'를 만들어나갈 것인지를 더욱 주시할 필요가 있다. 그리고 이에 대한 정부 당국의 정책 변화는 어떠한 양상을 보일 것인지도 중국 사회의 변화를 이해하는 데 중요한 요소가 될 것이다.

이상에서 간략하게 살펴보았듯이 중국에서 노동 문제는 사회주의 시기의 유산과 개혁개방 이후에 변화된 '노동-자본'의 관계가 중첩되면서 더욱 복잡한 궤적을 그리고 있다. 따라서 중국 노동체제의 특성과 노동자의 세대교체에 따른 노동자 정체성 및 계급의식의 변화는 중국 노동 문제 이해의 핵심이라고 할 수 있다. 이러한 측면에서 중국 신노동자의 현실과 미래에 관해 세밀하게 인터뷰하고 치밀하게 분석한 려도의 이 저작이 중국 노동 문제를 연구하는 연구자뿐만 아니라, 중국에 관심있는 모든 사람에게 소중한 참조점이 될 것이라 확신한다. 또한, 중국의 신노동자를 매개로 중국 사회의 역사와 현실, 그리고 미래를 조망한다는 것은 오늘날 전 지구적으로 심화되고 있는 '노동의 위기' 상황에 직면하여 우리의 가능한 출로는 무엇일지 고민해 볼 수 있는 계기이기도 하다. 이러한 맥락에서 려도가 한국을 방문했을 때 내게 했던 "당신이 중국 신노동자의 현실과 미래에 주목하는 것은 바로 세계 노동자의 운명에 주목하는 것이고, 이것은 내가 전태일의 삶과 죽음에 관심을 갖는 것과 같은 이유다"라는 말이 갖는 무게를 다시금 떠올려보게 된다.

이 책의 번역 작업에는 기획부터 출간에 이르기까지 많은 분의 도움이 있었다. 우선 역자들의 사정으로 예상보다 출간이 많이 늦어졌음에도 끝까지 믿고 기다려준 려도 선생님께 감사드린다. 그리고 려도가 한국을 방문했을 때, 세미나와 집담회에 함께 참여해 의미 있는 교류의 장을 만들어주신 백원담, 장영석, 백승욱, 장윤미, 조문영, 하남석, 김판수, 윤종석 선생님께도 감사의 마음을 전한다. 무엇보다 난삽한 번역 원고를 거의 새로운 책으로 탈바꿈 시켜준 조정민, 김삼권, 최인희 나름북스 편집자님들께 진심으로 감사드린다. 어려운 출판 환경에서도 이윤보다 신뢰를 우선시하는 출판사가 존재한다는 것이 얼마나 소중한가를 새삼 느끼게 되었다. 마지막으로 번역 작업에 공동 역자로 수고해준 연광석, 정성조, 박다짐에게도 고마운 마음을 전한다. 현재 이 구성원 그대로 려도의 신노동자에 관한 또 다른 저작을 번역 중인데, 끝까지 최선을 다해 좋은 결실을 맺기를 기대한다. 이 책은 네 명의 역자가 각각 분량을 나누어 번역했다. 정규식이 왕휘의 추천사와 저자의 서문, 후기, 총론, 그리고 제4부를 번역했다. 그리고 정성조가 제1부를, 박다짐이 제2부를, 연광석이 제3부를 번역했다. 이후 교차 검토를 통해 오역을 수정하고 용어와 문체를 조정하는 작업을 거쳤다. 그럼에도 불구하고 발견되는 오역과 미흡함에 대한 책임은 전적으로 역자들의 몫이다. 앞으로 기회가 되는 대로 다양한 방식으로 보완해 나갈 것을 약속드린다.

2017년 8월

옮긴이를 대표하여

정규식